KB093239

논어정독

논어정론

부남철 역주

푸른역사

《논어》, 동양의 정치학 개론

공자孔子는 천하의 모든 사람들이 한 가족처럼 사는 세상을 만들겠다는 포부를 가졌다. 그가 생각한 정치政治란 바로 그런 세상을 만드는 일이었다. 그렇지만 그는 현실정치가로서는 실패한 인생을 살았다. 이런 공자를 존경과 연민의 감정을 갖고 따라다닌 제자들이 있었다. 공자와 그런 제자들의 진솔한 대화를 기록한 책이 《논어論語》다.

그동안 《논어》는 동양철학의 고전으로 분류되어왔다. 그러나 필자는 《논어》를 동양의 정치학 개론이라고 생각하면서 이 책을 썼다. 《논어》의 핵심 개념이 '인仁'이라는 것은 잘 알려져 있다. 그러나 공자가 그토록 하고 싶어 했던 정치에 대해서는 학계나 일반의 관심이 적었다. 공자에게 정치는 인仁을 실천하는 구체적인 방법이었다. 공자는 부패한 현실정치에 절망했지만 그런 현실을 외면하진 않았다. 그는 가난한 삶 속에서도 불굴의 용기와 인내를 가지고 정치할 수 있는 곳을 찾아다녔고 제자들에게 참다운 정치가의 모습을 말과 행동으로 교육했다. 그렇기 때문에 공자가 추구한 정치를 염두에 두고 《논어》에 접근하지 않으면 그가 반란군 두목의 초빙을 왜 대번에 냉정하게 뿌리치질 못했는지 이해할 수 없다.

필자는 조선시대 정치사상을 전공하고 있다. 학계에서는 이 분야를 '한국정치사상사'로 분류한다. 사회과학으로서의 정치학과 전통사상을 연결하는 분야기 때문에 동양고전을 함께 공부해왔다. 대학에서는 1997년 봄 학기부터 지금까지 《논어》를 교과목으로 강의하고 있다. 사서삼경이 동양문화를 이해하는 데 도움이 된다고 하지만 그걸 다 읽으라고 추천할 수는 없기에 《논어》 한 권으로 동양적 지성의 정수를 접하게 하기 위한 강의였다. 그런 목적으로 개설한 만큼 《논어》를 처음부터 끝까지 정밀하게 다 읽게 하는 방식으로 강의를 진행했다. 동료들 중에서 《논어》에 관심을 가진 분들이 있어서 교직원을 위한 《논어》 강좌를 운영하기도 했다. 그러면서 《논어》 교육이 억지로 하는 것이 아님을 입증하기 위해 '시장'으로 《논어》를 들고 나갔다. 부산에서 제일 유명한 시장이 '서면시장'인데, 그곳에 임시 강의실을 마련하고 중고등학교 선생님들을 위한 《논어》 교실을 개설했다. 그 강좌는 필자와 뜻을 같이하는 학문적 동지들의 자원봉사로 지금까지 계속되고 있다. 그런 시행착오를 겪으면서 이제는 무엇이 《논어》 교육을 어렵게 하는지 알게 되었다.

교실에서 《논어》는 문자기 이전에 소리였다. 학생들은 《논어》의 한자음 때문에 힘들어한다. 선생님들도 《논어》의 우리말 한자음에 대한 질문을 많이 받는다. 필자는 《논어》 한자음을 조사하기 위해 조선시대에 간행된 7종류의 《논어언해》를 확인했다. 조선시대에 나온 《전운옥편》과 그 이후 지금까지 간행된 사전과 옥편을 수집하고 확인했다. 어렵게 구입한 고서지만 정작 한 글자 정도를 확인하는 경우가 많았다. 최근의 《논어》 역주서에는 한자음이 어떻게 되어 있는지 그 용례를 조사했다. 그런 다음 《논어》 읽기의 편의를 위해 《논어》 본문(원문) 아래에 우리말

한자음을 표시했다. 이것은 필자에겐 학문적으로 매우 조심스런 작업이었다. 언어는 살아 움직이는 것이기 때문에 《논어집주대전》에 표시되어 있는 한자음이나 조선시대 한자음 자료를 지금 그대로 이용할 순 없었다. 지금 유통되고 있는 《논어》 책에서도 일부 한자는 그 음이 제각각이다. 그런 한자를 옥편이나 사전에서 찾아보면 한자음에 대한 통일성이 없다. 물론 《논어》의 철학도 중요하다. 그러나 그 이전에 그것을 담는 그릇인 음을 정확하게 표시를 하는 작업이 기본이다. 그동안 《논어》는 젊은 세대에게는 침묵의 교과서였다. 문자만으로는 '말씀 어 語' 자가 들어가는 《논어》라는 고전의 맛을 알 수 없다. 이제 큰 소리로 읽는 공부가 화석같이 딱딱한 고전에 생기를 불어넣어줄 것이다. 지금 우리들이 사용하는 말로 읽는 고전은 천 년을 두 번 이상 넘긴 《논어》라는 오래된 책을 지금 우리의 삶의 현장으로 끌어올 것이다. 《논어》를 큰 소리로 읽으면 그 문장들이 살아 움직인다. 청소년기에 우연히 만난 《논어》의 한 문장에서 느낀 그 알 수 없는 감동을 가슴속에 담아두기 위해서는 소리가 필요하다. 문자와 함께 소리로 저장된 《논어》의 문장은 평생을 통하여 천천히 조금씩 이해될 것이다.

필자는 《논어》의 지성사를 사랑한다. 너무 거창한 말이지만, 그동안 이 땅에서 간행된 수많은 《논어》에 관한 책의 가치를 소중하게 여긴다는 말이다. 《논어》는 공자의 시대 또는 주자의 시대로부터 훌쩍 건너뛰어 지금 우리에게 갑자기 던져진 책이 아니다. 《논어》는 이미 우리 품 안에 있었다. 인쇄본이 아니면 필사본의 형태로라도 《논어》는 조선시대 지성인의 양식으로 일상의 생활 속에 있었다. 필자는 조선시대 유학자와 최근의 《논어》 역주자들이 이미 해놓은 《논어》에 대한 연구 성과를 인정한다. 우리가 공동의 노력으로 발전시켜온 《논어》 지성사의 연속성을 유산으로 계승할 때 《논어》 연구와 교육이 더욱 풍성해질 수 있다고 생각한다. 그래서 필자는 조선시대부터 지금까지 《논어》라는 제목이 붙은 책은 보이기만 하면 수집했다. 물론 동료들이 준 것도 있지만 《논어》에 관한 새 책이 나올 때마다 구입했다. 1590년 내사기가 있는 《논어언해》(영인본)부터 2009년까지 나온 각종의 《논어》 역주서를 도서관에 반납할 부담 없이 늘 옆에 끼고 참고할 수 있었다. 필자가 그런 책에서 찾고 싶었던 것은 《논어》에 관한 '지식의 생산 과정'이었다. 《논어》에 관한 지식이 어떻게 형성되었는지 그 과정을 추적했다. 이것은 독자들에게 일반적이고 안전한 독서 자료를 전하기 위해 필자가 마땅히 해야만 했던 작업이었다. 독자들도 《논어》에 대한 자신의 견해를 갖기 위해서는 《논어》에 대한 지식의 생산 과정을 들여다보고 자기가 공감하는 관점을 선택하고 비교하는 노력이 필요하다고 생각한다.

공자 사상의 위대한 점은 무엇일까? 《논어》가 고전의 고전으로 지금까지 읽혀지는 이유는 무엇일까? 필자는 그것이 공자의 '인간 본질에 대한 통찰'과 '인간에 대한 사랑'이라는 2가지 이유 때문이라고 생각한다. 그가 본 인간의 본질은 지금도 변하지 않았다. 《논어》에는 인류를 포용하고 시대를 관통하는 보편성의 특징이 있다. 《논어》의 사상이 특정한 시대와 민족, 또는 계급을 위한 것이었다면 공자가 죽었을 때 그가 했던 말도 사라졌을 것이다. 《논어》는 지금도 살아 있다. 필자는 현대의 지성인에게 인류의 지적 유산인 《논어》의 그러한 가치를 중개하면서 《논어》를 읽는 기쁨을 같이하고 싶을 뿐이다.

2010년 3월
부남철

차례

책의 구성

1. 해석

이 책에는 《논어》 해석이 먼저 나온다. 한문 공부보다는 내용을 이해하는 것이 먼저라고 생각한 때문이다. 본문(원문, 경문) 해석은 《논어집주》(주자의 해석)와 《논어언해》(1612년 간행)를 기준으로 삼았다. 여러 견해가 있는 문장에 대해서는 원문과 한자음 뒤에 ① 고대·중세의 《논어》 주석, ② 조선시대 유학자들 해석, ③ 최근의 《논어》 역주자들의 견해를 소개했다.

2. 《논어》 원문과 구두句讀, 현토懸吐

필자는 오자가 없는 《논어》 책을 만들고 싶었다. 그렇게 하자면 먼저 《논어》 본문 입력 대본으로 사용할 완벽한 책이 있어야 하는데 2,000년이 넘은 고전인 《논어》에서 그런 것을 기대할 수는 없다. 학계에서는 조선시대에 '정유자'라는 활자(1777년)로 간행한 《논어집주대전》을 믿을 만한 판본으로 인정하고 있다. 필자도 이 책의 영인본을 기본 교재로 사용했다.

조선시대 선비들은 한문으로 공부를 했기 때문에 굳이 번역이 필요 없었을 것 같지만 그래도 정확한 해석을 위해서 문장 떼어 읽기를 했다. 이런 것을 '구두句讀 또는 구두법句讀法'이라고 한다. 여기에 '토吐'를 달면 일차 해석은 된 것이라고 할 수 있다. 이 책에서는 《논어언해》(1612년)의 현토縣吐를 따랐다. 《논어》의 첫 문장을 "학이시습지學而時習之면 불역열호不亦說乎아"라고 읽는데, 여기서 '면', '아'가 현토다. 예전에는 현토를 한글로 표시하지 않고 한자를 간략하게 축약한 '구결口訣'이라는 것으로 표시했다. 지금도 전문적인 한문교육기관에서는 구결을 사용한다. 《논어언해》에는 한글로 토가 표시되어 있다. 이런 현토가 좀 구식으로 여겨지겠지만 지금까지 이 땅에서 《논어》를 공부했던 지성인의 숨결을 이해하는 데 도움이 된다.✝

3. 한자음

《논어언해》는 《논어》 본문에 우리말 한자음을 달고 해석한 것이다. 앞에서 설명한 바와 같이, 1590년과 1612년에 간행·배부된 《논어언해》 이후, 이를 표준으로 하여 1900년대 초기까지 지속적으로 여러 종류의 《논어언해》가 간행되었다. 물론 율곡의 《논어언해》(1749년 간행 추정)와 같이 한자음과 해석이 일부 다른 언해본도 있다. 이렇게 《논어언해》를 구해볼 수 있기 때문에 《논어》 본문에 우리말 한자음을 다는 것은 쉬운 일 같지만, 사실은 그렇지 않다. 그것은 판도라의 상자를 여는 것과 같은, 감당하기 어려운 문제를 만나는 일이기 때문이다. 《논어》에 나오는 한자는 의미에 따라 음이 달라진다. 이런 문제는 학문적으로 어떤 관점에서 해석했다고 밝히면 해결이 된다. 단지 해석의 차이에 관한 것이기 때문이다.

그런데 문제는 뜻이 같은데 한자음이 책마다 다른 경우다. 《논어집주대전》에 일부 한자에 대해서는 한자음이 표시되어 있다. 그 한자의 의미를 분명하게 하기 위한 것이었다. 그런데 그 한자음은 지금 우리가 사용하는 한자음이 아니라 주자 시대 또는 그 이전 중국의 한자음이다. 그래서 그것을 지금 그대로 사용하기에는 무리가 있다. 진짜 문제는 《논어언해》의 한자음, 한자사전·옥편에 있는 한자음, 지금 유통되고 있는 《논어》 책마다 그 한자음이 제각각인 것을 발견하면서 시작된다. 《논어》를 혼자서 묵독할 땐 문제가 없지만, 대화하는 과정에서 문장을 인용하려면 이런 문제를 피해갈 순 없다. 더욱이 교육 현장에서는 참으로 곤란한 일이다. 학생들에게 이 한자의 한자음은 이럴 수도 있고 저럴 수도 있고, 옥편마다 다르다고 설명하기엔 시간이 많이 걸린다. 그렇다면, 《논어》를 아예 현대 중국어로 읽으면 되지 않을까? 그러면 《논어》에 있는 우리말 한자음은 사용하지 않는 언어가 되어버린다. 결국 우리 문화사의 한 유산을 버리는 일이 될 것이다.

필자는 《논어》 한자음은 조선시대 《논어언해》에 있는 것을 확인했다. 다행스럽게도 《논어언해》의 우리말 한자음 표기는 그것이 처음 나온 1590년대부터 1900년대 초반까지, 약간의 표기법 변동이 있었지만 동일하다. 변동이 없었던 것은 다행이기도 하지만 또한 불행이기도 하다. 언어생활에서 400년 동안 음이 동일하게 유지될 수는 없는 것이다. 또한 《논어언해》의 한자음은 전부 그런 것은 아니지만 대부분 《논어집주대전》에 표시된 음을 따른 것이다. 그 한자음이 현재까지 그대로 사용되는 경우도 있지만 일부 바뀐 것도 있다. 그렇게 《논어집주대전》에 있는 한자음과 지금의 한자음이 다른 경우에는 여러 종류의 옥편·자전·사전에서 한자음 용례를 확인했다.

✢ 《논어집주대전論語集註大全》은 조선시대의 대표적인 《논어》 교과서였다. 이 책은 명나라 성조成祖 영락제永樂帝의 명에 의해 호광胡廣(1379~1418) 등이 편찬한 《사서대전四書大全》의 일부다. 세종(재위 1418~1450)은 《사서대전》, 《오경대전》, 《성리대전》이 명나라에서 국가적인 사업으로 간행·보급되자 조선에서도 그렇게 하도록 했다. 1427년(세종 9)에 쓴 발문이 있고 그 시대에 간행된 《논어집주대전》이 지금까지 전해지고 있다(서울대학교 규장각 한국학연구원). 또한 정조(재위 1776~1800) 시대에 '정유자丁酉字'(1777년 제작)로 간행한 《논어집주대전》이 있는데, 활자본이라서 글씨가 선명하다. 1965년부터 성균관대학교 대동문화연구원에서 영인·보급한 이 판본이 지금도 《논어》 교재로 사용되고 있다. 지금 전해지고 있는 조선시대에 간행된 《논어집주대전》 판본에는 그 책을 공부한 사람들이 페이지 상단이나 여백에 직접 수기로 구결口訣를 표시한 것이 많다. 그런데 그 구결 표시는 대부분 동일하다. 이것은 조선시대 지식인 사회에서 공유하는 구두句讀와 현토懸吐가 있었다는 것을 보여주는 것이다. 조선시대에는 《논어》에 대한 어느 정도 표준화된 해석이 있었다. 1590년부터 보급되기 시작한 《논어언해》가 바로 그것이다. 조선시대에 위대한 업적을 남긴 군주들은 공통적으로 음운音韻에 대한 상당한 지식을 갖고 있었다. 그들은 학문의 진흥을 정책의 우선 과제로 삼았다. 세종은 한글을 창제했고 고전에 대한 언해 작업을 시도

했다. 그렇게 시작된 《논어언해》 작업이 퇴계 이황(1501~1570), 율곡 이이(1536~1584), 고봉 기대승(1527~1572)과 같은 대학자들과 시대를 함께했던 선조(재위 1567~1608)의 정책적 의지에 의해 완성되었다. 학자군주를 자임했던 정조는 《논어》를 학자관료들과 토론했고, 근대적인 한자사전인 《전운옥편》(1796년 제작 추정)을 만들게 했다. 《논어집주대전》에는 주자의 《집주》 이외에 주자를 포함하여 여러 학자들의 학설이 추가되어 있다. 이것을 '소주小註'라고 한다. 조선시대 선비들은 《논어》 본문과 그것을 해설한 '주註', 또 그런 '주'를 부연 설명하는 '소疏'라고 하는 참고서를 단계적으로 보았다. 해석이 분분한 문장에 대해서는 여러 견해를 두루 참고했다. 이런 식으로 《논어》를 공부했기 때문에 그들은 《논어집주대전》에 있는 '소주小註'까지도 상식적으로 알고 있었다. 《논어집주대전》에 있는 내용은 《논어》 공부를 위한 기본 학습 자료였다. 그래서 조선시대에는 《논어》 본문만 있는 인쇄본은 오히려 적었고, 보통은 《논어집주대전》(7권의 책)과 《논어언해》(4권의 책), 합쳐서 11권의 책이 한 세트로 간행되고 소장되었다. 필자가 한자음, 한글 해석, 한자 자형을 확인하고 인용하기 위해 참고한 《논어언해》는 다음과 같다. 첫째로 교정청 간행 도산서원 소장 《논어언해論語諺解》(1590)다. 둘째로 서울대 규장각 한국학연구원 소장본 《논어언해論語諺解》(1612)다. 이 책은 조선시대 《논어언해》의 표준이 되었다. 이후에 관청에서 간행한 《논어언해》는 한자음, 한글 해석, 장章, 절節 구분이 이와 동일하다. 셋째로 정부의 내각(규장각)에서 간행한 경진신간 내각장판庚辰新刊 內閣藏板이다. 조선시대의 대표적인 《논어언해》 보급판본이다. 1820년에 간행된 것으로 추정되고 있다. 넷째로 경상감영에서 간행한 임오신간 영영장판壬午新刊 嶺營藏板과 임술계춘 영영중간壬戌季春 嶺營重刊이다. 다섯째로 전주의 민간 출판사에서 간행한 경오중춘개간 전주부 하경룡장판庚午仲春開刊 全州府 河慶龍藏板이다. 여섯째로 율곡 이이의 《논어언해論語諺解》(1749)다. 이렇게 필자가 한자음을 직접 확인한 《논어언해》는 7종류다. 《논어언해》 판본까지 언급하는 것은 과도하지 않은가 하는 걱정도 했다. 《논어언해》는 《논어》의 한국적 수용과 당시 지식인의 《논어》에 대한 이해 수준을 보여주는 '책으로 된 문화유산'이다. 독자들이 이번 기회에 위의 《논어언해》 7종류를 접하면서 한글과 조선시대 인쇄문화의 가치를 재발견하기를 기대한다.

《논어》를 이해하는 예비 개념

1. 인仁이란 무엇인가?

문제의 발단

《논어》의 주제는 인仁이다. 《논어》에는 인에 대해서 여러 곳에 조금 씩 설명되어 있어서 무슨 뜻인지 알기가 어렵다. 조선시대 유학자들의 학설 또한 다양하다. 그러면 공자가 말하는 인이란 무엇인가?

자기로부터 시작하는 사랑

공자가 생각하는 인仁은 글자 그대로 두 사람이 완전히 하나가 되는 것이다. 서로 피가 통하고 신경이 통할 정도로 정신적으로 하나의 몸이 될 수 있도록 사랑하는 것이다. 그런 사랑을 자기가 주도하는 것이다. 그 사랑의 일차적 대상이 바로 자기 자신이다. 자기가 자기를 사랑한다 는 것이 무슨 말인가? 자존심, 자신감, 자기 몸과 명예를 소중하게 여 기는 마음 등이 그런 것이다. 공자가 《논어》에서 전하는 첫 문장은 배 울 '학學' 자로 시작한다. 공자는 공부라는 것이 바로 자기 자신을 사랑하는 행위임을 제일 먼저 말해주고 싶었던 것이다. 《논어》라는 책을 편집한 것은 그 제자의 제자들이니까 그들은 공자의 이런 뜻을 잘 알고 있었다고 할 수 있다. 공자는 제자들에게 자기가 좋아하는 공부를 하라고 충고했다. 이렇게 자기 자신을 사랑하는 가장 기본적인 행위를 하면서 인의 실천은 시작된다.

점진적이고 단계적인 사랑

자기 자신을 사랑한 다음에는 무엇을 할 것인가? 끝까지 자기 자신만 사랑하다가 그만둘 것인가? 그다음 단계로 다른 사람을 사랑하는 것이 인이다. 그런데 공자는 좀 특이하게도 다른 사람을 사랑할 때 순서가 있다고 생각했다. 먼저 자기와 가장 가까운 사람부터 사랑하라고 했다. 그런 사람이 누군가? 부모님이다. 가족이다. 이렇게 가족을 사랑하는 것이 인의 두 번째 단계다. 다른 사람을 사랑하는 행위라는 점에서는 인의 첫 번째 실천이라고 할 수 있다. 가정은 나와 다른 사람이 만나는 최초의 공간이다. 그런 공간에서 만나는 부모님은 남이라고 할 수 없는 존재인 것이다. 부모님은 자식을 자기의 분신, 아니 자기 자신 그 자체라고 생각한다. 그래서 자식과 고락을 심지어는 운명을 같이한다. 몸은 분리되어 있어도 정신적으로 피가 통하는 존재인 것이다. 이런 부모님에 대한 자식의 사랑이 효孝다. 이렇게 효는 자기가 자신 이외의 대상을 처음으로 사랑하는 행위라는 점에서 아주 잘해야 하는 것이었다. 여기서 잘하면 그다음 단계의 사랑은 저절로 될 것이라는 생각이다. 그래서 효를 인仁의 근본이라고 했다. 이렇게 자기 자신을 사랑하고 그다음에 가족을 사랑하고 더 나아가 나라의 모든 사람을 사랑하는 것이 공자가 생각한 인이다. 물론 위대한 사람은 생명이 있는 모든 존재를 사랑하는 수준으로 사랑을 확대할 것이다.

넘치는 사랑

사랑에는 순서가 있다고 하는 공자의 생각은 비판을 받았으나 나름 대로 논리를 갖고 있었다. 그것은 넘치는 사랑이라는 개념이다. 공자의 이런 생각을 구체적으로 정리한 사상가가 맹자다. 맹자는 인仁을 물이 흘러가는 것에 비유했다. 물이 샘에서 솟아나 흘러갈 때 맨 앞에 있는 웅덩이를 채우고 그 넘친 물이 다시 그다음 웅덩이를 채우면서 마침내 바다로 흘러간다고 설명했다. 물이 바다에 도달하기 위해서는 물의 원천이 풍부해야 함은 물론이다. 그 물의 원천이 바로 자기 자신이다. 능력이 부족한 사람은 자기 한 몸도 챙기기 어렵지만 원천의 물이 풍부한 사람은 수많은 사람을 사랑할 수 있다는 말이다. 여기서 사랑을 실천할 수 있는 능력이란 재력을 말하는 것이 아니다. 물질을 남을 위해 사용할 수 있는 마음, 자기 몸을 남을 위해 헌신할 수 있는 마음을 말하는 것이다.

살신성인殺身成仁

인仁이란 다른 사람을 자기 자신이라고 생각하는 것이다. 자기 자신이 다른 사람과 일체가 되는 것이다. 그러니까 인의 최고 단계는 자기 목숨을 다른 사람과 완벽하게 바꿀 수 있는 경지를 말하는 것이다. 이런 것을 살신성인이라고 한다. 이만큼 인이라는 것은 살아선 목표를 달성할 수 없는 무서운 개념이다. 그래서 공자는 "자기가 할 수 있는 만큼 노력하면 된다"고 격려했다. 자기 자신에 대한 사랑을 기본으로 하고 다른 사람을 사랑할 수 있는 힘과 능력을 키우면서 점차 자기와 가까운 존재인 가족으로부터 밖에 나가서 만나는 모르는 사람에게까지 사랑을 펼쳐 나간다. 이것이 인이다. 그러므로 인에는 과정이 있을 뿐이다. 시작은 있지만 결코 그 끝은 없다.

2. 기己와 인人: 나와 다른 사람

이제 인仁이 《논어》의 핵심 개념이라는 점은 더 이상 강조할 필요가 없다. 《논어》를 집에 비유하면 인은 기둥이라고 할 수 있다. 그러나 《논어》에서 가장 중요한 개념을 하나만 고르라고 한다면 필자는 '자기 기己' 자를 선택할 것이다. 인은 공자가 삶의 목표로 표방하는 것이지만 실제로 그가 강조한 것은 '기己' 였다. 《논어》는 자기 자신을 완성시키기 위한 내용으로 가득 차 있다. 과장해서 말한다면 《논어》의 내용은 모두 '기己' 를 설명하기 위한 것이라고 할 수 있다. 인을 실천하는 주체가 누구인가? 이것은 공자가 직접 질문하고 대답한 것이다. 바로 자기 자신이다. 공자는 인을 실천하기 위해 그 사랑의 주체이자 원천인 자기 자신의 능력을 확고하게 할 것을 제자들에게 누누이 강조했다. 이것은 인격 수양의 중요성을 말한 것이지만, 자기 자신에 대한 의식이 확고하지 않으면 다른 사람을 진실로 사랑하는 것은 불가능하다. 공자가 강조하는 공부라는 것도 자기 자신을 위한 것이다. 자기 자신을 위한 것이라고 하니까 그것이 이기적인 것으로 여겨질 수 있지만 공자 사상에서 자기 자신은 곧 자기 몸 그것으로 한정되는 것이 아니었다. 자기 가족이 곧 자기의 분신이고 위대한 사랑의 실천자에겐 세상 사람 모두가 곧 자기와 동일한 존재다. 이렇게 자기와 타인이 하나가 되는 것, 이것이 곧 인이다.

3. 효도: 사람에 대한 첫 번째 사랑

공자가 말하는 효도는 인을 실천하는 하나의 단계고 사례다. 이런 효를 강조한 이유는 그것이 자기와 다른 사람과의 최초 만남이 이루어지는 가족이라는 공동체에서의 사랑이기 때문이다. 이런 사랑을 잘하면 그다음 단계의 사랑도 잘할 수 있다고 생각되었다. 그래서 효도는 다른 사람을 사랑하는 연습과 훈련 과정이기도 하다. 공자의 사상에서 효도는 자기와 정치를 연결하는 개념이었다. 현대 정치학에서는 개인과 국가의 관계를 중요한 연구 대상으로 한다. 근대국가 형성의 중요한 이론적 근거인 '사회계약론'은 개인이 국가를 만든다는 관념이다. 개인과 국가의 관계를 논의하는 것이 현대의 정치인 것이다. 그런데 공자의 사상에서는 '효'라고 하는 것이 그 연결 개념으로 설정되어 있다. 가족이라는 공동체가 개인과 국가 사이를 연결하는 단위다. 그렇기 때문에 정치를 잘하기는 위해서는 개인적인 능력도 중요하지만 가족이라는 단계와 단위를 거쳐가야 하는 것이다. 전설적으로 이상정치가 실현되었다고 하는 요순시대의 주인공인 순임금은 무엇보다도 효성이 지극했다고 해서 농부에서 임금으로 발탁되었다.

4. 정치: 모든 사람에 대한 사랑

공자는 인의 실천 주체를 자기 자신이라고 했고, 그다음으로 부모님게 효도하라고 했다. 그러면 그다음 단계로 무엇을 하라고 했을까? 정치였다. 공자에게 있어서 가족 그다음 단계로 사랑을 펼칠 큰 무대가 바로 정치공동체인 국가였다. 당시에 국가 형태가 다양했지만 사람의 정치가 이루어지는 공간을 국가라고 한다면, 그곳에서 살아가고 있는 모든 사람을 자기 자신과 동일한 존재로 사랑하라는 것이 공자가 하고 싶은 말이었다. 공자가 생각한 정치는 나와 다른 사람이 한 집안 식구처럼 친하게 지내는 세상을 만드는 일이었다. 그래서 국가國家라는 말이 있는 것이다. 공자의 사상을 정확하게 반영하는 개념이다.

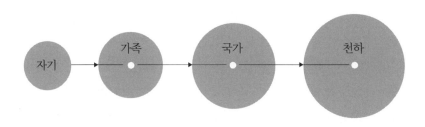

5. 정치참여: 지식인의 의무

이렇게 공자가 생각한 정치는 인을 펼치는 행위였기 때문에 지식인이라면 정치하는 것이 일종의 의무로 여겨졌다. 효도가 부모에 대한 자식의 도덕적 의무인 것처럼, 정치는 지식인으로서 결코 외면할 수 없는 정치적 의무와 같은 것이었다. 그래서 지식인들은 현실정치에 늘 관심을 가졌고 할 수 있다면 관직을 맡아 나름대로 능력을 발휘하려고 했다. 그런데 문제는 지식인들이 정치를 하고 싶어도 통치자가 써주질 않는 것이다. 초빙하겠다는 권력자가 있어도 그 권력에 정당성이 없을 땐 난감한 것이다. 공자는 자리에 대한 욕심보다는 소신을 갖고 일하려고 했기 때문에 관직을 얻지 못했다. 정상적인 군주는 그를 써줄 힘이 없었다. 그럴 힘이 있는 군주는 영토 확장에 관심이 있었다. 반란으로 권력을 잡은 통치자가 공자에게 같이 국정을 운영하자고 제안하기도 했다. 이렇게 어지러운 현실정치의 상황에서 일할 수 있는 자리와 기회를 찾아 천하를 돌아다닌 공자를 그 시대의 비판적인 지식인들은 "안 되는 줄 알면서 하려고 애쓰는 사람"이라고 조롱했다. 더럽고 위험한 현실의 정치판에서 생각이 있는 지식인 대부분이 재야에 물러나 있었다. 이런 상황에서도 공자는 현실의 정치를 외면하지 않았다. 그가 정치를 결코 포기하지 않았던 그 불굴의 의지에 담긴 뜻을 다행스럽게도 제자들은 이해했다. 그리고 그를 누가 뭐라고 하든 개의치 않고 '선생님'이라고 부르면서 따라다녔다. 공자에게 정치라는 것은 공부하고 효도한 사람이 자신의 삶을 완성시키기 위해 가야 할 피할 수 없는 길이었다.

6. 본질과 표현

공자가 구상했던 이상국가는 어떤 것인가? 그것은 고대 주周나라를 모델로 하는 국가였다. 공자는 주나라의 정치제도를 설계한 주공周公을 존경했다. 공자가 주나라를 이상형으로 평가한 이유는 그 문명적 특성 때문이었다. 공자는 소박하면서도 문화적으로 세련된 주나라 문명의 장점을 잘 알고 있었다. 그는 그것을 설명하기 위해 질質과 문文이라는 2가지 개념을 사용했다.

질質이라는 것은 본질을 말하는 것이다. 사랑하는 마음이 있고 사랑을 표현하는 말과 동작이 있다면, 사랑하는 마음이 질質에 해당하는 것이다. 그 사랑 표현을 문文이라고 할 수 있다. 그런 문에는 언어, 문자, 그림, 의복, 생활 에티켓, 의전행사 등 본질을 표현하는 형식이 전부 포함된다. 본질을 표현하는 것이 문이다. 이런 문은 비유하자면, 몸매가 좋으면 옷에 그것이 드러나는 것과 같다. 물론 옷을 훌렁 다 벗어버리면 몸매를 확실하게 볼 수 있지만 이런 걸 공자가 생각하진 않았을 것이다.

질과 문의 적합한 비율은 있는가? 사랑하는 마음은 있어도 전혀 표현 못하는 숙맥도 있지만 마음에도 없는 말로 능청스럽게 사랑 표현을 하는 사람도 있다. 공자는 그 정확한 비율을 숫자로 언급하지 않았지만 필자가 짐작컨대 질과 문은 70대 30 정도의 비율일 것이다. 물론 공자는 질이 앞선다고 전제했다. 그러면서 문이 필요하다고 생각했다. 공자는 예절과 절차를 중시한 인물로 알려져 있지만 그에게 본질과 표현 중에서 어쩔 수 없이 하나만 선택하라고 한다면 그는 질을 선택할 것이다. 그는 마음에도 없는 예절이란 의미가 없다고 역설했다. 그렇지만 문이 없는 세상을 그는 상상할 수 없었다. 그러면서 그는 문이라는 것은 특별한 사람을 통하여 후대로 전해진다고 생각했다. 동양정치의 전설적인 통치자들이었던 요, 순, 우, 탕, 문, 무왕, 주공의 뒤를 이을 문명의 계승자가 있다고 생각했다. 그는 드러내진 않았지만 그 자신이 그런 문을 다음 세대에 전해줄 임무를 하늘로부터 부여받았다고 자부했다.

7. 학문

위기지학爲己之學

후대의 학자들은 공자를 성현이라고 평가했지만 정작 그 자신은 천재거나 비범한 재주를 가졌다고 생각하지 않았다. 그러면서 그는 공부를 통한 인격의 완성을 추구했다. 《논어》가 "배우고 때때로 익히면 기쁘지 아니한가?"라고 하는 문장으로 시작하는 것이 공자의 이런 의식을 선명하게 보여주는 것이다. 이 문장에 대한 주석에서 주자가 공부의 종류에 대해 설명한 것이 있다. '위기지학'과 '위인지학爲人之學'이라는 것이다. 위기지학은 자기가 좋아서 하는 공부다. 위인지학은 하고 싶지 않아도 출세하기 위해 어쩔 수 없이 해야 하는 공부다. 시험공부가 대부분 위인지학일 것이다. 공자는 끊임없이 제자들에게 위기지학을 하라고 충고했다. 그러면 취직과 출세는 생각하지 말란 말인가? 그렇지 않다. 공자는 그 제자들에게 공직 진출을 적극 권유했다. 심지어는 그 자신은 자기를 알아주는 사람에게 좋은 값으로 팔리기를 바라는 몸이라고 적극적으로 표현하기도 했다. 이런 그가 위기지학을 강조한 이유는 위기지학을 하다보면 취직은 저절로 된다고 믿었기 때문이었다. 기본에 충실한 인재를 누가 버려두겠냐는 말이다.

학이지지學而知之

선천적으로 지식을 갖고 태어난 천재를 '생이지지生而知之'라고 했다. 공자는 자신은 결코 이런 사람이 아니라고 했다. 자신은 '학이지지'라고 한다. 공부를 해서 지식을 습득하는 사람을 말하는 것이다. 그는 결코 지식의 문제에 대해서 노력하지 않고 습득하려는 생각을 내비

친 적이 없다.

공부의 방법과 내용

공자는 지식의 범위와 대상에 대한 분명한 생각을 갖고 있었다. 그는
"모든 사람이 아는 것을 안다고 하고 모든 사람이 모르는 것을 모른다
고 하는 것, 이것이 곧 지식"이라고 생각했다. 이런 생각을 제자와 직
접 얼굴을 맞대고 말할 때는 "네가 아는 것을 안다고 하고 네가 모르는
것을 모른다고 하는 것, 이것이 바로 지식을 공부하는 자세다"라고 설
명했다. 공자는 지식을 소유하기보다는 지식의 현황과 수준을 파악하
고 지식을 찾아가는 방법론에 더 관심을 가졌다. 그것을 '넓을 박博' 과
'요약할 약約' 자라는 두 글자로 제시했다. 넓게 배우되 핵심을 요약하
는 공부 방법이다.

8. 서恕

공자는 위와 같이 거창한 말을 했지만 제자들은 어쨌든 빨리 취직할
수 있는 방법과 세속적인 출세에 관심이 있었다. 그렇다고 해서 공자의
충고를 아예 무시한 것은 아니다. 이들도 공자의 이상을 잘 알고 있었
고 공감했기 때문에 공자를 따라다녔고 그에 대한 존경심을 어디에서
든 감추지 않았다. 이들이 공자에게 일상생활에서 실천 가능한 덕목을
말해달라고 요청했다. 공자는 '서恕' 라는 개념을 말해주었다. 공자도
'인' 이라는 것이 너무나 엄청난 목표라는 것을 잘 알고 있었다. 그래서
그가 차선으로 제시한 것이 '서' 였다. '서' 는 "내가 하고 싶지 않은 것

은 남에게도 시키지 말라"는 뜻이다. '서'만큼은 마음먹으면 언제든지 실천 가능하다고 생각했다. 이것만 잘해도 가정과 직장에서 문제가 없을 것이라고 하면서 제자들에게 그 실천을 강조했다.

9. 언言: 대화와 소통

《논어》는 "말을 모르면 사람에 대해 알 수 없다"는 '말씀 언言'에 관한 문장으로 끝난다. 공자는 말을 잘하는 사람을 싫어했다. 실력은 있지만 말을 잘 못하는 게 흠이라고 제자를 야박하게 평가하는 사람에게 말을 잘해 뭐하냐고 면박을 주기도 했다. 그러나 이것은 진실성이 없는 입에 발린 말에 관한 것이다. 공자는 제자와 자기 자식에게 시詩를 읽으라고 했다. 시를 읽으면 말을 잘할 수 있다고 했다. 그가 강조한 '문文'의 핵심은 적절한 표현과 언어였다. 《논어》라는 책 제목에 '말씀 어語' 자가 들어간다. 《논어》는 공자와 그 제자들의 대화록이다. 공자는 대화를 하면서 자신의 생각을 표현했다. 물론 공자는 행동으로 모범을 보이면서 교육에 임했지만 그래도 자신의 분명한 생각은 말을 통해 제자들에게 전달했다. 그가 세상에 대해 실망했을 때 "이제는 말을 하지 않겠다"고 선언했다. 이것은 그가 말을 중시한다는 우회적 표현이다. 그가 나라를 망하게 하는 한 가지 병폐를 지적해달라는 요청에 대해 사람의 입을 막으면 그렇게 된다고 했다. 공자는 제자들을 교양 있는 지식인으로 키우려고 했다. 그런 교육의 핵심은 말을 바르게 하는 것이었다. 공자가 생각하는 말의 철학은 상황에 맞게 말하는 것이었다. 공자의 말은 짧았다. 말은 의미를 전달하면 그만이라는 것이 공자의 말에 대한 소신이었다. 공자는 핵심을 간단하게 전달하는 그런 표현에 익숙했다. 그런 말을 통해서 사람을 이해하고 사람과 사람이 소통을 함으로써 공동체를 형성할 수 있다고 생각했다. 그러니까 제대로 말을 할 수 있는 능력이야말로 공자가 중시하였던 덕목이었다. 말을 해야 할 때 말하고, 짧게 말하며, 말을 들어보고 어떤 사람인지 알아보는, 이런 것이 공자의 말에 대한 생각이었다.

學而

자왈학이시습지면 불역렬호아 유붕이자원방래면 불역락호아인부지이불온이면 불역군자호아 유자왈기위인야효제요 이호범상자선의오 불호범상이요 이호작란자미지유야니라 군자는 무본이니 본립이도생하나니 효제야자는 기위인지본여인저자 색이 선의인이니라 증자왈오일삼성오신하노니 위인모이불충호아 여붕우교이불신호아 전불습호애니라 자왈도천승지국호대 경사이신하며 절용이애인하며 사민이시니라 자왈제자입즉효하고 출즉제하며 근이신하며 범애중호대 이친인이니 행유여력이어든 즉이학문이니라 자하왈현현호대 역색하며 사부모호대 능갈기력하며 사군호대 능치기신하며 여붕우교호대 언이유신이면 수왈미학이라도 오필위지학의니라 자왈군자부중즉불위니 학즉불고니라 주충신하며 무우불여기자요 과즉물탄개니라 증자왈신종추원이면 민덕이 귀후의리라 자금이 문어자공왈부자지어시방야하사 필문기정하시나니 구지여아 억여지여아 자공이왈부자는 온량공검양이득지시니 부자지구지야는 기제이호인지구지여인저 자왈부재에 관기지요 부몰에 관기행이나 삼년을 무개어부지도라야 가위효의니라 유자왈예지용이 화위귀하니 선왕지도사위미라 소대유지니라 유소불행하니 지화이화요 불이례절지면 역불가행야니라 유자왈신근어의면 언가복야며 공근어례면 원치욕야며 인불실기친이면 역가종야니라 자왈군자식무구포하며 거무구안하며 민어사이신어언이요 취유도이정언이면 가위호학야이니라 자공이왈빈이무첨하며 부이무교호대 하여하리잇고자왈가야나 미약빈이락하며 부이호례자야니라 자공이왈시운여절여차하며 여탁여마라하니 기사지위여인저 자왈사야는 시가여언시이의로다 고제왕이지래자온여 자왈불환인지불기지요 환부지인야니라 자왈위정이덕이 비여북신이 거기소어든 이중성이 공지니라 자왈시삼백에 일언이폐지하니 왈사무사니라 자왈도지이정하고 제지이형이면 민면이무치니라 도지이덕하고 제지이례면 유치차격이니라 자왈오십유오이지우학하고 삼십이립하고 사십이불혹하고 오십이지천명하고 육십이이순하고 칠십이종심소욕하여 불유구호라 맹의자문효한대 자왈무위니라 번지어니 자고자왈맹손이문효어아이늘 아대왈무위라호라 번지왈하위야잇고자왈생사지이례하며 사장지이례하며 제지이례니라 맹무백이 문효한대 자왈부모는 유기질지우시니라 자유문효한대 자왈금지효자는 시위능양이니 지어견마하여도 개능유양이니 불경이면 하이별호리오 자하문효한대 자왈색난이니 유사어든 제자복

학이
學而

평소에 늘 공부를 하고 부모님께
효도하라는 내용이다. 이것은 인(仁)을 실천하는 제1의 단계며
정치를 하기 위한 준비 과정이다.

1

선생님이 말씀하셨다. "배우고 때때로 익히면 기쁘지 아니한가?"

子曰學而時習之면 不亦說乎아
자왈학이시습지 불역열호

자기가 좋아서 하는 공부의 즐
거움을 말한 것이다. 또 그런 공
부를 하라고 권유하는 문장이다.
자기가 좋아서 하는 공부를 '위기
지학爲己之學'이라고 한다《집주》.✝
이런 공부를 하면 할수록 깊은 경

시습재時習齋. 도산서원 기숙사

지에 도달하게 된다. 전문가가 되고, 다른 사람들에게 도움을 줄 수 있
다. 크게 성공한 위인들은 이렇게 공부한 사람들이다. 반면, '위인지학
爲人之學'은 다른 사람들이 요구하는 것을 공부하는 것이다《집주》. 합격
을 위한 시험공부가 그런 것이다. 돈벌이를 위한 공부다. 이런 공부는
오래하지 못한다. 재미가 없기 때문이다. 이렇게 공부한 사람이 출세했
다고 해서 그 혜택이 다른 사람에게 돌아가는 일이란 드물다.

"벗이 멀리서 찾아오면 즐겁지 아니한가!"

有朋이 自遠方來면 不亦樂乎아
유붕 자원방래 불역락호

역락문亦樂門. 옥산서원玉山書院의 정문. '역락亦樂'이란 말은 《명심보감》에도 나오지만, 《논어》의 바로 이 문장에서 그 뜻을 취한 것이다. 손님을 맞이하는 대문 중에서 이보다 더 기분 좋은 이름이 있을 것인가?

벗은 누구인가? 고대의 《논어》 주석가인 포함包咸은 동문同門이라고 했다. 다산 정약용은 '붕朋'이란 추구하는 뜻이 같아 의기투합할 수 있는 사람("志同而意合者也")이라고 설명했다(《논어고금주》).✝✝

●

"사람들이 알아주지 않아도 서운해하지 않으면 군자가 아니겠는가!"

人不知而不慍이면 不亦君子乎아
인부지이불온   불역군자호

✝ 《논어집주論語集註》를 약칭하여 《집주》라고 한다. 필자가 자주 인용하는 아래의 책은 저자 또는 서명만 밝히려고 한다. 상세한 서지사항은 참고문헌 목록에 있다. ①《논어집해論語集解》: 하안何晏(193?~249)이 고대의 논어주석을 모은 것이다. ②《논어의소論語義疏》: 황간皇侃(488~545)이 하안의 《논어집해》에 있는 주註를 보완하면서 《논어》를 해설한 책이다. ③《논어주소論語注疏》·형병邢昺(932~1010)이 하안의 《논어집해》를 부연 설명한 책이다. 책 제목에 '소疏' 자가 붙은 것은 '주註'를 다시 설명하는 것인데, 《논어》에 관한 '소疏'로는 위의 두 책이 유명하다. 형병의 《논어주소》는 완원阮元(1764~1849)이 편집한 《십삼경주소十三經注疏》에 포함되었다. 그만큼 권위 있는 《논어》 참고서로 평가되었다. 하안의 《논어집해》의 주注[註]는 하안을 포함하여 고대의 학자들의 《논어》에 대한 설명을 모은 것이고,

황간과 형병의 소疏에 반복적으로 그 내용이 나오기 때문에, 이 책에서 그 내용을 인용할 때는 주석가들의 이름을 직접 언급하려고 한다. ④ 도암 이재(1680~1746)의 《논어강설論語講說》(《천상강설泉上講說 논어論語》라고 하기도 한다): 《논어》를 문답식으로 설명한 책이다. 현재 필사본으로 전한다. ⑤ 다산 정약용(1762~1826)의 《논어고금주論語古今注》: 《논어》에 관한 고금의 학설을 종합적으로 소개·논평하고 다산의 견해를 붙인 책이다. ⑥ 호산 박문호(1846~1918)의 《논어집주상설論語集註詳說》: 《논어집주》에 대한 해설서라고 할 수 있다. 주자의 관점을 존중하면서 당시의 한자음, 해석 등에 대해 논평했다. 참고로 이 책에서 자주 쓰는 용어를 설명한다. ① 반절反切: 한자음을 표시하는 한 방법이다. 두 글자의 한자로 한자의 음을 표시하는 것인데, 초성이 같은 글자와 종성이 같은 글자에서 각각 초성과 종성을 취하여 한자음을 알게 한다. ② 편篇: 《논어》를 20개의 챕터chapter로 구분한 것. ③ 장章: 《논어》의 각 편에 있는 문장들을 구분한 것. ④ 절節: 장章을 다시 구절句節로 구분한 것.

✝✝ 다산 정약용은 《목민심서》, 《경세유표》, 《흠흠신서》 등 국가 경영과 고전 연구에 관한 방대한 저술을 남겼다. 《논어고금주》는 1813년 겨울, 그가 52세가 되던 해에 유배지 강진에서 완성했다.

2

•

유자가 말했다. "그 사람됨이 효도하고 우애가 있는데 윗사람을 범하기를 좋아할 자는 적다. 윗사람을 범하기를 좋아하지 않는데 반란하기를 좋아할 자는 있지 않을 것이다."

有子曰其爲人也孝弟요‡ 而好犯上者鮮矣니
유자왈기위인야효제   이호범상자선의

不好犯上이요 而好作亂者未之有也니라
불호범상   이호작란자미지유야

●

"군자는 근본에 충실해야 한다. 근본이 정립되어야 도道가 자란다. 효
제孝弟라는 것은 인仁을 행하는 근본이다."

君子는 務本이니 本立而道生하나니 孝弟也者는 其爲仁之本與인저
군자   무본   본립이도생   효제야자   기위인지본여

《논어》에서 '인仁'이란 글자가 처음 나왔다. 앞에서 설명했지만 인은
문장에 따라 그 강조점이 다르기 때문에 다시 언급한다. '인仁'이란, 자
기[己]가 주체가 되어 점차 '다른 사람[人]'을 사랑해나가면서 궁극적으
로 자기와 다른 사람이 하나가 되는 것이다. 사람으로 태어나서 첫 번
째로 소속되는 공동체가 가족이다. 가족은 피와 운명을 같이하는 식구
이기에 자신과 똑같은 존재로 사랑하는 일은 조금만 노력해도 가능하
다. 그런 가족에 대한 사랑이 '효제孝弟'다. 그래서 공자는 '효제'가 인
을 실천하는 첫 번째 단계 또는 근본이라고 한 것이다.

‡ 앞에서 소개했던 《논어언해》 중에서 1800년대 이후 간행된 판본은
   경진신간 내각장판, 임오신간 영영장판, 경오중춘개간 전주부 하경룡
   장판 등이다. 이 3종류의 《논어언해》는 판본만 다를 뿐, 1612년 내사기
   가 있는 《논어언해》의 한글 해석과 한자음, 구두句讀, 현토懸吐가 동일

하다. 이러한 《논어언해》를 '관본 언해' 라고 한다. 1910년 이후에 전통적인 고서 대신에 현대적인 책 형태로 현토와 언해를 추가한 《논어집주》가 여러 출판사에서 간행되었다. 이런 책들도 '관본 언해' 와 구두와 현토가 동일하다. 최근까지도 이런 《논어집주》가 전통서당과 한문 교육기관에서 교재로 사용되고 있다. 이렇게 1612년 《논어언해》의 해석과 구두, 현토, 한자음이 지금까지 《논어》 공부에 참고가 되고 있다. 필자도 1612년 《논어언해》의 구두와 현토를 따랐다. 다만, 주격조사인 '은, 는, 이, 가' 를 의미하는 'ㅣ' 는 《논어언해》에는 있지만 지금은 사용하지 않기 때문에 표시하지 않았다. 또한 〈조선어학회 한글맞춤법 통일안〉(1933)에 따라 '져' 와 '뎌' 는 '저' 로, '샤' 는 '사' 로, '즈' 는 '자' 로, '져' 는 '재' 로, '하야' 는 '하여' 로, 'ᄒᆞ고' 는 '하고' 로, 'ᄒᆞ니' 는 '하니' 로, 'ᄒᆞ되' 는 '호대', 'ᄒᆞ대' 는 '한대' 로 고쳤다. 1989년 3월 1일 개정·시행된 〈한글 맞춤법〉 제15항 '붙임3' 의 규정에 연결형 '이오' 는 '이요' 로 하게 되어 있어서 언해본에 연결형 의미로 사용된 '오' 와 '이오' 는 '요' 와 '이요' 로 수정했다. 물론 종결형의 '이오' 는 그대로 유지했다. 이외에 일부 현토는 문맥에 따라 현대적으로 수정했다.

3

●

선생님이 말씀하셨다. "말을 교묘하게 하고 거짓으로 낯빛을 선한 척하는 사람 중에서 인仁한 사람은 드물다."

子曰巧言令色이 鮮矣仁이니라
자왈교언영색   선의인

증자가 말했다. "나는 날마다 세 가지로 나 자신을 반성한다. 다른 사람을 위해 일할 때 최선을 다했는가? 친구와 사귈 때 진실했는가? 스승으로부터 전수받은 것을 복습했는가?"

曾子曰吾日三省吾身하노니 爲人謀而不忠乎아
증자왈오일삼성오신　　위인모이불충호

與朋友交而不信乎아 傳不習乎애니라‡
여붕우교이불신호　　전불습호

김홍도, 〈서당〉, 국립중앙박물관

충忠에 대해 유명한 2가지 해석이 있다. 충忠을 '가운데 중中' 자와 '마음 심心' 자의 결합으로 해석하는 것이다. 진심으로 최선을 다한다는 뜻이다. 정약용도 《논어고금주》에서 충을 "중심사인中心事人"이라고 해석했다. 마음을 다해 사람을 섬긴다는 뜻이다. '충'을 '진기盡己'라고 해석하기도 한다. '진기'를 보통은 자기가 해야 할 일에 대해 최선을 다한다는 뜻으로 해석한다. 또는 자기 몸을 다 써버린다는 뜻으로도 해석할 수 있다. 고무지우개는 사용할수록 닳게 된다. 아주 많이 사용하면 결국은 다 없어진다. 자기의 몸과 마음을 고무지우개라고 비유하면 다 닳아서 없어질 때까지 최선을 다하는 것, 이것이 충이다. 충의 최후는 죽는 것이다. 좀 무서운 개념이기도

하다. 최선을 다한다는 뜻으로 이해하면 되겠다.

✝ '전傳' 자에 대해 다른 해석이 있어서 소개한다. 주자는 '전傳' 자
를 "受之於師"(스승으로부터 전해 받은 것)로 해석했다. 《논어집주대전》
소주小註에는 "傳不習則欺於師"('전불습'은 스승을 속이는 것)라는 주자
의 설명이 있다. 증자가 매일 3가지로 반성한다는 그 3가지를 주자
는 타인人, 친구友, 스승師과의 관계에서 마땅히 해야 할 일을 잘했
는지 반성해본다는 뜻으로 해석했다. 해야 할 일 그 3가지는 '충
忠', '신信', '학습學習' 이라고 보았다. 그러나 하안은 "평소 강습講習
하지 않고 전傳함이 있지 않았는가?"라는 뜻으로 해석했다. 형병도
"망령되이 전傳함이 있지 않았는가?"라는 뜻으로 설명했다. 이렇게
'전' 자에 대해 복습하는 것으로 보는 해석과 수업 준비로 보는 해
석이 있다. 교편을 잡은 입장이라면 공부하고 가르치는 것이 한 가
지지만, "傳不習乎"라는 4글자에 대한 해석이 이렇게 다르다.

5
•

선생님이 말씀하셨다. "천승의 나라를 이끌 때 직무를 소중하게 여기
면서 일에 전념하고 백성이 믿게 하라. 물자를 절약하고 사람을 사랑하
라. 백성을 동원해서 나랏일을 시킬 때 (바쁜 농사철을 피하고) 시기를 살펴
서 시행하라."

子曰道千乘之國호대✝ 敬事而信하며 節用而愛人하며 使民以時니라
자왈도천승지국   경사이신   절용이애인   사민이시

존재 위백규는 '치治' 자 대신 '도道' 자를 쓴 이유를 이렇게 설명했다. "도道는 마음으로 인도하는 것인데 백성이 마음으로 따르지 않는 정치는 한갓 법法에 불과하다."⳾

⳾ 주자는 "천승지국千乘之國"을 "병거兵車 1,000대를 갖출 힘이 있는 제후국"이라고 설명했다. 이런 해석에 의하면, '만승지국'은 천자국이고 '백승지국'은 전차 100대를 운영하는 작은 나라가 된다. 하안의 《논어집해》에 있는 포함包咸(생몰년 미상, 중국 후한後漢시대의 학자)의 견해는 이와 다르다. 그는 '백승지국'을 "백리지국百里之國"이라고 했다.
⳾⳾ 존재 위백규(1727~1798)는 장흥 출신의 유학자다. 그의 문집 《존재집存齋集》 〈독서차의〉에 《논어》에 대해 상세하게 설명한 글이 있다.

6

선생님이 말씀하셨다. "배우는 젊은이들은 집안에 들어와서는 효도하고 밖에 나가서는 공손하며 조심하고 믿음직스럽게 처신하면서 널리 많은 사람을 사랑하되 어진 이를 가까이해야 한다. 이렇게 (근본에 충실한 행동을) 하고 여력이 있거든 문文을 배워라."

子曰弟子入則孝하고⳾ 出則弟하며 謹而信하며 汎愛衆호대
자왈제자입즉효   출즉제   근이신   범애중

而親仁이니 行有餘力이어든 則以學文이니라
이친인   행유여력   즉이학문

여기서 학문이란 일반적으로 말하는 '학문學問'이 아니다. 글자 그대로 '문文'을 배우라는 말이다. 언해에는 "글을" 배우는 것으로 해석되어 있다. 필자는 '문文'을 포괄적으로 해석하여 언어, 문자, 문장, 복장, 용모, 예절, 디자인 등을 종합적으로 말하는 것으로 보았다. 위의 문장을 우선 본질적인 가치 실현에 힘쓰고 그런 다음 표현에 해당하는 '문文'을 배우라는 뜻으로 해석했다. 본질과 표현의 관계에서 본질이 우선이고 또한 문이 필요하다는 말이다.

‡ 이 문장에서 "제자弟子"를 동생이나 자식의 의미, 또는 공부하는 제자의 의미로 해석할 수 있다. 《논어집주》에는 그냥 "제자弟子"라고 되어 있다. 도암 이재의 《논어강설》에 이런 질문과 대답이 있다. "問弟子是指爲弟爲子者否是師弟子之弟子"(여쭙겠습니다. 이 문장에서 제자弟子는 동생과 자식을 가리키는 것입니까? 아니다. 사제지간의 제자弟子라는 의미다).

7
•

子하가 말했다. "여색을 밝히기보다는 현인賢人을 더 좋아하고, 부모를 섬기되 온 힘을 다하며, 임금을 섬기되 몸이 닳아서 없어질 정도로 최선을 다하고, 친구와 사귐에 있어서 말에 신뢰가 있으면, 설령 이런 사람이 자신은 배우지 못했다고 말하더라도 나는 배울 것은 다 배운 사람이라고 반드시 말할 것이다."

子夏曰賢賢호대 易色하며‡ 事父母호대 能竭其力하며 事君호대
자하왈현현   역색   사부모   능갈기력   사군

能致其身하며 與朋友交호대 言而有信이면
능치기신　　여붕우교　　언이유신

雖曰未學이라도 吾必謂之學矣라호리라
수왈미학　　　오필위지학의

다시 '문'이 무엇인가를 설명했다. 여기서 나열한 규범 역시 '질'에
관한 것이다. '질'에 관한 것을 잘 실천하는 사람이 있다면 그가 설령
표현과 '문'에 대해 배운 적이 없다고 겸손하게 말해도 그 배움이라는
것이 결국은 '질'을 잘하기 위한 것이기에 배운 사람이라고 평가하겠
다는 말이다.

‡ "역색易色"에 대해 두 가지 해석이 있다. 색色 자를 안색顏色으로
보거나 여색女色으로 보는 것이다. 주자는 "호색지심好色之心"(여색을
밝히는 마음)으로 해석했다. 《논어집주대전》 소주小註에 의하면, 정이
천程伊川(1033~1107)은 "見賢而變易顏色"(현인을 보고 안색을 바꾼다)이라
고 해석했다고 한다.

8
●

선생님이 말씀하셨다. "군자는 중후하지 않으면 위엄이 서질 않는다.
이러면 배운 것도 견고하지 못하다."

子曰君子不重則不威니 學則不固니라‡
자왈군자부중즉불위　 학즉불고

"충忠과 신信으로 주된 신조를 삼으며"

　主忠信하며
　주충신

"자기보다 못한 이를 벗하지 말고"

　無友不如己者요
　무우불여기자

"허물이 있으면 망설이지 말고 즉시 고쳐라."

　過則勿憚改니라
　과즉물탄개

　과過는 '허물'이다. 방심하다가 범하는 실수를 말하는 것이다. 악惡
은 의도적으로 나쁜 짓을 하는 것이다.

　✝ 북한에서 출판된 《홍경래》라는 역사소설책이 있는데, 흥미롭게도
　홍경래가 과거시험 볼 때 이 문장이 출제되었다고 한다. 그 부분을
　인용해본다. "그는 자기 앞에 제시된 문제를 다 풀어놓고 얼핏 옆을
　둘러보았다. 리회식이 써놓은 답안지가 눈에 띄었다. '군자불중즉불

위 학즉불고' 라는 《논어》의 한 구절을 해석한 것이다. 즉 군자가 자중하지 못하면 위엄이 없어서 배운 것이 견실치 못하다는 의미다. 그런데 '고' 자의 해석을 견고하다라고 해석해야겠는데 고집할 고자로 해석해놓았다. 즉 운서의 고자 해석만을 참작한 것이다. 그래서 '군자가 학문을 하면 고집불통한 것이 없게 된다' 고 답을 써놓았었다."
리유근, 《장편력사소설 홍경래》(평양: 문예출판사, 1992), 39~40쪽.

9

•

증자가 말했다. "부모의 상을 당해서 예禮를 다하고 정성으로 조상을 추모하면 백성의 덕德이 두터워질 것이다."

曾子曰愼終追遠이면 民德이 歸厚矣리라
증자왈신종추원　　　 민덕이　 귀후의

신종愼終은 초상을 치를 때 슬픈 마음으로 예禮를 다한다는 뜻이다. 추원追遠은 자신의 뿌리인 조상에게 정성으로 제사 지낸다는 뜻이다(《집주》).

10

•

자금이 자공에게 질문했다. "(공자) 선생님이 이 나라에 오셔서 반드시 국정國政에 관해 들어보시니, (선생님이 관직을) 구하시려고 해서 그런 것입니까? 아니면 (저쪽에서 관직을) 주려고 해서 그런 것입니까?"

子禽이 問於子貢曰夫子至於是邦也하사
자금　문어자공왈부자지어시방야

必聞其政하시나니 求之與아 抑與之與아
필문기정　　　　구지여　억여지여

●

자공이 말했다. "선생님은 온화하고, 솔직하며, 점잖고, 절제하며, 양보하면서 (관직을) 구하신다. 이렇게 선생님이 (관직을) 구하는 방식은 보통 사람들이 하는 것과는 다르다."

子貢이 曰夫子는 溫良恭儉讓以得之시니
자공　왈부자　온량공검양이득지

夫子之求之也는 其諸異乎人之求之與인저[+]
부자지구지야　기제이호인지구지여
　　　　　　(저)

부드럽게 번역하면 이런 뜻이다. 공자는 부담스런 방식으로 관직을 요구하지 않았고, 마음을 비우고 솔직하게 자리에 대한 관심을 표명했다는 말이다. 구직자의 입장이지만 품위를 지켰고 절제하고 겸손하게 양보하면서 구했다는 말이다.

[+] 諸 자는 《논어언해》(1612)에 '져'로 되어 있다. 한문을 많이 공부한 세대에서는 아직도 '저'로 읽는다. 諸 자는 여럿이라는 의미일 때 '제'라고 읽고, '에'(於), '에서'(之於), '하겠는가'(之乎)의 의미일 때 '저'로 읽는 것으로 구분하기도 한다. 그러나 점차 사전, 옥편에서 '제'와 '저'를 구분하지 않고 통합적으로 '제'로 읽는 경향이

있다. 최근에 완간된 단국대학교 동양학연구소 《한한대사전》(2008)의 諸 자를 보면, "제(저)"라고 표시되어 있다. 《한한대자전》(민중서림, 2001), 《동아백년옥편》(두산동아, 2005)에는 '제'라고 되어 있는데 다만 그 본음이 '저'라고 하는 표시가 있다. 이 책에서는 諸 자에 대해 '제(저)'로 표시했다. '제'와 '저'로 읽을 수 있으나 '제'로 우선으로 읽는다는 뜻이다. 한편, 단대 《한한대사전》(2008)에 "反求諸己"(잘못의 원인을 자기 자신에게서 찾는다)의 한자음을 "반구저기"라고 표시하고 있다. 諸 자의 한자음이 '제'로 통합되어가는 과정이지만 이렇게 '저'로 읽는 사례도 있다. 그러나 지금 구해볼 수 있는 비교적 큰 국어사전인 《국어대사전》(이희승 편저), 《우리말큰사전》(한글학회), 《연세한국어사전》(연세대) 등에서도 '반구제기', '반구저기'라는 4글자를 설명하는 것은 찾지 못했다. 다만, 앞의 한자사전에 '반구저기'라는 용례가 있고 또 이렇게 읽는 경향이 있어서 필자도 공야장편 11장에 있는 "諸我"(자기에게)와 "諸人"(다른 사람에게)의 諸 자에 대해서는 '저(제)'라고 표시하였다. 또한 위령공편(15편) 20장에 나오는 "諸己"(자기 자신에게서), "諸人"(다른 사람에게서)에 대해서도 '저(제)기', '저(제)인'이라고 표시하여 '저' 자로 읽는 것을 우선으로 했다.

11

•

선생님이 말씀하셨다. "아버지가 살아 계실 때 그 자식이 어떤 뜻을 가졌는지 관찰하고, 아버지가 돌아가신 다음에는 그 자식이 어떻게 행동하는지를 관찰한다. 자식이 3년 동안은 아버지가 했던 일을 고치지 않아야 효도했다고 말할 수 있다.

子曰父在에 觀其志요 父沒에 觀其行이나 三年을
자왈부재　관기지　부몰　관기행　　삼년

無改於父之道라야 可謂孝矣니라✝
무개어부지도　　　가위효의

✝ 《논어》는 문장이 간략하고 각 장章(문장)마다
내용이 달라지기 때문에 다양한 해석이 가능하
다. 이 문장에서 '기其'가 누군가에 관해 다른
해석이 있다. 아버지인가, 자식인가? '지志'와
'행行'의 주체가 누구인지를 말하는 것이다. ①
하안의 《논어집해》에 있는 해석인데, 공안국孔
安國(생몰년 미상, 중국 전한前漢시대의 학자)은 "父在
子不得自專故"(아버지가 생존해 계실 때 자식이 제 마
음대로 할 수 없기 때문에)로 다만 그가 어떤 뜻을
가졌는지 보고 아버지가 돌아가신 다음에는 그
의 행동을 관찰한다고 설명했다. ② 형병도 공
안국의 설명을 인용하면서 이 문장은 효자의
지志와 행行을 보는 것이라고 했다. ③ 주자도
아버지가 생존해 계실 때 그 자식이 품은 뜻을
보고, 아버지가 돌아가신 다음에 그가 어떻게
행동하는지 살펴보면 그의 선악善惡을 알 수 있
다고 설명했다. 호산 박문호도 "其指子也"('其'
자는 자식을 지칭하는 것이다)라고 하였다. 이렇게

《오륜행실도》, 〈고어도곡皐魚道哭〉, 서
울대학교 규장각 한국학연구원. 김홍
도가 그린 것으로 추정하고 있다. 고어
皐魚라는 사람이 부모가 돌아가시자
상복을 입고 칼을 안고 길가에서 울고
있어 공자가 그 연고를 묻는 장면이다.

위의 문장에서 '기其'는 자식이고, '지志'와 '행行'의 주체도 자식이
라고 해석할 수 있다. 최근의 《논어》 역주서를 보면, 두 가지 해석이
다 있다. 김학주(1999), 김용옥(2008)은 '기其' 자가 '아버지'를 의미하
는 것으로 해석했다. 김도련(2008)도 이 문장의 "기지其志"에 대해
"본장本章의 주제가 효孝에 관해 논하는 것이므로, 마땅히 효자孝子
가 부친父親의 지행志行을 관찰하는 데 있는 것이지, 제삼자가 아들
의 지행志行을 보는 것이 아니다"라고 설명하였다.

12

•

유자가 말했다. "예禮를 시행함에 있어서는 조화롭게 하는 것이 중요
하다. 선왕先王의 도道는 이래서 참 좋았다. 작은 일과 큰일을 이런 도道
에 따라 행했다."

有子曰禮之用이 和爲貴하니 先王之道斯爲美라 小大由之니라
유자왈례지용　화위귀　　선왕지도사위미　소대유지

•

"행하지 못할 것이 있으니, 조화가 중요하다는 것만 알고 (절도 있는) 예
禮로 다듬지 않으면 또한 실행할 수 없게 된다."

有所不行하니 知和而和요 不以禮節之면 亦不可行也니라
유소불행　　지화이화　불이례절지　역불가행야

13

•

유자가 말했다. "약속한 바가 의義에 가까우면 말한 바를 실행할 수 있다. 공손함이 예禮에 가까우면 부끄러움과 욕됨을 멀리할 수 있다. 인연을 맺어 의지하게 된 어른과의 친분을 잃지 않으면 또한 존경하여 섬길 수 있다."

有子曰信近於義면 言可復也며 恭近於禮면 遠恥辱也며✝
유자왈신근어의　언가복야　공근어례　원치욕야

因不失其親이면 亦可宗也니라
인불실기친　　　역가종야

이 문장에서 "인불실기친"은 해석이 좀 막연하다. 필자는 "친분을 유지해야 할 어른을 잃지 않는다"는 뜻으로 해석했다.✝✝ 존경할 만한 어른이나 스승을 미리 고르기는 어렵겠지만 나중에 잘못 보았다고 후회하지 않을 인격을 가진 분인가를 살펴보라는 말이다.

✝ 필자는 《논어》 본문 한자를 입력할 때 정유자 활자(1777년 제작)로 간행한 《논어집주대전》과 《논어언해》(1612)를 대본으로 참고했다. 이 책을 참고한다는 것은 단지 《논어》 본문 한자를 똑같이 하는 것으로 국한되는 것이 아니다. 《논어》 본문뿐만 아니라 《논어》 20편에 있는 각각의 장章과 절節의 분류 체제도 따른다는 뜻이다. 또한 그렇게 《논어》를 편집하고 해석한 주자의 의도에 동의한다는 뜻이다. 《논어》는 처음부터 여러 판본이 있었다. 시간이 지나면서 판본마다 《논어》의 글자와 체제가 조금씩 달라졌다. 그러다가 점차 황

간의 《논어의소》, 형병의 《논어주소》, 주자의 《논어집주》가 권위 있는 《논어》 판본과 주석으로 인정받았다. 필자가 굳이 조선시대에 간행된 정유자본 《논어집주대전》을 대본으로 삼았다고 밝히는 이유는 한자 자형字型 때문이다. 《논어집주》를 대본으로 삼는다고 하더라도 판본에 따라 다른 한자가 있기 때문이다. 《논어》 판본에 따라 달라지는 한자와 원문의 편집에 대해 연구자들이 참고하는 자료로 육덕명陸德明(550?~630)의 《경전석문經典釋文》〈논어음의論語音義〉가 있다. 이 책에 《논어》 고대 판본에서 보이는 원문 한자의 차이, 한자음, 논란이 있는 구절句節의 이동異同에 대해 설명되어 있다. 주자도 이 책을 참고하고 《집주》에 인용했다. 조선시대 유학자들도 이 책을 참고했는데, 특히 정약용이 《논어고금주》에서 《경전석문》의 사례를 많이 인용했다. 또한 전문적인 참고자료로는 《십삼경주소十三經注疏》의 《논어주소論語注疏》에 들어 있는 〈논어주소교감기論語注疏挍勘記〉가 있다. 이 책은 추사 김정희(1786~1856)의 서법에 영향을 준 인물로도 알려진 완원阮元(1764~1849)이 편찬한 것이다. 〈논어주소교감기〉는 황간, 형병의 《논어》 판본을 포함하여 그 당시에 검토할 수 있었던 《논어》 판본 9종 이상을 비교·검토한 것이다. 물론 주자의 《집주》와의 차이에 대해서도 언급되어 있다. 특히 《논어》 판본마다 '야也', '이而', '재哉', '의矣'와 같은 어조사가 있고 없음에 대해서는 사례별로 상세하게 조사되어 있다. 또한 《논어》에 많이 나오는 가차자假借字(뜻은 다르지만 음이 동일한 한자로 표기하는 방법)의 사례에 대해서도 자세하게 조사되어 있다. 《논어》 본문의 글자가 이렇게 다양하기 때문에 이 문제를 전문적으로 조사하는 작업이 아닌 바에는 일반적으로 사용되는 권위 있는 책을 참고할 수밖에 없다. 필자의 생각으로는 국내에서는 그래도 정유자 《논어집주대전》(영인본)이 교재로서 참고할 만한 판본이라고 본다. 오자와 탈자로 의심되는 것은 《경전석문》과 〈논어주소교감기〉와 같은 《논어》 본문 교감校勘에 관한 책을 참고했다. 또한 세종의 명에 의해 발간·보급된 《논어집주대전》(1427년 발문), 사고전서 《논어집주대전》(전자판) 등과 같은 판본과 비교·확인했다. 그런데, 오자는 아니고 다만 판본에 따라 한자 자형이 다른 경우는 어떻게 해야 하는지 생각해보았다. 물론 국내에도 한자 자형에 대한 전문 연구서가 있다(이영주, 《한자자의론漢字字義論》). 필자는 앞의 《한자자의론》을 참고하기 전에는 《논어》에 있는 한자 자형을 권위 있는 판본을 기준으로 삼아 수정하거나 통일하려고 했다. 그러나 이 책을 읽고 난 다음에는 명백한 오자가 아니라면 《논어》의 한자 자형을 가급적 판본에 있는 그대로 두어야겠다고 생각했다. 문제는 글자 형태만 살짝 다른 '이체자異體字'에 관한 것인데, 사소한 문제기는 하지만 《논어》를 집중적으로 공부하는 독자에게는 그에 관한 자료도 필요하겠다는 생각에서 소개할 만한 사례는 주석에서 표시했다. 《논어》 교육의 현장에서는 글자의 차이까지도 질문하는 학생들이 있다. 시험 문제를 출제하는 일과 같이 글자 하나까지 정확해야 하는 입장이라면 소홀히 할 수 없는 문제라고 생각한다. 또한 《논어》 책을 간행하는 출판사에서도 한자 자형의 차이에 관해서도 신경을 써야 한다고 생각한다. 한자 자형의 문제에 대해 한국고전번역원에서도 ① 대표자代表字, ② 이형자異形字, ③ 이체자異體字라고 분류하고 사례를 조사한 것이 있다. '대표자'는 "그 글자의 형성 원리를 가장 잘 나타내는 자형을 유지한 글자[正字] 혹은 국가적인 정리 사업에 의해 결정된 대표 자형을 가진 한자다"라고 한다. '이형자'는 "자형이 다르면서 대표자와 동음 동의를 가지는 글자다"라고 한다. '이체자'는 "개인적인 필기 습관 혹은 초기 글자가 만들어질 당시부터 존재한 여러 자형에서 기인한 글자들, 혹은 필기 도구에 따라 다르게 표현된 한자들을 말한다"고 한다. 필자도 이체자, 이형자가 나오면 《논어》관련 자료에서 찾을 수 있는 용례를 설명했다. 그런 사례 중 하나가 '恥'자인데, 일부 판본에는 '耻'자로 되어 있다. 이렇게 恥자 또는 耻자가 사용되는 사례에 대해서도 〈논어주소교감기〉에 나온다. 완원阮元은 '耻'자에 대해 "耻乃恥之俗字"(耻'자는 恥'의 속자俗字다)라고 설명했다. 필자는 조선시대부터 현재까지 우리 곁에 있는 《논어》책, 《논어》교재로 사용되는 책에서 이렇게 다른 한자가 사용되는 사례에 국한하여 언급하려고 한다. 1910년 이후에 현대적인 책으로 간행된 현토와 언해가 있는 《논어집주》대부분의 판본(1917, 1927, 1952, 1976 등)에 '耻'로 되어 있다. 그러나 1427년 발문 《논어집주대전》, 《논어언해》(1590), 《언해논어》(1932), 근래에 간행된 대부분의 《논어》책, 《논어》교재로 많이 사용하는 《한문대계漢文大系》I권 〈논어집설論語集說〉(1975)과 양백준楊伯竣의 《논어역주論語譯注》(1980)에는 恥로 되어 있다. 한자 자형과 조선시대 한자음에 대해서는 《천자문千字文》이 좋은 참고 자료가 된다. 《천자문》에도 '恥'자가 나오는데, 미수眉叟 허목許穆(1595~1682)이 쓴 《천자문千字文》영인본(《眉叟許穆先生楷書 千字文》)에는 '耻'자로 되어 있다. 왕희지王羲之(307~365)의 《천자문千字文(楷書)》를 보면 '恥'자로 되어 있으나, 그의 후손인 지영智永(수隋나라 서예가)의 《진초眞草 천자문千字文》에는 耻'자로 되어 있다. 이렇게 예전부터 '恥'자와 '耻'자가 통용되었던 것으로 여겨진다. 그렇기 때문에 《논어》에서도 어떤 글자 자형만 옳다고 할 수는 없을 것이다. 단대 《한한대사전》(2008)에 '耻'자는 '恥' 자의 속자俗字라고 하는 설명이 있다.

✚✚ '인囚' 자에 대해 여러 해석이 있다. ① '인囚' 자를 '의依'라고 보는 것이다((집주)). 주자는 '인囚' 자를 '의탁함', '의지하는 사람'으로 해석하고 "처음에 잘 생각해서 선택하라"(當謹之於始)는 뜻으로 설명했다. ② 공안국은 '인囚' 자를 '친親' 자로 보고 "所親不失其親"(친하게 지내야 할 사람과 친분을 잃지 않으면) 그를 존경할 수 있다고 설명했다. ③ 정약용은 '인囚' 자를 윗글을 연결하는 글자(承上之辭)로 해석하고, 이 문장을 "사람이 능히 신의가 있고 공손하여 이런 것으로 인하여 부모, 형제 사이의 친함을 잃지 않았다면 그 사람이 비록 성현聖賢의 수준에 이르지는 않았지만 또한 가히 존경하여 종주로 삼을 수 있다"고 해석했다.

14
●

선생님이 말씀하셨다. "군자는 먹음에 있어서 배부르게 먹기를 추구하지 않으며 거처함에 있어서 편안하게 살기를 추구하지 않는다. 일할 때 민첩하고 말할 때 신중하며 도덕을 지키고 받드는 마음이 있는 인사를 찾아가 옳고 그름을 질정質正한다면 진정 배움을 좋아한다고 말할 수 있다."

子曰君子食無求飽하며 居無求安하며 敏於事而愼於言이요
자왈군자식무구포　　　거무구안　　　민어사이신어언

就有道而正焉이면 可謂好學也已니라
취유도이정언　　　가위호학야이

●

자공이 말했다. "가난해도 아첨하지 않으며 부유해도 교만하지 않으려고 노력하는데, 어떻습니까?" 선생님이 말씀하셨다. "그래도 괜찮다. 그러나 가난해도 가난을 의식하지 않고 편안하게 즐기고 부유하면서 예禮를 좋아하는 사람보단 못한 것이다."

子貢이 曰貧而無諂하며 富而無驕호대[+] 何如하리잇고
자공   왈빈이무첨   부이무교   하여

子曰可也나 未若貧而樂하며 富而好禮者也니라
자왈가야   미약빈이락   부이호례자야

자공은 가난할 때 비굴하지 않았고 부자가 된 다음에는 교만하지 않으려고 노력했다. 자공은 할 만큼 했다고 자부하고 자신의 노력에 대해 말했다. 공자는 자공의 노력을 인정했다. 그러면서 가난함과 부유함 그 자체를 의식하지 않는 자연스런 수준에는 미치지 못한다고 평가했다.

●

자공이 말했다. "《시경》에 '자른 듯하고 다듬은 듯하며, 쫀 듯하고 연마한 듯하다'는 구절이 있는데, 그것이 바로 선생님이 해주신 이 말씀의 의미군요."

子貢이 曰詩云如切如磋하며 如琢如磨라 하니 其斯之謂與인저
자공   왈시운여절여차   여탁여마   기사지위여

'절차탁마切磋琢磨'라는 말이 나왔다. 절切은 뿔이나 뼈와 같은 재료를 일단 톱으로 자르는 것이다. 차磋는 그것을 매끄럽게 갈고 다듬는 것이다. 탁琢은 옥玉이나 돌과 같은 재료를 우선 망치로 쪼아 구상하는 형태를 만드는 것이다. 마磨는 그것을 다시 매끄럽게 닦는 것이다. 뼈와 돌을 다루는 장인은 작품을 만들기 위해 이렇게 끊임없이 작업을 한다. 공부도 그와 같음을 말한 것이다(《집주》). 자공은 자신의 수준이 골각을 톱으로 자르고 옥석을 망치로 두들겨서 형태를 만든 초보적인 수준임을 공자의 말을 통해서 알게 되었다. 인위적으로 애쓴 모습이 그렇다는 것이다. 더욱 분발하라는 공자의 가르침에 맞는 시詩를 인용하면서 지적한 뜻을 분명히 알았다고 표시한 것이다.

●

선생님이 말씀하셨다. "사賜는 이제 비로소 함께 시를 읊을 수 있게 되었구나. 지나간 것을 말해주니 앞으로 다가올 것을 미리 아는구나."

子曰賜也는 始可與言詩已矣로다 告諸往而知來者온여
자왈사야　　시가여언시이의　　　고제왕이지래자
　　　　　　　　　　　　　　　　　　(저)

공자가 자신이 해준 말의 뜻을 제대로 이해한 자공을 칭찬했다.

✝ 《논어언해》(1612)의 현토는 조선시대는 물론 지금까지도 《논어》 공부에 참고가 되고 있다. 지금 교재로 사용되고 있는 현토가 있는 《논어》 책은 역주자와 출판사가 달라도 현토가 조선시대의 그것과 차이가 별로 없다. 그러나 현토가 약간 다른 사례가 있어서 소개한다. "富而無驕"(부유하지만 교만하지 않다) 다음의 토吐는 관본

언해로 분류되는 《논어언해》 5종(1590년, 1612년, 영영장판, 영영중간, 하경룡장판)에는 '호딕' 로 되어 있다. 그러나 율곡의 《논어언해》에는 주격조사인 'ㅣ' 로 되어 있다. 필자가 소장하고 있는 《논어》 필사본 3종에는 구결口訣로 '호대' 라고 되어 있고 다른 한 권의 필사본에는 '호대' 와 '하면' 으로 2가지의 토가 구결로 표시되어 있다. 이렇게 조선시대 《논어언해》의 구두句讀와 토吐가 완전하게 같은 것은 아니었다. '관본 언해' 로 분류되는 것과 '율곡 언해' 가 달랐다. 또한 필사본의 사례에서 보는 바와 같이 《논어》를 공부할 때 모두가 표준화된 《논어언해》를 따른 것만은 아니었다. 《논어》를 달리 해석하는 유학자들은 나름대로 다른 토吐를 달았다. 조선시대 《논어언해》 판본은 7종류 이상이 있는데, '율곡 언해' 를 제외하고는 한글 해석, 현토, 한자음이 동일하다. 그래서 《논어언해》 중에서 하나만 대표로 확인하는 것도 좋겠다고 생각한 적도 있었다. 위의 《논어언해》가 동일한지 모두 확인해보니, 오자도 있고 한자 자형이 다른 것도 있었다. 물론 한자음이 다른 것도 있다. 그러나 이런 것은 예외적인 사례고 전체적으로 '관본 언해' 로 분류되는 《논어언해》는 동일하다. 《논어언해》는 국가적인 사업으로 추진되었고 《논어》의 한자음과 현토, 해석에 대해 국가적인 공인을 받은 교과서라고 할 수 있다. 《논어언해》의 이러한 간행 목적과 특성을 생각하면 출판지가 달라도 내용이 동일한 점에 대해서는 이해가 될 수 있다고 생각한다. 한편, 7종류의 《논어언해》 중에서 《내각장판》(규장각)과 《영영장판》(경상감영)은 국가 기관에서 간행한 것이지만, 《전주 하경룡 장판》(1810년 간행 추정)은 민간 출판업자가 간행한 것이다. 《논어언해》와 《논어집주대전》뿐만 아니라 조선시대의 수많은 교재들이 이 출판사에서 간행되었다. 조선시대 최고의 민간 출판사가 전주에 있었다.

16

●

선생님이 말씀하셨다. "사람들이 자기를 알아주지 않음을 근심하지 말고 내가 다른 사람을 알지 못함을 근심하라."✝

子曰不患人之不己知요 患不知人也니라✝✝
자왈불환인지불기지　환부지인야

✝ 여기서 다른 사람을 '알지 못한다', 또는 '안다'는 말은 친분이 있는 사람, 또는 안면이 있는 사람이라는 뜻이 아니다. '다른 사람이 가지고 있는 덕德이나 지식知識을 알지 못함'을 걱정하라는 말이다. 평소에 잘 알고 지내는 사람이라고 하더라도 그 내면세계와 인품을 알지 못하고 지냄을 걱정하라는 뜻으로 이해하면 되겠다. 《논어고금주》에 이런 의미로 설명한 말이 있다. "補曰患不知人之賢也"(보충해서 설명한다. 다른 사람의 현능함에 대해 알지 못함을 근심하라). 《논어》의 문장은 압축적이고 간략하기 때문에 앞뒤 문맥을 통해서 파악해야 되는 경우가 많다. 또한 인仁, 지知와 같은 추상적인 개념도 문장마다 그 개념의 내포connotation가 조금씩 다르다. 그렇기 때문에 공자가 인仁에 대해 말한 하나의 사례를 가지고 그것이 곧 인仁 전체를 설명한 것으로 이해하는 것은 곤란하다. 공자가 인仁에 대해 언급한 것은 대부분 인仁의 한 가지 측면을 말한 것이다. 이것이 공자의 어법語法이라고 하면 좀 무리가 있겠지만, 공자는

추상적인 개념 그 자체를 통째로 말하는 경우가 드물다. 공자는 듣는 사람의 수준이나 입장, 또는 상황을 고려하지 않고 말하는 사람을 소경이라고 비평했다.

✚✚✚ 존재 위백규는 이런 질문을 제기했다. 이 문장에서 공자가 "不知己"(내가 나 자신을 알지 못함)이라고 하지 않고 "불기지己不知"(남이 나를 알아주지 않음)이라고 한 이유는 무엇이냐고. "지기知己"(내가 나 자신에 대해 안다)와 "기지己知"(남이 나를 알아준다)의 차이를 언급한 말인데, 공자가 이렇게 말한 것은 나름대로 이유가 있다고 한다. 그것은 "지기知己"는 자기 의지에 따라 달라질 수 있는 것이고, "기지己知"는 다른 사람이 하는 일이기 때문에 내가 걱정해도 어찌할 수 없는 일이라는 말이다. "지기知己"에서는 자기가 주체지만 "기지己知"에서는 자기는 단지 대상일 뿐이기에, 이렇게 세밀하게 마음을 써서 "기지己知"라는 용어를 선택한 공자의 의도를 알아야 한다고 설명했다. 정조도 "不患人之不己知"와 앞에서 나왔던 "人不知而不慍"(남이 알아주지 않아도 섭섭해하지 않는다)의 차이가 무엇이냐고 경연에서 질문했다. 신하들은 대동소이한 뜻이 아니겠냐고 대답했지만, 정조는 "온慍"자와 "환患"자의 차이를 설명했다. "人不知而不慍"이란 남이 나를 알아주지 않아도 섭섭해하지 않는 것이니 이 정도면 학문이 노숙한 학자의 경지에서 하는 말이고, "不患人之不己知"는 초학자에게 남의 평가에 연연하지 말고 노력하라는 격려의 차원이라고 설명했다. 《논어집주대전》 소주小註에도 《논어》의 이런 문장 배열에 대해 운봉 호씨가 언급한 것이 있다. 《논어》 학이편은 "不知不慍"(남이 알아주지 않아도 서운해하지 않는다)라는 말로 시작하여 "患不知人也"(남을 알아보지 못함을 걱정한다) 말로 끝나는 특징을 주목했다. 또한 《논어》를 전체적으로 보면 학이편

(제1편) "不亦君子乎"(또한 군자가 아니겠는가?)로 시작되어 요왈편(제20편) "無以爲君子也"(군자가 될 수 없다)라는 말로 끝나는 특징을 주목했다.

자왈학이시습지면 불역열호아 유붕이자원방래면 불역락호아인부지이불온이면
불역군자호아 유자왈기위인야효제요 이호범상자선의녀 불호범상이요 이호작란
자미지유야니라 군자는 무본이니 본립이도생하나니 효제야자는 기위인지본

인저자왈교언영색이 선의인이니라 증자왈오일삼성오신하노니 위인모이불충호
아 여붕우교이불신호아 전불습호애녀 자왈도천승지국호대 경사이신하며 절
용이애인하며 사민이시니라 자왈제자입즉효하고 출즉제하며 근이신하며 범애
중호대 이친인이니 행유여력이어든 즉이학문이니라 자하왈현현호대 역색하며
사부모호대 능갈기력하며 사군호대 능치기신하며 여붕우교호대 언이유신이면
수왈미학이라도 오필위지학의라 자왈군자부중즉불위니 학즉불고니라
충신하며 무우불여기자요 과즉물탄개니라 증자왈신종추원이면 민덕이 귀후의리
라 자금이 문어자공왈부자지어시방야하사 필문기정하시나니 구지여아 억여지
여아 자공이 왈부자는 온량공검양으로 득지시니 부자지구지야는 기제이호인지
구지여인저 자하문효한대 자왈부모는 유기질지우시니라
가위효의니라 유자왈례지용이 화위귀하여 선왕지도사위미라 소대유지니라 유
소불행하니 지화이화요 불이례절지면 역 불가행야니라 유자왈신근어의면 언가
복야며 공근어례면 원치욕야며 인불실기친이면 역가종야니라 자왈군자식무구
포하며 거무구안하며 민어사이신어언이요 취유도이정언이면 가위호학야이니
라 자공이 왈빈이무첨하며 부이무교호대 하여하리잇고 자왈가야나 미약빈이락
하며 부이호례자야니라 자공이 왈시운여절여차하며 여탁여마라 하니 기사지위
여인저 자왈사야는 시가여언시이의로다 고제왕이지래자온여 자왈불환인지
불기지요 환부지인야니라 자왈위정이덕이 비여북신이 거기소어든 이중성이 공
지니라 자왈시삼백어 일언이폐지하니 왈사무사니라 자왈도지이정하고 제지이
형이면 민면이무치나니라 도지이덕하고 제지이례면 유치차격이니라 자왈오십
오이지우학하고 삼십이립하고 사십이불혹하고 오십이지천명하고 육십이이순하
고 칠십이종심소욕하여 불유구호라 맹의자문효한대 자왈무위니라 번지어니
자고 자왈맹손이 문효어아이늘 아대왈무위라호라 번지왈하위야잇고 자왈생사
이례하며 사장지이례하며 제지이례니라 맹무백이 문효한대 자왈부모는 유기질
지우시니라 자유문효한대 자왈금지효자는 시위능양이니 지어견마하여도 개능
유양이니 불경이면 하이별호리오 자하문효한대 자왈색난이니 유사어든 제자

자왈학이시습지면 불역열호아 유붕 이자원방래면 불역락호아 인부지아불온이면
불역군자호아 유자왈기위인야효제요 이호범상자 선의니 불호범상이요 이호작란
자미지유야니라 군자는 무본이니 본립이도생하나니 효제야자는 기위인지본여
인저 자왈교언영색이 선의인이니라 증자왈오일삼성오신하노니 위인모이불충호
아 여붕우교이불신호아 전불습호애니라 자왈도천승지국호대 경사이신하며 절
용이애인하며 사민이시니라 자왈제자입즉효하고 출즉제하며 근이신하며 범애
중호대 이친인이니 행유여력이어든 즉이학문이니라 자하왈현현호대 역색하며
사부모호대 능갈기력하며 사군호대 능치기신하며 여붕우교호대 언이유신이면
수왈미학이라도 오필위지학의라호리라 자왈군자부중즉불위니 학즉불고니라 주
충신하며 무불여기자요 과즉물탄개니라 증자왈신종추원이면 민덕이 귀후의리
라 자금이 문어자공왈부자지어시방야하사 필문기정하시나니 구지여아 억여지

위정 爲政

위정편의 주제는 '정치'다.
공부하고 인격을 다스린 사람이 현실정치에 참여한다는 수기치인의 정신에 관한 것이다.
이제부터 현실정치에 관한 이야기가 본격적으로 전개된다.†

여아 자공이 왈부자는 온량공검양이 득지시니 부자지구지야는 기제(저)이호인저
구지여인저 자왈부재에 관기지요 부몰에 관기행이나 삼년을 무개어부지도라야
가위효의니라 유자왈례지용이 화위귀하니 선왕지도사위미라 소대유지니라 유
소불행하니 지화이화요 불이례절지면 역불가행야니라 유자왈신근어의면 언가
복야며 공근어례면 원치욕야며 인불실기친이면 역가종야니라 자왈군자식무구
포하며 거무구안하며 민어사이신어언이요 취유도이정언이면 가위호학야이며
자공이 왈빈이무첨하며 부이무교호대 하여하리잇고 자왈가야나 미약빈이락
하며 부이호례자야니라 자공이 왈시운여절여차하며 여탁여마라하니 기사지위
인저 자왈사야는 시가여언시이의로다 고제(저)왕이지래자온여 자왈불환인지

† 《논어》 제1편이 '학이편'이고 제2편이 '위정편'이다. 글자로 압축해보면 '學' 자 다음에 '政' 자가 이어진다. 공부한 다음에 정치를 하라는 공자의 '선학후정先學後政' 정신을 반영한 것이다. 호산 박문호는 《논어》가 이런 순서로 진행되는 것은 《논어》 편집자의 의도라고 설명했다. 그러면서 "學而優則仕"(공부하다가 여유가 있으면 벼슬한다)라는 《논어》의 문장을 인용했다. 박문호의 《논어집주상설》은 《집주》만으로 해석이 막연한 구절句節에 대해 참고가 된다. 특징적인 것은 각각의 장章 해설 마지막 부분에 "A字此章之題目"(A자가 이 장章의 주제어다)라고 하면서 그 장章의 핵심적인 개념을 정리하는 방식이다. 각 장章의 키워드를 지적해주는 것이다. 황간과 형병이 자신들의 설명인 '소疏'를 시작할 때 그 장章의 내용을 한 글자 또는 두 글자 등으로 핵심을 제시한 방식과 유사하다. 박문호는 한자음에 대해서는 당시에 사용되고 있는 한자음보다는 단호하게 《집주》에 있는 주자의 해석과 음을 고수했다. 관본 《논어언해》는 해석에서는 주로 주자의 《집주》를 따랐지만 한자음에서는 그 당시의 현실적인 한자음을 일부 반영했다. 박문호는 이런 《논어언해》의 한자음이 《집주》에 표시된 한자음과 다른 것이 있으면 "언해의 음音은 오류다"라고 지적했다.

1

•

선생님이 말씀하셨다. "정치를 덕德으로써 하는 것을✝ 비유하면 북극성이 있어야 할 그 자리에 있으면 모든 별이 그것으로 향하는 것과 같다."✝✝

子曰爲政以德이 譬如北辰이 居其所어든 而衆星이 共之니라
자왈위정이덕　비여북신　거기소　　이중성　공지

조선시대 선비들의 시에서 북쪽은 임금이 계신 곳을 의미했다.✝✝✝

✝ 서계 박세당(1629~1703)은 이 장章에서 중점을 두는 것이 "무위無爲"가 아니라 "先自治也"(먼저 스스로를 다스림)라고 강조하면서 이렇게 설명했다. "正己而正人所以天下歸服"(자기를 바르게 한 다음에 다른 사람을 바르게 함으로써 천하의 모든 사람이 저절로 복종하게 된다). 박세당은 《논어》를 비롯하여 《맹자》, 《대학》, 《중용》 등에 대해 나름대로 개성적인 해설을 했던 《사변록思辨錄》으로 유명하다. 그는 이 책으로 인해 당시의 유학자·관료들로부터 '사문斯文의 죄인'이란 공격을 받기도 했다.

✝✝ 《집주》에서는 '공共' 자를 '향向' 자로 해석한다. "뭇별들이 북극성 쪽으로 향한다"고 해석하는 것이다. 《집주》에는 또한 "공共자는 공拱자로 쓰기도 한다"(共亦作拱)는 설명이 있다. 완원阮元은 '拱' 자가 정자正字고 '共' 자는 가차자假借字라고 했다("按拱正字共假借"). '가차자'는 뜻은 다르지만 음이 같은 한자로 표시하는 방법인데, 《논어》에 많이 나온다. 판본에 따라서는 가차자를 쓰지 않고 본래 의

미의 한자를 직접 쓰는 사례도 많다. 예를 들면, 학이편 제1장에 나오는 '열說' 자는 기쁘다는 의미의 '열悅' 자인데 직접 열悅자를 쓴 판본이 있다. 황간의 《논어의소》가 가차자 대신 본래 의미의 한자를 쓰는 경향이 있다. 이런 가차자 사례는 완원阮元의 〈논어주소교 감기〉에 각 편篇마다 상세하게 조사되어 있다. 성백효의 《현토완역 논어집주》(2005)에도 가차자에 대해서는 괄호로 표시하고 있다. 위의 원문에서 '공共' 자를 '공拱' 자로 보면, "뭇별들이 북극성을 껴안고(또는 에워싸고) 돈다"는 뜻으로 해석할 수 있다.

✝✝✝ "북극의 별이 뵈니 님이신가 반기니 눈믈이 절로 난다."(북극의 별을 보니 님이신가 반기니 눈물이 절로 난다) 송강 정철(1536~1593), 〈사미인곡思美人曲〉 추원秋怨.

2

●

선생님이 말씀하셨다. "《시경》의 시詩 300편의 정신을 한마디로 대표해서 말하자면, '생각함에 사특함이 없는 것'이다."✝

　　子曰詩三百에 一言以蔽之하니 曰思無邪니라
　　자왈시삼백　　일언이폐지　　　왈사무사

✝ 위정편 제1장과 제3장에서 정치를 논하고 있는데 그 중간에 있는 제2장에서 갑자기 시詩의 정신을 말하는 이유는 무엇인가? 도암 이재의 《논어강설》에도 이에 대한 질문과 대답이 있다. 《논어》 강의록인 《논어강설》에는 질문하고 기록한 사람의 이름이 표시되

어 있다. 바로 이 장章에 대해 질문을 한 사람은 박성원朴聖源 (1697~1757)인데, 《논어강설》에서 그의 이름이 강의록을 기록한 사람으로 가장 많이 나온다. 박성원이 이렇게 질문했다. "問第一章 三章皆言政而中間說詩如何"(여쭙겠습니다. 제1장과 제3장은 모두 정치에 관한 내용인데 그 중간에 시詩에 대해서 설명한 것은 무슨 이유입니까?). 그러자 이재는 시詩와 정치의 관련성에 대해 이렇게 설명했다. "政令之 得失 治道之汚隆 人心之邪正 民俗之厚薄 卽詩而可驗矣"(정책과 명령의 성과와 잘못된 점, 정치와 도의의 타락과 융성, 인심人心의 올바름과 그름, 민심의 후함과 야박함, 이런 것들이 실제로 어떤지 시詩를 통해 알 수 있다). 이렇게 시詩를 통해서 정치를 알 수 있다고 하고, "詩者化民之具也" (시라는 것은 백성을 좋은 덕성으로 교화시키는 도구다)라고 설명했다.

3

선생님이 말씀하셨다. "(백성) 이끌기를 법령으로 하고 가지런하게 질서 잡기를 형벌로 하면 백성이 (처벌을) 모면하려고 할 뿐 (저지른 잘못에 대한) 수치심은 없게 된다."

子曰道之以政하고 齊之以刑이면 民免而無恥니라
자왈도지이정　　제지이형　　민면이무치

'수치심을 느낄 수 있는 마음'이 살아 있지 않으면 어떻게 해서든 법망을 피하고 죄를 짓고도 형벌을 모면하려 한다는 말이다.

"이끌기를 덕德으로 하고 가지런하게 질서 잡기를 예禮로 하면 수치심을 느낄 수 있는 마음도 생기고 또 착한 마음을 갖는 수준에도 이르게 된다."

道之以德하고 齊之以禮면 有恥且格이니라
도지이덕　　　제지이례　　유치차격

4

선생님이 말씀하셨다. "나는 열다섯 살에 학문에 뜻을 두었고,"

子曰吾十有五而志于學하고
자왈오십유오이지우학

"서른 살에 스스로 섰고,"

三十而立하고
삼십이립

"마흔 살이 되고서는 의혹되지 않았고,"

四十而不惑하고
사십이불혹

마흔 살을 '불혹'이라고 한다.

●

"쉰 살에 천명을 알았고,"

五十而知天命하고
오십이지천명

"지천명"을 정약용은 하늘의 법칙에 순응하여 운명적으로 다가오는
현실을 담담하게 받아들이는 것으로 이해했다.✝ 주자는 지천명을 사물
의 이치를 이해하고 의혹됨이 없다는 뜻으로 설명했다. 일반적으로 "지
천명"의 나이인 쉰 살에 대해 세상 이치에 대해 알 만한 나이가 되었다
는 점과 직면한 현실에 순응할 나이가 되었다는 뜻으로 이해한다.

●

"예순 살에는 귀로 들어오는 소리가 (마음에) 거슬리지 않았고,"

六十而耳順하고
육십이이순

'이순耳順'의 의미를 삶에 대한 이해와 인격 수양의 결과로 어떤 소
리를 들어도 예민하게 반응하지 않고 편안하게 조리하면서 대응한다는

의미로 해석했다. 정약용의 해석이 이런 관점이다. 그는 '이순'을 귀에 거슬리지 않는다는 뜻의 "불역이不逆耳"로 해석했다. 주자는 이순을 앎이 지극한 단계에 이르러 모든 지식이 저절로 이해되는 프로그램이 설치되어 가동되었다는 뜻으로, 《집주》에서 이렇게 설명했다. "지지지지知之之至 불사이득야不思而得也"(앎의 지극한 단계니 애써 생각하지 않아도 알게 되는 것이다). 귀로 들어오는 모든 소리가 그 지식의 프로그램을 통과하면서 저절로 정리되기 때문에 인위적으로 애쓰지 않아도 저절로 깨닫게 되는 단계로 해석한 것이다. 이런 의미로 '이순'을 해석하면, "귀로 들어오는 소리가 저절로 해석되었고"라고 할 수 있다.

●

"**일**흔 살에는 하고 싶은 대로 해도 법도에 어긋남이 없었다."

七十而從心所欲하여 不踰矩호라
칠십이종심소욕   불유구

인격 수양이 완벽하여 애쓰지 않아도 행동과 판단이 저절로 법도에 맞게 되었다는 말이다.

✝ 정약용은 "지천명"을 설명할 때 "順帝之則"(상제의 법칙에 따른다)이라는 용어를 사용했다. 조선시대 유학자들은 '천天'을 종교적인 의미의 신神이라고 생각하진 않았다. 주자의 설에 따라 하늘이 곧 이理라고 했다. 그래서 하늘이 악한 사람에게는 벌을 내리고 선한 사람에게는 복을 준다는 말이 있으면 그것은 이치상 착한 일을 하면 좋은 일이 생긴다는 것이지 신神이 있어서 그런 것은 아니라고 생각한

것이 바로 그런 사례다. 그런데 정약용은 "천즉리天卽理"(천天이 곧 이理다)라고 하는 주자의 말을 근본적으로 부정하지는 않지만 상제上帝가 있다고 표현하기도 했다. 관점에 따라서는 정약용이 천天을 이理로 국한시키는 것이 아니라 "天之主宰爲上帝"(천天을 주재하는 것이 상제)라고 그가 설명한 바와 같이 천지만물을 주재하는 상제上帝로 보았다고 해석할 수도 있다(《맹자요의孟子要義》). 이러한 정약용의 관점은 그의 〈자찬묘지명〉(집중본集中本)에도 나온다. 그 내용 중에 상제를 두려워하고 삼가면서 밝게 섬기면 인仁을 할 수 있지만 "헛되이 태극을 높여서 이理로 하늘을 삼으면 인仁을 할 수 없다"(虛尊太極 以理爲天 則不可以爲仁)는 말이 있다. 위의 《논어》 문장에서 "지천명"을 주자는 사물의 당연한 이치를 아는 것으로 설명했는데 정약용은 위와 같이 '제帝'의 명령과 법칙에 순응하는 것으로 해석하면서 인생에서의 성공과 실패, 삶과 죽음이 둘이 아니기 때문에 단지 몸을 수양하고 정해진 운명을 따르는 것으로 설명했다.

5
●

맹의자가 효도를 질문했다. 선생님이 말씀하셨다. "(부모님 말씀을) 어김이 없어야 한다."

孟懿子問孝한대 子曰無違니라
맹의자문효   자왈무위

무위無違는 도리에 어긋남이 없다는 뜻인데, 맹의자는 부모님의 말씀을 무조건 따르라는 뜻으로 이해했을지도 모른다.

●

(그때 마침) 번지가 수레를 몰고 있었다. 선생님이 말씀하셨다. "맹손이 나에게 효도에 대해 묻기에 부모님 말씀을 어기지 말라고 말해주었다."

    樊遲御러니 子告之曰孟孫이 問孝於我어늘 我對曰無違라호라
    번지어 　　자고지왈맹손　문효어아　　아대왈무위

  공자는 맹의자에게 해준 대답에 오해가 있을까봐 더 설명하려고 번지의 질문을 유도했다.

●

번지가 말했다. "무슨 말씀이십니까?" 선생님이 말씀하셨다. "살아 계실 때 예禮에 맞게 섬기고, 돌아가신 후에는 예禮에 맞게 장사 지내고 예禮에 맞게 제사 지낸다는 말이다."

    樊遲曰何謂也잇고 子曰生事之以禮하며
    번지왈하위야　　자왈생사지이례

    死葬之以禮하며 祭之以禮니라
    사장지이례　　제지이례

  효도는 부모님 말씀에 맹종하는 것이 아니라 도리에 맞게 예禮로 모시는 것임을 설명한 것이다. 부모에게 예禮를 행함에 있어서 자신의 경제적인 형편에 맞게 한다는 의미도 포함되어 있다.

6

●

맹무백이 효도에 대해 질문했다. 선생님이 말씀하셨다. "부모는 오직
자식의 병을 근심한다."✝

孟武伯이 問孝한대 子曰父母는 唯其疾之憂시니라
맹무백　　문효　　　자왈부모　　유기질지우

✝ 이렇게 부모는 늘 자식의 병을 걱정하기 때문에 건강하게 생활
하면서 몸을 잘 보존하는 것이 효도라고 할 수 있겠다. 부모가 자
식을 걱정하는 그 마음을 생각하면서 자기 몸을 지키는 것이 효도
라는 말이다. 그러면 전쟁에 임해서는 어떻게 해야 하는가? 몸을
아껴야 하는가? 도암 이재의 《논어강설》에 이런 말이 있다. "爲人
子者能以父母憂疾之心爲心則自愛其身宜無所不至 然當死而死亦所
以自愛也 故日戰陣無勇非孝也"(사람의 자식이 된 몸으로써 부모가 자식을
걱정하는 그 마음을 자기 마음속에 간직하여 그 몸을 스스로 아낌에 있어서 모든
것을 하지 않음이 없어야 할 것이다. 그렇지만 마땅히 죽어야 할 그 순간에 죽음을
택하는 것이야말로 자기 자신을 진실로 아끼는 것이다. 그렇기 때문에 전투 현장
에서 용감하게 행동하지 않는다면 불효不孝인 것이다). 도암 이재의 《논어강
설》은 필사본으로 전해지고 있다. 성균관대학교 대동문화연구원
에서 그 필사본을 영인해서 《천상강설泉上講說 논어論語》라는 제목
으로 《한국경학자료집성》에 포함시켜 간행했다. 또한 성균관대학

도암 이재의 《논어》 강의록 《논어강설》

교에서 운영하는 경학자료시스템에 이 자료가 있는데 그것을 인터넷으로 확인할 수 있다. 필자도 필사본을 2종류 소장하고 있는데, 경학자료집성·경학자료시스템에 있는 것과 비교해보면 글자도 다른 것이 있고 일부 추가된 문장도 있다. 또 필사본이기 때문에 글자 판독이 다를 수가 있다. 그래서 도암 이재의 《논어강설》에서 인용할 때는 가급적 원문을 제시하고 해석하는 형식을 취했다. 책의 제목도 성균관대학교에서 나온 자료에는 《천상강설泉上講說 논어論語》라고 되어 있으나, 도암 이재의 강의록 중에는 《맹자강설》, 《대학강설》이라는 제목으로 된 필사본이 있어서, 《논어》에 관한 이 책을 《논어강설》이라고 하였다. 조선시대 《논어》의 주석서로는 다산 정약용의 《논어고금주》가 유명하지만, 《논어》에 대해 궁금한 것을 질문하고 이에 도암이 대답하는 형식으로 된 《논어강설》은 《논어》의 생생한 기운을 느끼게 하는 책이다. 필자도 《논어》를 강의하면서 수업 시간에 별의별 기발한 질문을 받게 되는데, 그런 궁금한 부분을 이해하는 데 도암의 이 책 《논어강설》이 큰 도움이 되었다.

7

●

자유가 효도에 대해 질문했다. 선생님이 말씀하셨다. "이제의 효도는 부모를 물질적으로 잘 봉양하는 것을 말하나, 개와 말도 사람이 물질적으로 잘 기를 수 있으니, 공경하는 마음이 없으면 무엇으로 구별할 수 있겠는가?"

子游問孝한대 子曰今之孝者는 是謂能養이니
자유문효　　　자왈금지효자　　시위능양

至於犬馬하여도 皆能有養이니 不敬이면
지어견마　　　개능유양　　　불경

何以別乎리오
하이별호

8

●

자하가 효도를 질문했다. 선생님이 말씀하셨다. "부모님 앞에서 자식
이 낯빛을 늘 부드럽게 하기란 참으로 어려운 일이기는 하겠다. 그렇지
만 집에 일이 생길 때 자식이 그 수고를 대신하고 술과 밥이 생길 때 어
른이 먼저 드시도록 하는 것만으로 일찍이 효도를 다했다고 할 수 있겠
는가?"

子夏問孝한대 子曰色難이니⁺ 有事어든
자하문효　　　자왈색난　　　유사

弟子服其勞하고 有酒食어든⁺⁺
제자복기로　　　유주사

先生饌이 曾是以爲孝乎아
선생찬　　증시이위효호

✝ '색난色難'은 자식이 늘 부드러운 낯빛으로 부모님을 대하기가 어렵다는 뜻이다. 또는 부모님의 안색顔色을 보고 그에 부응하면서 봉양하기가 어렵다는 뜻이다. 그러면 위의 '색色'자는 누구의 낯빛을 말하는 것인가? 주자는 자하가 강직하고 의로운 성격의 소유자기에 다소 부드럽고 여유 있는 안색이 부족해서 이에 맞게 말해준 것이라고 설명했다. 그러면 '색色'자를 자하의 낯빛으로 생각할 수 있겠다. 한편, 포함(생몰년 미상, 후한後漢시대의 학자)은 "色難謂承父母顔色爲難也"(색난이란 부모 안색을 보고 이를 받들어 따르기가 어렵다는 말이다)라고 설명했다. 형병도 《논어주소》에서 부모의 안색을 보고 뜻을 받들어야지 식사를 잘 모시고 힘든 일을 대신하는 것은 효도의 말단일 뿐이라고 했다. 이렇게 보면, 위의 문장은 "부모님의 안색을 잘 살피면서 그 뜻에 순종하는 것이 어려운 일이라고 할 수 있으나"라고 해석할 수 있겠다.

《오륜행실도》, 〈자로부미子路負米〉, 서울대학교 규장각 한국학연구원. 공자의 제자인 자로는 매일 쌀을 등짐 져서 100리 밖까지 운반하여 그 삯으로 부모를 봉양했다고 한다.

✝✝ 《집주》에 '食'의 한자음이 "食音嗣"라고 되어 있다. '食'자의 한자음이 '사'라는 뜻이다. 《경전석문》에도 "食音嗣"라고 한자음이 표시되어 있다. 이런 음 표시는 그 글자의 의미를 설명하는 방편이기도 했다. '食'자를 '사'자로 읽으면 밥이란 뜻이다. 《집주》에서는 한자음을 반절半切로 표시하기도 한다. 반절은 두 글자의 한자漢字로 한자음을 표시하는 방식인데, 앞의 한자에서는 초성(자음), 뒤의 한자에서는 중성과 종성(모음)을 취해 이를 결합하여 한자음을 알게 하는 것이다. 또한 거

성, 평성 등과 같은 한자의 사성四聲으로 한자음을 표시하기도 한다. 성조로 그 글자의 품사와 의미, 음을 표시하는 것이다. 이렇게 《집주》에서는 ① 한자, ② 반절, ③ 한자의 사성四聲 등으로 한자음을 표시하고 있다. ①과 같이 한자로 한자음을 직접 표시하는 방식을 '직음直音'이라고 하기도 한다. 한편, 반절로 표시된 한자음은 주자 시대의 한자음이거나 그 이전의 음이기 때문에 지금 우리 한자음과 반드시 일치하는 것은 아니라는 점을 유의할 필요가 있다. 우리가 사용하는 현재의 한자음과 일치하는 것도 있고 비슷한 것이 있다. 그러나 반드시 동일한 것은 아니다. 《한한대자전》(2001), 단국대학교 동양학연구소 《한한대사전》(2008)에는 《광운廣韻》과 《집운集韻》과 같은 중세 중국 음운서의 반절 한자음 표시를 참고로 제시하고 있다. 이러한 반절 역시 현재 우리 한자음의 뿌리를 이해하는 데 참고가 될 뿐이다.

9
•

선생님이 말씀하셨다. "내가 안회와 함께 온종일 이야기를 한 적이 있었는데 그는 어리석을 정도로 내 말을 경청할 뿐 나와 생각을 달리하는 어떤 말도 하지 않았다. 그가 물러간 다음에 혼자 있을 땐 어떻게 하는지 살펴보았더니, 여전히 내가 말한 것의 이치를 더욱 밝히니 안회는 어리석지 않도다."

子曰吾與回로 言終日에 不違如愚러니 退而省其私혼대
자왈오여회　　언종일　　불위여우　　　퇴이성기사

亦足以發하나니 回也不愚로다
역족이발　　　회야불우

10

●

선생님이 말씀하셨다. "그 행동을 보고,"

子曰視其所以하며
자왈시기소이

●

"(**왜** 그런 행동을 했는지) 그 이유와 추구하는 바를 보며,"

觀其所由하며
관기소유

●

"**편**안하게 여기는 바를 전체적으로 꿰뚫어 보면,"

察其所安이면
찰기소안

　정약용은 '시視'는 혹 무심하게 보는 경우도 있으나 '관觀'은 뜻을 가
지고 보는 것이고, '찰察'은 더욱 상세하고 정밀하게 보는 것이라고 설

명했다. 이렇게 사물이나 사람의 행태를 알아보는 3단계가 있다.

●

"사람이 어찌 (본색을) 숨길 수 있겠는가! 사람이 어찌 (본색을) 숨길 수 있겠는가!"

人焉廋哉리오 人焉廋哉리오
인언수재   인언수재

11

●

선생님이 말씀하셨다. "옛것을 익히고 새로운 것을 알면 스승이 될 수 있다."

子曰溫故而知新이면 可以爲師矣니라
자왈온고이지신   가이위사의

12

●

선생님이 말씀하셨다. "군자는 그릇이 아니다."

子曰君子는 不器니라
자왈군자   불기

여기서 기器는 용도가 한정되어 있다는 뜻이다. 군자는 한 가지 재주만 가진 사람이 아니라는 말이다.

13

•

자공이 군자에 대해 질문했다. 선생님이 말씀하셨다. "먼저 그 말할 것을 실행하고, 말은 나중에 (행동을) 따라오게 하라."✝

子貢이 問君子한대 子曰先行其言이요 而後從之니라
자공 문군자 자왈선행기언 이후종지

✝ 이 문장을 말보다 실천을 강조하는 의미로 해석했다. 《집주》에서는 "선행기언先行其言"을 "行之於未言之前"(말하기 전에 먼저 행한다)로 "이후종지而後從之"를 "言之於旣行之後"(이미 행동한 다음에 말한다)로 풀이했다.

14

•

선생님이 말씀하셨다. "군자는 (관점이) 두루 넓으면서 편협하진 않다. 소인은 편협하기만 하고 넓지 못하다."

子曰君子는 周而不比하고 小人은 比而不周니라
자왈군자 주이불비 소인 비이부주

주周는 보편적인 것이다. 비比는 한쪽으로 치우친 것이다. 주周는 공적인 것, 비比는 사적인 것으로 보기도 한다(《집주》).

15

·

선생님이 말씀하셨다. "책으로 배우기만 하고 골똘히 생각하지 않으면 얻는 것이 없다. 골똘히 생각만 하고 책으로 배우지 않으면 위태롭다."

子曰學而不思則罔하고 思而不學則殆니라
자왈학이불사즉망　　　사이불학즉태

16

·

선생님이 말씀하셨다. "이단에 빠지면 해로울 뿐이다."[+]

子曰攻乎異端이면 斯害也已니라
자왈공호이단　　　사해야이

이 문장에서 '이단'이라는 것이 무엇인지 분명하진 않다. 당시에 공자와 생각을 달리하는 학파에 대해 《논어》에 구체적으로 언급된 것은 없다. 다만 정치하려고 애쓰는 공자를 냉소적으로 조롱하는 비판자들이 등장할 뿐이다. 그래서 주석가들의 이단에 대한 설명이 다양하다. 황간皇侃은 "잡서雜書"라고 했고, 형병은 "제자백가의 책"이라고 했다.

주자는 "양자楊子와 묵자墨子와 같은 것"이라고 했다.

　이런 이단 배척은 정치적 의도와 결합함으로써 더욱 강경해지는 측면이 있어서 그 전개 과정을 설명하려고 한다. 순수하게 학문적인 소신에 의한 이단 비판은 다른 사상에 대한 억압 수준으로 발전하진 않는다. 그것이 구체적인 억압정책으로 강화된 데에는 어떤 정치적인 이유와 목적이 있었다. 공자가 말한 이단 배척은 맹자의 단계에서 구체화되었다. 맹자는 이단을 배척하는 것이 자신의 소임이라고 천명했다. 맹자의 주장에 의하면, 양자楊子는 너무 이기적이기 때문에 다른 사람을 위해서는 자신의 머리털 하나도 결코 주지 않는다고 한다. 묵자墨子는 이세상 모든 사람들을 평등하게 사랑한다는 거창한 명분을 내걸지만 그렇게 하다보면 금방 사랑할 수 있는 힘이 고갈되어 정작 자기 부모도 부양할 수 없는 지경에 이르게 된다고 비판했다. 그러면서 이런 이단을 믿게 되면 결국 자기 아버지와 임금을 몰라보게 되는 해악이 발생하게 된다고 성토했다. 맹자는 이것을 네 글자로 '무부무군無父無君'이라고 했다.✝✝ 맹자가 이렇게 이단을 공격한 이유는 무엇인가? 그것은 공자가 생각했던 인仁을 지키기 위한 것이었다. 공자의 인仁과 묵자가 생각한 이웃 사랑은 방법론이 달랐다. 맹자는 자기를 사랑하고, 가족을 사랑하며, 백성을 사랑하고 궁극적으로는 천하의 모든 사람을 사랑하는 단계적인 사랑 실천의 방법을 지키려고 했다. 그가 이단이라고 규정한 양자와 묵자는 사랑의 실천 방법이 잘못되었기 때문에 그런 학설을 믿으면 처음에 의도는 좋았지만 결국은 자기 부모를 몰라보고 자기 임금을 몰라보는 지경에 이르게 된다고 비판했다. 양자는 처음부터 다른 사람에 대한 사랑을 모르는 존재고, 묵자는 거창하게 세상 사람 모두를 사랑하는 일을 시작은 했으나 금세 사랑을 실천하는 힘이 고갈되어 결국은 자기 부모도 봉양할 능력도 없게 된다는 점을 지적했다. 세상의 모든 사람과 아버지를 동일하게 보는 묵자와 자기 아버지가 먼저라고 보는 맹자와의 관점 차이인 것이다. 주자는 맹자의 이단 비판론을 계승했다. 그렇지만 그의 이단 비판은 구체적인 정책으로 발전된 것은 아니었다. 단지 이론적인 비판 수준이었다.

이단 비판이 정작 실제로 정치사회적인 쟁점으로 확산된 곳은 조선이었다. 정치적 격변기였던 여말선초에 불교를 강경하게 비판하는 일군의 유학자들이 등장했다. 이들은 그 이전의 유학자와는 달랐다. 고려시대에는 정치적으로는 유교적 교양, 신앙의 차원에서는 불교를 믿는 경향이 있었다. 유학자들이 불교 신앙을 가졌던 경향이 있었고, 이들이 간혹 불교를 비판했어도 불교의 타락에 관한 것이었다. 학술적인 차원에서 불교를 비판한 일부 유학자들도 있었다. 그러다가 불교 비판에 정치적인 의도가 개입하면서 더욱 강경한 불교 비판이 전개된 것이다.

그 정치적인 의도라는 것은 무엇인가? 우선 이론적인 차원에서 주장한 것인데, 맹자가 말했던 '무부무군' 의 논리를 조선의 유학자들은 '불효불충不孝不忠' 의 뜻으로 해석하여 불교 비판에 적용했다. 조선 건국 직후에 저술된 정도전의 〈불씨잡변〉의 핵심 논지가 그런 것이었다. 정도전은 불교를 믿으면 가정을 버리게 되고 가부장의 권위를 소홀히 생각하게 된다고 주장했다. 그런 불교는 군주에게 충성하지 않는 백성을 만들어내는 매우 위험한 신앙이라고 규정했다. 불교를 믿게 되면 종교적인 신념과 정치적인 신념이 충돌할 때, 종교적인 가치를 우선 택하기 때문에 군주에 대한 충성과 국가에 대한 집착이 약화된다고 주장했다. 이런 비판의 이면에는 부모에게 효도하고 국가에 충성하면서 군주에 대한 절대적인 복종을 중시하는 유교가 정치적으로도 좋고 유리하다는 판단이 내재되어 있었다. 정도전은 불교를 믿을수록 국가의 운명은 단축된다고 단언했다. 당시의 정치권에서도 불교를 배척해야 할 실제적인 이유가 있었다. 표면적으로는 불교의 타락을 거론했지만 조선 건국 초기에 국가 재정을 확충하는 데 사찰이 소유한 토지 등을 국가가 환수해야 할 필요도 있었다. 명분상으로도 조선 건국의 정당성을 입증하는 데 전 왕조의 쇠락과 불교의 타락을 연결시킬 필요가 있었다.

유학자들의 이단 비판의 논리는 1780년대 이후 조선에 천주학이 도입되고 신자 집단이 형성될 때 다시 적용되었다. 당시의 유학자 관료들은 불교 비판에 사용되었던 동일한 용어로 천주교를 비판했다. 천주교는 이단일뿐더러 '무부무군'의 종교이기 때문에 정치적으로 위험하다는 비판이 그런 것이다. 그러면서 천주교는 백성들로 하여금 임금을 몰라보게 하고 조선의 사회질서를 붕괴시킬 것이라고 강력하게 비판했다.

✝ 이 문장을 "이단을 전공專攻하면 해롭다"라고 해석하기도 한다. 박세당은 "雖異端而若攻擊之太過則或反爲害也"(비록 이단이지만 지나치게 공격하면 혹시 도리어 해害가 될 수 있다)"라는 뜻으로 해석하기를 제안하기도 했다. 공자가 "어질지 못한 사람을 심하게 공격하면 난을 일으킨다"고 한 말이 태백편(제8편) 10장에 있는데, 이를 생각하고 해석한 것이다.

✝✝ "無父無君"(무부무군)이라는 말은 《맹자》〈등문공 장구하〉에 나온다. 조선시대에 "'무부무군'이란 말은 유학자들이 종교를 비판할 때 사용하는 상징적인 구호였다. 도암 이재의 《논어강설》에 있는 설명 일부를 인용한다. "今世士大夫家雖或有崇佛者而不至於麗季之甚也 … 夫佛法之所以爲異端者以無其君臣父子之倫也"(지금도 사대부 집안 일부에서 불교를 믿는 사람들이 있지만 고려 말기에 불교가 성했던 수준에는 미치지 못하는 것이다. 대저 불법佛法이 이단인 이유는 임금과 신하, 아비와 자신의 윤리를 무시한다는 점에 있다).

17

●

선생님이 말씀하셨다. "유由야, 너에게 지식을 쌓는 방법에 대해 가르쳐줄까? 네가 아는 것을 안다고 하고, 네가 알지 못하는 것은 알지 못한다고 하는 것, 이렇게 하는 것이 바로 지식을 쌓는 방법이다."

子曰由아 誨女知之乎인저 知之爲知之요 不知爲不知是知也니라
자왈유　회여지지호　　지지위지지　부지위부지시지야

이 문장은 2가지로 해석이 가능하다. 위의 해석과 같이 "자기가 아는 것은 안다고 하고, 자기가 모르는 것을 모른다고 하는 것, 이것이 아는 것"이라고 해석할 수도 있겠다. 모르는 것을 억지로 아는 척할 필요가 없다는 말이다. 이런 해석은 《집주》에 있는 것처럼 공자가 자로에게 '지식을 쌓은 방법知之之道'을 가르쳐준 것이라고 보는 관점이다. 위백규는 공자가 "너에게 지知에 대해 말해줄까誨汝知乎"라고 말하지 않고 위와 같이 "지지知之"에 대해서 말해줄까 하고 말한 이유에 대해 자로에게 지식을 쌓는 방법을 알게 해주기 위한 것이라고 설명했다. 이렇게 하는 것이 공자가 제자들에게 중요한 개념을 말해주는 방식이다. 지知, 인仁과 같은 추상적인 개념을 설명할 때 공자는 사람과 상황을 보고 그 사람에게 필요한 만큼 말해주었다. 인仁이란 무엇인지, 지知란 무엇인지, 그것에 대한 일반적인 설명보다는 개별적인 사례를 염두에 두고 인仁을 설명하고 또 지知에 대해 설명하는 것이 공자의 스타일이다. 위의 문장도 공자가 자로의 공부를 위하여 특별히 해준 말이라고 볼 수 있다. 《집주》에도 자로가 알지 못하는 것을 아는 것처럼 우기는 경향이 있어서 충고해준 말이라고 되어 있다. 황간도 이 문장은 다른 사람보다

앞서나가는 자로의 성격을 억제하기 위한 것이라고 해석했다.

그러나 "지지知之"를 그냥 지知 또는 지식이라고 한다면 포괄적으로 해석할 수 있다. 공자가 자로에게 '지知'가 무엇인지에 대해 말해준 뜻으로 보면 이렇게 해석할 수 있다. "유由야, 너에게 지식이 무엇인지 가르쳐줄까? 모든 사람이 아는 것을 안다고 하고, 모든 사람이 알지 못하는 것을 알지 못한다고 하는 것, 이렇게 하는 것이 지식이다." 필자는 지식의 세계에서 중요한 것은 학문적으로 알려진 것과 미지의 영역으로 남아 있는 것을 구분하는 것이라고 생각한다. 누구도 알지 못하는 것에 대해 모른다고 하는 것은 당연한 것이다. 그러나 다들 알고 있는 것을 모른다고 하면 무지한 것이다. 학자로서 자신 있게 모른다고 말하기 위해서는 자신이 종사하는 분야의 지知와 미지未知의 영역에 대한 현황을 정확하게 파악하고 있어야 한다. 학자의 세계에서는 자신이 모르는 것에 대해 솔직한 것만으로는 면책이 되지 않는다. 솔직한 것이 지식을 추구하는 기본이지만, 그에 더하여 자신이 종사하는 분야의 학문적 발전의 수준과 현황을 정확히 파악하고 미지의 세계에 도전하는 것이 공부하는 자세라고 생각한다.

18

•

자장이 벼슬하는 방법을 배우려 했다.

子張이 學干祿한대
자장   학간록

선생님이 말씀하셨다. "말을 많이 들어보고 미심쩍은 부분은 빼놓고 그 나머지를 신중하게 말하면 허물이 적을 것이다. 사례를 많이 보고 위태로운 것을 빼놓고 그 나머지를 신중하게 행하면 후회함이 적을 것이다. 말함에 있어서 허물이 적고 행함에 있어서 후회함이 적으면 벼슬은 저절로 생기게 된다."

子曰多聞闕疑요 愼言其餘則寡尤며 多見闕殆요
자왈다문궐의　신언기여즉과우　　다견궐태

愼行其餘則寡悔니 言寡尤하며 行寡悔면 祿在其中矣니라
신행기여즉과회　언과우　　행과회　녹재기중의

공자가 관직을 구하는 방법에 관심이 있는 자장에게 먼저 '위기지학
爲己之學'을 하라고 충고했다.

19

애공이 질문했다. "어떻게 하면 백성이 마음으로 복종하는가?" 공자가 대답했다. "정직한 사람을 발탁하고 모든 굽은 사람을 버려두면 백성이 복종합니다. 그러나 굽은 사람을 발탁하고 모든 정직한 사람들을 버려두면 백성이 복종하질 않습니다."

哀公이 問曰何爲則民服이리잇고 孔子對曰擧直錯諸枉則民服하고
애공　문왈하위즉민복　　　공자대왈거직조제왕즉민복
　　　　　　　　　　　　　　　　　　　(저)

舉枉錯諸直則民不服이니이다
거왕조제직즉민불복
　　　　(저)

위백규는 "사람들이 좋아하는 것을 좋아하고 사람들이 싫어하는 것을 싫어하면 백성이 어찌 복종하지 않을 수 있겠는가"라고 간략하게 설명했다.

20

●

季강자가 질문했다. "백성이 공경하고 충성하는 마음을 갖도록 권장하려면 어떻게 해야 합니까?" 선생님이 말씀하셨다. "앞에 나설 때 위엄이 있으면 백성이 공경하고, 효도와 자애로 모범을 보이면 백성이 충성하고,✝ 적임자를 발탁해서 능하지 못한 자를 가르치게 하면 백성이 자발적으로 덕을 행하도록 권장하는 것이 된다."

季康子問使民敬忠以勸호대 如之何리잇고 子曰臨之以莊則敬하고
계강자문사민경충이권　　　여지하　　　자왈림지이장즉경

孝慈則忠하고 擧善而敎不能則勸이니라
효자즉충　　　거선이교불능즉권

✝ 정치가가 왜 효도를 권장해야 하는지에 대한 도암 이재의 설명을 본다. "夫孝者 所以推而事君者也 在上者躬行而率之則民皆觀感興起孝於其親又 推是孝而忠於其上此所以必曰孝於親盖言其本也 至於慈則人之於子皆 有慈之之心 雖不能孝於親者 莫不知愛其子 此則

不待觀感而興起焉者 故不曰 慈於子而曰 慈於衆也 蓋使民而忠於上者 其本固在於孝而 其所以 使民感激而報答者則 又在於在上者之慈衆也"(대저 효孝라고 하는 것은 그런 마음을 확대해서 임금을 섬기게 하는 것이다. 높은 자리에 있는 사람이 몸소 행하여 솔선수범하면 백성이 모두 감격하여 자기 부모에게 효도하는 마음을 갖게 된다. 이렇게 효도하는 마음은 윗사람에 대한 충성심으로 이어진다. 이치가 이렇기 때문에 부모에 대한 효도를 모두 근본에 해당하는 것이라고 말하는 것이다. 자애慈愛에 관해서 보면, 사람들은 모두 자기 자식을 사랑하는 마음을 갖고 있어서 비록 자기 부모에게 효도하지 않는 자도 자기 자식만큼은 자애慈愛하지 않음이 없다. 이런 감정만큼은 굳이 격려하지 않아도 저절로 일어난다. 그렇기 때문에 위의 문장에서 자식에게 자애하라고 말하지 않고 그 대신 대중에게 자애하라고 한 것이다. 대개 백성으로 하여금 윗사람에게 충성하게 만드는 그 근본 이치는 효孝에 있고 백성으로 하여금 감격하여 보답하게 만드는 그 이치 또한 윗사람이 대중에게 자애慈愛를 베푸는 데 있다). 이재는 이렇게 하면서 "移孝爲忠"(효도를 하는 마음을 조성하여 지도자에게 충성하게 만든다)의 의미를 설명하였다(《논어강설》).

21

●

어떤 사람이 공자에게 말했다. "선생님은 왜 정치를 하지 않고 (집에) 계십니까?"

或이 謂孔子曰子는 奚不爲政이시리잇고
혹　 위공자왈자　 해불위정

선생님이 말씀하셨다. "《서경》에 '효도하고 형제의 우애를 돈독히 해서 정치하는 데 도움이 되게 하라'는 말이 있다. (내가 효도와 우애로 집안을 다스리고 있는데) 이렇게 하는 것 또한 정치하는 것이다. 어찌 관직을 맡아야만 정치한다고 할 수 있겠는가?"

子曰書云孝乎인저 惟孝하며 友于兄弟하여
자왈서운효호   유효   우우형제

施於有政이라 하니 是亦爲政이니 奚其爲爲政이리오
시어유정   시역위정   해기위위정

인격을 수양하고 효도하고 집안을 잘 다스리는 것도 넓은 의미의 정치라는 말이다. 이렇게 개인적인 영역과 가족적인 영역이 국가와 정치의 영역으로 연결된다는 논리는 인仁에서 나온 것이다. 개인, 가족, 국가로 단계적으로 확대되는 사랑의 실천이라는 논리로 보면 이 3개의 단위는 결국 하나로 연결되는 것이다. 개인적으로 인격을 수양하는 것도 정치를 잘하기 위한 것이고, 집에서 효도하는 것도 국가에서 충신이 되기 위한 것이라고 해석하는 것이다. '수신제가평천하修身齊家平天下'라는 말이 이런 논리를 단적으로 표현하는 것이다.

공자가 집안일도 일종의 정치라고 했던 변명을 유학자가 하는 말로 이렇게 고칠 수 있다. "집안을 다스리는 이치나 나라를 다스리는 이치는 같다." "집안에서 잘하면 국가에서도 일을 잘할 수 있다." 이런 논리에 따라 조선시대에는 정책적으로 가족 윤리를 강조했다. 효도와 정절을 강조하고 포상한 것이 그런 것이다. 이런 윤리를 어긴 사람은 처벌받았다. 지금의 관점에서는 왜 국가가 개인 문제, 집안일에 관여하는가 하고 이의를 제기하겠지만 당시 위정자들은 가족 윤리와 정치 윤리는 유기적으로 연결되어 있다고 생각했기 때문에 그렇게 했다. 효孝와 충忠이 차원만 다를 뿐 근본은 같고 같은 줄기에서 확장된 개념이라고 생각한 것이다. 그래서 그것이 충돌할 때 군주가 효를 하도록 배려했던 것은 결국은 효가 충으로 이어진다는 것을 알았기 때문이었다. 이들은 "효자 가문에서 충신 난다"는 말을 믿었다. 불효자는 배반하는 신하가 된다고 확신했다. 그러면서 부녀자의 절개를 신하의 군주에 대한 충성심과 연결시켜 생각했다. 여자의 절개와 충신의 의리를 같은 것으로 본 것이다. 여성이 새 남편을 구하는 것을 신하가 새 임금에게로 충성심을 이전移轉하는 것으로 해석했다. 어떤 경우에도 자기에게만 충성하기를 바라는 임금의 입장에서는 열녀 같은 충신이 필요한 것이었다. 그래서 조선시대에는 실절한 부녀자의 자손을 위험하다고 생각했고 여성의 재가再嫁를 정치적으로 해석했다.

공자는 정치라는 것을 인仁을 완성시키는 사업으로 보았기 때문에 결코 그것을 포기한 적이 없었다. 정치를 그만두는 것은 곧 인仁을 포기하는 것이기 때문이다. 이런 공자에게 정치란 관직을 맡는 것에 한정된 것이 아니었다. 정치를 하겠다는 마음을 갖고 있는 이상 그것은 곧 정치를 하는 것이라고 생각했다. 벼슬은 군주의 마음에 달려 있으니 노력한다고 해서 되는 것이 아니기에 공부하면서 때를 기다렸다. 재야에 있으면서 나라의 운명을 걱정하고 부패한 정치에 분노하는 것 자체가 정치를 하는 것이었다. 집에서 미래의 정치를 구상하고 준비하는 것 자체가 공자에게는 정치의 일종이었다. 공자에게 있어서 정치를 하는 것과 정치를 하지 않는 것의 구별은 직책이 아니라 자기 마음에 달려 있었다.✝

✝ 이재의 《논어강설》에 나오는 아래와 같은 질문과 대답이 참고가 된다. "問不曰仕而曰爲政如何 曰以行道而言也"(여쭙겠습니다. 벼슬한

다는 뜻의 사仕라고 하지 않고 정치를 한다는 뜻의 위정爲政이라고 한 것은 무슨 이유입니까? 선생님이 대답했다. 공자가 추구하는 올바른 정치라고 하는 그런 도 道를 행하는 것을 가지고 말한 것이다). 보통은 관직을 맡는 것만을 정치 라고 생각하지만, 공자가 생각한 정치는 관직을 맡는 것은 물론 자 기 자신의 인격 수양, 학습, 가정에서의 효도, 교육, 나라를 걱정하 는 마음 등을 포함하는 넓은 의미였다. 도암이 설명한 것처럼 자신 이 추구하는 도道(이상, 신념)를 일상생활에서 그리고 기회가 있으면 관직에서 실천하는 것, 그것이 공자가 생각한 정치였다.

22
●

선생님이 말씀하셨다. "사람이면서 신信이 없다면 (그런 사람이) 무엇을 할 수 있는지 난 알 수가 없다. 큰 수레에 수레와 소를 연결하는 장치가 없고 작은 수레에 수레와 말을 연결하는 장치가 없으면 그 수레를 어떻 게 운행할 수 있겠는가?"✝

子曰人而無信이면 不知其可也케라 大車無輗하며
자왈인이무신　　부지기가야　　대거무예

小車無軏이면 其何以行之哉리오
소거무월　　기하이행지재

대거大車는 평지에서 소가 끄는 수레라고 한다. 소거小車는 군대에서 또는 사냥할 때 쓰는 작은 수레인데 말이 끈다고 한다(《집주》).

✛ 성백효(2005)는 '예輗'와 '월軏'을 "수레채마구리"와 "멍에막이"로 번역했다. 이종락(2005)은 예輗와 월軏을 "끌채 마구리"와 "멍에막이"로 번역했다.

23

•

자장이 질문했다. "(앞으로 이어질) 열 왕조를 미리 알 수 있습니까?"✛

> 子張이 問十世를 可知也잇가
> 자장 문십세   가지야

•

선생님이 말씀하셨다. "은나라는 하나라 예禮를 이어받았으니 계승한 것과 달라진 것을 알 수 있다. 주나라는 은나라 예禮를 이어받았으니 계승한 것과 달라진 것을 알 수 있다. 그 어떤 나라도 주나라를 계승하면 백세百世 이후라도 알 수 있을 것이다."

> 子曰殷因於夏禮하니 所損益을 可知也며 周因於殷禮하니
> 자왈은인어하례   소손익   가지야   주인어은례
>
> 所損益을 可知也니 其或繼周者면 雖百世라도 可知也니라
> 소손익   가지야   기혹계주자   수백세   가지야

중국 고대에 하나라가 있었고 그다음에 은나라, 주나라로 이어졌다. 공자는 주나라에 속한 노나라 창평향昌平鄕 추읍鄹邑에서 출생했다(기원

전 551). 공자의 생애는 《사기》〈공자세가〉에 상세하게 기술되어 있다.

✝ 여기서 일세一世는 한 왕조라고 한다(《집주》). 소주小註에 신안 진
씨가 이 문장에서의 '世'는 삼십년을 일세一世로 보는 그런 '世'와
같은 것이 아니라고 한 설명이 있다.

24
●

선생님이 말씀하셨다. "제사 지낼 귀신이 아닌데 제사 지내는 것은 아
첨하는 것이다."

子曰非其鬼而祭之諂也요
자왈비기귀이제지첨야

제사 지낼 때 조상과 서로 기氣가 통한다고 한다. 그런데 자기 조상도
아닌 데에 가서 제사 지내는 것은 단지 복福을 바라는 욕심에서 나온
행위라는 말이다.

●

"의義로운 일을 보고도 실천하지 않는 것은 용기가 없는 것이다."✝

見義不爲無勇也니라
견의불위무용야

✢ 주자는 귀신에게 아첨한다는 말과 용기가 없다는 말이 같은 장章에 있지만 연결시켜 해석하진 않았다. 다만 "알면서 하지 않으면 용기가 없는 것"이라고 간결하게 주註를 달았을 뿐이다. 그래서 《집주》만으로는 위의 두 문장이 어떻게 연결되는지 알기 어렵다. 소주小註에 있는 신안 진씨의 설명이 참고가 된다. 그는 "務民之義 敬鬼神而遠之"(백성이 해야 할 도리를 실천하는 데 힘쓰고, 귀신에 대해서는 공경하는 마음을 갖되 멀리해야 한다) 라는 공자의 말을 인용해서 설명했다. 임천 오씨는 "一過一不及"(한 가지는 과잉으로 한 것이고, 한 가지는 미흡한 것)이라고 설명했다. 제사 지낼 곳이 아닌데 제사 지낸 것은 과잉으로 인한 잘못이고, 의義를 행해야 할 곳에서 뒤로 물러선 것은 미흡한 것이라는 설명이다. 박세당 역시 두 문장을 연결하면서 앞의 문장은 '하지 않아야 할 일을 하는 자'(不當爲而爲者), 뒤의 문장은 '해야 할 일을 하지 않는 자'(當爲而不爲者)로 설명했다. 이재도 《논어강설》에서 박세당과 같은 뜻으로 아래와 같이 설명했다. "一則 是所不當爲而爲之者也 一則所當爲而不爲者也 宜其相對而說也"(하나는 마땅히 하지 말아야 할 일을 한 것이고, 다른 하나는 당연히 해야 할 일을 하지 않은 것이니, 서로 상대가 되는 것을 들어서 설명한 것이다).

자왈학이시습지면 불역열호아 유붕이자원방래면 불역락호아인부지이불온이 불역군자호아 유자왈기위인야효제요 제요 이호범상자선의니 불호범상이요 이호작란 자미지유야니라 군자는 무본이니 본립이도생하나니 효제야자는 기위인지본여 인저 자왈교언영색이 선의인이니라 증자왈오일삼성오신하노니 위인모이불충 아 여붕우교이불신호아 전불습호애니라 자왈도천승지국호대 경사이신하며 절 용이애인하며 사민이시니라 자왈제자입즉효하고 출즉제하며 근이신하며 범 애중호대 이친인이니 행유여력이어든 즉이학문이니라 자하왈현현호대 역색하 며 사부모호대 능갈기력하며 사군호대 능치기신하며 여붕우교호대 언이유신이면 수왈미학이라도 오필위지학의라호리라 자왈군자부중즉불위니 학즉불고니라 주 충신하며 무불여기자요 과즉물탄개니라 증자왈신종추원이면 민덕이 귀후의 라 자금이 문어자공왈부자지어시방야하사 필문기정하시나니 구지여아 억여지 여아 자공왈부자는 온량공검양으로써득지시니 부자지구지야는 기제(저)이호인저 구지여아 자왈부재에 관기지요 부몰엔 관기행이니 삼년을 무개어부지도라 야 가위효의니라 유자왈례지용이 화위귀하니 선왕지도사위미라 소대유지니라 유 소불행하니 지화이화요 불이례절지면 역불가행야니라 유자왈신근어의면 언 가복야며 공근어례면 원치욕야며 인불실기친이면 역가종야니라 자왈군자식무 구포하며 거무구안하며 민어사이신어언이요 취유도이정언이면 가위호학야이 라 자공이 왈빈이무첨하며 부이무교호대 하여하리잇고 자왈가야나 미약빈이락 하며 부이호례자야니라 자공이 왈시운여절여차하며 여탁여마라 하니 기사지위 여인저 자왈사야는 시가여언시이의로다 고제(저)왕이지래자온여 자왈불환인지 불기지요 환부지인야니라 자왈위정이덕이 비여북신이 거기소어든 이중성이 공 지니라 자왈시삼백에 일언이폐지하니 왈사무사니라 자왈도지이정하고 제지이 형이면 민면이무치니라 도지이덕하고 제지이례면 유치차격이니라 자왈오십 오이지우학하고 삼십이립하고 사십이불혹하고 오십이지천명하고 육십이이순 하고 칠십이종심소욕하여 불유구호라 맹의자문효한대 자왈무위니라 번지어 자고 자왈맹손이문효어아어늘 아대왈무위라호라 번지왈하위야잇고 자왈생사 지례하며 사장지이례하며 제지이례니라 맹무백이 문효한대 자왈부모는 유기 자우시니라 자유문효한대 자왈금지효자는 시위능양이니 지어견마하여도 개능 유양이니 불경이면 하이별호리오 자하문효한대 자왈색난이니 유사어든 제자

팔일
八佾

공자가 구상하는 정치에서 제일의 과제는 지도자가 모범적으로 행동하여 백성이 감동하고
자발적으로 복종함으로써 질서가 회복되는 것이다. 그 질서가 곧 예禮였다.
공자는 그런 예禮라는 것이 단지 형식이 아니라 진정한 마음을 담는 그릇이기를 바랐다.

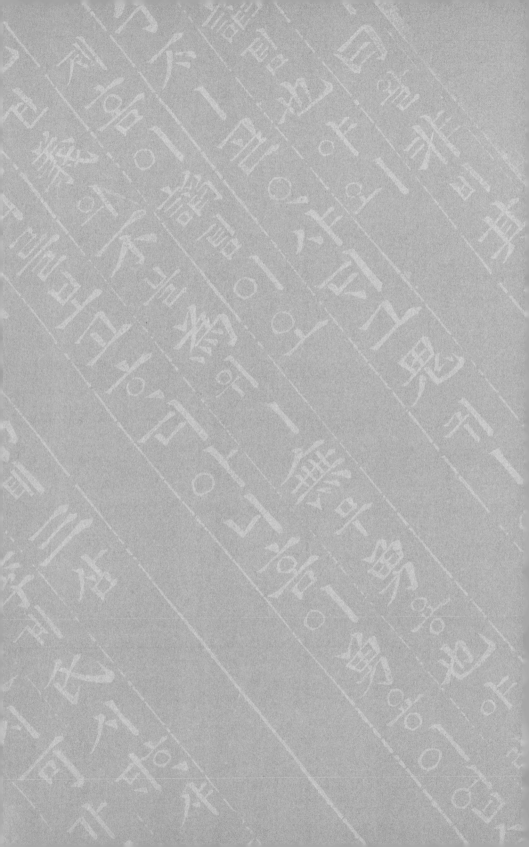

1

●

공자가 계씨에 대해 논평하셨다. "(천자 앞에서나 거행하는) 팔일무八佾舞를 집 뜰에서 추게 하니 차마 이런 짓을 할진대 이제 무슨 짓을 못할까?

孔子謂季氏하사대 八佾로 舞於庭하니 是可忍也온 孰不可忍也리오[+]
공자위계씨　　　 팔일　무어정　　 시가인야　 숙불가인야

[+] "是可忍也"에 대해 여러 해석이 있다. 주자는 "尙忍爲之 則何事不可忍爲"(차마 할 수 없는 짓을 하였으니 어떤 일을 차마 하지 못하겠는가)라는 뜻으로 해석했다. 형병은 이를 "是可容忍"(이런 짓을 해도 용인할 수 있다면)이라고 해석하면서, 계씨가 천자의 예禮를 참칭한 것은 최고로 용인할 수 없는 짓이기에 이런 최악의 짓을 용인할 수 있다면 누구를 용인할 수 없겠냐는 뜻으로 설명했다. 참고로 《논어》 역주서의 해석을 소개한다. "팔일무를 뜰에서 추게 하다니, 이자를 참고 보아 넘길 수 있다면, 그 누구를 참고 보아 넘길 수가 없겠는가?"(김학주, 1999). "공자께서 계씨를 일러 다음과 같이 말씀하시었다. '여덟 줄로 뜰에서 춤추게 하니, 내 이것을 참을 수 있다면 무엇인들 못 참으리오!'"(김용옥, 2008). "팔일무를 뜰에서 추니, 이런 짓을 차마 한다면 무엇인들 차마 못하겠느냐?"(김도련, 2008).

2

삼가三家에서 제사를 마치며 《시경》의 옹장雍章을 노래하면서 진설했던 제기를 거둬들였다. 선생님이 말씀하셨다. "'제후들이 제사를 돕고, 천자의 위엄이 빛난다'는 가사를 어찌 (대부에 불과한) 삼가三家의 당堂에서 갖다가 쓴단 말이냐?"

三家者以雍徹이러니 子曰相維辟公이어늘
삼가자이옹철　　　자왈상유벽공

天子穆穆을 奚取於三家之堂고
천자목목　　해취어삼가지당

맹손, 숙손, 계손씨 삼가三家가 노나라 실세라고 하지만 그들은 대부에 불과하기에 그 수준에 맞는 예법禮法에 따라 제사 지냄이 마땅한데, 천자에게 적용하는 옹雍이란 노래를 제사에서 연주하게 했다. 공자가 이들 삼가三家의 제사를 주관한 사람이 천자였냐고 또는 그 제사를 보좌한 사람이 제후였냐고 반문했다.

3

선생님이 말씀하셨다. "사람이면서 인仁하지 않으면 예禮를 해서 무엇을 하며, 사람이면서 인仁하지 않으면 악樂을 해서 무엇을 하겠는가?"

子曰人而不仁이면 如禮에 何며 人而不仁이면 如樂에 何오
자왈인이불인　　여례　하　인이불인　　여악　하

예禮를 행함에 있어서 인仁이 전제되지 않는다면 타인을 존중하는 마음이 나올 수 없다. 인仁이 없는 사람이 아무리 화려하고 거창한 행사를 치룬들 예禮의 본질과는 거리가 멀다는 말이다.

4

●

임방이 예禮의 근본이 무엇인지 질문했다.

林放이 問禮之本한대
임방　문례지본

임방은 예禮라는 것이 단지 격식만을 따지는 것만은 아닐 것이라는 의문을 품고 예禮의 근본에 대해 질문했다.

●

선생님이 말씀하셨다. "아주 좋은 질문이다."

子曰大哉라 問이여
자왈대재　문

"예禮**는** 사치스럽게 하기보다는 차라리 검소하게 하는 것이다. 상喪을 치를 때는 능숙하게 하기보다는 차라리 진심으로 슬퍼해야 한다."

禮與其奢也론 寧儉이요 喪이 與其易也론 寧戚이니라
예여기사야　　영검　　상　여기이야　　영척

5

선생님이 말씀하셨다. "오랑캐 나라에도 임금이 있으니 그런 나라도 (지금의) 중국처럼 임금이 있으나 마나한 지경에는 이르지 않았다."

子曰夷狄之有君이 不如諸夏之亡也니라
자왈이적지유군　　불여제하지무야
　　　　　　　　　　　(저)

　중국에 있는 국가들이 아무리 문명국이라고 해도 신하가 임금을 몰라볼 정도로 위계질서가 엉망이라면 이는 오랑캐 지역에서 이루어지는 투박한 통치보다 못하다고 공자가 혹평한 것이다. 이 문장을 오랑캐 나라에 임금이 있다고 하더라도 문명의 세계인 중국에 임금이 없는 것만 못하다는 뜻으로 해석하기도 한다. 중국의 문명을 우월적으로 평가하는 것이다. 정조도 이런 해석을 지지했다. 정조는 위 원문의 "불여不如"를 "불급不及"으로 보라고 했다. 오랑캐 나라의 임금 있음은 중국의 임금 없음에 미치지 못한다[不及]고 해석하라는 말이다. 정조는 이것이 예전의 해석이고 그 뜻이 분명한데, 주자가 나중에 달리 해석하여 오랑캐

나라의 임금 있음도 중국의 임금 없는 상황과는 같지 않다고 하여 그 뜻이 가볍게 되었다고 논평했다(《홍재전서》). 정조가 말한 옛날의 주注라는 것은 황간과 형병의 해석일 것이다. 황간은 이 문장을 해석하면서 "불급不及"이란 용어를 사용했다. 오랑캐의 나라는 중국에 미치지 못한다는 뜻으로 설명했다. 형병도 이와 동일하게 이적에게 군장이 있어도 예禮가 없기 때문에 중국에 군장이 없는 것에 미치지 못한다는 뜻으로 해석했다. 어쨌든 오랑캐 나라는 중국을 따라오지 못한다는 말이다. 정약용도 'A不如B'라고 하면 'A는 B보다 못한 것'이라는 의미라고 설명하면서 '이적의 아름다움'이 '중국의 추함'보다 더 우월하다는 의미라고 한다면 "不如"를 사용하지 않았을 것이라고 했다.✝

　공자는 "아홉 오랑캐 나라에 가서 살겠다"(자한편 13장)고 말한 적이 있다. 필자는 공자의 이런 생각을 인종이나 지역, 민족의 경계를 문화를 통해서 넘어서겠다는 의지로 해석하고 있다. 원천적으로 이적과 중국 문명으로 구분되는 것이 아니라 문화를 통해 문명화된다면 야만 지역이라고 해서 굳이 차별적으로 대할 이유가 없었다는 생각이다. 공자에게 중요한 것은 문명이 있음과 없음이지 출신이나 지역이 문제는 아닌 것으로 생각한다.

✝《논어》역주자들의 견해도 갈려 있다. 김형찬(1999)은 오랑캐들에게 임금 있음이 중원에 임금이 있으나 마나한 것보다는 "낫다"는 쪽으로 해석했다. 남만성(1996), 이기동(1992), 김학주(1999), 김용옥 《논어한글역주》(2008)에서는 중국을 우월적으로 평가하는 쪽으로 해석했다. 배병삼(2002)도 "중국 문화에 대한 자부심이야말로 공자 사상의 근간"이라는 관점에서 "오랑캐의 '질서'가 중국의 '무질서'만 못하느니"라고 해석했다. 한편, 류종목(2000)은 이 문장에 대

한 해설에서 "문화적으로 앞서 있는 중원이 정치적으로 오히려 오랑캐만 못하다고 탄식한 것이다"라고 해석했다. 이에 대해 도암 이재의 설명이 참고가 된다. 《논어강설》에서 일부를 인용한다. "尹註盡其道三字是着眼看處蓋君有君之道 臣有臣之道 爲君盡君之道 爲臣盡臣之道 然後可以曰有君臣有也 苟有一毫不盡其道則 雖有亦亡也 可不懼哉"(《집주》에서 윤씨尹氏가 설명한 말 중에서 '진기도盡其道'라는 3글자의 의미를 눈여겨 살펴볼 필요가 있다. 대개 임금에게는 임금의 도道가 있고, 신하에게는 신하의 도道가 있다. 임금이 되면 임금의 도道를 행하고, 신하가 되면 신하의 도道를 행한 다음에야 그 나라에 임금과 신하가 있다고 말할 수 있을 것이다. 그런데 만약에 그러한 도道를 실천함에 있어서 조금이라도 최선을 다하는 것이 없다면 비록 임금이 있다고 해도 실질적으로는 없는 것이나 다름없으니, 가히 근심하지 않을 수 있겠는가?). 임금이 있어도 제대로 그 역할을 수행하지 못하면 없는 것과 마찬가지라는 말인데, 그 당시 중국이 이런 상태에 있었기 때문에 이적夷狄에게 임금이 있는 것만 못하다고 한 것이다. 이적夷狄과 중국을 비교하거나 문명의 우열을 따지는 것에 중점이 있는 것이 아니라 단지 예禮가 무너진 당시 중국의 상황을 개탄한 말로 보는 것이 좋겠다.

6

·

계씨가 태산에서 여旅 제사를 지냈다. 선생님이 염유한테 말씀하셨다. "네가 그를 그런 잘못에서 구제할 수 없겠냐?" 염유가 대답했다. "어쩔 수 없습니다." 선생님이 말씀하셨다. "안타깝다. 일찍이 태산이 임방만 못하다는 말이 있었는가?"

季氏旅於泰山이러니 子謂冉有曰女弗能救與아 對曰不能이로소이다
계씨려어태산　　자위염유왈여불능구여　대왈불능

子曰嗚呼라 曾謂泰山이 不如林放乎아
자왈오호　증위태산　불여임방호

여旅는 제사의 일종이다. 제후만이 명산에 제사를 지낼 수 있었다고
한다. 그런데 대부에 불과한 계씨가 태산에 제사를 지냈다. 당시에 염
유는 계씨의 가신家臣이었다(《집주》).

7
●

선생님이 말씀하셨다. "군자는 승부를 다투는 일은 없으나 활쏘기 실
력을 겨루는 것만큼은 피하지 않는다. 겸손하게 절하고 올라갔다가 내
려와서는 술을 마신다. 겨루는 모습이 참으로 군자로다."

子曰君子無所爭이나 必也射乎인저 揖讓而升하여
자왈군자무소쟁　　필야사호　　읍양이승

下而飮하나니 其爭也君子니라
하이음　　　기쟁야군자

8
●

자하가 질문했다. "'예쁘게 웃는 얼굴에 보조개가 아름답구나. 아름다

운 눈에 (눈동자) 흑백이 선명하구나. 하얀 바탕에 채색을 했구나.' 이런 시詩가 있는데, 무슨 뜻입니까?"

子夏問曰巧笑倩兮며 美目盼兮여 素以爲絢兮라 하니 何謂也잇고
자하문왈교소천혜   미목반혜   소이위현혜   하위야
                (변)

천倩은 아름다운 보조개다. 반盼은 눈동자 흑백이 분명한 모양이다. 소素는 하얀 비단이다. 현絢은 채색을 하는 것이다.＋

●

선生님이 말씀하셨다. "그리는 작업은 나중에 하고 그보다 먼저 하얀 천이 준비되어 있어야 한다는 말이다."

子曰繪事後素니라
자왈회사후소

"회사후소繪社後素"는 그림을 그리기 위해 흰 비단을 먼저 준비하고 그 위에 채색을 한다는 뜻이다. 흰 비단은 바탕, 그림을 그리고 채색을 하는 행위는 꾸밈이라는 의미가 있다. 본질과 표현의 관계인 것이다. 공자는 표현은 나중이라고 말하면서 본질의 중요성을 강조했다. 여기서 예禮도 이런 표현의 일종이라고 본 것이다.

●

(자하가) 말했다. "그렇다면, (본질이 우선이기에 표현에 해당하는) 예禮는 나중에 한다는 말씀이군요." 선생님이 말씀하셨다. "나를 신나게 하는 사

람은 상商이로다. 이제 함께 시에 대해 말할 수 있는 수준이 되었구나."

日禮後乎인저 子曰起予者는 商也로다 始可與言詩已矣로다
왈례후호　　자왈기여자　상야　　시가여언시이의

예禮는 본질을 표현하는 문文에 해당한다. 그런 문文은 본질 그 뒤에 오는 것이라는 뜻을 공자가 시詩로 말했는데 자하가 그 뜻을 이해했다.

‡《논어》 한자음에 대해 검토할 수 있는 좋은 사례가 나왔다. 한자음에 대한 이해에 도움이 될 것으로 생각되어 자료와 함께 상세하게 설명하려고 한다. 《논어》 역주서의 한자음은 대부분 다음의 3가지 근거 또는 경향을 따른 것이다. ①《논어집주대전》에 있는 한자음이다. 이것은 고대 중국의 한자음이다. ② 조선시대에 간행된 《논어언해》에 표시된 한글로 표시된 한자음이다. 이것은 지금 사용하는 한자음과 대부분 동일하지만 일부 다른 것도 있다. ③ 근래에 사용되는 옥편, 한자사전에서 찾아보고 한자음을 아는 경우다. 그런데 일부 한자에 대해서는 옥편과 한자사전에 각각 다르게 표시되어 있다. 위와 같은 한자음에 대한 상황을 염두에 두면서 그 사례로 盼 자에 대해 본다. 盼 자는 《집주》에 반절로 한자음이 이렇게 표시되어 있다. "盼普覓"（盼 자의 한자음은 '보'와 '현'의 반절이다). 이런 반절은 '普' 자의 'ㅂ'과 '覓' 자의 모음을 결합시켜 '변'이라고 읽는다. 육덕명의 《경전석문》에는 이 한자에 대해 여러 반절이 있는데 《집주》와 동일한 반절이 먼저 제시되어 있고, 눈이 움직이는 모양 또는 아름다운 눈이라는 뜻의 설명이 있다. 《논어》의 우리말 한자음을 알기 위해 우선 참고할 자료는 1590년 내사기가 있

는 도산서원 소장본 《논어언해》다. 이 책에는 한글로 표시된 한자음에 성조聲調가 점[방점]으로 표시되어 있다(《우리말국어사전》에는 소리점이라고 되어 있다). 이 책에 '肦' 자의 한자음은 ":변"이라고 되어 있다. 1612년 내사기가 있는 도산서원 소장본 《논어언해》에는 성조 [방점] 표시가 없다. '肦' 자는 그냥 "변"이라고 되어 있다. 그 이후 1800년대에 내각(규장각)에서 간행한 《논어언해》, 경상감영에서 간행한 《논어언해》, 전주에서 간행한 《논어언해》의 한자음은 1612년 《논어언해》와 동일하다. 이렇게 관본 언해로 분류되는 《논어언해》 6종(1590년, 1612년, 내각장판, 영영장판, 영영중간, 하경룡장판)과 율곡 《논어언해》에 '肦' 자는 한자음이 모두 "변"으로 되어 있다. 1910년 이후에 현대적인 책 형태로 된 《논어집주》가 간행되었다. 이런 책 본문 상단에 한자와 한자음이 표시되어 있는데, 肦자는 "변"이라고 되어 있다. 현대적인 《논어언해》라고 할 수 있는 《언해논어》(1932), 《경전강구 논어》(1922)에도 肦자의 한자음은 여전히 "변"으로 되어 있었다. 한국고전번역원 홈페이지에서 제공하고 있는 〈멀티미디어 자료 논어성독〉(장순범 성독)에서도 '肦' 자를 '변'으로 읽고 있다 (2009년 1월). 한편, 박문호의 《논어집주상설》에는 '肦' 자 아래에 "諺音誤"라는 설명이 있다. 이 말은 《논어언해》의 음이 잘못되었다거나 그 당시 사람들이 이 한자의 음을 잘못 읽고 있다는 뜻이다. 필자의 생각으로는 《논어언해》에서는 《집주》에 표시된 반절에 따라 '변'으로 되어 있기 때문에 이것을 지적한 것은 아닌 것으로 여겨지고, 당시에 '肦' 자를 《논어언해》와는 다르게 읽었던 경향이 있었던 것으로 여겨진다. 그런 한자음이 옥편에 표시되어 있다. 조선시대에 한자음에 대해 참고할 수 있는 자료는 박성원朴性源(1697~1767)이 1747년에 편찬한 《화동정음통석운고》라는 운서다. 이 책에는 각각의 한자에 대해 중국음과 당시 조선의 한자음이 동시에 표시되어 있다. "盼" 자를 보면 "美目"(아름다운 눈)이라는 의미 설명이 있고 그 당시 조선의 한자음이 "반"이라고 되어 있다(중국음은 "판"이라고 되어 있다. 페이지 상단에 "盼俗변"이라는 표시가 있다. 속음이 '변'이라는 뜻인데, 혹시 그 '변'은 "변"의 오자가 아닌가 생각된다). 비슷한 시기에 홍계희(1703~1771)가 지은 운서 《삼운성휘》(1751)에도 당시 조선의 한자음이 표시되어 있다. 이 책에서 "盼" 자를 보면, "美目"이라는 의미 설명이 있고 그 한자음이 "반"으로 되어 있다. 그 이후 정조의 명에 의해 이덕무(1741~1793)가 편찬한 《전운옥편》(1796년 간행 추정)에도 "盼" 자의 음이 '반'으로 되어 있다. 박문호가 잘못 읽고 있다고 지적한 그 한자음은 '반'이었던 것으로 생각된다. 《전운옥편》은 1900년대 초기까지 사용되었고 중간에 이 옥편의 증보수정판인 《교정校訂 전운옥편》이 간행·유통되었다. 이것은 《전운옥편》과 동일하고 다만 일부 한자에 대해 페이지 상단에 별도로 "俗音"이라는 표시와 함께 일반이 옥편과 다르게 발음하는 음을 추가로 제시한 것이 특징이다. 이 옥편에 "盼"의 음은 '반'이라고 되어 있지만 그 속음이 '변'이라고 페이지 상단에 표시되어 있다. 근대적인 한자사전인 《국한문신옥편》(1908)과 《자전석요》(1909)에는 "盼" 자에 대해 한자음이 "반"으로 되어 있을 뿐이다. 《신자전》(1915년)에도 盼자의 음이 "반"으로 되어 있고 "美目"이라고 뜻과 함께 "눈매 어여쁠 반"이라는 설명이 있으며, 이 한자의 사례로 "美目盼兮"라는 위의 문장이 인용되어 있다. 최근

《전운옥편》. 정조가 이덕무 등 학자들에게 지시하여 만든 옥편. 지금 사용하고 있는 옥편의 원형이 되었다.

에 사용되고 있는 《한한대자전》(2001), 《동아백년옥편》(2005)에도 盼자는 '반'으로 되어 있다. 《명문대옥편》(2005)에도 '반'으로 되어 있고, 위의 시詩가 그 사례로 인용되어 있다. 다만 이 옥편에서는 '변'으로 쓰는 사례도 제시되어 있다. 단대 《한한대사전》(2008)에도 盼자의 한자음이 '반'으로 되어 있고 위의 시詩가 그 사례로 인용되어 있다. 이 사전에는 盼자에서 '변'이라는 한자음에 대해서는 언급은 없다. 그렇다면 盼자는 지금 어떻게 읽어야 하는가? 현재의 한자 사전, 옥편에서는 대부분 지금 통용되는 한자음을 우선으로 제시하고 있다. 필자도 지금 다수가 사용하는 한자음을 우선으로 해야 한다고 생각한다. 그 이외의 음은 괄호 안에 표시했다. 그래서 盼자를 '반(변)'이라고 표시했다. 재야 한학자인 이종락의 《논어집주》(2005)에는 "아름다운 눈 변"이라는 뜻으로 한자가 표시되어 있다. 성백효의 《현토완역 논어집주》(2005)에는 "아름다운 눈 변(반)"으로 한자와 한자음이 제시되어 있다. 김학주(1999), 김형찬(1999), 이우재(2000), 정후수(2000), 배병삼(2002), 이강재(2006), 성대 유교문화연구소(2008), 박헌순(2008), 김용옥(2008)의 《논어》 역주에는 '반'으로 표시되어 있다.

9
●

선생님이 말씀하셨다. "하나라 예禮를 내가 말할 수 있으나 (그 후예인) 기杞나라의 그것을 증명할 수 없다. 은나라 예禮를 내가 말할 수 있으나 (그 후예인) 송宋나라의 그것은 증명할 수 없다. (증명할) 책이 부족하고 (말해줄) 현인이 부족하기 때문이니 그것만 충분하다면 나는 증명할 수 있을 것이다."

子曰夏禮를 吾能言之나 杞不足徵也며 殷禮를 吾能言之나
자왈하례　오능언지　기부족징야　은례　오능언지

宋不足徵也는 文獻이 不足故也니 足則吾能徵之矣로리라
송부족징야　문헌　부족고야　족즉오능징지의

　　하나라가 망했어도 그 조상에 대해 제사 지낼 수 있도록 신왕조 창건
자들이 배려해서 만들어준 나라가 기杞나라다. 은나라가 망한 다음 역
시 그렇게 해서 만들어진 나라가 송宋나라다(《집주》).

10

●

선생님이 말씀하셨다. "체禘 제사에서 강신주降神酒를 따른 그 이후의
것에 대해서는 난 더 이상 보고 싶지 않다."

子曰禘自旣灌而往者는 吾不欲觀之矣로라
자왈체자기관이왕자　오불욕관지의

　　체禘는 천자가 시조에게 지내는 제사다. 공자가 출생한 노나라는 제후
국이고 그런 나라를 총괄하는 천자국이 주나라다. 이런 주나라의 천자가
그 시조에게 제사 지내는 것이 체禘 제사다. 천자는 이런 제사를 지내면서
조상을 생각하고 효도하는 마음을 갖게 하는 동시에 권력의 정통적 계승
을 과시하는 일종의 정치권력적 의례를 행하는 것이다.

노나라는 주나라의 제후국이다. 노나라가 생기게 된 데에는 특별한 이유가 있었다. 은나라를 멸망시키고 주나라를 천자국으로 만든 무왕에게는 특출한 동생이 있었다. 그는 주공周公이었다. 무왕이 은나라를 정벌한 후에 병으로 죽자 무왕의 어린 아들인 성왕成王이 즉위했다. 정국이 불안한 상황에서 주공이 조카인 성왕을 대신하여 권력을 잡았다. 많은 모함이 있었으나 주공은 성왕이 성장할 때까지 기다렸다가 권력을 되돌려 주었다. 이에 성왕은 주공의 나라인 노나라에서도 천자가 행할 수 있는 체禘라는 제사를 거행할 수 있게 했다. 그래서 노나라는 제후국이지만 천자만이 할 수 있는 체 제사를 지낼 수 있었다고 한다.

11

•

어떤 사람이 체 제사의 의미를 질문했다. 선생님이 말씀하셨다. "모르겠다. 체 제사의 의미를 아는 사람이 천하를 다스린다면 이것을 보는 것과 같을 것이다." 이렇게 말하고 그 손바닥을 가리켰다.

或이 問禘之說한대 子曰不知也로라 知其說者之於天下也에
혹   문체지설   자왈부지야   지기설자지어천하야

其如示諸斯乎인저하시고 指其掌하시다⁺
기여시제사호   지기장
     (저)

체禘 제사는 조상의 시조까지 모시는 큰 제사다. 공자는 이런 제사야말로 자기 뿌리를 각성하게 하는 것이라고 생각했다. 그러면서 근본에

대한 인식이 분명하면 천하를 다스리는 일이 손바닥을 보는 것처럼 쉽
다고 말했다.

✚ 주자의 설명을 보충한다. 공자는 체禘 제사를 천자국에서만 지낼
수 있는데 제후국인 노나라에서 지내는 것은 예법에 맞지 않는다
고 보았다. 그런 심정을 "체 제사를 보고 싶지 않다"는 말로 표현했
다. 다만, 천자국인 주나라에서 허용한 것이고 또 자신의 노魯나라
에서 일어나는 일이기 때문에 그냥 모른다고 하면서 드러내놓고
반대 의견을 표명하진 않았다는 설명이다.

12

•

(공자는) 제사 지낼 때 조상의 혼령이 와 있는 듯이 하면서 제사 지냈
다. 신神에게 제사 지낼 때도 신神이 와 있는 듯이 하면서 제사 지냈다.

祭如在하시며 祭神如神在러시다
제여재   제신여신재

•

선생님이 말씀하셨다. "내가 제사에 참여하지 못했다면 제사를 지내
지 않은 것과 같다."

子曰吾不與祭면 如不祭니라
자왈오불여제   여부제

13

•

왕손가가 질문했다. "아랫목 귀신에게 아첨하기보다는 차라리 부엌 귀신에게 아첨하라는 말이 있습니다. 무엇을 말하는 것입니까?

王孫賈問曰與其媚於奧론 寧媚於竈라 하니 何謂也잇고
왕손가문왈여기미어오   영미어조   하위야

왕손가는 위나라 대부인데 군주보다 권력이 강했다고 한다. 아랫목 귀신인 오신奧神은 높지만 제사 지내는 자리가 없고 부엌 귀신인 조신竈神은 낮지만 제사를 지내는 자리가 있기 때문에, 이를 두고 당시 사람들이 왕손가가 직위는 낮지만 실권을 잡은 것에 비유했다고 한다. 왕손가는 공자에게 위나라에서 한자리 얻으려면 군주보다는 차라리 실세인 자기에게 붙으라고 돌려서 말한 것이라고 한다(《집주》).

•

선생님이 말씀하셨다. "그렇지 않다. 하늘에 죄를 지으면 (용서를) 빌 곳이 없다."

子曰不然하다 獲罪於天이면 無所禱也니라
자왈불연   획죄어천   무소도야

공자도 왕손가가 말한 뜻을 알았으나 부당하게 아첨하진 않겠다는 뜻을 이렇게 표현했다.

14

●

선생님이 말씀하셨다. "주나라는 (하나라와 은나라) 2대二代에서 (그 장단점을 선별하여) 본받았으니 문체가 찬란하구나. 나는 주나라의 문화를 따르겠다."

子曰周監於二代하니 郁郁乎文哉라 吾從周호리라
자왈주감어이대　　욱욱호문재　오종주

2대二代는 하나라와 그 뒤를 이은 은나라를 말하는 것이다. 주나라는 하나라와 은나라의 제도와 문물의 장단점을 취사선택하여 예禮를 이루었음을 공자가 말한 것이다. 주나라는 공자의 정치적 문화적 이상국가였다. '오종주吾從周'라는 말은 공자의 그런 이상理想을 상징적으로 표현한 말이다.

15

●

공자가 태묘에 들어가 매사를 물어보고 행하는데, 어떤 사람이 말했다. "누가 추鄹고을 사람의 아들이 예禮를 안다고 했는가? 태묘에 들어와서는 매사를 물어보고 하는데." 선생님이 이 말을 듣고 말씀하셨다. "이렇게 하는 것이 예禮다."

子入大廟하사＋ 每事를 問하신대 或이 曰孰謂鄹人之子를
자입태묘　　 매사　문　　혹　왈숙위추인지자

知禮乎오 入大廟하여 每事를 問이온여 子聞之하시고 日是禮也니라
지례호　입태묘　　매사　문　　　자문지　　　왈시례야

　태묘는 주공周公의 사당이다. 추고을 사람의 아들이란 공자를 말한
것이다. 공자의 아버지 숙량흘叔梁紇이 추고을 대부였기 때문에 이렇게
말했다고 한다. 공자가 매사를 물어본 것은 예禮를 몰라서가 아니라 공
경하는 마음 때문이었다(《집주》).

　✝ 《집주》에는 ‘大’ 자에 대해 “大音泰”(‘大’ 자의 한자음은 ‘태’ 다)라고
　되어 있다.

16

●

선생님이 말씀하셨다. “활을 쏠 때 가죽 과녁을 뻥 뚫는 데 중점을 두
지 않았던 것은 각자 힘의 등급이 같지 않기 때문이다. 이렇게 하는 것
이 옛날의 도道다.”✝

　子曰射不主皮는 爲力不同科니 古之道也니라
　자왈사불주피　위력부동과　고지도야

　✝ 도암 이재의 《논어강설》에 있는 설명이 참고가 된다. “射不主皮
是古之道而非謂盡廢貫革之事也 若盡廢貫革而但爲射禮則當用武之
時亦將何所用哉”(활쏘기를 할 때 가죽 과녁을 관통하는 데 중점을 두지 않는
것이 옛날의 도道라고 하는 것은 가죽 과녁을 관통하는 방식이나 경향을 완전히

폐지하라는 뜻으로 말한 것이 아니다. 단지 활쏘기에 있어서 오직 그런 예법만을 강조한다면 무력을 사용해야 하는 순간이 닥쳤을 때 그런 예법을 장차 어디에다 쓰겠는가?).

17

•

자공이 초하룻날 사당에 곡告하면서 바치는 희생양을 없애려고 했다.

> 子貢이 欲去告朔之餼羊한대[†]
> 자공   욕거곡삭지희양

•

선생님이 말씀하셨다. "사賜야, 너는 희생양이 아까운가보구나. 나는 지금까지 지켜온 그 예禮가 아까운데."

> 子曰賜也아 爾愛其羊가 我愛其禮하노라
> 자왈사야   이애기양   아애기례

공자는 형식적이지만 양羊이라도 바치고 있으면 언젠가는 그런 예법이 다시 살아날 것으로 기대했다고 한다(《집주》).

[†] 《집주》에 '告'의 한자음이 반절로 '곡'이라고 되어 있다. "告古篤反"('告'자의 한자음은 '고'와 '독'의 반절이다. 그 한자음은 '곡'이다). 《경전석문》도 동일하다. 이 문장의 告자는 조선시대 《논어언해》 6종

(1590년, 1612년, 내각장판, 영영중간, 하경룡장판, 율곡언해)에 "곡"이라고 되어 있다. 단대 《한한대사전》(2008)에는 '告'의 한자음이 "고, 곡, 국" 3가지로 제시되어 있고, '곡'에 대해 "천자가 역서曆書를 제후들에게 나누어주는 일"이라는 설명이 있으며, '告朔'의 한자음은 "곡삭"으로 되어 있다.

18
●

선생님이 말씀하셨다. "임금을 극진한 예禮로 섬기는 것을 사람들이 아첨한다고 하는구나."

子曰事君盡禮를 人이 以爲諂也라 하나다
자왈사군진례　인　이위첨야

19
●

정공이 질문했다. "임금이 신하에게 일을 시키고 신하가 임금을 섬길 때 어떻게 하는 것이 좋은가?" 공자가 대답했다. "임금은 신하에게 예禮로써 일을 시키고, 신하는 임금을 충忠으로 섬기는 것입니다."

定公이 問君使臣하며 臣事君호대 如之何잇고
정공　문군사신　　신사군　　여지하

孔子對曰君使臣以禮하며 臣事君以忠이니이다
공자대왈군사신이례　　신사군이충

20
●

선생님이 말씀하셨다. "《시경》의 관저關雎라는 시詩는 즐겁지만 음란
하지 않고 슬프지만 비참한 느낌이 들진 않는구나."

子曰關雎는 樂而不淫하고 哀而不傷이니라
자왈관저　낙이불음　　애이불상

상傷은 슬픔이 과도해서 몸과 마음이 부서질 정도로 비참한 것이다.

21
●

애공이 재아에게 사社의 의미를 질문했다. 재아가 대답했다. "하후씨
는 소나무로 사社의 신주를 만들어 사용했고, 은나라 사람은 잣나무를
사용했습니다. 주나라 사람은 밤나무를 사용했는데, 말하자면 백성으
로 하여금 전율을 느끼게 하기 위함이었습니다."

哀公이 問社於宰我하신대 宰我對曰夏后氏는 以松이요
애공　문사어재아　　　재아대왈하후씨　이송

殷人은 以栢이요 周人은 以栗이니 曰使民戰栗이니이다
은인　이백　　주인　이률　　왈사민전률

사祉는 국가에서 토지의 신에게 제사하는 곳이다. 주나라에서 사社에
밤나무를 심어서 그 나무로 신주를 만들어 사용한 것은 토양에 적합한
나무를 식목한 것 이외에 별다른 의도가 없었다고 한다(《집주》).

●

선생님이 이런 말을 듣고 말씀하셨다. "이미 끝난 일이라 무엇이 잘못
인지 설명하진 않겠다. 끝나가는 일이라 충고해서 고쳐줄 수도 없으며
이미 지나간 일이라 탓할 수도 없구나."

子聞之하시고 曰成事라 不說하며 遂事라
자문지　　　　왈성사　불설　　수사

不諫하며 旣往이라 不咎로다
불간　　　기왕　　　불구

공자는 재아의 이런 말이 군주로 하여금 살벌한 마음을 갖게 했다고
우려했다(《집주》).

22

●

선생님이 말씀하셨다. "관중이라는 인물은 그릇이 작구나."

子曰管仲之器小哉라
자왈관중지기소재

●

어떤 사람이 말했다. "관중은 검소했습니까?" 선생님이 말씀하셨다. "관중은 삼귀三歸라고 하는 누각을 건축했고, (그의 가신에게 맡은 일만 하게 하고) 관사를 겸직하게 하지 않았다. 이런 그를 어찌 검소했다고 할 수 있는가?

或이 日管仲은 儉乎잇가 日管氏有三歸하며 官事를
혹   왈관중   검호   왈관씨유삼귀   관사

不攝하니 焉得儉이리오
불섭   언득검

●

(**질**문했던 사람이 또 말했다.) "그렇다면 관중은 예禮를 알았습니까?" (선생님이) 대답했다. "임금 정도는 되어야 문門안에 나무를 심어서 병풍을 대신하는데 관중도 그렇게 했다. 임금 정도는 되어야 연회를 베풀 때 술잔을 올려두는 점坫을 두는데 관중도 그렇게 했다. 이런 관중을 보고 예禮를 알았다고 하면 누구를 보고 예禮를 모른다고 하겠는가?

然則管仲은 知禮乎잇가 日邦君이아 樹塞門이어늘
연즉관중   지례호   왈방군   수색문

管氏亦樹塞門하며 邦君이아 爲兩君之好에 有反坫이어늘
관씨역수색문   방군   위량군지호   유반점

管氏亦有反坫하니 管氏而知禮면 孰不知禮리오
관씨역유반점   관씨이지례   숙부지례

점坫은 잔치 때 주고받는 술잔을 놓아두는 자리다. 제후에게 적용하는 의전이라고 한다(《집주》).

23

●

선생님이 노나라 태사에게 음악에 대해 말씀하셨다. "음악이란 무엇인지 알 수 있다. 연주를 하자 오음五音이 합쳐서 시작되고, 음이 풀어지면서 조화를 이루며, 음이 분명해지고, 음이 실처럼 계속 이어지면서, 마침내 하나의 음악이 이루어져 끝을 맺는 것이다."

子語魯大師樂曰樂은 其可知也니 始作에 翕如也하여
자어노태사악왈악   기가지야   시작   흡여야

從之에 純如也하며 皦如也하며 繹如也하여 以成이니라
종지   순여야   교여야   역여야   이성

24

●

위나라 의儀읍에서 출입을 담당하는 관리가 공자에게 뵙기를 청하면서 말했다. "군자가 이곳을 지날 때 내 일찍이 만나보지 않은 적이 없었습니다." 종자가 그를 공자에게 데리고 갔다. 그가 (공자를 만나본 뒤)

나와서 말했다. "여러분, 자리를 얻지 못해 천하를 떠돌아다닌다고 상심할 필요가 없습니다. 천하에 도道가 사라진 지 오래되었습니다. 하늘이 장차 선생님을 목탁으로 삼으실 겁니다."

儀封人이 請見曰君子之至於斯也에[✝] 吾未嘗不得見也로라
의봉인　청현왈군자지지어사야　　오미상부득견야

從者見之한대 出曰二三子는 何患於喪乎리오
종자현지　　출왈이삼자　　하환어상호

天下之無道也久矣라 天將以夫子로 爲木鐸이시리라
천하지무도야구의　천장이부자　위목탁

주자는 이 관리가 어진 지식인인데 낮은 직책의 업무를 담당하면서 숨어 사는 은자隱者일 것이라고 했다（《집주》）.

✝ 앞에 나오는 ‘見’ 자의 한자음은 《집주》에 그 음이 현이라고 반절로 표시되어 있다. 《논어》에 ‘見’ 자가 여러 번 나오는데 ‘볼 견, 뵈올 현’ 이라는 말로 구분하면 도움이 된다. 《논어집주대전》에는 ‘見’ 자가 나올 때마다 ‘현’ 과 ‘견’ 을 구분할 수 있도록 반절 등으로 음이 표시되어 있다. 이 문장에 있는 ‘見’ 자에 대해서는 이렇게 표시되어 있다. "請見見之之見賢編反"（‘請見’ 과 ‘見之’ 에서 ‘見’ 자의 한자음은 반절로 ‘현’ 이다）.

25

•

선생님이 순임금의 음악인 소韶에 대해 논평하셨다. "지극히 아름답고
또 지극히 훌륭하다." 무왕의 음악인 무武에 대해 말씀하셨다. "지극히
아름답다. 그렇지만 지극히 훌륭하다고 하기엔 미진하다."

子謂韶하사대 盡美矣요 又盡善也라 하시고 謂武하사대
자위소　　　진미의　　우진선야　　　　　위무

盡美矣요 未盡善也라 하시다
진미의　　미진선야

　순은 요임금으로부터 제위를 물려받았다. 사양하다가 부득이 받았
다. 이렇게 유덕자에게 제왕의 자리를 물려주는 것을 '선양禪讓'이라고
한다. 무왕은 폭군 주紂를 정벌하여 자리를 차지했다. 이렇게 무력으로
폭군을 좇아내는 것을 폭군방벌暴君放伐 또는 역성易姓혁명이라고 한다.
공자가 요임금과 무왕의 음악에 반영된 그런 정치의 차이를 말한 것이
라고 한다《집주》).

26

•

선생님이 말씀하셨다. "높은 지위에 있을 때 너그럽지 않으며, 예禮를
행할 때 공경심이 없으며, 장사 지낼 때 슬퍼하지 않으면 내가 무엇으
로 (이런 사람의 됨됨이를) 볼 수 있겠는가?

子曰居上不寬하며 爲禮不敬하며 臨喪不哀면 吾何以觀之哉리오
자왈거상불관　　위례불경　　임상불애　오하이관지재

자왈학이시습지면 불역열호아 유붕이자원방래면 불역락호아인 부지이불온이면
불역군자호아 유자왈기위인야효제요 이호범상자신의니 불호범상이요 이호작란
자미지유야니라 군자는 무본이니 본립이도생하나니 효제야자는 기위인지본여
인저 자왈교언영색이 선의인이니라 증자왈오일삼성오신하노니 위인모이불충호
아 여붕우교이불신호아 전불습호애니라 자왈도천승지국호대 경사이신하며 절
용이애인하며 사민이시니라 자왈제자입즉효하고 출즉제하며 근이신하며 범애
중호대 이친인이니 행유여력이어든 즉이학문이니라 자하왈현현호대 역색하며
사부모호대 능갈기력하며 사군호대 능치기신하며 여붕우교호대 언이유신이면
수왈미학이라도 오필위지학의라호리라 자왈군자부중즉불위니 학즉불고니라
충신하며 무우불여기자요 과즉물탄개니라 증자왈신종추원이면 민덕이 귀후의
라 자금이 문어자공왈부자지어시방야하사 필문기정하시나니 구지여아 억여지
여아 자공이 왈부자는 온량공검양이득지시니 부자지구지야는 기제저인지구지
여인저 자왈부재에 관기지요 부몰에 관기행이니 삼년을 무개어부지도라야
가위효의니라 유자왈례지용이 화위귀하니 선왕지도사위미라 소대유지니라 유소
불행하니 지화이화요 불이례절지면 역불가행야니라 유자왈신근어의면 언
가복야며 공근어례면 원치욕야며 인불실기친이면 역가종야니라 자왈군자식무구
포하며 거무구안하며 민어사이신어언이요 취유도이정언이면 가위호학야이
라 자공이왈빈이무첨하며 부이무교호대 하여하리잇고 자왈가야나 미약빈이
락하며 부이호례자야니라 자공이 왈시운여절여차하며 여탁여마라하니 기사지
위여인저 자왈사야는 시가여언시이의로다 고제왕이지래자온여 자왈불환인지
불기지요 환부지인야니라 자왈위정이덕이 비여북신이 거기소어든 이중성이공
지니라 자왈시삼백에 일언이폐지하니 왈사무사니라 자왈도지이정하고 제지이
형이면 민면이무치니라 도지이덕하고 제지이례면 유치차격이니라 자왈오십
오이지우학하고 삼십이립하고 사십이불혹하고 오십이지천명하고 육십이이순하
고 칠십이종심소욕하여 불유구호라 맹의자문효한대 자왈무위니라 번지어
자고자왈맹손이문효어아어늘 아대왈무위라호라 번지왈하위야잇고 자왈생사
지이례하며 사장지이례하며 제지이례니라 맹무백이 문효한대 자왈부모는 유기
자우시니라 자유문효한대 자왈금지효자는 시위능양이니 지어견마하여도 개
유양이니 불경이면 하이별호리오 자하문효한대 자왈색난이니 유사이든 제자

이인
里仁

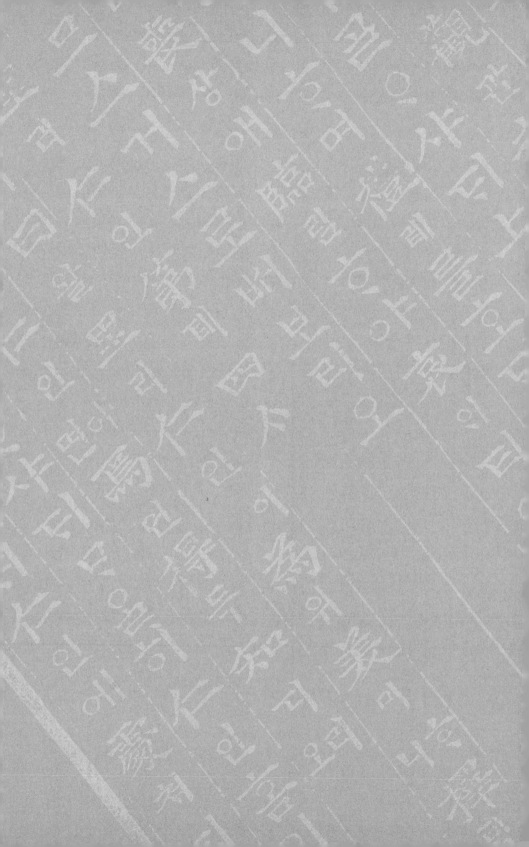

1

●

선생님이 말씀하셨다. "마을 풍습이 어진 것이 아름다우니, 풍습이 어진 곳을 택해서 살지 않는다면 어찌 지혜롭다고 할 수 있는가?"

子曰里仁이 爲美하니 擇不處仁이면 焉得知리오
자왈리인　위미　　택불처인　　언득지

김홍도, 〈부벽루연회도浮碧樓宴會圖〉, 국립중앙박물관

2

●

선생님이 말씀하셨다. "어질지 못한 사람은 곤궁한 생활을 오래 견디지 못하고 안락한 생활도 오래 즐기지 못한다. 어진 사람은 인仁을 실천하는 삶 속에서 편안하고, 지혜로운 사람은 인仁을 이롭게 여긴다."

子曰不仁者는 不可以久處約이며 不可以長處樂이니
자왈불인자　불가이구처약　　불가이장처락

仁者는 安仁하고 知者는 利仁이니라
인자　안인　　지자　이인

　어진 사람은 인생의 목적이 인仁의 실천이기 때문에 물욕과 빈천에 구
애받지 않는다. 가난함이나 안락함이 문제가 되지 않는다. 인을 실천하
는 수준에도 여러 등급이 있다. '안인安仁' 이 최고의 수준인데 자연스럽
게 인仁과 하나가 된 삶이다. 그 아래가 '이인利仁' 인데, 인을 실천하려
는 의지가 있는 수준이다. 이외에도 '불위인不違仁' 과 '구인求仁' 이 있다.
인에서 떠나지 않았다는 '불위인' 은 안인의 수준 그 직전의 단계라고 한
다. 안연(안회)이 추구한 인을 '불위인' 의 수준이라고 한다. 다시 그 아래
가 '구인' 이다. 자로가 실천하려고 했던 것을 구인의 수준이라고 한다.

3
●

선생님이 말씀하셨다. "오직 어진 사람만이 공정하게 다른 사람을 좋
아할 수도 있고 공정하게 다른 사람을 미워할 수 있다."

子曰惟仁者아 能好人하며 能惡人이니라[+]
자왈유인자　능호인　　능오인

　누구든지 사람을 좋아하고 미워할 수 있다. 문제는 그 기준이다. 인仁
은 공동의 이익을 추구하는 것이기 때문에 어진 사람은 그런 기준에 따

라 사람의 좋고 나쁨을 판단한다. 그렇지 못한 사람은 사적인 감정으로 판단한다.

✢ '惡'는 미워한다는 뜻일 때 '오'로 읽는다. 《집주》에 "好惡皆去聲"('호'와 '오'는 모두 '거성'이다)이라고 되어 있다. 이런 표시는 그 한자의 품사와 한자음을 알게 해준다. 이 문장에서 '惡'는 동사로 해석한다.

4
●

선생님이 말씀하셨다. "진실로 인仁에 뜻을 두면 악惡이란 없다."

子曰苟志於仁矣면 無惡也니라
자왈구지어인의　　무악야

5
●

선생님이 말씀하셨다. "부유함과 높은 지위는 모든 사람들이 원하는 것이지만 정당한 노력 없이 생기면 받아들이지 않는다. 가난하고 지위가 없음은 모든 사람들이 싫어하는 것이지만 부당하게 이런 상황에 처하더라도 거부하지 않는다."

子曰富與貴是人之所欲也나 不以其道로 得之어든 不處也하며
자왈부여귀시인지소욕야   불이기도   득지   불처야

貧與賤이 是人之所惡也나 不以其道로 得之라도⁺ 不去也니라
빈여천   시인지소오야 불이기도   득지   불거야

●

"군자가 인仁을 버리면 어찌 군자라는 이름으로 불릴 수 있겠는가?"

君子去仁이면 惡乎成名이리오
군자거인   오호성명

●

"군자는 식사하는 잠깐 동안에도 인仁을 어김이 없다. 절박하고 구차
한 순간에도 반드시 인仁에 의거하며 넘어지고 자빠지는 그 순간에도
반드시 인仁에 의거한다."⁺⁺

君子無終食之間을 違仁이니 造次에 必於是하며 顚沛에 必於是니라
군자무종식지간   위인   조차   필어시   전패   필어시

⁺ 이 문장의 "라도"라는 토吐에 대해서는 다른 견해가 있고, 이것
은 '가난한 삶'에 대한 조선시대 지식인들의 생각을 잘 보여주는
사례기에 좀 더 상세하게 소개하겠다. ① 우선 위와 같이 "라도"
라고 토吐를 붙이는 방식이다. 《논어언해》(1612)에 이렇게 되어 있
다. "라도"라는 토吐는 가난하고 지위가 없는 상황이 설령 자신의
잘못으로 인한 것이 아니라도 감수한다는 뜻이 담겨 있다. 어떤
경우에도 가난을 편안하게 받아들이라는 말이다. 율곡의 《논어

언해》에도 "라도"로 되어 있다(이이李珥의 〈논어석의〉에도 "라도"로 되어 있다). ② 그러나 퇴계 이황은 "라도"로 토吐를 다는 것을 잘못이라고 지적했다(이황李滉의 〈논어석의〉 원문에는 "라두"라고 표기되어 있다). 그러면서 그 토吐를 "어든"이라고 해야 한다고 주장했다. 위의 문장을 "不以其道로 得之어든"이라고 해석해야 한다는 말이다. "어든"이라는 토를 달면, 오락, 사치, 싸움 등과 같이 도道가 아닌 것으로 인해 가난하게 되었다면 그로 인한 가난은 일단 수용한다는 의미가 된다. 그러나 자연재해, 도난, 판단 착오로 인한 재정 손실, 형벌로 인해 처하게 된 가난은 극복할 수 있다는 가능성을 열어놓는 말이 된다. 자신의 잘못이나 불운으로 인한 가난은 감수할 수 있으나 불의에 의해 또는 부당하게 가난에 처하게 되었다면 그냥 수용할 순 없다는 말이다. '정당한 방법'으로 그런 가난을 벗어날 수 있다는 의미가 내포되어 있다. 이덕홍李德弘(1541~1596)도 이황이 말한 이런 내용을 〈논어석의〉(이황의 〈논어석의〉와 명칭이 같고 이황이 말한 내용을 따르고 있다)에서 그대로 정리하여 설명했다. ③ 이런 2가지 견해에 대해 우암 송시열 (1607~1689)이 언급한 것이 있다(《송자대전》 133권 〈잡저〉 '퇴계사서질의 의의退溪四書質義疑義'). 송시열은 기존의 언해와 같이 "라도"로 하는 것도 틀리지는 않는다고 전제했다. 그러면서 군자가 인의仁義를 추구하다보면 빈천貧賤에 처하게 되는 상황도 있는데 그러면 빈천을 그냥 편안하게 받아들이면 그뿐이라고 했다. 그러면서 물론 부당하게 가난에 처하게 된 상황도 있겠지만 일단 빈천을 극복하려는 생각을 갖게 되면 자신의 방벽사치를 초래한 원인을 알고 이를 근본적으로 제거하려고 하기보다는 우선 빈천 그 자체를 극복하려고 하는 생각으로 빠지게 될 위험이 있다고 했다. 그러면서 이황이 "어든"이라고 토吐를 제안한 것은 어떤 다른 곡절이 있는지 또는 기록이 잘못된 것인지 알 수 없다고 했다. 도암 이재도 이런 해석을 지지하면서 《논어강설》에서 이렇게 설명했다. "自謂我不合貧賤而反有求去之意則其爲害義理也 與彼處無道之富貴者反無異焉 是故君子於富貴則審其道與非道而取舍之於貧賤則不問當得與不當得而一皆任之無非所以安於義理也"(이 몸은 가난하고 낮은 지위에 있을 사람이 아니라고 말하면서 도리어 그런 처지에서 벗어나려고 의도하게 되면 결국 의리義理를 해치게 된다. 이렇게 하는 것은 무도하게 부유하고 높은 자리에 있는 자와 전혀 다름이 없게 되는 것이다. 그렇기 때문에 군자는 부귀富貴를 접하면 그것이 도道에 합당한지 잘 살펴보고 과연 그것을 취할 것인지 버릴 것인지를 잘 판단해야 한다. 그러나 빈천貧賤에 있어서는 그것이 정당한 것인지 부당한 것인지 여부를 따지지 말고 한결같이 감당하면서 의리義理를 편안하게 받아들임에 있어서 조금도 어긋남이 없어야 한다). 필자는 이렇게 생각한다. '안빈安貧'이란 현실과 가난을 편안한 마음으로 즐기는 것이다. 이것은 인의仁義라는 거대한 가치를 추구하는 군자가 현실의 삶에서 만나게 되는 가난 그 자체를 장애로 보는 생각 자체를 초월한 단계다. 그렇기 때문에 안빈의 삶에서는 정당하거나 부당하거나 상관없이 가난에서 벗어나려는 노력 자체가 큰 의미가 없다. 안빈의 경지에선 가난이 삶의 곤란이나 장애가 되지 않기 때문이다. 《논어언해》에서 "라도"라고 한 토吐는 《집주》의 이러한 견해를 반영한 것이라고 생각한다. 한편, '어든'이라는 해석은 시대를 잘못 만나 올바르게 노력했는데도 빈천한 처지에 있게 된 것에 한정하여 받아들인다는 의미가 있다. 빈천에 대한 현실적인 인식이다. 고원高遠한 목표도 중요하지만 실제 생활에서 실천 가능한 덕목을 생각하면서 이 문장을 해석한 것으로 여겨진다.

✚✚ "위인違仁"을 "인을 떠나다," "인을 어김이 없다", "인의 정신을 어김이 없다"고 해석할 수 있다. 정약용의 《논어고금주》에 "補曰違離也"(보충해서 설명한다. '違'는 떠난다는 뜻이다)라고 설명한 것이 있다. 또한 "其心三月不違仁"이라는 말이 뒤에 나오는데, 안연(안회)은 그 마음이 석 달 동안 인仁에서 떠나지 않았다는 뜻이다. 이런 설명과 문맥으로 보아 '위인違仁'을 '떠난다'고 해석하는 것이 의미에 부합되는 것으로 여겨진다.

6

●

선생님이 말씀하셨다. "나는 인仁을 좋아하는 사람과 불인不仁을 미워하는 사람을 보질 못했다. 인仁을 좋아하는 사람은 인의 실천이 지극해서 더 이상 보탤 것이 없다. 불인不仁을 미워하는 사람은 인仁을 행할 때 불인不仁을 단절시키고 의롭지 못한 것이 자기 몸에 가해지지 않게 한다."

子曰我未見好仁者와 惡不仁者케라 好仁者는 無以尙之요
자왈아미견호인자   오불인자   호인자   무이상지

惡不仁者는 其爲仁矣不使不仁者로 加乎其身이니라
오불인자   기위인의불사불인자   가호기신

이렇게 인仁의 종류가 많이 나오자 정조가 질문했다. 이인里仁, 처인處仁, 안인安仁, 이인利仁, 지어인志於仁, 거인去仁, 위인違仁, 호인好仁,

위인爲仁, 지인知仁. 공자가 인仁이란 개념을 따로 설명한 것은 없다. 사람과 상황에 따라 달리 설명했다. 그런 인에 대한 설명을 3가지로 분류할 수 있다. 우선 인을 행하는 방법에 관한 것이다. 제자들이 공자에게 인에 대해 질문한 것은 주로 인을 어떻게 실천할 것인가에 관한 것이다. 그다음에는 인·의·예·지 4가지 덕목을 총칭하여 인仁이라고 한 사례가 있다. 또는 4가지 덕목 중 하나의 대표 개념으로 인을 말한 경우도 있다. 공자는 정치를 잘한 결과로서 그 혜택이 백성에게 돌아가는 경우에도 인이라는 말을 사용했다. 《논어》를 읽으면서 이런 것을 굳이 구별할 필요는 없다. 다만 서론에서 설명했던 것처럼 '사람에 대한 사랑'이라는 인의 정신, '단계적으로 실행'하는 인의 실천 방법, '효도와 정치'와 같은 인의 구체적 실천 사례 등, 인에 대한 전체적인 이해를 갖고 있으면서 개별적으로 문장에 나오는 인의 의미를 이해하는 것이 좋을 것으로 생각된다.

●

"**단** 하루라도 혼신의 힘을 다해 인仁을 실천한 사람이 있는가? 힘이 부족해서 인을 실천하지 못하는 사람을 나는 보지 못했다."

有能一日에 用其力於仁矣乎아 我未見力不足者케라
유능일일　용기력어인의호　아미견력부족자

●

"**아**마 그런 사람이 있겠지만 난 본 적이 없다."

蓋有之矣어늘 我未之見也로다
개유지의   아미지견야

7
•

선생님이 말씀하셨다. "사람의 허물은 성품에 따라 그 종류가 다르니,
그 허물을 봄으로써 이에 어진 사람인지 여부를 알 수 있다."

子曰人之過也各於其黨이니 觀過에 斯知仁矣니라
자왈인지과야각어기당   관과   사지인의

어진 사람은 남에게 잘해주다가 실수하고, 어질지 못한 사람은 남에
게 야박하게 하다가 실수한다는 말이다.

8
•

선생님이 말씀하셨다. "아침에 도道를 들으면 저녁에 죽어도 좋다."

子曰朝聞道면 夕死라도 可矣니라
자왈조문도   석사   가의

"죽어도 좋다"는 말은 다만 확신의 표현이다.

9

선생님이 말씀하셨다. "도道에 뜻을 두고서 남루한 옷과 소박한 음식을 부끄러워하는 사람과는 함께 의논하지 못한다."

子曰士志於道而恥惡衣惡食者는 未足與議也니라
자왈사지어도이치악의악식자　미족여의야

10

선생님이 말씀하셨다. "군자는 천하의 일을 함에 있어서 무조건 긍정하면서 행하는 것도 없고 무조건 부정하면서 안 하는 것도 없다. 언제나 의義와 함께할 뿐이다."

子曰君子之於天下也에 無適也하며 無莫也하여 義之與比니라
자왈군자지어천하야　무적야　　무막야　　의지여비

이 문장을 여러 가지로 해석할 수 있다.✝ 여기서 "군자"는 공자가 생각하는 이상적 인간을 말한다. 문제는 "무적無適"과 "무막無莫"을 어떻게 해석할 것인지에 관한 것이다. 《집주》에 의하면 "무적"은 '가可', '무막'은 '불가不可'의 의미를 가지고 있다. 위의 문장을 설명하는 데 적합한 사례는 공자가 반란군의 두목이 같이 정치하자고 요청했을 때 그에게 가려고 했던 것이다. 부당한 권력자와는 함께 일하지 않는 것이 당시 지식인들의 가치관이었다. 공자의 제자들도 그렇게 생각했다. 그래서 공자에게 "벼슬할 곳이 없으면 그만이지 그런 자한 테 갈 필요가 있느냐"고 안타까운 마음을 표시하기도 했다. 누구나 행동의 원칙을 가지고 있다. 그런데 문제는 원칙의 노예가 되는 경우가 있다는 것이다. 공자는 그렇게 하지 않았다. 그는 대부분의 지식인이 더러운 세상이라고 등을 돌린 그 순간까지도 현실정치의 주변을 떠나지 않았다. 그러면서 은둔자들에게 어찌 그렇게 쉽게 세상을 버릴 수 있었느냐고 하면서 한편으로 부러워했다. 공자는 정치를 할 수 있는 가능성을 찾아 천하를 주유했다. 그는 과거의 경력을 가지고 현재를 판단하지 않았다. 그는 겉으로 드러난 것만 보고 기회를 놓치는 실수를 범하지 않으려고 했다. 그는 사람을 통째로 비난하거나 칭송하지 않았다. 이런 공자를 보고 권력에 대한 집착 때문에 그런 것이라고 오해한 사람들도 있었다. 공자에게 "아직도 미련을 버리지 못했구나"라고 기롱한 은자의 말은 세간의 평가를 그대로 표현한 것이다. 일부의 지성인들은 권도權道라는 용어로 공자의 행동을 설명했다. 원칙은 알고 있지만 그 본래의 취지 범위 내에서 융통성을 발휘하는 것이 권도다. 권도는 현실정치에선 권력자들이 주로 사용하는 용어로 전락하기도 했다. 공자는 권력자의 정당성만 본 것이 아니라 잘할 수 있는 가능성을 고려했다는 점에서 '시중지도時中之道'라는 말로 그의 정치관을 설명하기도 한다. 공자는 부당한 권력자라고 해서 거부하지 않았고 정당한 권력자라고 해서 무조건 따라가지도 않았다. 공자가 본 것은 시대적 상황과 '가능성'이었다. 그것을 '시중지도'라고 해서 보통 사람의 고지식함과 구별하기도 했다. 과연 공자에게는 행동의 원칙이 없었는가? 없다고 할 수도 있고 있다고 할 수도 있다. 공자에게는 "의義"라는 판단 기준이 있었다. 좋은 일을 하기 위해 부당한 사람과 손을 잡을 순 있지만 부당한 일은 하지 않는다는 뜻으로 앞의 문장을 해석했다.

✢《논어》 역주서의 여러 해석을 소개한다. 성백효(2005)는 "군자는
천하天下의 일에 있어 오로지 주장함도 없으며 그렇게 하지 않는다
는 것도 없어서 의義를 따를 뿐이다"라고 해석했다. 김용옥(2008)은
"군자는 세상일에 관해서는 가까이할 것도 없고 멀리할 것도 없다.
오로지 의로움에 따를 뿐이다"라고 해석했다. 박헌순(2008)은 "군자
는 천하에 대해서는, 꼭 그래야 한다는 것도 없고 꼭 그렇지 않아
야 한다는 것도 없다. 의와 더불어 함께한다"고 해석했다.

11
●

선생님이 말씀하셨다. "군자는 덕德을 생각하고, 소인은 거처의 편안
함을 생각한다. 군자는 (잘못했을 때 받게 될) 처벌을 예상하고 소인은 허물
을 용서해주는 그런 은혜를 기대한다."✢

子曰君子는 懷德하고 小人은 懷土하며 君子는
자왈군자 회덕   소인   회토   군자

懷刑하고 小人은 懷惠니라
회형   소인   회혜

✢《논어언해》(1612)에는 군자는 덕德을 생각하고 소인은 토土를 생각
하고, 군자는 형刑을 생각하고 소인은 혜惠를 생각한다는 뜻으로
간단하게 해석되어 있다. 정약용은 아래와 같이 좀 다르게 해석했

다. 군자는 관직에 있는 사람이고 소인은 재야에 있는 사람이다. 덕德은 '수신효제'와 같은 인격 수양이고, 토土는 '국가에서 지급하는 토지'다. 형刑은 벼슬에서 쫓겨나 귀양 가는 일 등이고 혜惠는 나라의 가난 구호 대책 등이다. 군자는 도道를 추구하기 때문에 덕을 늘 생각하고 소인은 식량을 소중하게 여기기 때문에 정부로부터 받는 땅에 대해서 늘 생각한다. 군자는 몸의 수양을 추구하기 때문에 형刑을 걱정하고 소인은 재물을 좋아하기 때문에 혜惠를 생각한다. 정약용은 이렇게 해석하면서 이 문장은 군주로 하여금 백성들의 사정을 알게 하기 위한 것이라고 설명했다.

12
·

선생님이 말씀하셨다. "이익에 의거하여 행동하면 원망을 사는 일이 많아진다."

子曰放於利而行이면 多怨이니라
자왈방어리이행   다원

총액은 한정되어 있다. 자기에게 이익이 되면 남에게 손해가 된다. 이익의 세계는 제로섬 게임이다.

13

●

선생님이 말씀하셨다. "예禮와 겸양으로써 나라를 다스릴 수 있다면 무슨 어려움이 있겠는가? 예禮와 겸양으로써 나라를 다스리지 못한다면 (형식으로 전락한) 예禮를 무엇에 쓰겠는가?"

子曰能以禮讓이면 爲國乎에 何有며 不能以禮讓으로
자왈능이례양   위국호 하유 불능이례양

爲國이면 如禮에 何리오
위국   여례   하

14

●

선생님이 말씀하셨다. "관직이 없음을 근심하지 말고 직무를 맡아 일할 수 있는 방법을 근심하라. 다른 사람이 자신을 알아주지 않음을 근심하지 말고 알아줄 만한 실력을 구비하라."

子曰不患無位요 患所以立하며 不患莫己知요 求爲可知也니라
자왈불환무위   환소이립   불환막기지   구위가지야

15

●

선생님이 말씀하셨다. "삼參아, 나의 도道는 하나의 이치로 만사를 관

통하는 것이다." 증자가 말했다. "네, 알겠습니다."

子曰參乎아 吾道는 一以貫之니라 曾子曰唯라
자왈삼호   오도   일이관지   증자왈유

'유唯'는 말의 뜻을 정확히 알아듣고 빨리 짧게 대답하는 것이다.

공자는 개별 사례를 많이 기억하는 것보다 전체를 관통하는 이치나 원리를 아는 것이 중요하다고 생각했다. 현대적인 용어로 말하면 이론의 중요성을 알았던 것이다. 그것을 공자는 "일이관지一以貫之"라고 했다. 평소 이렇게 할 수 있기를 소망해왔던 증자도 공자가 말한 뜻을 즉시 이해하고 분명하게 대답했다.

●

선생님이 나가자 문인들이 증자에게 질문했다. "무엇을 말씀하신 것입니까?" 증자가 말했다. "선생님의 도道는 충忠과 서恕일 따름이다."

子出커시늘 門人이 問曰何謂也잇고
자출   문인   문왈하위야

曾子曰夫子之道는 忠恕而已矣니라
증자왈부자지도   충서이이의

공자가 "일이관지一以貫之"를 말하자 증자가 즉시 알겠다고 대답한 대화를 듣고 있던 문인들이 어리둥절해서 질문한 것이다. 증자는 공자가 추구하는 바를 충忠과 서恕라는 두 개념으로 설명했다. '충忠'은 "몸과 마음으로 최선을 다한다"는 뜻으로 해석할 수 있다. 이를 '진기盡己'

라고 한다. 형병은 충을 "진중심盡中心"이라고 해석했다. '서恕'는 다른 사람의 입장이 되어 생각해보는 것이다. 이를 한자로 추기推己라고 한다. 위의 문장을 이렇게 해석할 수 있다. 공자는 평생을 서恕라는 하나의 개념으로 일관했고 그렇게 함에 있어서 충忠이라는 자세로 임했다.✝

✝ 정약용은 '일一'을 '서恕'로 보았다. 공자가 일관되게 추구한 도는 '서'라는 말이다. 서라는 것은 다른 사람의 입장이 되어 생각하는 것이다. 이를 "자기가 하고 싶지 않은 일은 남에게도 시키지 말라"는 문장으로 설명하기도 한다. 공자는 이런 '서'를 '충忠'의 자세로 행동에 옮겼다고 해석하는 것이다(行恕以忠). 그래서 증자가 서에 더하여 충을 말했다는 것이다.

16
·

선생님이 말씀하셨다. "군자는 의義에 밝고, 소인은 이익利益에 밝다."

　子曰君子는 喩於義하고 小人은 喩於利니라
　자왈군자　유어의　　　소인　유어리

17
·

선생님이 말씀하셨다. "현인을 보고 그런 인격을 가질 수 있기를 생각하고 그렇지 못한 사람을 보면 자신에게 그런 단점이 있는지 스스로 반성한다."

子曰見賢思齊焉하며 見不賢而內自省也니라
자왈견현사제언　　　견불현이내자성야

18

●

선생님이 말씀하셨다. "자식이 부모에게 조언할 때 의중을 살피면서
조심스럽게 말씀드려야 한다. (조언을) 따르지 않으려는 부모의 뜻을 보
더라도 더욱 공경하고 말씀을 어기지 않으며 고생스러워도 원망하지
않는다."

子曰事父母호대 幾諫이니 見志不從하고†
자왈사부모　　　기간　　　견지부종

又敬不違하며 勞而不怨이니라
우경불위　　　노이불원

기幾는 '낌새를 안다'는 뜻인데, 여기서는 '은근하게'라고 해석한다.

† 정약용은 '見'자를 '드러낸다[露]', '보여준다[示]는 의미로 해석
하면서 '현'으로 읽을 것을 권했다. "見音現"(見자의 음은 '현'이다).
자식이 부모의 뜻에 따르지 않음을 은근히 보임으로써 부모가 스
스로 알아차리도록 한다는 말이다. 이렇게 하는 것이 '기간幾諫'의
방법이라고 했다.

19

•

선생님이 말씀하셨다. "부모님이 계시거든 먼 곳에 가서 놀지 않으며 놀더라도 반드시 방향과 장소를 알려야 한다."

子曰父母在어시든 不遠遊하며 遊必有方이니라
자왈부모재　　　불원유　　유필유방

이 문장은 《명심보감》에도 인용되어 있다. 《명심보감》은 좋은 말을 모은 책인데, 가장 많이 인용된 책이 《논어》다.

20

•

선생님이 말씀하셨다. "3년 동안은 아버지가 추구했던 것을 바꾸지 않아야 효도했다고 말할 수 있다."

子曰三年을 無改於父之道라야 可謂孝矣니라
자왈삼년　무개어부지도　　　가위효의

21

•

선생님이 말씀하셨다. "부모님의 나이란 기억해서 알고 있지 않으면 안 될 것이니 (부모님의 나이 많음이) 한편으로 기쁘고 한편으론 두렵다."

子曰父母之年은 不可不知也니 一則以喜요 一則以懼니라
자왈부모지년　불가부지야　일즉이희　일즉이구

22

●

선생님이 말씀하셨다. "옛날에 말을 경솔하게 하지 않았던 것은 몸이
말을 따르지 못함을 부끄러워했기 때문이다."

子曰古者에 言之不出은 恥躬之不逮也니라
자왈고자　언지불출　치궁지불체야

23

●

선생님이 말씀하셨다. "(말이나 행동을) 절제하는 약約으로 처신했는데,
실수를 해서 일을 망치는 사람은 드물다."

子曰以約失之者鮮矣니라
자왈이약실지자선의

24

●

선생님이 말씀하셨다. "군자는 말은 어눌하지만 행동은 민첩하게 하

려고 한다.”

子曰君子는 欲訥於言而敏於行이니라
자왈군자   욕눌어언이민어행

25
•

선생님이 말씀하셨다. “덕德 있는 사람은 외롭지 않다. 반드시 이웃이
있다.”

子曰德不孤라 必有隣이니라
자왈덕불고   필유린

26
•

자유가 말했다. “임금을 섬길 때 자주 충고하면 이로 인해 욕辱을 당한
다. 친구와 사귈 때 자주 충고하면 이로 인해 우정에 틈이 생긴다.”

子游曰事君數이면 斯辱矣요 朋友數이면 斯疏矣니라
자유왈사군삭   사욕의   붕우삭   사소의

임금에게 자주 간諫할 수 있다. 좋은 임금은 그 충고를 따르지만 그
렇지 못한 자에게 구차하게 자주 충고하다가는 화禍를 당할 수 있다.
친구도 마찬가지다. 진심으로 충고하는데 지겨워하는 눈치가 보이면

당장 그만둔다. '간諫'은 신하가 임금에게 충고하는 것이다. 조선시대에는 이런 역할을 맡은 사람을 '간관諫官'이라고 했다. 간관이 직언하다가 다치는 것을 '역린逆鱗의 화禍'를 당했다고 한다. 임금을 용龍으로 비유하는데 그 비늘은 위에서 아래로 미끄러지는 방향으로 박혀 있다. 그래서 용은 상명하달을 좋아하게 되어 있다. 신하가 직언을 하는 것은 아래서 위로 비늘을 거꾸로 건드리는 것이니 용이 화를 내는 것이다.

자왈학이시습지면 불역열호아 유붕이자원방래면 불역락호아 인부지이불온이

불역군자호아 유자왈기위인야효제요 이호범상자선의녀 불호범상이요 이호작

자미지유야니라 군자는 무본이니 본립이도생하나니 효제야자는 기위인지본여

인저자 ...색이 선의인이니라 증자왈오일삼성오신하노니 위인모아불충호

아 여붕우교이불신호아 전불습호애니라 자왈도천승지국호대 경사이신하며 ...

...이애인하며 사민이시니라 자왈제자입즉효하고 출즉제하며 근이신하며 범...

중호대 이친인이니 행규어...이어든 즉이학문이니라 자하왈현현호대 역색하며

사부모호대 능갈기력하며 사군호대 능치기신하며 여붕우교호대 언이유신이면

수왈미학이라도 오필위지학의니라 자왈군자부중즉불위니 학즉불고니라

충신하며 ...불여기자...과즉물탄개니라 증자왈신종추원이면 민덕이 귀후의리

라 자금이 문어자공왈부자지어시방야하사 필문기정하시나니 구지여아 억여지

여아 자공이 왈부자는 온량공검양이득지시니 부자지구지야는 기제(저)호인지

구지여인저 자왈부재에 관기지요 부몰에 관기행이나 삼년을 무개어부지도라

아가위효의니라 유자왈례지용이 화위귀하니 선왕지도사위미라 소대유지니라 ...

소불행하니 지화이화요 불이례절지면 역불가행야니라 유자왈신근어의면 언...

복야며 공근어례면 원치욕야며 인불실기친이면 역가종야니라 자왈군자식무...

포하며 거무구안하며 민어사이신어언이요 취유도이정언이면 가위호학야이...

라 자공이 왈빈이무첨하며 부이무교호대 하여하리잇고 자왈가야나 미약빈이...

하며 부이호례자야니라 ...자공왈...여절여차하며 여탁여마라하니 기사지...

여인저 ...사야는 시가여언시이의로다 고제(저)왕이지래자온여 자왈불환인지...

불기지요 환부지인야니라 자왈위지이덕이 비여북신이 거기소어든 이중성이...

지니라 자왈시삼백에 일언이폐지하니 왈사무사니라 자왈도지이정하고 제지...

형이면 민면이무치니라 도지이덕하고 제지이례면 유치차격이니라 자왈오십

오이지우학하고 ...십이입하고 ...십이불혹하고 오십이지천명하고 육십이이순...

고 칠십이종심소욕하여 불유구니라 맹의자문효한대 자왈무위니라 번지어...

자고자왈맹손이 문효어아어늘 아대왈무위라호라 번지왈하위야잇고 자왈생사

이례하며 사장제(지)례하며 제지이례니라 맹무백이 문효한대 자왈부모는 유기

지우시니라 자유문효한대 자왈금지효자는 시위능양이니 지어견마하여도 개

유양이니 불경이면 하이별호리오 자하문효한대 자왈색반이니 유사어든 제자

공야장
公冶長

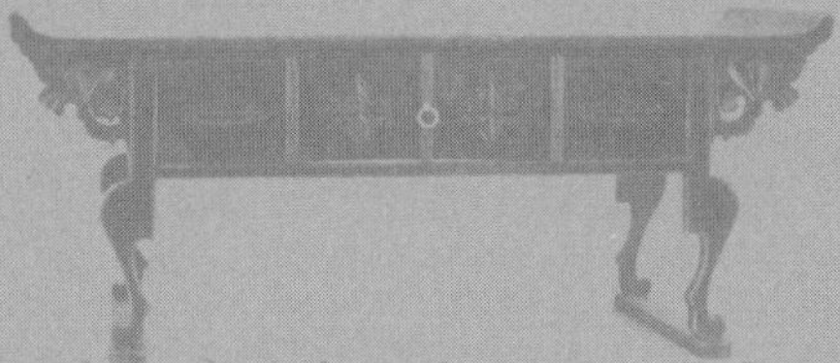

1

•

선생님이 공야장에 대해 논평하셨다. "사위로 맞을 만하다. 비록 포승줄에 묶여 옥중에 있었지만 죄가 있어서 그런 것은 아니었다." 이렇게 말하고 그의 딸을 아내로 삼게 했다.

子謂公冶長하사대 可妻也로다 雖在縲絏之中이나
자위공야장　　　가처야　　　수재류설지중

非其罪也라 하시고 以其子로 妻之하시다
비기죄야　　　　이기자　처지

•

선생님이 남용에 대해 논평하셨다. "이런 사람은 나라에 도道가 있을 때 버려지지 않을 것이다. 나라에 도道가 없을 때에도 형벌을 받는 일을 모면할 수 있을 것이다." 이렇게 말하고 형의 딸을 아내로 삼게 했다.

子謂南容하사대 邦有道에 不廢하며 邦無道에
자위남용　　　방유도　불폐　　　방무도

免於刑戮이라 하시고 以其兄之子로 妻之하시다
면어형륙　　　　　이기형지자　처지

남용은 언행을 조심하는 사람이었다. 공자는 이런 사람이라면 난세에도 화禍를 면할 수 있고 처자를 굶기지 않을 것이라고 기대하여 형의 딸을 남용에게 시집 보냈다.

선생님이 자천에 대해 말씀하셨다. "이 사람은 군자로다. 노나라에 군
자가 없었다면 이 사람이 어디서 이와 같은 덕을 취할 수 있었겠는가?"✝

子謂子賤하사대 君子哉라 若人이여 魯無君子者면 斯焉取斯리오
자위자천   군자재   약인   노무군자자   사언취사

공자가 자천을 칭찬한 것은 남용에게 조카를 시집 보낸 일과 연관이
있다. 《논어고금주》에 공자의 이복형의 아들인 공멸과 공자가 군자라고
칭찬한 자천을 비교한 것이 인용되어 있다. 공멸과 자천이 공직 생활을
하게 되었다. 공자가 공멸에게 질문했다. 일하면서 얻은 것과 잃은 것
은 무엇인가 하고. 공멸은 업무가 과중해서 공부할 시간이 없었고, 월
급이 적어 가족을 부양할 수가 없었으며, 공무로 조문 갈 일이 많아 친
구를 자주 만나지 못해 우정이 소원해졌다고 대답했다. 공자가 자천에
게도 같은 질문을 했다. 자천은 공무를 하면서 학문이 더욱 밝아졌고,
급료로 부모와 친척을 잘 부양할 수 있었으며, 공무로 조문 갈 기회에
친구도 만나게 되어 우정이 더욱 돈독해졌다고 대답했다. 공자는 직장
생활에 잘 적응하지 못하는 공멸을 걱정했고 그래서 그 집안을 위해 조
카사위 감으로 안정적으로 직장 생활을 할 남용을 택했는지도 모른다.

✝ 필자도 장章에 번호를 붙이고 있다. 정유자본 《논어집주대전》과
　조선시대 《논어언해》의 장章에는 번호가 없다. 1910년대 이후 1970
　년대까지 현토와 언해를 추가한 《논어집주》가 여러 종류 간행되었
　지만, 역시 번호는 없었다. 조선시대에 간행된 《논어집주대전》, 《논

어언해)에는 장章을 새로 시작할 때마다 줄 상단부에 "ㅇ"으로 표시를 했다. 《논어》 필사본에도 장章을 "ㅇ"으로 표시를 했다. "△"이나 "◇"으로 표시한 것도 있다. 주자의 〈혹문或問〉을 보면, "二章之說"과 같이 숫자로 장章 표시가 되어 있다. 이렇게 《논어》의 장을 숫자로 표시하는 것도 있었지만 한편으로는 그 문장 일부를 장의 명칭으로 삼았다. "子謂公冶長章", "子謂子賤章"과 같이 장을 표시하는 방식이다. 유학자들의 문집에는 주로 이렇게 되어 있다. 최근에 간행되는 《논어》 책에는 대부분 장마다 번호를 붙이고 있다. 그런데 그 번호라는 것이 《논어》 책마다 다르다는 점을 주의할 필요가 있다. 바로 공야장(제5편) 제2장이 그런 사례인데, 어떤 책에는 3장으로 되어 있고, 어떤 책에는 2장으로 되어 있다. 보통 장마다 번호를 붙이는 것은 주자가 편마다 몇 장으로 되어 있다고 설명한 것을 참고한 것이다. 공야장편(제5편)은 27장으로 구성되어 있다고 《집주》 시작 부분에 언급되어 있다. 《집주》의 체제를 따르는 《논어》 책에는 공야장에 관한 문장과 남용에 관한 문장이 하나의 장으로 통합되어 있다. 그러니까 자천에 대해 언급하는 이 문장은 제2장이다. 그러나 '황본皇本'(황간의 《논어의소》)와 '형본邢本'(형병의 《논어주소》)에는 공야장에 대해 언급한 첫 문장과 남용에 대해 언급한 두 번째 문장이 각각의 장으로 분리되어 있다. 그래서 공야장편은 27장으로 되어 있다는 《집주》의 설명과는 달리 28장으로 되어 있다. 황간은 각각의 장章에 대해 설명할 때 그 장의 처음과 끝을 분명하게 밝힌 다음에 자신의 견해를 펼친다. 바로 이 문장이 있는 장에 이렇게 표시했다. "子謂至取斯"(子謂부터 取斯까지). 이것이 황간이 독립된 장을 표시하는 방식이다. 형병도 "子謂子賤至取斯"(子謂子賤부터 取斯까지)라고 하면서 장章의 범위를 표시했다. 이렇게 장章을 구분하는 것

역시 《논어》 판본마다 다른 점이 있는데 〈논어주소교감기〉에 그런 사례가 상세하게 조사되어 있다. 양백준楊伯峻의 《논어역주論語譯注》는 공야장편이 28장으로 되어 있고 장마다 번호가 붙여져 있다. 지금 주석을 달고 있는 이 문장은 "5-3"으로 표시되어 있다. 정약용도 일부 장章을 주자의 《집주》와 달리 늘리거나 통합했다. 정약용은 향당편(제10편) 6장에 공자가 평소에 생활하는 모습을 서술한 상당히 긴 장章이 있는데 이것을 분리하여 6개의 장章을 추가했다. 이렇게 장章의 번호 차이와 같은 소소한 것에 대해 거론할 필요가 있냐고 지적할 수 있을 것이나, 분류를 달리한다는 것 자체가 생각을 달리한다는 의미를 갖고 있다는 점 때문에 그런 것이다. 틀을 다시 짜는 행위기 때문이다. 정치학에서는 분류를 이론의 시작으로 보고 있다. 국가의 형태와 종류를 분류하는 방법의 차이가 곧 철학의 차이를 반영하는 것이다. 필자가 《논어집주》와 《논어언해》의 장章 분류와 그 순서를 따르고 있는 것도 근본적으로 그 틀을 인정하고 우선적 기준으로 삼았다는 뜻을 표명하는 것이다. 김학주(1999), 류종목(2000), 박유리(2005), 이강재(2006)가 고주의 편집을 따랐고, 이기동(1992), 남만성(1996), 이종락(2005), 성백효(2005), 박헌순(2008)이 《집주》의 편집을 따랐다. 이런 차이는 제6편, 제7편, 제9편, 제10편, 제11편, 제14편, 제15편에도 있으나 더 이상 언급하진 않겠다.

3

자공이 질문했다. "저 사賜는 어떻습니까?" 선생님이 말씀하셨다. "너는 그릇이다." (자공이) 말했다. "어떤 그릇입니까?" 선생님이 말씀하셨다. "호련이다."

子貢이 問曰賜也는 何如하리잇고
자공　문왈사야　　하여

子曰女는 器也니라 曰何器也잇고 曰瑚璉也니라
자왈여　기야　　왈하기야　　왈호련야

종묘에서 기장과 피[稷]를 담는 데 쓰는 제기를 하나라에서는 호瑚라고
했고 은나라에서는 련璉이라 했다《집주》. 이런 그릇들은 쓰임의 용도가
정해진 것이다. 사람을 그릇에 비유하는 것은 재주와 능력이 한정되어
있다는 뜻이다. 공자는 모름지기 군자라면 용도가 한정된 그릇의 경계
를 넘으라고 격려했다. 공자는 자공이 아직 '그릇의 단계를 넘어선' 경
지에는 이르지 못했으나 호련瑚璉처럼 귀한 그릇이라고 평가했다.

4

●

어떤 사람이 말했다. "옹雍은 인仁하지만 말재주가 없다."

或이 曰雍也는 仁而不佞이로다
혹　왈옹야　인이불녕

●

선생님이 말씀하셨다. "구변이 좋은 것을 무엇에 쓴단 말이냐! 구변이
좋은 사람은 사람 대하기를 번드르르한 말로 하다가 사람들로부터 자

주 미움을 받는다. 옹이 인仁한지는 잘 모르겠고 말재주는 무엇에 쓴단 말이냐?"

子曰焉用佞이리오 禦人以口給하여 屢憎於人하나니
자왈언용녕   어인이구급   누증어인

不知其仁이어니와 焉用佞이리오
부지기인   언용녕

5
●

선생님이 칠조개에게 벼슬하라고 하셨다. 칠조개가 대답했다. "저는 아직 (벼슬하는) 이런 일에 대해 자신이 없습니다." (이 말을 듣고) 선생님이 기뻐하셨다.

子使漆雕開로 仕하신대 對曰吾斯之未能信이로이다 子說하시다
자사칠조개   사   대왈오사지미능신   자열

6
●

선생님이 말씀하셨다. "도道가 행해지지 않는구나. 차라리 뗏목을 타고 바다로 떠나가려고 한다. 이럴 때 나를 따라올 사람은 아마 유由일 것이다." 이 말을 듣고 자로가 기뻐했다. 선생님이 말씀하셨다. "유由는 나보다 용감하지만 냉철한 판단력에 있어서는 취할 게 없구나."

子曰道不行이라 乘桴하여 浮于海호리니 從我者는 其由與인저
자왈도불행　　승부　　부우해　　　종아자　　기유여

子路聞之하고 喜한대 子曰由也는 好勇이 過我나 無所取材로다
자로문지　희　　자왈유야　호용　과아　무소취재

7
●

맹무백이 자로에 대해 질문했다. "자로는 인仁하다고 할 수 있습니까?" 선생님이 말씀하셨다. "모르겠다."

孟武伯이 問子路는 仁乎잇가 子曰不知也로라
맹무백　문자로　인호　　자왈부지야

공자는 어느 누구도 '인仁'하다고 평가하지 않았다. 인仁의 완벽한 실천은 '살신성인殺身成仁'이라는 말처럼 목숨과 바꿀 수 있는 단계기 때문이다.

●

又 질문하자 선생님이 말씀하셨다. "유由는 천승의 큰 나라에서 군대를 지휘하게 할 수 있지만 그가 인仁한지는 잘 모르겠다."

又問한대 子曰由也는 千乘之國에
우문　　자왈유야　천승지국

可使治其賦也어니와 不知其仁也케라
가사치기부야   부지기인야

　　　　　　　　　　　●

"구求는 어떻습니까?" 선생님이 말씀하셨다. "구求는 1,000가구나 되는 고을과 백승의 가문에서 가신이 되게 할 수 있지만 그가 인仁한지는 잘 모르겠다."

求也는 何如하리잇고 子曰求也는 千室之邑과
구야   하여   자왈구야   천실지읍

百乘之家에 可使爲之宰也어니와 不知其仁也케라
백승지가   가사위지재야   부지기인야

"백승지가百乘之家"는 경대부卿大夫의 집이라고 한다(《집주》).

　　　　　　　　　　　●

"적赤은 어떻습니까?" 선생님이 말씀하셨다. "적赤은 조정에서 관복을 입고 외빈들과 더불어 말할 수 있게 할 수 있지만 그가 인仁한지는 모르겠다."

赤也는 何如하리잇고 子曰赤也는 束帶立於朝하여
적야   하여   자왈적야   속대립어조

可使與賓客言也어니와 不知其仁也케라
가사여빈객언야   부지기인야

8

·

선생님이 자공에게 말씀하셨다. "너와 안회 중에서 누가 더 낫다고 생각하는가?"

子謂子貢曰女與回也로 孰愈오
자위자공왈여여회야　숙유

·

(**자**공이) 대답했다. "저 사賜가 어찌 감히 안회를 바라볼 수 있겠습니까? 안회는 하나를 들으면 열을 알고, 사賜는 하나를 들으면 둘을 압니다."

對曰賜也는 何敢望回리잇고 回也는 聞一以知十하고
대왈사야　하감망회　　　회야　문일이지십

賜也는 聞一以知二하노이다
사야　문일이지이

하나를 들으면 열을 안다[聞一知十]는 것은 천재로 태어난 사람이란 뜻이다. 하나를 들으면 둘을 안다[聞一知二]는 것은 노력하는 수재를 말하는 것이다.

·

선생님이 말씀하셨다. "그래, 같은 수준이 아니지. 나는 네가 안회와 같은 수준이 아님을 인정한다."

子曰弗如也니라 吾與女의┼ 弗如也하노라
자왈불여야   오여여   불여야

┼ '여與'를 '허許'의 뜻으로 해석했다(《집주》). 그래서 보통은 이를
허여許與한다고 번역한다. "허여許與하다"는 "(권한이나 자격 등을) 허
락하다, 주다"(《연세한국어사전》)는 뜻이다. 앞뒤 문맥을 고려하여 "인
정한다"로 해석했다. 한편, '여與' 자를 '더불어'라는 뜻으로 해석하
기도 한다. "그만 못하리라. 나와 네가 다 같이 그만 못하니라."(김
학주, 1999). "그만 못하다. 너와 나는 그만 못하다"(류종목, 2000). "나
와 너는 안회만 못하다"(박헌순, 2008). "나와 너 두 사람 모두 안회만
같지 못하다"(김용옥, 2008).

9
●

재여가 낮잠을 잤다. 선생님이 말씀하셨다. "썩은 나무에는 무엇을 조
각할 수 없고 거름에 쓰는 흙으로는 담장을 쌓을 수 없다. 이제 내가 재
여를 책망하여 무엇하겠는가!"

宰子晝寢이어늘 子曰朽木은 不可雕也며 糞土之牆은
재여주침   자왈후목 불가조야 분토지장

不可杇也니 於子與에 何誅리오
불가오야   어여여   하주

선생님이 말씀하셨다. "나도 처음에는 사람에 대해 말만 들어보고 행동도 그렇게 할 것으로 믿었다. 그러나 지금은 그 사람의 말을 들어보고 또 실제로 그렇게 하는지 살펴보게 되었다. 재여 때문에 이렇게 태도를 바꾼 것이다."

子曰始吾於人也에 聽其言而信其行이라니
자왈시오어인야　청기언이신기행

今吾於人也에 聽其言而觀其行하노니 於子與에 改是와라
금오어인야　청기언이관기행　　　어여여　개시

10

선생님이 말씀하셨다. "나는 아직 강한 사람을 보지 못했다." 어떤 사람이 말했다. "신장(정)이⁺ 그런 인물입니다." 선생님이 말씀하셨다. "신장(정)에게는 욕심이 있는데 어찌 강할 수 있겠는가?"

子曰吾未見剛者케라 或이 對曰申棖이니이다
자왈오미견강자　　혹　대왈신장
　　　　　　　　　　　　(정)
子曰棖也는 慾이어니 焉得剛이리오
자왈장야　욕　　　언득강
　(정)

진정한 강함은 욕심 없는 마음에서 나온다는 말이다. 강력한 권력도 마찬가지다.

✝ '棖' 자의 한자음에 대해 설명한다. 《집주》에 '棖'의 한자음을 표시한 것은 없다. 《경전석문》에는 '棖' 자에 대해 "直庚反"('棖' 자의 한자음은 '직'과 '경'의 반절이다)이라고 되어 있다. '棖'의 한자음은 '정'이라는 뜻이다. 박문호의 《논어집주상설》에도 반절로 "除庚反"('棖' 자의 한자음은 '제'와 '경'의 반절이다)이라고 표시되어 있다. 역시 '정'이라고 읽을 수 있다. 1592년 《논어언해》를 비롯하여 관본 언해와 율곡의 《논어언해》에서도 모두 '뎡'으로 되어 있다. 1910년대 이후에 현토와 언해를 추가하여 현대적인 책으로 간행한 《논어집주》에도 '棖' 자는 '문설주 정'이라고 되어 있다. 현대적인 《논어언해》라고 할 수 있는 《언해논어》(1932)에도 "뎡"으로 되어 있다. 한국고전번역원 〈멀티미디어 자료 논어성독〉(2009년 1월)에서도 '정'으로 읽고 있다. 이렇게 《논어언해》와 그 현토를 따른 책에는 '棖' 자의 한자음이 '정'으로 되어 있다. 그러면 한자사전에 '棖' 자의 한자음은 어떻게 되어 있는가? 박성원朴性源이 편찬한 《화동정음통석운고華東正音通釋韻考》(1747)에 '棖' 자의 조선 한자음은 "정"이라고 되어 있다. 《전운옥편》(1796 간행추정)에는 '棖' 자에 대해 '장'과 '정' 두 가지 음이 표시되어 있는데, '정'은 문설주라는 의미로 되어 있다. 조선광문회가 간행한 《신자전》(1915)에도 "쟁"과 "정" 두 가지로 되어 있고, 문설주라는 의미는 "정"으로 되어 있다. 《동아백년옥편》(2005)에 '문설주 정, 사람이름 장'이라고 되어 있다. 《명문대옥편》(2005)에도 앞의 옥편과 동일하게 되어 있고 공자 제자 '신장'이라는 사례가 제시되어 있다. 《한한대자전》(2001)에는 "문설주 정"으로 되어 있다. 《사서집해사전》(2003)에는 '申棖'을 "신정"이라고 하고 《논어》의 이 문장을 인용했다. 단대 《한한대사전》(2008)에는 '장'과 '정'을 동시에 표시하면서, '장'은 "사람 이름에 쓰는 글자"라고 되어 있고 《논

어)의 이 문장이 인용되어 있다. '棖' 자는 김종국(1959), 김학주 (1999), 류종목(2000), 정후수(2000), 이우재(2000), 배병삼(2002), 성백효 (2005), 박유리(2005), 이강재(2006), 임동석(2006), 성대 유교문화연구 소(2008), 김도련(2008), 박헌순(2008)의 《논어》 역주에 '정'으로 되어 있다. 이종락(2005), 김용옥(2008)에는 '장'으로 되어 있다.

11

●

자공이 말했다. "제가 원치 않는 것을 다른 사람이 저에게 하지 말아 주기를 바라는 것처럼 저도 다른 사람이 원하지 않는 것을 가加하는 일 이 없게 하겠습니다." 선생님이 말씀하셨다. "사賜야, 네가 도달할 수 있는 경지가 아니다."

子貢이 曰我不欲人之加諸我也를 吾亦欲無加諸人하노이다
자공   왈아불욕인지가저아야   오역욕무가저인
            (제)   (제)

子曰賜也아 非爾所及也니라
자왈사야   비이소급야

자기가 싫어하는 것은 남도 싫어한다. 사람이 느끼는 것은 같다. 그래서 남이 무엇을 싫어하는지 아는 방법은 간단하다. 자기가 좋아 하는 것은 남도 좋아하고 자기가 싫어하는 것은 남도 싫어한다는 그 원리를 적용하는 것이다. 이렇게 하는 것이 '서恕'라고 하는 개념이 다.✝ 공자는 제자들에게 서恕를 실천 가능한 덕목으로 추천했다. 다만 위의 문장에서 공자가 자공에게 "네가 할 수 있는 경지"가 아니라고 말한 이유는 '무無' 자 때문이다. 남에게 나쁘게 하지 않겠다는 것과 남에게 나쁘게 함이 '없다'는 것에 수준의 차이가 있다고 생각한 것이다. 의욕을 가지고 노력하는 수준과 저절로 되는 수준의 차이라고 할 수 있다.

✝ 서恕는 《논어》에서 "己所不欲勿施於人"(자기가 하고 싶지 않은 것은 남에게도 시키지 않는다)이라는 말로 설명되고 있다. 주자는 "無加諸人"(다른 사람에게 가加함이 없다)에서 '무無' 자는 그냥 없다는 뜻으로 애써 노력하지 않아도 저절로 이루어지는 경지라고 해석한다. 반면 "所不欲勿施於人"의 '물勿' 자는 꼭 기억해두었다가 절대로 하지 말라는 뜻이기에 저절로 되는 '무無' 자보다 아래 단계라고 해석한다. 이런 맥락에서 주자는 '무無'를 '인仁'의 단계, '물勿'을 '서恕'의 단계라고 설명했다. '무無' 자에는 의도적으로 애쓰는 단계를 넘어서 자연스럽게 그런 일이 없게 되는 더 높은 경지를 표현한다고 본 것이다. 박세당은 주자가 이렇게 인仁과 서恕의 단계를 구분하는 것에 대해 이의를 제기했다. 주자의 위와 같은 설명을 따른다면 '욕무欲無'는 어떻게 해석해야 하느냐고 질문했다. 이것은 글자 그대로 '없고자 한다'는 뜻인데 '애쓰는 마음'인 의도성이 없는 것인지 반문한 것이다. 위백규는 이렇게 해석했다. "子貢則欲之而夫子則曰非爾所及其所以抑之實所以勉之也"(자공은 하려고 하는데 선생님은 "네가 도달할 수 있는 수준이 아니다"라고 하면서 말리신 것은 실제로는 그렇게 하라고 격려한 것이다).

12

●

자공이 말했다. "선생님의 문장文章은 들어볼 수 있었지만, 선생님이
성性과 천도天道에 대해 언급하시는 것은 들어볼 수 없었다.

子貢이 曰夫子之文章은 可得而聞也어니와
자공　왈부자지문장　가득이문야

夫子之言性與天道는 不可得而聞也니라
부자지언성여천도　불가득이문야

13

●

자로는 좋은 말을 듣고 미처 실행하지 못한 것이 있으면 (실천하지 못함
을 걱정하여 또 좋은 말을) 듣는 것을 두려워했다.

子路는 有聞이요 未之能行하여서 唯恐有聞하더라
자로　유문　미지능행　　유공유문

14

●

자공이 질문했다. "공문자의 시호를 어떻게 해서 '문文'이라고 했습
니까?" 선생님이 말씀하셨다. "민첩하게 배우기를 좋아하고 아랫사람
에게 묻기를 부끄러워하지 않았다. 이래서 문文이라고 했다."

子貢이 問曰孔文子를 何以謂之文也잇고 子曰敏而好學하며
자공　문왈공문자　하이위지문야　　　자왈민이호학

不恥下問이라 是以謂之文也니라
불치하문　　　시이위지문야

　시호諡號는 선왕의 공적이나 학자·관료의 행적을 칭송하여 임금이
추증하는 이름이다.✝

　✝ 시호법에서 '문文'이라는 글자는 "부지런히 공부하고 질문하기
　를 좋아한다"는 의미라고 한다(《집주》). 이외에도 '시법諡法'에는
　'문文'이라는 시호를 붙이는 여러 문장이 있다. 《논어》에 나오는
　문장으로는 "不恥下問"(아랫사람에게 물어보기를 부끄럽게 여기지 않는다),
　"敏而好學"(민첩하게 구하면서 학문을 좋아한다), "脩德來遠"(덕을 닦아서 먼
　나라에 있는 백성이 찾아오게 한다) 등이 있다(《시법諡法》). 이황의 시호는
　'문순文純', 이이는 '문성文成'이다. 정약용은 1910년에 순종으로부
　터 '문도文度'라는 시호를 받았다. 시호법에 관한 자료는 《사기史
　記》의 끝부분에 〈시법해諡法解〉라는 것이 있다. 그 시작 부분에 이
　런 설명이 있다. "주공단과 태공망이 무왕을 도와 왕업을 이룩했고
　목야에서 큰 공을 세웠고, 무왕을 장사 지냄에 있어서 시법諡法을
　제정했다". 이런 설명에 따라 주공周公이 시호를 만든 인물로 알려
　지고 있다. 〈시법해諡法解〉에는 시호에 사용하는 글자와 그 의미가
　나열되어 있다. 또한 소순蘇洵(1009~1066)이 찬찬撰撰한 《시법諡法》이 《사
　고전서四庫全書》(전자판)에 있다. 여기에는 '요堯', '순舜', '우禹', '탕
　湯'도 시호라고 설명되어 있다. 그러나 이들은 시법을 제작했다고
　하는 주공 이전의 인물이기 때문에 논란이 있다. 이에 대해 생전에

사용하던 호號를 시호로 사용했다는 설도 있다.

15
●

선생님께서 자산에 대해 말씀하셨다. "군자의 네 가지 도道를 가진 사람이다. 그 몸가짐이 공손했고 윗사람을 섬길 때 공경스러웠으며 백성 부양하기를 은혜롭게 했고 백성에게 일을 시키기를 의義에 합당하게 했다."

子謂子産하사대 有君子之道四焉이니 其行己也恭하며
자위자산　　　유군자지도사언　　　기행기야공

其事上也敬하며 其養民也惠하며 其使民也義니라
기사상야경　　　기양민야혜　　　기사민야의

16
●

선생님이 말씀하셨다. "안평중은 사람 사귀기를 잘하는구나. 오래 사귀면서 공경하는구나."

子曰晏平仲은 善與人交로다 久而敬之온여
자왈안평중　　선여인교　　　구이경지

김홍도, 〈남산한담南山閑談〉, 개인소장

17

●

선생님이 말씀하셨다. "장문중은 점치는 데 사용하는 큰 거북을 보관함에 있어서 기둥머리 두공에 산 모양을 새겼고 들보 위 동자기둥에는 수초 무늬를 그려 장식을 했다. 이런 그를 어찌 지혜롭다고 할 수 있겠는가?"✝

子曰臧文仲이 居蔡호대 山節藻梲하니 何如其知也리오
자왈장문중   거채   산절조절   하여기지야

✝ '채蔡' 는 점치는 데 사용하는 큰 거북이라고 한다(《집주》). 포함은
채蔡지방에서 나온 거북을 사용한다고 해서 '채' 라 했다고 설명했다.

18

자장이 영윤 자문에 대해 질문했다. "영윤 자문은 세 번 벼슬하여 영윤이 되었으나 기쁜 내색을 하지 않았고 세 번 그만두게 되었어도 섭섭한 기색을 보이지 않았습니다. 새로 부임한 영윤에게는 자기가 했던 직무를 반드시 말해주었습니다. 어떻습니까?" 선생님이 말씀하셨다. "충성스런 사람이다." 자장이 말했다. "인仁한 사람입니까?" 선생님이 말씀하셨다. "모르겠다. 어찌 인仁하다고 할 수 있겠는가?"

子張이 問曰令尹子文이 三仕爲令尹호대 無喜色하며
자장　문왈영윤자문　삼사위영윤　　무희색

三已之호대 無慍色하여 舊令尹之政을 必以告新令尹하니
삼이지　　무온색　　구영윤지정　　필이고신영윤

何如하리잇고 子曰忠矣니라 曰仁矣乎잇가
하여　　　　자왈충의　　왈인의호

曰未知케라 焉得仁이리오
왈미지　　　언득인

영윤 자문은 사욕을 버리려고 노력했고 나랏일에 온몸을 바쳤다. 이 정도 인격이라면 인仁하다고 할 수 있는지 자장이 물어보았다.

●

(**자**장이 질문했다.) "최자가 제나라 임금을 시해하자 진문자는 말 10승乘을 갖고 있었는데 버리고 떠났습니다. 진문자는 다른 나라에 가서도 '이 사람도 우리나라 대부 최자와 하는 짓이 같다'고 말하고 떠났습니

다. 또 다른 나라에 가서도 '이 사람도 우리나라 대부 최자와 하는 짓이 같다'고 말하고 떠났습니다. 이런 진문자의 처신은 어떻습니까?" 선생님이 말씀하셨다. "맑은 사람이다." "인仁한 사람입니까?" 선생님이 말씀하셨다. "모르겠다. 어찌 인仁하다고 할 수 있겠는가?"

崔子弑齊君이어늘 陳文子有馬十乘이러니 棄而違之하고
최자시제군　　　　진문자유마십승　　　　기이위지

至於他邦하여 則曰猶吾大夫崔子也라 하고 違之하며 之一邦하여
지어타방　　　즉왈유오대부최자야　　　위지　　지일방

則又曰猶吾大夫崔子也라 하고 違之하니 何如하리잇고
즉우왈유오대부최자야　　　위지　　하여

子曰淸矣니라 曰 仁矣乎잇가 曰未知케라 焉得仁이리오
자왈청의　　　왈 인의호　　왈미지　　언득인

19

계문자는 세 번 생각한 다음 실행에 옮겼다. 선생님이 이 말을 듣고 말씀하셨다. "두 번이면 된다."

季文子三思而後에 行하더니 子聞之하시고 曰再斯可矣니라
계문자삼사이후　행　　　자문지　　　왈재사가의

세 번 생각하면 사적인 감정이 개입하고 결단성을 잃어버리게 된다.

20

•

선생님이 말씀하셨다. "영무자는 나라에 도道가 있을 때 지혜를 드러냈고 나라에 도道가 없을 때 우직하게 행동했다. 그 지혜로움의 수준에는 미칠 수 있지만 그 우직함의 수준에는 도저히 미칠 수가 없구나!"

子曰甯武子邦有道則知하고 邦無道則愚하니 其知는
자왈영무자방유도즉지　　방무도즉우　　기지

可及也어니와 其愚는 不可及也니라
가급야　　기우　불가급야

영무자는 위나라 대부다. 문공이 통치할 때 바른 정치가 시행되어 영무자도 다른 사람들처럼 관직을 맡아 일했다고 한다. 그러나 성공이 통치할 때는 정치가 엉망이었는데 약은 사람들은 정치를 외면했지만 영무자는 험난한 일을 피하지 않고 직무에 헌신했다고 한다(《집주》).✝

✝ 《집주》에는 영무자가 나라에 도道가 없을 때 처신한 것에 대해 서로 다른 평가가 소개되어 있다. 주자는 영무자가 진심으로 힘을 다하면서 험난한 일을 가리지 않고 위험을 피하지 않으면서("盡心竭力不避險難") 군주를 도왔다고 이를 "우愚"라고 하고 이런 수준에는 따르지 못한다고 평가했다. 한편 정이천程伊川은 영무자가 어려운 시기에 자신을 드러내지 않음으로써 화禍를 면했다고 설명했다. 이에 대해 박세당은 영무자가 "무도한 정치에도 불구하고 위험을 피하지 않고 일에 전념했다"고 하는 주자의 해석과 "나라가 어지러울 때는 몸을 숨겨서 화를 면했다"고 하는 정이천의 해석 중에서, 정이천의

해석을 따랐다. 영무자가 임금에게 마음을 다하면서 어려움과 위험을 피하지 않았던 처신에 대하여 공자가 "어리석다, 미치지 못한다"고 했을 리가 없다는 것이다. 정약용은 "亡身冒難"(몸을 돌보지 않고 어려운 일에 헌신함)을 "우愚"라고 한다고 하고, 영무자는 나라가 혼란했던 3년 동안 그렇게 했다고 설명했다. 한편 사소한 지적이 되겠지만 《집주》에서 주자의 설명은 앞에 있고 정이천의 설명은 'ㅇ'으로 표시한 것 뒤에 보충 설명 형식으로 소개되어 있다는 점을 살펴볼 필요가 있다. 'ㅇ' 표시를 '권圈'이라고 하는데, 도암 이재는 정이천의 해석이 바로 이러한 권圈 밖에 있다는 점을 염두에 두고 이렇게 설명했다. "竭力不避艱險 沈晦以免患 此兩段似相反而實相成 集註中卒保其身云云 亦未嘗不用程子之說也 然程子之說則 置諸圈外 圈之內外緩急賓主之勢 不可不知也"(영무자가 온 힘을 다해 일하면서 험난한 일을 피하지 않았다는 주자의 학설과 몸을 숨겨서 위기를 모면했다는 정이천의 학설은 서로 상반되는 것 같지만 실상은 서로 설명에 도움이 되는 것이다. 《집주》의 내용 중에 영무자가 마침내 자신의 몸을 보존하였다는 말과 같은 것을 보면 이것은 정이천의 학설을 참고하지 않은 것이 아니다. 그러나 정이천의 학설은 'ㅇ' 표시 뒤에 있으니, 문장을 해석할 때 'ㅇ' 표시 안에 있는 것과 밖에 있는 것은 우선적인 것과 부차적인 것, 주도적인 것과 부수적인 것이라는 단지 강조점의 차이가 있는 것이다. 바로 이런 점을 알지 않으면 안 되는 것이다).

21

●

선생님이 진나라에 있을 때 이렇게 말씀하셨다. "돌아가자, 돌아가. 우리 마을 젊은이들은 품은 뜻은 크나 일에는 소략하여 빛나는 문장을 만들고 문리를 터득하여 성취함이 있으나 깔끔하게 마무리할 줄 모르는구나!"

子在陳하사 曰歸與歸與인저 吾黨之小子狂簡하여
자재진　　왈귀여귀여　　　오당지소자광간

斐然成章이요 不知所以裁之로다
비연성장　　　부지소이재지

22
●

선생님이 말씀하셨다. "백이와 숙제는 다른 사람이 저지른 악행에 대한 나쁜 기억을 마음속에 묵혀두질 않았다. 그래서 원망이 적었다."

子曰伯夷叔齊는 不念舊惡이라 怨是用希니라
자왈백이숙제　　불념구악　　　원시용희

　백이와 숙제 이야기가 《맹자》에 상세하게 나온다. 맹자는 부정한 정치가 행해질 때 지식인의 처신을 세 가지로 분류했다. 그중에서 백이와 숙제는 부당한 권력자가 있을 땐 현실 참여를 거부하고 은거했던 유형의 대표적 인물이었다. 이렇게 정치의 '맑음[淸]'과 의리를 중시했지만 백이와 숙제는 누구든지 과거의 잘못을 뉘우치면 받아들이는 포용력을 갖고 있었다고 한다(《집주》).

선생님이 말씀하셨다. "누가 미생고를 곧다고 했는가? 어떤 사람이
식초를 구하러 왔는데 자기에게 없으니까 이웃집에 가서 구해다가 주
는구나."

子曰孰謂微生高直고 或이 乞醯焉이어늘 乞諸其鄰而與之온여
자왈숙위미생고직　혹　걸혜언　　걸제기린이여지
　　　　　　　　　　　　　　　　(저)

　공자는 앞에서 장무중을 지혜롭지 못한 사람이라고 했는데, 이번에는
미생고를 정직하지 못한 사람이라고 평가했다. 다른 사람에게 호의를
베푼 사람에 대해 공자는 왜 정직하지 못하다고 했는가? 이 사례는 인仁
의 정신을 이해하는 데 도움이 되기 때문에 상술하려고 한다.
　미생고의 문제는 '넘치는 사랑'의 의미를 이해하지 못한 점에 있었다.
인仁이란 자기가 다른 사람을 사랑하는 것이지만 그것은 단계적으로 해
야 하는 것이었다. 먼저 자기를 사랑하고 그러면서 자기 가족을 사랑하
고 그런 다음에 다른 사람을 사랑하는 것이 인仁을 실천하는 순서다. 모
두를 동시에 사랑하면 되지 않겠는가 하고 질문할 수 있겠지만, 공자는
그렇게 하면 의도는 좋았어도 실현성이 적다고 생각했다. 그것은 지속
가능한 사랑이 아니라고 여긴 것이다. 모든 사람을 동시에 사랑하다보면
금방 사랑의 힘과 자원이 고갈되고 나중에는 아무도 사랑하지 못하는 상
황에 봉착하게 된다는 말이다. 공자는 가급적 많은 사람을 사랑할 수 있
는 실현 가능하고 지속성이 있는 방법을 찾아본 것인데, 그것은 사랑을
자신이 할 수 있는 범위 내에서 단계적으로 펼쳐가는 것이었다. 그 우선
순위는 물론 자기 자신과 가족이었다. 자기 자신과 가족은 다른 사람을

사랑할 수 있는 힘과 자원을 저축하는 일종의 진지陣地, 저수지貯水池와 같은 것이다. 자기 자신의 생존이 곤란하고 가족도 책임질 수 없는 사람이 다른 사람을 사랑할 수 있는 힘과 여유를 갖기란 어려운 것이기 때문이다. 그래서 나온 개념이 '넘치는 사랑'이다. 우선 자기 자신과 가족을 사랑하고 그렇게 하면서 넘치는 사랑으로 이웃을 사랑하는 것이다. 맹자가 말한 '물구덩이 이야기'로 설명하면 이런 말이다. 흐르는 물은 앞에 있는 물구덩이를 채우고 그 넘치는 물이 그다음의 물구덩이로 흘러간다. 물의 원천이 부족하면 첫 번째 물구덩이도 채우지 못하고 멈추고 만다.

미생고에게는 식초가 없었다. 자기에게 없는데 이웃집에서 그것을 구해다가 준 것이다. 남에게 잘해주는 행위 그 자체를 나쁘다고 하는 것이 아니다. 문제는 자기에게도 없는데 꾸어다가 준 그 행위인 것이다. 이런 미생고의 처신에 대해 공자는 그 자신에게는 물론 꾸러온 사람에게도 정직하지 않았다고 본 것이다. 이것은 자연스럽게 넘치는 사랑을 베푼 것이 아니라 인위적으로 그렇게 연출한 것이기 때문에 이런 종류의 베품은 오래가지 못한다는 것을 공자는 우려했다.

그렇다면 자기 자신과 그 가족에 대한 사랑을 충족시키지 못할 땐 영원히 남에게 잘해줄 수 없는가? 물론 '단계적인 사랑'과 '넘치는 사랑'이라는 것이 맹자가 말한 물구덩이처럼 절대적인 것은 아니다. 자기 자신과 가족을 충족시키는 데 절대 만족이란 있을 수 없다. 자기 사랑, 가족 사랑, 다른 사람에 대한 사랑은 병행할 수 있는 것이다. 다만 단계적인 사랑을 말한 이유는 사랑을 실천하는 주체와 근본을 충실하게 하라는 의미에서 강조한 말이다. "수신제가치국평천하修身齊家治國平天下"라는 말이 있지만 이것의 단계적인 실천만을 강조한다면 불가능한 논리가 된다. 진정한 수신의 완성이란 있을 수 없기 때문이다. 다만 취지가 그렇다는 말이다. 이런 논리를 해석함에 있어서 글자 그 자체에 얽매이기보다는 근본 정신을 생각하면 도움이 된다. 남에게 보여주기 위해서가 아니라, 자기 만족의 감정으로서가 아니라 진정 남에게 도움이 되는 성과를 내고 현실적으로 지속 가능한 사랑의 실천을 위해 단계적인 사랑과 넘치는 사랑의 논리가 나왔다는 점을 이해해주면 좋겠다.✛

✛ 미생고가 큰 죄를 지은 것은 아니다. 단지 솔직하지 못했을 뿐이다("不能盡直"). 그래서 미생고가 무조건 잘못했다고 비난하는 것도 곤란하다. 도암 이재는 《논어강설》에서 이렇게 설명했다. "曰此亦不可以一槪論 今有人爲疾病來求藥物 家適無有而有可得 於知舊處則或乞而與之矣 蓋微生素有直名 故夫子摘出其微事以明不直之心 聖人觀人之道 亦於微事察見其心術之如何 人之用心決不宜一毫回互宛轉以取名也"(이 말은 일률적으로 개론할 수는 없는 것이다. 지금 어떤 사람이 병이 걸려 나에게 약을 구하러 왔는데 마침 집에는 그런 약이 없고, 내가 아는 오랜 벗에게 그런 약이 있음을 알게 되었을 때 그에게 가서 사정해서 구해다가 줄 수는 있는 것이다. 공자가 위와 같은 지적을 한 것은 미생고가 평소에 곧다는 명성이 있었기에 비록 작은 일이지만 그런 사례를 들어서 마음에서 곧지 않은 부분을 드러내 준 것이다. 성인이 사람의 됨됨이를 판단함에 있어서 또한 작은 일에 있어서 그의 마음 씀씀이가 어떤지를 보는 것이다. 사람이 마음을 씀에 있어서 조금이라도 말을 굴리면서 완곡하고 유연하게 처신하여 헛된 명성을 얻으려는 의도가 추호라도 있어서는 안 될 것이다). 정약용 역시 미생고를 크게 성토하는 것은 공자의 본의가 아니라고 했다. 공자는 다만 미생고가 솔직하게 응대하지 못했음을 기롱했다는 것이다. 그러면서 정약용은 아는 사람이 부모님이 아파서 약초를 구하러 왔는데 자기에게는 약초가 없고 자기와 친분이 있는 이웃집에 그 약초가 있음을 알고 있을 때 그냥 거절해야 하느냐고 반문했다. 그 이웃집에 가서 빌려다가 급한 사람

에게 전해주는 것이 우리들이 평소에 하던 방식이라고 했다.

24
●

선생님이 말씀하셨다. "교묘한 말과 낯간지러운 표정으로 지나치게 공손하게 하는 것을 좌구명이 부끄럽게 여겼다. 나 구丘도 또한 이런 짓을 부끄럽게 생각한다. 원한을 품은 상대에게 속내를 숨기고 친한 척하는 것을 좌구명은 부끄럽게 여겼다. 나 구丘도 역시 부끄럽게 생각한다."

子曰巧言令色足恭을✝ 左丘明이 恥之러니 丘亦恥之하노라
자왈교언영색주공　　좌구명　치지　　구역치지
　　　　　(족)
匿怨而友其人을 左丘明이 恥之러니 丘亦恥之하노라
익원이우기인　좌구명　치지　　구역치지

✝ '足' 자는 《집주》에 과도하다는 뜻이라는 설명이 있고 반절로 그 음이 '주'라고 표시되어 있다. "足將樹反"('足' 자의 한자음은 '장'과 '수'의 반절이다. 한자음은 '주'다). 《경전석문》에는 이렇게 되어 있다. "色足將樹反又如字"('色足'에서 '足' 자의 한자음은 '장'과 '수'의 반절이다. 그러니까 한자음은 '주'다. 또는 글자 그대로 '족'으로 읽는다). 《논어언해》(1590)와 율곡의 《논어언해》에 '주'라고 되어 있다. 1800년대 《논어언해》의 표준이라고 할 수 있는 《경진신간 내각장판》에도 "주"라고 되어 있다. 그런데 1612년 내사기가 있는 도산서원 소장 《논어언해》와 1800년대 간행 《논어언해》 일부 판본(영영중간, 하경룡장판)에는 "족"으로 되어 있다. 이렇게 언해에서도 한자음이 다르다. 한편 사계 김장생

(1548~1631)은 이 문장의 '足' 자에 대해 "足諺解作入聲音非也朱子曰
足去聲讀"('足' 자를 언해에서 입성入聲으로 읽고 있으나 이는 잘못이다. 주자도
'足' 자를 거성去聲으로 읽으라고 했다)고 설명했다(《경서변의經書辨疑》 논어論
語). 박문호의 《논어집주상설》에도 김장생의 이런 주장이 소개되어
있다. "沙溪曰足諺解作入聲非也"(사계 김장생이 말하기를, 언해에서 '足' 자
를 입성入聲으로 쓰고 있으나 이는 잘못이다). 이들이 말하는 언해란 '족' 으
로 한자음으로 쓴 《영영중간》과 《하경룡장판》을 말하는 것으로 여겨
진다. 고주를 살펴본다. 필자는 형병의 《논어주소》 2종류의 판본을
확인했다. 사고전서〈논어주소〉에는 "足將樹反又如字"('足' 자는 '장' 과
'수' 의 반절이니 '주' 로 읽거나 또는 글자 그대로 '족' 으로 읽기도 한다)라고 하는
《경전석문》에 있는 한자음 설명이 인용되어 있다. 《십삼경주소十三經
注疏》에 있는 〈중간송본논어주소 부교감기重栞宋本論語注疏 附挍勘記〉 판
본에는 이런 언급은 없다. 그러나 소疏에는 足의 한자음과 관련하여
2개의 설이 소개되어 있다. 우선 "正義曰此讀足如字"(正義 에 이르기를
'足' 자는 글자 그대로 '족' 으로 읽는다)라고 하면서 다리를 구부리고 엎드
려서 우러러 보는 행위를 공손함으로 표시한다는 설명이 있다. 또한
"一曰將樹切足成也"(일설에 의하면 '足' 자는 '장' 과 '수' 의 반절이기에 '주' 로
읽는데 成 자와 의미가 같다)라고 했다. 그러면서 교언영색으로 공손함
을 '이룬다[成]' 는 뜻으로 해석했다. 이렇게 '족' 또는 '주' 로 읽는 것
이 가능했는데, 주자의 《집주》에 이르러 '주' 로 굳어진 것으로 생각
된다. 《논어고금주》에도 "足去聲"이라고 음이 표시되어 있다. 정약
용은 '주' 로 읽는 것을 소개하고 그것에 대해 반절음'將樹切'('足' 자는
'장' 과 '수' 의 반절이니 그 한자음은 '주' 다)을 붙였다. 김학주(1999), 김형찬
(1999), 이강재(2006)의 《논어》 역주서에 '족공' 이라고 되어 있다. 《사
서집해사전》(2003)에서도 이 문장을 인용하면서 '足恭' 을 "족공"이라

고 한자음을 표시하고 "대단히 공손하다", "지나치게 공손하다" 등
으로 해석한다고 되어 있다. 단대 《한한대사전》(2008)을 보면 '足'의
입성은 '족', 거성은 '주'로 되어 있다. 《논어》의 이 문장이 인용되어
있고 이 문장에서의 '足' 자는 한자음을 '주'로 표시하고 있다.

25

●

안연과 계로가 선생님을 곁에서 모시고 있었다. 선생님이 말씀하셨
다. "각자 품은 뜻을 말해보지 않겠느냐?"

　顔淵季路侍러니 子曰盍各言爾志리오
　안연계로시　　자왈합각언이지

●

자로가 말했다. "원컨대 거마車馬와 가벼운 갖옷 입기를 친구와 함께
하다가 닳아서 해져도 아까워하지 않겠습니다."

　子路曰願車馬와 衣輕裘를 與朋友共하여 敝之而無憾하노이다
　자로왈원거마　 의경구　 여붕우공　　 폐지이무감

●

안연이 말했다. "원컨대 장점을 남에게 자랑하지 않고 공로를 과장하
는 일이 없도록 하겠습니다."

顔淵이 曰願無伐善하며 無施勞하노이다
안연   왈원무벌선   무시로

●

자로가 말했다. "이제 선생님의 뜻을 듣고 싶습니다." 선생님이 말씀
하셨다. "노인을 편안하게 해주고 친구들과 믿음으로 함께하며 젊은이
를 포용하는 것이다."

子路曰願聞子之志하노이다 子曰老者를 安之하며
자로왈원문자지지   자왈로자   안지

朋友를 信之하며 少者를 懷之니라
붕우   신지   소자   회지

각자 다른 사람에게 잘하겠다고 하는데 그 수준이 서로 다르다. 자로
는 성공한 다음에 남에게 잘해주려는 수준이다. 안연은 자기와 남을 의
식적으로 구분하지 않고 잘해주려는 수준, 즉 남과 자기가 같다고 여기
는 수준이다. 공자는 남에게 잘해주면서 자신이 편안해지는 그런 수준
이다. 《집주》에서는 이런 단계를 '안인安仁'으로 표현했다. 자로와 같이
남에게 잘해주려고 노력하는 것을 '구인求仁'이라고 했다.

26

●

선생님이 말씀하셨다. "아, 이제 그만둘까 보다. 나는 능히 자기 허물을
보고 스스로 자신을 마음의 법정에 세워 자책하는 사람을 보지 못했다."

子曰已矣乎라 吾未見能見其過而內自訟者也케라
자왈이의호   오미견능견기과이내자송자야

27

●

선생님이 말씀하셨다. "열 집 정도의 고을에도 반드시 충忠과 신信이
나 구丘와 같은 사람이 있겠지만 나 구丘만큼 학문을 좋아하는 사람은
없을 것이다."

子曰十室之邑에 必有忠信이 如丘者焉이어니와
자왈십실지읍   필유충신   여구자언

不如丘之好學也니라
불여구지호학야

충忠과 신信이라는 덕성을 가진 사람은 작은 고을에도 있을 것이다. 그
러나 그런 덕성을 학문으로 다듬는 사람은 드물다는 것을 말한 것이다.

자왈학이시습지면 불역열호아 유붕이자원방래면 불역락호아 인부지이불온이
불역군자호아 유자왈기위인야효제요 이호범상자선의니 불호범상이요 이호작
자미지유야니라 군자는 무본이니 본립이도생하나니 효제야자는 기위인지본
인져자 색이 선의인이니라 증자왈오일삼성오신하노니 위인모이불충
아 여붕구교이불신호아 전불습호애니라 자왈도천승지국호대 경사이신하며
공이애인하며 사민이니라 자왈제자입즉효하고 출즉제하며 근이신하며 범
중호대 이친인이니 행유여력이어든 화문이니라 자하왈현현호대 역색하
사부모호대 갈기력하며 능치기신하며 여붕우교호대 언이유신이
수왈미 라 오 필위지학의로 자왈군자부중즉불위니 학즉불고니라
충신하며 무여 불여기자물 개며니라 증자왈신종추원이면 민덕이 귀후의
라 자 왈부자는 지어 방야하사 필문기정하시나니 구지여아 억여
여아 자공이 왈부자는 온량공검양이득지시니 부자지구지야는 기제(저)이호인
구지여인저 자왈부재 이라 보 세 관기행이나 삼년을 무개어부지도라
가위효의니라 유자왈례지 이 화위귀하니 선왕지도사위미라 소대유지니라
소불행하니 지화이화요 불이례절지면 역불가행야니라 유자왈신근어의면 언
복야며 공근 이면 원치욕야며 실기친이면 역가종야니라 자왈군자식무
포하며 거무 며 사이신어언이요 취유도이정언이면 가위호학야이
라 자공이 왈빈이무첨하며 부이 호대 하여하리잇고 자왈가야나 미약빈이
하며 부이호례 야니라 자공이 왈 문여 달여차하며 여탁여니라 하니 기사지
여인저 자왈사 는 사가여언시이의로다 고제(저)왕이지래 온여 자왈불환인
불기치요 환부 이야니라 자왈위정이덕이 비여북신이 거기소이든 이중성이
지니라 자왈시삼백에 일언이폐지하니 왈사무사니라 자왈도지이정하고 제지
형이면 민면이무치나니 도지이덕하고 제지이례면 유치차격이니라 자왈오십
오이지우학하고 삼십이입하고 사십이불혹하고 오십이지천명하고 육십이이순
고 칠십이종심소욕하여 불유구호라 맹의자문효한대 자왈무위니라 번지어
자고지왈맹손이 문효어아어늘 아대왈무위라호라 번지왈하위야잇고 자왈생사
이례하며 사장지이례하며 제지이례니라 맹무백이 문효한대 자왈부모는 유기
지우시니라 자유문효한대 자왈금지효자는 시위능양이니 지어견마하여도 개
유양이니 불경이면 하이별호리오 자하문효한대 자왈색난이니 유사이든 제자

○왈학이시습지면 불역열호아 유붕이자원방래면 불역락호아 인부지이 불온이면
불역군자호아 유자왈기위인야효ㅇ요 이호범상자선의며 불호범상이요 이호작란
ㄴ미지유야니라 군자는 무복이니 본립이도생하나니 효제야자는 기위인지본여
ㄴ저자왈ㅁ언영색이 선의인이니라 증자왈오일삼성오신하노니 위인모이불충호
아 여붕우교이불신호아 전불습호애니라 자왈도천승지국호대 경사이신하며 절
ㅇ이애인하며 사인이시니라 자왈제자입즉효하고 출즉제하며 근이신하며 범애
ㅇ호대 이친인이니 행유여력이어든 즉이학문이니라 자하왈현현호대 역색하며
ㄱ부모호대 능갈기력하며 사군호대 능치기신하며 여붕우교호대 언이유신이면
ㄴ왈미학이라도 오필위지학의라호리라 자왈군자부중즉불위니 학즉불고니라 주
ㅇ신하며 무불여기자요 과즉물탄개니라 증자왈신종추원이면 민덕이 귀후의리
ㄱ자금이 문어자공왈부자지어시방야하사 필문기정하시나니 구지여아 억여지

옹야

雍也

ㅇ아 자공이 왈부자는 온량공검양이득지시니 부자지구지야는 기제ㅇ이호인저
ㅇ지여인저 자왈부재에 관기지요 부몰에 관기행이나 삼년을 무개이부지도라야
ㅇ위효의니라 유자왈례지용이 화위귀하니 선왕지도사위미라 소대유지니라 유
ㅇ불행하니 지화이화요 불이례절지면 역불가행야니라 유자왈신근어의면 언가
ㅇ아며 공근어례면 원치욕야며 인불실기친이면 역가종야니라 자왈군자식무구
ㅇ하며 거무구안하며 민어사이신어언이요 취유도이정언이면 가위호학야니
ㅇ자공이 왈빈이무첨하며 부이무교호대 하여하리잇고 자왈가야나 미약빈이락
ㅇ며 부이호례자야니라 자공이 왈시운여절여차하며 여탁여마라 하니 기사지위
ㅇ인저 자왈사야는 시가여언시이의로다 고제왕이지래자온여 자왈불환인지
ㅇ기지요 환부지인야니라 자왈위정이덕이 비여북신이 거기소어든 이중성이 공
ㅇ니라 자왈시삼백에 일언이폐지하니 왈사무사니라 자왈도지이정하고 제지이
ㅇ이면 민면이무치니라 도지이덕하고 제지이례면 유치차격이니라 자왈오십유

1

선생님이 말씀하셨다. "옹雍은 임금이 되어 남면南面할 만하다."

子曰雍也는 可使南面이로다
자왈옹야   가사남면

남면南面이란 임금 자리를 의미한
다(《집주》). 임금 자리는 왜 남쪽을 향
해 있는가?《논어집주대전》소주小
註에 남면은 밝음을 지향하는 것이
라는 설명이 있다("南面嚮明也"). 정치
에 관한 일을 밝게 처리하기 위함이
다. 밝은 곳에 드러내 놓고 처리한
다는 뜻이다. 현대적인 용어로 말하

경복궁 사정전에 있는 임금의 자리. 남쪽으로 향해 있다.

면 '투명성'이라는 개념과 통한다고 할 수 있다. 경복궁에 있는 임금의
자리도 남쪽으로 되어 있다. 신하들에게 임금은 지리적으로나 정신적
으로 북쪽에 있다.✝

중궁[옹]이 자상백자에 대해 물었다. 선생님이 말씀하셨다. "그 사람
도 괜찮다, 간결하게 처리하니."

仲弓이 問子桑伯子한대 子曰可也簡이니라
중궁   문자상백자   자왈가야간

중궁이 말했다. "경敬을 마음에 두고 업무를 간결하게 처리하면서 백성을 다스리는 행정에 임하면 되지 않겠습니까? 간략함을 마음에 두고 있으면서 행정도 간략하게 처리하면 너무 간략하지 않겠습니까?"

仲弓이 曰居敬而行簡하여 以臨其民이면 不亦可乎잇가
중궁　왈거경이행간　　이림기민　　불역가호

居簡而行簡이면 無乃大簡乎잇가**
거간이행간　　무내태간호

덕천서원德川書院 경의당敬義堂

거경居敬은 몸을 지휘하는 마음이 잘 작동하는 상태를 말한다. 자동차를 몸에, 마음을 운전자에 비유할 때, 거경이란 운전자가 정신을 집중하여 차를 정상적으로 운전하는 상태와 같은 것이다. 운전자가 다른 생각을 하고 있으면 차로를 이탈하게 된다. 경敬을 "주일무적主一無適"이라는 말로 설명하기도 한다. 마음을 한곳에 집중하여 잡념이 없다는 뜻이다. 경敬이란 마음을 지휘하는 것이다. 경敬이라는 것은 한마음을 주재하는 것이라는 "경자일심지주재敬者一心之主宰"라는 말도 그런 뜻이다(이 문장에 대한 소주小註 쌍봉 요씨의 말). 경敬 공부라는 것은 마음의 주재자로서의 경敬이 저절로 작동되도록 수련하는 것이다. 무인자동운전 장치가 개발된다면 그것이 바로 몸에 있어서 경敬과 같은 것이다. 또한 경에는 공경한다는 의미도 있다. 그래서 경은 집중, 조심, 공경이 합쳐진 마음의 상태라고 할 수 있다.***

●

선생님이 말씀하셨다. "옹雍의 말이 옳다."

子曰雍之言이 然하다
자왈옹지언   연

✝ 제주시 조천 바닷가에는 '연북정戀北亭' 이란 정자가 있다. 유배지에 있는 선비가 북쪽에 있는 임금을 연모한다는 뜻이다.

✝✝ '大' 자는 《집주》에 한자로 음이 '태' 라고 표시되어 있다("大音泰"). 《경전석문》도 동일하다. 《논어언해》(1590)에도 '태'로 되어 있다. 내각장판 《논어언해》와 율곡의 《논어언해》에도 "태"로 되어 있다. 영영중간 《논어언해》 판본(1800년대 후반 추정)에는 "대"로 된 것이 있다.

✝✝✝ 중궁의 생각은 자기는 경敬을 지키되 다른 사람에겐 간편하게 하자는 것이다. 거경居敬하면 마음속에 행동의 기준이 형성되고, 백성을 위한 법과 행정을 집행할 때 해야 할 일과 해선 안 될 일을 구분하면서 간결하게 처리할 수 있다는 말이다. 그러나 간편함을 중시하는 거간居簡만 하다가는 사안의 경중이나 옳고 그름을 판단할 수 없게 되는 문제가 생긴다고 우려하는 말이다. 소주에 자상백자에 대한 신안 진씨의 아래와 같은 설명이 있다. "사람이 소와 말과 다른 것은 의관衣冠 때문이다. 백자는 의관의 번거로움을 싫어해서 벗어버렸다. 간簡을 하면 간편하지만 경敬이 없으면 어떻게 되겠는가? 경敬과 간簡은 편리함에 있어서 서로 상반되는 것이다." 그러면서 경敬으로 간簡을 교정할 때 일을 소홀히 하거나 생략하는 간簡이 아니라 진정으로 편리한 간簡이 된다고 설명했다.

2

●

애공이 질문했다. "제자 중에서 누가 학문하기를 좋아합니까?" 공자
가 대답했다. "안회라는 제자가 학문을 좋아했습니다. 그는 다른 사람
에게 화풀이를 하지 않았고 잘못을 두 번 반복하지 않았습니다. 그러나
불행하게도 일찍 죽었고 지금은 (학문을 좋아하는 자가) 없습니다. (그 이후
에) 나는 아직 학문을 좋아하는 자가 있다는 말을 듣지 못했습니다."

哀公이 問弟子孰爲好學이리잇고 孔子對曰有顔回者好學하여
애공　　문제자숙위호학　　　　　공자대왈유안회자호학

不遷怒하며 不貳過하더니 不幸短命死矣라 今也則亡하니
불천노　　　불이과　　　　불행단명사의　　금야즉무

未聞好學者也케이다[‡]
미문호학자야

"불천노"는 다른 사람에게 화풀이하지 않는다는 말이다. 박세당은
'갑'이라는 사람이 과거에 범한 잘못에 대해 화가 났으면 그 한 가지
일로 그쳐야 하는데 그 노여움을 마음에 담아두고 있다가 나중에 더욱
증오하는 일이 없다는 뜻으로도 해석하자고 제안했다.

[‡] "今也則亡"의 "亡"자에 대해 황간은 "亡無也"('亡'자는 없을 '無'자의
뜻이다)라고 설명했다. 주자도 없을 '무'자와 같다고 했다. "亡與無
同"('亡'과 '無'는 같은 뜻이다). 이런 해석에 따라 앞의 문장을 "지금은
없다"고 해석한다. 그러면 누가 없다는 뜻인가? 황간은 이 문장에
대해 "顔淵旣已死則無復好學者也"(안회는 이미 죽었고 다시 호학자好學

者는 없다)는 뜻으로 해석했다. 소주에 신안 진씨가 사기私己(자기의 사욕)를 극복하는 것이 참으로 어렵다고 하면서 안회에 대해 설명한 것이 있다. 보통 다른 사람에게 화풀이를 하는 "천노遷怒"와 같은 잘못을 반복하는 그런 이과貳過의 이면에는 '사의私意'가 깔려 있다. 천노는 사의가 응어리져 남아 있어서 발생하는 것이고 이과貳過는 사의가 잠복했기 때문에 발생하는 현상이라는 말이다. 그러나 안회는 당언히 분노할 상황에는 분노하지 않은 적이 없었고 일단 분노를 표출한 다음에는 다른 사람에게 그런 분노를 옮기지 않았으며, 자신이 허물이 있으면 반드시 알았고 그것을 고치지 않은 상태로 머물러 있지 않았다고 한다. 안연이 이렇게 할 수 있었던 것은 바로 극기克己의 효과며 호학好學의 덕분이라고 설명했다. 소주에 있는 설명을 번역해서 인용한다. "주자가 말했다. '분노를 옮기지 않았고' '잘못은 반복하지 않았던' 이런 일을 두고 안자가 호학好學했던 부험符驗이 이와 같다고 하겠지만, 그것은 너무 간단하게 말하는 것이니 어찌 그의 학學이 이 두 가지에 국한되었을 것인가? 그의 학學은 전체적으로 비례물시非禮勿視, 비례물청非禮勿聽, 비례물언非禮勿言, 비례물동非禮勿動과 같은 사물四勿에 관한 것이었다. 이와 같은 것을 공부했기에 '분노를 옮기지 않고', '잘못을 반복하지 않는' 바와 같은 효과를 보는 성취가 있는 것이다." 자기만 생각하는 기己는 사私이고, 전체를 사랑하는 인仁은 공公이다. 기己가 차츰 사私를 극복하여 기己에서 사私가 없는 상태가 되면 그것이 인仁의 수준이 된다. 안회가 인仁에 대해 질문했을 때 공자가 "극기복례克己復禮"라고 대답했고 다시 그 실천 방법에 다시 질문하자 '사물四勿'에 대해 말해준 내용이 안연편(제12편) 첫 장章에 나온다.

3

●

자화가 제나라에 심부름을 갔다. 염자가 자화의 어미에게 곡식을 주자고 요청했다. 선생님이 말씀하셨다. "1부釜(6말 4되)를 주라." 염자가 더 주자고 했다. 선생님이 말씀하셨다. "1유庾(16말)를 주라." 염자가 곡식 5병秉(80섬)을 주었다.

子華使於齊러니⁺ 冉子爲其母請粟한대 子曰與之釜하라
자화시어제　　冉자위기모청속　　자왈여지부
　　(사)
請益한대 曰與之庾하라 하여시늘 冉子與之粟五秉한대
청익　　왈여지유　　　　　　염자여지속오병

염자는 공자가 주라고 한 것보다 더 많은 곡식을 자화의 어미에게 주었다.

●

선생님이 말씀하셨다. "적赤은 제나라에 갈 때 살찐 말을 탔고 가벼운 갖옷을 입었다. 내 들으니 군자는 급한 사람한테는 보태주지만 부자를 더 부유하게 하진 않는다고 한다."

子曰赤之適齊也에 乘肥馬하며 衣輕裘하니
자왈적지적제야　승비마　　의경구

吾는 聞之也호니 君子는 周急이요 不繼富라호라
오　문지야　　군자　주급　　불계부

●

원사가 (공자의) 가신이 되었다. (공자가) 곡식 900말을 주자 (원사가) 사양
했다.

原思爲之宰러니 與之粟九百이어시늘 辭한대
원사위지재　　　여지속구백　　　　　　사

●

선생님이 말씀하셨다. "사양하지 말라. 너의 이웃과 마을, 향당에 주라."

子曰毋하여 以與爾鄰里鄕黨乎인저
자왈무　　　이여이린리향당호

✝ '使' 자의 한자음은 '시' 와 '사' 2가지가 있다. 어떤 한자음을 우
선으로 해야 하는가? 우선 《논어언해》에서 본다. 1612년 내사기가
있는 도산서원 소장본 《논어언해》 이래 1800년대에 간행된 4종의
《논어언해》(내각장판, 영영장판, 영영중간, 하경룡장판)와 율곡의 《논어언
해》에 "시"라고 되어 있다. 그러나 1590년 내사기가 있는 도산서원
소장본 《논어언해》에는 성점[방점]과 함께 ":사"로 되어 있다. 이렇
게 조선시대 《논어언해》에서 한자음이 2가지로 나뉘고 있다. 옥편
과 한자사전을 보면, 《전운옥편》(1796)에는 '부린다' 는 뜻으로는
"ᄉᆞ"라고 되어 있다. "ᄉᆞ"는 현대적으로는 '사' 로 읽는다. 이어서
명을 전한다는 뜻일 때 "시"라고 되어 있다. 근대적인 한자사전인
《국한문신옥편》(1908)과 《자전석요》(1909)도 《전운옥편》과 동일하게
되어 있다. 《신자전》(1915)도 동일한데, '부린다' 는 뜻일 때는 "사",

'명을 전한다' 는 뜻일 때에는 "시"와 "스"로 되어 있다. 《두산백년옥편》(2005)에는 "하여금 사, 사신 사"라고 되어 있다. 다만 '사신 사' 에서 본음이 "시"라고 추가적으로 표시되어 있다. 《명문대옥편》(2005)에는 "하여금 사, 사신 시"라고 되어 있다. 단대 《한한대사전》(2008)에는 '使' 자의 한자음에 대해 "사"와 "사(시)" 두 가지로 표시하고 있다. '명령하다, 사람을 보내다' 라는 의미로는 "사", '명령을 받들고 사신으로 가다' 는 의미로는 "사(시)"로 되어 있고 《논어》의 문장이 인용되어 있다(자로편, "使于四方不辱君命"). 필자는 단대 《한한대사전》에서 "사(시)"로 표시된 것의 의미는 '사' 와 '시' 둘 다 가능하지만 '사' 를 우선으로 한다는 뜻으로 이해했다. 《집주》에는 '使' 자에 대해서 거성去聲이라는 표시가 되어 있다. 위의 단대 《한한대사전》에는 '使' 자가 거성去聲일 때 '사(시)'로 표시되어 있다. '使' 자의 한자음을 중국의 중세 음운서 《집운集韻》과 《광운廣韻》에서 찾아보았다. 이 두 종류의 음운서에서 공통적으로 '使' 자에 대해 2가지 의미와 음을 제시하고 있다. 일을 시킨다는 의미가 있고 그 음이 반절로 '사' 라고 되어 있다["疎事切"('使' 자의 한자음은 '소' 와 '사' 의 반절이니 그 한자음은 '사' 다)]. 그다음에는 명을 전한다는 의미가 있고 《집운》에 그 음이 반절로 '시' 라고 되어 있다["色里切"('使' 의 한자음은 '색' 과 '리' 의 반절이니 그 한자음은 '시' 다)]. 《광운廣韻》에 '使' 자가 상성上聲일 때 "疎士切"('소' 와 '사' 의 반절이니 그 한자음은 '사' 다), 거성일 때 "疎吏切"('소' 와 '리' 의 반절이니 그 한자음은 '시' 다)이라고 되어 있다. 《집주》에 '使' 가 거성이라고 표시되어 있으므로 《집주》를 따르면, '시' 라고 읽는 것이 그 음에 가까운 것이다. 《경전석문》에는 이 문장의 '使' 자 한자음이 반절로 "所吏反"('使' 의 한자음은 반절로 '시' 다)라고 표시되어 있다. 최근의 《논어》 역주서와 관련 자료를 보면, 한국고전번역원 〈멀티미디어 자료 논어성독(장순범 성독)〉(2009)에서는 '使' 자를 "시"라고 읽고 있다. 이종락(2005), 성백효(2005), 박헌순(2008)에도 "시"라고 되어 있다. 이강재의 《논어》(2006)에는 "사"로 되어 있다. 이렇게 사신으로 보낸다는 의미의 '使' 자의 한자음이 자료마다 다르다. 필자는 이런 상황에서 '시'를 우선으로 택하려고 한다. '使' 자의 본음(원음)이나 반절이 《경전석문》, 《집운》, 《광운》에 '시'로 되어 있다고 해서 그런 것은 아니다. 또한 대표적인 한자사전인 단대 《한한대사전》(2008)에 '사(시)'로 표시된 것이 '시'를 우선으로 읽는 것을 제안하는데 있어서 심적인 부담이 된 것도 사실이다. 그러나 다음과 같은 이유를 고려하면서 '시'를 우선으로 하고 '사'로 병기했다. ① 위에서 나열한 자료에서와 보는 바와 같이, 하나의 예외는 있지만[《논어언해》(1590년)], 전통적으로 이 문장의 '使' 자는 '시'라고 읽어왔다. ② 《신자전》(1915)을 비롯해서 옥편과 사전에 使를 '시'로 읽는 용례와 근거가 있다. ③ 최근에 사용되고 있는 한자음 표시가 있는 《논어》 책에서 다수가 '시'로 쓰고 있다. 이후에도 이런 '使' 자가 계속 나온다.

4

•

선생님이 중궁에게 말씀하셨다. "털이 조잡한 못난 소의 새끼라도 털이 붉고 또 뿔이 곧다면 설령 사람들이 쓰지 않더라도 산천이 그냥 내버려 두겠느냐?"

子謂仲弓曰犁牛之子騂且角이면 雖欲勿用이나 山川은 其舍諸아
자위중궁왈리우지자성차각   수욕물용   산천   기사제아
(저)

재능이 있는 사람은 출신에 관계없이 반드시 쓰임이 있을 것이라고
격려한 말이다.

5
·

선생님이 말씀하셨다. "안회는 그 마음이 인仁에서 석 달 동안이나 떠
나지 않았다. 나머지 제자들은 어쩌다 하루 또는 한 달에 한 번 인仁에
이를 뿐이었다."✢

子曰回也는 其心이 三月不違仁이요 其餘則日月至焉而已矣니라
자왈회야   기심   삼월불위인   기여즉일월지언이이의

공자는 어떤 인물에 대해 "인仁하다고 평가할 수 있는가"라는 질문을
받을 때마다 긍정하지 않았다. 그렇지만 이렇게 안회는 예외였다. '안
인安仁'은 최고 수준이고, 안회가 했다고 하는 '불위인'은 그 직전 단계
다.《집주》에 '석 달'은 오랜 기간을 말하는 것이라고 되어 있다. 필자
는 석 달은 마음이 몸에게 행동의 패턴을 가르쳐주는 데 걸리는 시간이
라고 생각한다. 석 달만 반복하면 마음이 시키지 않아도 몸이 알아서
저절로 실행한다.

✢《집주》에 仁에 대해 설명한 부분이 있다. "不違仁 只是無織毫私

欲 小有私欲便是不仁"('불위인'이라는 것은 털끝만큼도 사욕이 없는 것이다. 조금이라도 사욕이 있다면 그것은 불인不仁이다). 소주에도 심心과 인仁의 관계를 설명한 것이 있어서 번역해서 인용한다. "주자가 말했다. '인仁'과 '심心'은 본래 일체였다. 그런데 사욕私欲에 의해 한 번 막히면서 문득 '심'이 '인'을 떠나게 되어 서로 분리된 2개가 된 것이다. 만약 사욕을 없게 한다면 '심'과 '인'은 서로 떨어져 있지 않을 것이다. 하나로 합쳐질 것이다. '심'은 거울과 같다. '인'은 그 거울의 밝음과 같다. 거울은 본래 밝은 것인데 먼지와 때가 껴서 밝지 않게 된 것이다. 만약 먼지와 때를 한 번 제거한다면 거울은 밝게 될 것이다."

6

•

계강자가 질문했다. "중유는 정무를 맡길 만합니까?" 선생님이 말씀하셨다. "유由는 결단력이 있는데 정무를 수행하는 데 무슨 어려움이 있겠는가?" 계강자가 말했다. "사賜는 정무를 맡길 만합니까?" (선생님이) 말씀하셨다. "사賜는 이치에 통달했는데 정무를 수행하는 데 무슨 어려움이 있겠는가?" 계강자가 말했다. 구求는 정무를 맡길 만합니까? (선생님이) 말씀하셨다. "구求는 재능이 있는데 정무를 수행하는 데 무슨 어려움이 있겠는가?"

季康子問仲由는 可使從政也與잇가 子曰由也는 果하니
계강자문중유　가사종정야여　　　자왈유야　과

於從政乎에 何有리오 曰賜也는 可使從政也與잇가
어종정호   하유   왈사야   가사종정야여

曰賜也는 達하니 於從政乎에 何有리오 曰求也는
왈사야 달   어종정호   하유   왈구야

可使從政也與잇가 曰求也는 藝하니 於從政乎에 何有리오
가사종정야여   왈구야 예   어종정호   하유

7

●

계씨가 민자건을 비읍의 읍재邑宰로 삼으려 했다. 민자건이 계씨가 보
낸 사자에게 말했다. "나를 위해 대신 잘 말해다오. 만일 나를 다시 임명
하는 일이 있으면 그때 나는 반드시 문수汶水가에 가 있을 것이다."

季氏使閔子騫으로 爲費宰한대 閔子騫이 曰善爲我辭焉하라
계씨사민자건   위비재   민자건   왈선위아사언

如有復我者인댄 則吾必在汶上矣로리라
여유부아자   즉오필재문상의

8

●

백우가 병에 걸렸다. 선생님이 문병을 가서 남쪽 창문으로 손을 잡고
말씀하셨다. "이럴 리가 없다. 이것이 명命이란 말이냐. 이 사람이 이런
병에 걸리다니, 이 사람이 이런 병에 걸리다니."

伯牛有疾이어늘 子問之하실새 自牖로 執其手曰亡之러니[†]
백우유질　　　자문지　　　자유　집기수왈무지
　　　　　　　　　　　　　　　　　　　　　(망)
命矣夫라 斯人也而有斯疾也할새 斯人也而有斯疾也할새
명의부　사인야이유사질야　　　사인야이유사질야

예禮에 의하면, 병자는 임금이 문병을 오면 남쪽 창문 아래 눕는다고
한다. 백우의 집에서 공자에게 이런 예禮를 적용하자 공사가 남쪽 창문
으로 가서 그의 손을 잡았다(《집주》).

[†] '亡' 자는 해석에 따라 '무'로 읽을 수 있고 '망'으로 읽을 수 있
다. 공안국은 "亡喪也"('망'자는 죽게 되었다는 뜻이다)라고 해석했다.
정약용도 "補曰亡之猶言失之"(보충해서 설명하면, '亡之'는 잃게 된다는
말과 같다)라고 설명했다. 《논어고금주》에는 이 설명 아래에 "孔云
亡喪也"(공안국이 말하기를 亡은 喪이라고 했다)라는 작을 글씨로 된 추
가 설명이 있다. 주자는 공자가 백우의 손을 잡은 행위와 공자가
말한 것을 구분해서 설명했다. 공자가 백우의 손을 잡은 행위에
대해서는 "아마 백우와 영결永訣한 것 같다"고 했고, 공자가 백우
에게 문병하면서 한 말에 대해서는 "이런 병에 걸릴 리가 없는데"
라는 뜻으로 설명했다. 《경전석문》에는 이에 대한 언급이 없다. 조
선의 대표적인 유학자 퇴계 이황과 율곡 이이는 이 글자의 한자음
에 대해 견해가 달랐다. 이황은 亡자에 대해 "亡卽有無之亡非死亡
之亡"(亡자는 곧 有無를 의미할 때의 亡자지 死亡의 亡자가 아니다)라고 하면
서 亡자를 '없다'는 의미로 '무'로 읽었다. 《집주》에 있는 "此人不
應有此疾"(이 사람이 이런 병에 걸릴 리 없다)는 문장이 그 근거였다. 그
러면서 어떻게 문병을 가서 그 환자가 죽을 것이라고 했겠느냐고

반문했다(이황의 〈논어석의〉). 한편, 이와 견해를 달리하는 사계 김장생은 '亡' 자에 대해 만약에 '亡' 자를 '무' 자로 읽으려면 《집주》에 '亡'은 '無' 자와 통한다는 언급이 있어야 하는데 그런 것이 없고, "此人不應有此疾"(이 사람은 응당 이런 병에 걸릴 리가 없을 것인데)라는 말은 다만 "命矣夫"(이것이 명命이란 말이냐)라는 말을 해석한 것일 뿐, "亡之"라는 두 글자의 의미를 해석한 것이 아니라고 하면서 "愚意亡乃死亡之亡"(내가 보기에는 '亡' 자는 사망死亡한다는 의미의 '亡' 자로 생각된다)이라고 주장했다. 그러면서 율곡 선생도 이를 存亡의 '망' 자로 보았다("栗谷先生亦以存亡之亡看")고 덧붙였다(김장생의 《경서변의》). 이렇게 '무'로 읽는 이황과 '망'으로 읽는 이이 사이의 견해 차이는 조선 유학자들 사이에서 잘 알려져서 박문호의 《논어집주상설》에도 그 일이 소개되어 있다. 또한 초려草廬 이유태(1607~1684)도 이런 견해 차이에 대해 질문을 받았다. '亡' 자를 '必死'의 의미로 해석하는 이유는 《집주》에 공자가 백우의 손을 잡은 것을 "아마 그와 영결永訣한 것 같다"고 해석한 것 때문이고, 또한 '亡' 자를 '無' 자와 동일한 뜻으로 보는 것은 《집주》에 "이 사람이 응당 이런 병에 걸릴 리가 없다"고 한 것에 근거를 두고 해석한 것인데, 어느 설이 옳으냐는 질문이었다. 이에 대해 이유태는 언해에서는 '亡' 자를 '無' 자로 읽는 견해를 취했지만, '亡' 자를 죽음의 의미로 보는 설이 옳은 것 같다고 설명했다(《사서답문四書答問》〈논어論語〉). 내각장판을 비롯한 《논어언해》 5종에는 그 한자음이 '없다'는 의미로 "무"로 되어 있다. 그러나 율곡의 《논어언해》에는 "亡之"가 "망지"로 되어 있다.

9

•

선생님이 말씀하셨다. "어질다, 안회여! 밥 한 그릇과 물 한 바가지로 끼니를 때우면서 누추한 곳에서 생활하는 것을 사람들은 감당하지 못하거늘, 안회는 오히려 그런 삶을 편안하게 즐기는구나. 어질다, 안회여!"

子曰賢哉라 回也여 一簞食와 一瓢飮으로 在陋巷을
자왈현재　　회야　일단사　일표음　　재루항

人不堪其憂어늘 回也不改其樂하니 賢哉라 回也여
인불감기우　　회야불개기락　　현재　회야

10

•

염구가 말했다. "선생님의 도道를 좋아하지 않는 것은 아니지만 저는 능력이 부족합니다." 선생님이 말씀하셨다. "능력이 부족한 사람은 중간에 그만두게 되는데 이제 너는 자기 능력의 한계를 스스로 설정하는구나."

冉求曰非不說子之道언마는 力不足也로이다
염구왈비불열자지도　　　　역부족야

子曰力不足者는 中道而廢하나니 今女는 畫이로다
자왈력부족자　중도이폐　　　금여　획

11

●

선생님이 자하에게 말씀하셨다. "너는 군자 선비가 되라. 소인 선비가 되지 말라."✝

子謂子夏曰女爲君子儒요 無爲小人儒하라
자위자하왈여위군자유   무위소인유

✝ 마융은 군자는 도道를 밝히는 데 관심이 있고 소인은 이름을 자랑하는 데 관심이 있다고 설명했다. 황간은 '유儒' 자가 '젖다', '적시다'는 '유濡' 자의 의미라고 하면서, '유儒' 자는 학습을 연마한 세월이 오래되면 차츰 그 성과가 몸에 젖어든다는 뜻이라고 설명했다. 그러면서 군자는 도道를 추구하는 사람이기에, 군자유君子儒란 이런 유濡와 도道를 결합한 사람이라고 했다. 정약용은 공부를 할 때 그 마음이 도道에 있으면 '군자유', 공명심과 명예에 있으면 '소인유'라고 했다.

12

●

자유가 무성의 읍재가 되었다. 선생님이 말씀하셨다. "너는 사람을 구했는가?" 자유가 말했다. "담대멸명이란 사람이 있습니다. 그는 지름길로 다니지 않았고 일찍이 공적인 업무가 아닌 일로 저(언偃)의 방에 온 적이 없습니다."

子游爲武城宰러니 子曰女得人焉爾乎아 曰有澹臺滅明者하니
자유위무성재　　자왈여득인언이호　　왈유담대멸명자

行不由徑하며 非公事어든 未嘗至於偃之室也하나니이다
행불유경　　　비공사　　미상지어언지실야

정치할 때 중요한 건 사람을 잘 만나는 것이다. 그래서 공자가 사람
을 구했느냐고 물어본 것이다.

13
●

선생님이 말씀하셨다. "맹지반은 공로를 자랑하지 않았다. 그는 퇴각
하면서 뒤쪽에서 들어올 때 (사람들이 칭찬하자) 말을 채찍질하면서 이렇
게 말했다. '일부러 후미에 선 것이 아닌데 이 말이 앞으로 나아가질
못했다.'"

子曰孟之反은 不伐이로다 奔而殿하여 將入門할새
자왈맹지반　불벌　　　　분이전　　　장입문

策其馬曰非敢後也라 馬不進也라 하니라
책기마왈비감후야　　마부진야

14
●

선생님이 말씀하셨다. "지금은 축타와 같은 말재주와 송조와 같은 아

름다운 용모가 없으면 화禍를 면하기 어려운 세상이다."✝

子曰不有祝鮀之佞이며 而有宋朝之美면 難乎免於今之世矣니라
자왈불유축타지녕　　이유송조지미　　난호면어금지세의

✝ 이 문장에 대해 여러 해석이 있다. "축타지녕"과 "송조지미"에
있어서 '不' 자가 "축타지녕" 앞에만 있어서 이를 "축타의 언변은
없고 송조의 미모만 있으면 화를 면하기 어렵다"고 해석할 수 있
다. 또 "축타의 언변 또는 송조의 미모가 없으면 화를 면하기 어렵
다"고 해석할 수도 있다. 황간의 해설이 좀 길지만 인용해본다. "人
若不有祝鮀佞反宜有宋朝美若二者竝無則難免今世之患難也"(사람이
만약 축타와 같이 말을 잘하는 능력이 없으면 도리어 의당 송조의 미美라도 가지
고 있어야 한다. 만약 이 두 가지가 아울러 있지 않으면 지금의 세상에선 환난을
면하기 어려울 것이다). 황간의 설명 중에서 "二者竝無"(두 가지가 아울러
있지 않으면)에 의미를 두어 해석할 수도 있겠다. 소주에도 이에 관
한 설명이 있다. "問謝氏疑而字爲不字"(사씨가 위의 문장에서 접속사
'而' 자는 '不'로 보아야 하지 않는가 하고 의문을 가졌다). "朱子曰 當從伊川
說 謂無祝鮀之巧言與朝之美色 難免於今 必見憎疾也"(주자가 말했다.
이에 대해서는 마땅히 이천 선생의 학설을 따라야 한다. 그것은 축타의 말 잘하는
능력과 송조의 미색이 없으면 지금의 세상에서 반드시 증오와 미움의 대상이 됨을
면하기 어렵다는 말이다). 율곡 이이도 〈논어석의〉에서 "佞을 둠과 美를
둠이 아니면"이라고 설명했다. '축타지녕' 앞에 있는 '不' 자를 '송
조지미'까지 포함하는 것으로 해석한 것으로 여겨진다. 직암 신경
(1696~1766)도 이 문장에 대해 언급한 글에서 "이 문장에서 앞의 不
자는 축타지녕과 송조지미를 합쳐서 말한 것이다"(不字當通鮀朝並包

言之)라고 설명했다(《직암집》〈서書〉상후재선생上厚齋先生). 《논어고금주》
에도 "一不字冠兩有字"('不'자 하나가 두 개의 '有'자 앞에 덧붙이는 것이다)
라고 표시되어 있다. 현실적으로는 언변만 구비하거나 또는 언변
이나 미모 중에서 하나만이라도 구비하는 것으로 보는 것이 타당
할 것이다. 그렇지만 '교언영색'이라는 말도 있고, 조선시대 유학
자들에게 언변과 미모는 둘 다 부정적인 의미로 받아들여졌다는
점에서, 이 문장이 세태의 잘못됨을 한탄하는 의미임을 감안하여
"축타지녕"과 "송조지미" 둘 다 없으면 살아남기 힘든 세상이라고
하는 약간 과장된 해석을 택했다. 《논어언해》에서도 "축타의 佞을
두며 宋朝의 美를 둠이 아니면"이라고 번역하면서 '不'자를 '송조
의 미'까지 포함시키고 있다.

15
·

선생님이 말씀하셨다. "누구든지 밖으로 나갈 때 문門을 경유하지 않
을 수 없건만 어째서 사람들은 이 도道를 경유하지 않는 것일까?"

子曰誰能出不由戶리오마는 何莫由斯道也오
자왈수능출불유호   하막유사도야

16
·

선생님이 말씀하셨다. "질質이 문文보다 우세하면 야인처럼 거칠다.

문이 질보다 우세하면 관리들처럼 매끈하지만 진실함이 부족하다. 문과 질이 고르게 조화된 다음에야 군자라고 할 수 있다."

子曰質勝文則野요 文勝質則史니 文質이 彬彬然後에 君子니라
자왈질승문즉야　문승질즉사　문질　빈빈연후　군자

야野는 야인野人을 말하는데, 거칠고 저속하다는 뜻이다. 사史는 문서 처리를 맡은 관리인데, 업무는 능숙하게 처리하지만 진실함이 부족하다는 뜻이다. 본질은 좋은데 표현이 부족하면 행동이 거칠게 된다. 본질은 부족한데 겉만 번드르한 경우도 있다. 군자는 본질과 표현에 있어서 균형을 갖춘 사람이다.

17

•

선생님이 말씀하셨다. "사람이 살아가는 이치는 정직이다. (정직하면 살고, 부정하면 죽는다.) 부정한 짓을 하고도 살아 있는 것은 단지 요행으로 죽음을 면했을 뿐이다."

子曰人之生也直하니 罔之生也는 幸而免이니라
자왈인지생야직　망지생야　행이면

부정을 자행하면서도 살아 있다면 다만 운이 좋아서 그런 것일 뿐이다. 정직의 가치를 강조하는 말이다.✝

✝ 이익은 이 문장을 설명하면서 노자 《도덕경》에 나오는 "천망天網"이라는 개념을 인용했다. 하늘이 악인을 걸러내기 위해 쳐놓은 "천망"이라고 하는 그물이 있는데, 그 구멍은 비록 성기지만 놓치지 않는다고 한다(《성호사설》). 악인은 요행으로 일시적으로 걸리지 않아도 결국은 잡힌다는 말이다.

18
●

선생님이 말씀하셨다. "아는 것은 좋아하는 것만 못하고, 좋아하는 것은 즐기는 것만 못하다."

子曰知之者不如好之者요 好之者不如樂之者니라
자왈지지자불여호지자　　호지자불여락지자

19
●

선생님이 말씀하셨다. "중간 이상의 사람에게는 (가르침에 있어서) 높은 차원의 것을 말해줄 수 있지만 중간 이하의 사람에겐 그 이상의 것을 말해줄 수 없다."

子曰中人以上은 可以語上也어니와 中人以下는 不可以語上也니라
자왈중인이상　가이어상야　　　중인이하　불가이어상야

20

●

번지가 지知에 대해 질문했다. 선생님이 말씀하셨다. "사람이 마땅히 실천해야 할 도리를 힘쓰면서 귀신에 대해서는 경외하되 멀리하는 태도를 지키면 지혜롭다고 말할 수 있다. (번지가 다시) 인仁을 질문했다. 인仁한 사람은 어려운 일을 먼저하고 이득을 취하는 일은 뒤로 하는데 이렇게 하면 인仁하다고 말할 수 있다.

樊遲問知한대 子曰務民之義요 敬鬼神而遠之면
번지문지　　자왈무민지의　　경귀신이원지

可謂知矣니라 問仁한대 曰仁者先難而後獲이면 可謂仁矣니라
가위지의　　문인　　왈인자선난이후획　　가위인의

귀신이란 있는가? 《집주》에는 "귀신을 지나치게 믿으면 현혹되고 믿지 않는다면 공경하지 않는 것이니 능히 공경하면서 이를 멀리하면 지혜롭다고 할 수 있다"고 설명되어 있다. 그러면 공자는 귀신에 대해 어떻게 생각했는가? 공자는 귀신이 있고 없음에 대해 분명하게 말하진 않았다. 그는 귀신에 대해 잘 모르고 귀신이 없다고도 할 수 없으니까 귀신에 대해서는 경외하는 마음을 갖는 정도였다.

21

●

선생님이 말씀하셨다. "지자知者는 물을 좋아하고 인자仁者는 산을 좋아한다. 지자는 역동적이고 인자는 차분하다. 지자는 즐기고 인자는 오래 산다."

子曰知者는 樂水하고 仁者는 樂山이니⁺ 知者는 動하고
자왈지자 요수   인자 요산   지자 동

仁者는 靜하며 知者는 樂하고 仁者는 壽니라
인자 정   지자 락   인자 수

왜 지자는 물을 좋아하고 인자는 산을 좋아한다고 했을까? 《집주》에
는 이렇게 설명되어 있다. 지자는 사리事理에 통달해서 물처럼 막힘이

남명南冥 조식曺植(1501~1572)의 묘소에서 본 지리산과 덕천서원德川書院이 있는 마을

없고, 인자가 의리義理에 편안해하고 중후한 모습이 산과 같다.⁺⁺

⁺ '樂' 자는 좋아한다는 뜻일 때 '요'로 읽는다. 여기서는 요수, 요산이다. '요산요수樂山樂水'라는 말도 있다.

⁺⁺ "물은 산에서 나온다." 성호 이익이 지知와 인仁을 설명하기 위해 한 말이다. 지知는 인仁을 따라 나오는 것임을 말한 것이다. 인仁에 인·의·예·지 4가지 덕이 포함되어 있다는 의미로도 해석할 수 있을 것이다. 지자知者는 왜 인생을 즐기고 인자仁者는 장수한다고 한 것일까? 이익은 성인은 그 목숨을 하늘에서 받아서 최대한 그 한도를 다하기 때문에 오래 산다고 한다. 그 고요함은 산과 같다고 한다. 성인은 도道를 부지런히 추구하는 즐거움 때문에 시간이 가는 줄 모른다고 한다. 그리고 그 움직임은 흐르는 물과 같다고 했다. 인仁의 실천에 대해 깊이 성찰한 사람은 자기의 정해진 운명이 산의 성질과 같은 것임을 알게 되고, 지知의 실천에 대해 깊이 성찰한 사람은 물의 성질이 지知를 즐김과 같은 것임을 알게 된다고 설명했다(《성호사설》). 정약용은 인자仁者는 결코 의학을 통한 치료적인 노력으로 인해서 오래 사는 것이 아니라고 했다. 도암 이재도 "水出於山"(물은 산에서 나온다)라고 하면서 산山은 인·의·예·지를 포함하고 있는 것으로서 인仁이라는 개념으로 대표되고, 수水는 산山에 있던 것이 흘러나온 것처럼 그런 인仁 속에 들어 있는 지知와 같은 것이라고 보았다. 그러면서 인仁은 기준과 원리고 지知는 그것을 실행·활용하는 것이라고 설명했다.

22

•

선생님이 말씀하셨다. "제나라가 한 번 변하면 노나라의 수준에 이르고, 노나라가 한 번 변하면 선왕先王의 도道에 이를 것이다."

子曰齊一變이면 至於魯하고 魯一變이면 至於道니라
사왈제일변　　지어노　　노일변　　지어도

당시 제나라에서는 패도 정치가 기승을 부렸지만 노나라에는 그래도 예禮를 숭상하는 기운이 남아 있었다고 한다《집주》). 제나라는 강태공으로 알려진 태공망으로부터 시작한 제후국이다. 태공망은 낚시를 하면서 자기를 써줄 큰 인물을 기다렸고 결국 주나라 문왕을 만났다. 이후 문왕의 후계자인 무왕을 도와 주나라가 천하를 차지하는 데 기여했다.

23

•

선생님이 말씀하셨다. "모난 술잔이 모나지 않게 되었다면, (그것이) 모난 술잔이냐, (그것이) 모난 술잔이냐?"⁺

子曰觚不觚면 觚哉觚哉아
자왈고불고　　고재고재

모난 모양 때문에 모난 술잔이라는 이름이 붙여졌는데 모난 것이 없어졌다면 그 특징을 잃어버린 것이다. 그 특징이 곧 그 그릇의 정체성

正體性이다.

✝ 정약용은 '고觚'를 술잔[酒器]이라고 해석했다. 그의 《시문집》에서는 '고觚'라는 술잔은 술을 절제하기 위해 만든 것이라고 했다. 일부러 술잔을 좀 작게 만들어서 술을 적게 마시게 했다는 것이다. 그래서 "고라는 술잔을 사용하면서도 주량을 조절하지 못한다면 그 술잔을 고라고 할 수 있겠느냐"라고 되어 있다. 술주정뱅이라는 말을 듣지 않도록 자식에게 간곡하게 절주를 당부하는 편지에 이 문장이 위와 같은 뜻으로 인용되어 있다(《다산시문집》 제21권 〈서書〉 '유아에게 부침'). 술주정을 경계하는 의미도 있고 또 위에서 해석한 바와 같이 실제가 이름과 다른 상황을 말하는 것으로 해석할 수도 있겠다. 필자는 이 문장은 글자 그대로 본래 모양과 기능을 잃어버린 것의 정체성을 묻는 질문이라고 생각한다.

24

•

재아가 질문했다. "인자仁者는 사람이 빠졌다고 누가 말하기만 하면 곧장 우물에라도 뛰어들겠군요." 선생님이 말씀하셨다. "어찌 그럴 수 있단 말이냐? 군자로 하여금 가서 사람을 구하게는 할 수 있어도 우물에 빠지게는 할 수 없다. 거짓말로 군자를 속일 순 있지만 이치에 어긋난 말로 기만할 순 없다."

宰我問曰仁者는 雖告之曰井有仁焉이라도 其從之也로소이다
재아문왈인자　수고지왈정유인언　　　　기종지야

子曰何爲其然也리오 君子는 可逝也언정 不可陷也며
자왈하위기연야　　　군자　가서야　　　불가함야

可欺也언정 不可罔也니라
가기야　　　불가망야

25

●

선생님이 말씀하셨다. "군자가 널리 문文을 배우고 (그것을) 요약하기를
예禮로 하면 또한 도道에 어긋나는 일은 없을 것이다."

子曰君子博學於文이요 約之以禮면 亦可以弗畔矣夫인저
자왈군자박학어문　　　약지이례　　역가이불반의부

복잡한 것을 간단하게 요약하는 능력이야말로 지도자의 덕목이다.
제대로 요약을 하기 위해서는 기준이 있어야 하는데 예禮가 바로 그것
이다.

26

●

선생님이 남자南子를 만나보았다.✝ 자로가 언짢게 여겼다.

子見南子하신대 子路不說이어늘 夫子矢之曰予所否者인댄
자견남자　　　　자로불열　　　　부자시지왈여소부자

선생님이 맹세하면서 말씀하셨다. "내가 부적절한 짓을 했다면⁺⁺ 하늘이 싫어한다. 하늘이 싫어한다."

天厭之天厭之시리라
천염지천염지

⁺ 남자南子는 위나라 영공의 부인인데 음란한 행실로 유명했다. 이런 남자南子를 공자가 만난 일을 변호하는 글이 있다. ① 황간: "南子衛靈公夫人也 淫亂 而孔子入衛欲與之相見也 所以欲相見者 靈公唯婦言是用 孔子欲因南子說靈公使行正道也"(남자南子는 위영공의 부인인데 음란하다. 그래도 공자가 위나라에 들어가서 이 여자를 만나려고 했던 것은 영공이 오직 여자의 말만 옳다고 여기고 그런 말만 실행했기 때문이다. 공자는 단지 남자南子를 통해서 영공이 정도正道를 행하도록 했던 것이다). ② 주자: "孔子至衛 南子請見 孔子辭謝 不得已而見之 蓋古者 仕於其國 有見其小君之禮"(공자가 위나라에 도착하자 남자南子가 만나기를 청했다. 공자는 사양하다가 부득이 만나보았다. 옛날의 예법에는, 그 나라에서 벼슬을 하려면 그 나라 임금의 부인을 만나보는 예禮가 있었다고 한다).
⁺⁺ "여소부자子所否者"에 대해서도 2가지로 해석할 수 있다. 우선, 위의 해석과 같이 공자가 부적절하게 처신했다는 뜻으로 해석할 수 있다. 아니면 앞의 주석에서 설명한 바와 같이, 공자가 위나라에 들어가서 예법에 따라 그 나라 왕비를 만나보는 절차를 하지 않는다고 해석할 수도 있겠다. 주자의 입장은 "否謂不合於禮 不由其道也"('부否' 자의 의미는 예禮에 맞지도 않고 '도道'를 따르지도 않았다는 것을 말한다)라고 하여, 공자는 당연히 해야 할 일을 했을 뿐이라고 해석했다. 순암 안정복(1712~1791)은 공자가 의당 예禮에서 요구되는 일

을 했다면 "天厭之"라는 말을 두 번이나 강변할 필요 없이 "是禮
也"(이것이 예법이다)라고 했으면 간단한데 왜 그렇게 했는지 의문을
품었다고 한다. 그러다가 《이정전서二程全書》를 보다가 이 문장을
공자가 영공을 만나보려다가 비례非禮를 했다고 핍박을 당했다는
뜻으로 설명한 글을 보았다고 한다. 그러면서 "子所否者"의 부否자
는 "否泰之否"(운수가 꽉 막혔다는 뜻의 '부否' 자다) 뜻이고, "天厭之"는
"天厭吾道也"(하늘이 우리가 추구하는 도를 버렸구나)라는 뜻이라고 소개
했다. "夫子矢之曰"(선생님이 맹세하면서 말하기를)에서 '시矢' 자를 자신
의 생각을 펼친다는 뜻의 '진陳' 자로 하면 뜻이 더욱 분명하다고
설명했다(《순암집》).

27
●

선생님이 말씀하셨다. "중용의 덕이라는 것이 지극하구나. 이런 덕을
가진 백성이 드문 지 오래되었다."

子曰中庸之爲德也其至矣乎인저 民鮮이 久矣니라
자왈중용지위덕야기지의호   민선   구의

28
●

자공이 말했다. "백성에게 널리 베풀고 많은 사람을 구제한다면 어떻
습니까? 어질다고 말할 수 있습니까?" 선생님이 말씀하셨다. "어찌 어

질다고 할 뿐이겠는가! 반드시 성인聖人일 것이다. 요순도 오히려 그것을 어렵게 여기셨다."

子貢이 曰如有博施於民而能濟衆혼댄 何如하리잇고
자공   왈여유박시어민이능제중   하여

可謂仁乎잇가 子曰何事於仁이리오 必也聖乎인저
가위인호   자왈하사어인   필야성호

堯舜도 其猶病諸시니라
요순   기유병제
              (저)

●

"무릇 어진 사람은 자기가 서고 싶으면 다른 사람도 서게 해주고, 자기가 통탈하고 싶으면 다른 사람도 통달하게 해준다."

夫仁者는 己欲立而立人하며 己欲達而達人이니라
부인자   기욕립이립인   기욕달이달인

기己는 자기 자신, 인人은 다른 사람이다. 어진 사람의 마음을 《집주》에서는 "이기급인以己及人"이라고 표현했다. 다른 사람의 입장을 이해하려고 할 때 자기를 판단의 척도로 삼으라는 말이다.

●

가까운 데에서 비교의 기준을 취할 수 있다면 그것이야말로 인仁을 실천하는 방법이라고 말할 수 있다.

能近取譬면 可謂仁之方也已니라
능근취비   가위인지방야이

'능근취비'는 가까운 데에 있는 '자기 자신'을 다른 사람을 생각하는 기준으로 삼으라는 말이다. 자신 자신을 아끼는 만큼 다른 사람도 그렇게 해주라는 말이다. 그래서 이렇게 하는 것을 인仁을 실천하는 방법이라고 한 것이다.

자왈학이시습지면 불역열호아 유붕이자원방래면 불역락호아 인부지이불온이면
불역군자호아 유자왈기위인야효제요 이호범상자선의니 불호범상이요 이호작란
자미지유야니라 군자는 무본이니 본립이도생하나니 효제야자는 기위인지본여
인저자유왈교언영색이 선의인이니라 증자왈오일삼성오신하노니 위인모이불충호
아 여붕우교이불신호아 전불습호애니라 자왈도천승지국호대 경사이신하며 절
용이애인하며 사민이시니라 자왈제자입즉효하고 출즉제하며 근이신하며 범
애중호대 이친인이니 행유여력이든 즉이학문이니라 자하왈현현호대 역색하
며 사부모호대 능갈기력하며 사군호대 능치기신하며 여붕우교호대 언이유신이면
수왈미학이라도 오필위지학의라 자왈군자부중즉불위니 학즉불고니라 주
충신하며 무불여기요 과즉물탄개니라 증자왈신종추원이면 민덕이 귀후의리
라 자금이문어자공왈부자지어시방야하사 필문기정하시니 구지여아 억여지
여아 자공왈부자는 온량공검양이로 득지시니 부자지구지야는 기제저인지구지여
구지여인지여니 저 부자에 관기지요 부몰에 관기행이니 삼년을 무개어부지도라
야 가위효의니라 유자왈례지용이 화위귀하니 선왕지도사위미라 소대유지니라
소불행하니 지화이화요 불이례절지면 역불가행야니라 유자왈신근어의면 언
가복야며 공근어례면 원치욕야며 인불실기친이면 역가종야니라 자왈군자식무
구포하며 거무구안하며 민어사이신어언이요 취유도이정언이면 가위호학야이
라 자공이 빈이무첨하며 부이무교호대 하여하리잇고 자왈가야나 미약빈이
하며 부이호례자야니라 자공이 왈시운여절여차하며 여탁여마라하니 기사지
위여인저 자왈사야는 시가여언시이의로다 고제왕이지래자온여 자왈불환인지
불기지요 환부지인야니라 위정위덕이 비여북신이 거기소어든 이중성이
지니라 자왈시삼백에 일언이폐지하니 왈사무사니라 자왈도지이정하고 제지
형이면 민면이무치니라 도지이덕하고 제지이례면 유치차격이니라 자왈오십
유오이지우학하고 삼십이립하고 사십이불혹하고 오십이지천명하고 육십이이순
하고 칠십이종심소욕하여 불유구호라 맹의자문효한대 자왈무위니라 번지어
자고 자왈맹손이문효어아어늘 아대왈무위라호라 번지왈하위야잇고 자왈생사
지이례하며 사장지이례하며 제지이례니라 맹무백이 문효한대 자왈부모는 유기
지우시니라 자유문효한대 자왈금지효자는 시위능양이니 지어견마하여도 개
능유양이니 불경이면 하이별호리오 자하문효한대 자왈색난이니 유사이든 제자

술이 述而

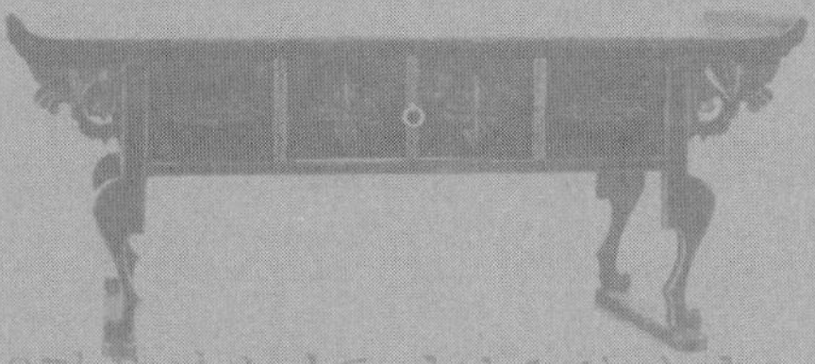

1

●

선생님이 말씀하셨다. "나는 (선왕의 문물 제도와 말씀을) 기술記述하여 전할 뿐 새로 창작하진 않는다. 옛것을 믿고 좋아하는 이런 나를 은근히 우리 노팽과 비교해본다."

子曰述而不作하며 信而好古를 竊比於我老彭하노라
자왈술이부작   신이호고   절비어아노팽

述술은 기록하여 전달한다는 뜻이다. 作작은 창작이다. 노팽이 누구인지 분명하지 않다. 포함은 노팽이 은나라의 현명한 대부라고 했다. 문맥으로 보아 고대 문명의 가치를 후세에 전하려고 했던 사람인 것 같다.✝ 새로운 것을 창작하기보다는 기존 문헌을 정리하고 서술한다는 "술이부작"은 공자의 저술에 대한 태도다. 황간은 '作작'이라는 것은 예악禮樂을 새롭게 제정하는 것이라고 하면서 이런 일을 하기 위해서는 지위와 덕을 겸비하는 것이 전제조건이라고 했다. 지위는 있으나 덕이 없으면 백성이 복종하질 않아 예악이 실행되지 않고, 덕은 있으나 지위가 없으면 예악을 실행시킬 힘이 없으므로 덕과 지위는 필수적으로 겸비되어야 한다고 말이다. 그러면서 공자가 "술이부작"의 자세를 견지한 것도 덕은 있으나 지위가 없었기 때문이라고 했다. 위의 문장은 새로운 학설이나 주장에 대해 전혀 의견을 내지 않고 묵수墨守한다는 의미는 아닐 것이라고 생각한다.

✝ 위백규는 노팽에 대하여 공자가 그 이름 앞에 '아我' 자를 붙인 것으로 보아 존경하고 좋아한 분일 것이라고 해석했다("愛而親之之意").

정약용은 공자의 조상도 은나라 출신이었기 때문에 '아' 자를 붙인
것이라고 했다. 이런 해석은, 주자가 '아' 자를 친근하게 여긴다는
'친지지사親之之辭' 라고 한 뜻을 따른 것이다.

2

○

선생님이 말씀하셨다. "묵묵히 기억하며, 배우되 싫증을 내지 않으며,
학생 교육하기를 게을리 하지 않으리라는 다짐 중에서 어느 것이 내게
있는가?"

> 子曰默而識之하며 學而不厭하며 誨人不倦이 何有於我哉오
> 자왈묵이지지　　　학이불염　　　회인불권　　　하유어아재

3

○

선생님이 말씀하셨다. "덕을 수양하는 것도 잘 안 되고, 학문도 연마
되지 않으며, 의義를 듣고도 실행에 옮기지 못하고, 불선不善을 고치지
못하는 것, 이런 것이 나의 근심거리다."

> 子曰德之不脩⁺와 學之不講과 聞義不能徙하며
> 자왈덕지불수　　　학지불강　　문의불능사
>
> 不善不能改是吾憂也니라
> 불선불능개시오우야

✦ '수脩' 자의 한자 자형에 대해 설명한다. 《논어》에 여러 번 나오는 글자고 판본마다 한자 자형이 다르기 때문에 《논어》에 나오는 수修 자와 수脩자의 사례에 대해 종합적으로 언급하려고 한다. 우선 위의 문장에 있는 "덕지불수德之不脩"를 보면, 1427년 발문 《논어집주대전》, 정유자본 《논어집주대전》, 《논어언해》 6종(1590년, 1612년, 내각장판, 영영장판, 영영중간, 하경룡장판), 율곡의 《논어언해》에 '脩' 자로 되어 있다. 이렇게 조선시대에 나온 《논어》 책에는 대부분 '脩' 자로 되어 있다. 그런데 사고전서 《논어집주대전》에는 '修' 자로 되어 있고, 최근의 《논어》 책에서는 대부분 '修' 자를 쓰고 있다. 완원阮元의 〈논어주소교감기〉에 '脩' 또는 '修' 를 쓰는 《논어》 판본 사례가 조사되어 있다. 헌문편(제14편) 9장(위명장爲命章)에서 "行人子羽脩飾之"(행인 자우는 문장을 수식했다)에 관해 설명한 부분에 이런 언급이 있다. 좀 길지만 번역해서 인용한다. "《논어》에서 '脩己以敬'(자신을 수양하기를 '경敬' 으로 한다), '脩己而安人'(자기를 수양하여 사람들을 편안하게 한다), '脩己而安百姓'(자기를 수양하여 백성을 편안하게 한다), '脩文德'(문덕을 닦는다), '脩廢官'(없어진 관직을 수리하였다), '脩飾'(문장을 수식하다)에서 '脩' 자는 '修' 자를 아울러 같이 쓰고 있다. '德之不脩'(덕이 닦여지지 않음), '脩慝辨惑'(특특을 닦고 의혹을 분별함)에서는 '脩' 자를 그대로 쓰고 있다. 《논어》에서 쓰는 '脩' 자와 '修' 자에 대해 그 쓰임을 획일적으로 분류하기가 어렵다. '脩' 자는 고기 묶음, '修' 자는 인격 수양의 의미인데, 경전에서 '脩' 자를 가차하여 다스릴 '修' 자의 의미로 사용했던 것으로 여겨진다." 이렇게 완원阮元이 언급한 바와 같이 '脩' 자가 '修' 자의 가차자로 사용되었다고 하면, 해석은 '修' 자로 하지만 '脩' 자를 '修' 자로 고쳐서 쓰는 것은 신중해야 할 것으로 생각된다. 《논어》에 있는 가차자를 모두 바꾸지 않

는 한, 이 글자만 변경하는 것은 어떤지 판단하기 어렵기 때문이다. 그러나 고치지 않아도 문제는 남아 있다. 현재 사용하는 《논어》책 상당수에서 '脩' 자가 '修' 로 변경되어 있다. 언어가 변하는 그 흐름을 인위적으로 막을 수도 없는 노릇이다. 가차자는 글자가 없어서 음이 같은 다른 한자를 대신 빌려 쓰는 것인데, '修' 자가 있음에도 불구하고 '脩' 자를 '修' 자의 의미로 사용했다면 또 생각해볼 문제가 있다. 이에 관해 참고할 만한 설명이 있어서 인용한다. "본자本字가 있음에도 불구하고 본자本字와 어음語音이 같거나 비슷한 글자를 빌려 쓰는 현상이 있다. 이도 넓은 의미에서 가차라고 칭할 수 있으나, 육서의 가차와 차별을 두기 위하여 흔히 '통가通假' 라고 한다."(이영주, 《한자자의론漢字字義論》, 113쪽). '修' 자를 써야 할 자리에 '脩' 자를 쓴 사례를 다시 본다. 안연편(12편) 21장에 있는 "崇德脩慝辨惑"이다. 정유자본 《논어집주대전》, 사고전서 《논어집주대전》, 율곡의 《논어언해》에는 '脩' 자로 쓰고 있다. 그러나 조선시대 관본 언해로 분류되는 《논어언해》에는 모두 '修' 자로 되어 있다. '황본皇本' (황간의 《논어의소》)에는 '修' 자로 되어 있으나 '형본邢本(형병의 《논어주소》)에는 '脩' 자로 되어 있다. 이 문장에서는 의미로 보아 '修' 자가 맞는 것 같은데 '脩' 자로 쓰는 사례가 있다. 헌문편(제14편) 9장에 있는 "行人子羽修飾之"(행인 자우는 문장을 수식했다)를 본다. 문장을 꾸민다는 뜻일 때 한자로 '수사修飾' 라고 쓴다. 정유자본 《논어집주대전》, 사고전서 《논어집주대전》, 《논어언해》(1612), 율곡의 《논어언해》, 《논어집주상설》에는 '修' 자로 되어 있다. 그런데 1800년대 《논어언해》 3종류(내각장판, 영영장판, 하경룡장판)에는 '脩' 자로 되어 있다. 교재로 많이 사용되는 《한문대계》와 《사서장구집주》에는 '脩' 자로 되어 있다. 헌문편(14편) 45장에 "脩己以敬"

의 '脩' 자에 대해 본다. 정유자본 《논어집주대전》에 '脩' 자로 되어 있지만 관본 언해로 분류되는 《논어언해》와 율곡의 《논어언해》에 모두 '修' 자로 되어 있다. 《한문대계》에는 '脩' 자로 되어 있다. 황본皇本(황간의 《논어의소》)에는 '修', 병본邢本(형병의 《논어주소》)에는 '脩' 로 되어 있다. 계씨편(16편) 1장 "不服則脩文德以來之"(복종하지 않으면 문덕을 닦아서 찾아오게 한다)를 본다. 이 문장에서는 의미상으로는 '修' 자가 맞을 것 같은데, 정유자본 《논어집주대진》과 1800년대 간행 관본 《논어언해》, 《한문대계》 〈논어집설〉(1975)에는 '脩' 자로 되어 있다. 《논어언해》(1590), 율곡의 《논어언해》, 《논어언해》(1612), 《논어집주상설》, 양백준楊伯竣의 《논어역주》(1980)와 최근의 《논어》 책에서는 대부분 '修' 자로 쓰고 있다. 이렇게 '修' 자의 의미로 사용될 글자의 자리에 '脩' 자로 된 사례가 많고 판본마다 제각각이다. 이것을 가차假借로 보거나 '통가通假' 로 볼 수 있을 것이나, 필자는 '修' 자로 통일하지 않고 정유자본 《논어집주대전》을 따라 글자 그대로 두었다.

4

●

선생님께선 한가하게 계실 때 편안한 모습에 여유가 있었고 낯빛이 부드러웠다.

子之燕居에 申申如也하시며 夭夭如也러시다
자지연거　　신신여야　　　　요요여야

5

•

선생님이 말씀하셨다. "심하구나. 나의 쇠약함이여. 오래되었구나. 내가 꿈속에서 주공을 다시 뵙지 못함이여!"

子曰甚矣라 吾衰也여 久矣라 吾不復夢見周公이로다
자왈심의   오쇠야   구의   오불부몽견주공

공자가 추구한 이상정치는 어떤 것인가? 간단하게 말하면, 그것은 주공이 했던 것처럼 하는 것이다. 공자가 생각한 이상국가는 무엇인가? "나는 주나라를 따르겠다"라고 공자가 말했던 바와 같이 주나라가 그 모델이었다.

공자는 왜 주공을 꿈속에서 뵌 지 오래되었다고 한탄했는가? 《집주》에 이런 설명이 있다. 공자가 젊었을 때는 주공의 도를 행하려는 의지를 갖고 있었으나 늘어서 그 도를 행할 수 없게 된 것이 이유라고 한다. 공자는 불굴의 의지를 가지고 끊임없이 정치를 하려고 노력했다. 은자들의 조롱을 받았고 천하를 주유하는 동안 생명의 위험을 감수하면서 공자는 군주들을 만나 자신의 포부를 설명했다. 그러나 그가 정치에 대한 꿈을 접으면서 주공을 더 이상 꿈속에서 뵐 수 없게 되었다. 가수가 더 이상 공연을 하지 못하게 되고 운동선수가 더 이상 경기에서 뛸 수 없을 때의 상황과 같은 것이다. 공자가 현실정치에 대한 꿈을 포기했을 때의 그 느낌을 표현한 말이다.

주공은 누구인가? 그는 주나라 문왕의 아들이고, 무왕의 동생이며 성왕의 숙부고, 노나라의 시조다. 주나라는 문왕 때까지는 제후국이었다. 그러다가 무왕이 은나라를 정벌하여 주나라가 천자국이 되었다. 이

때 주공은 큰 도끼를 휘두르며 전공을 세웠고 제후국 노나라에 봉해졌다. 그러나 주공은 노나라로 가지 않고 무왕을 도왔다. 무왕이 병으로 사망하고 어린 조카인 성왕이 건국 초기의 불안정한 정국에서 제위를 계승했다. 그러자 주공은 섭정하면서 정권을 안정시키고 성왕이 성장하자 권력을 되돌려주었다.

《주례》 조선시대 필사본

주공은 일이 하고 싶어서 새벽에 일어나 날이 밝기만을 기다렸다고 한다. 그는 시골의 가난한 선비들을 폐백을 갖고 찾아가 성의와 예의를 갖추어 초빙한 것으로도 유명하다. 그들을 자신의 부하가 아니라 스승과 동료로 대접했다. 이런 주공의 자세를 표현하는 말이 '토포악발吐哺握髮'이다. 주공은 식사를 하고 있다가 선비가 찾아오면 먹고 있던 음식을 뱉어내고 맞이했으며 목욕 중에 선비가 찾아오면 머리를 말리지 않고 그냥 움켜쥐고 나와 맞이했다는 말이다. 주공은 아들 노공魯公에게 자신은 이렇게 천하의 어진 사람을 놓칠까봐 염려했다고 하면서 위정자의 자리에서 결코 교만해선 안 된다고 훈계했다(《사기》 세가).

주공은 또한 중국의 고대 헌법인 《주례周禮》를 저술한 것으로 유명하다. 《주례》는 조선의 유학자들에게 헌법 초안 또는 유교국가 설계도와 같은 것으로 여겨졌다. 정도전은 《주례》를 참고하여 〈조선경국전〉을 저술했다. 〈조선경국전〉은 조선의 법전인 《경국대전》에 참고가 되었다. 이후에도 조선의 학자 관료들은 《주례》를 학습하면서 통치 제도와 법전을 개혁할 때 근거로 삼았다. 그렇기 때문에 주공의 저술인 '주례', 공자가 주나라를 따르겠다고 하면서 이상적인 국가라는 의미로 사용했던 '동주東周'는 유교국가 조선의 정치적 이상을 표현하는 키워드였다.

6

●

선생님이 말씀하셨다. "도에 뜻을 두며,"

子曰志於道하며
자왈지어도

●

"덕을 굳게 지키며,"

據於德하며
거어덕

●

"인仁에 의지하며,"

依於仁하며
의어인

●

"예藝에서 노닌다."

游於藝니라
유어예

7

●

선생님이 말씀하셨다. "나는 일찍이 속수束脩 이상의 예禮를 행하고 배움을 청한 사람을 가르치지 않은 적이 없다."

子曰自行束脩以上은 吾未嘗無誨焉이로라
자왈자행속수이상　오미상무회언

수脩는 말린 고기 포脯인데, 이것 10개가 속束이라고 한다. 속수束脩는 당시에 작은 선물이었다고 한다(《집주》).

8

●

선생님이 말씀하셨다. "알려고 분발하지 않으면 깨우쳐주지 않는다. 표현하지 못해 안달하지 않으면 거들어주지 않는다. 한 귀퉁이를 들어 설명해주었는데 세 귀퉁이를 들어 반증하지 못하면 다시 알려주지 않는다."

子曰不憤이어든 不啓하며 不悱어든 不發호대
자왈불분　　　불계　　　불비　　　불발

舉一隅에 不以三隅反이어든 則不復也니라
거일우　불이삼우반　　　　즉불부야

분憤은 잘 이해가 되지 않아 애태우는 모습이다. 비悱는 이해는 했지만 표현하지 못해 안타까워하는 모습이다. 계啓는 이해력을 계발시켜주는 것이다. 발發은 표현력을 발전시켜주는 것이다《집주》.

9

●

선생님께서는 상주 옆에서 식사를 할 때 일찍이 배불리 먹은 적이 없었다.

子食於有喪者之側에 未嘗飽也러시다
자식어유상자지측　미상포야

●

선생님께서는 곡哭을 한 그날에는 노래하지 않았다.

子於是日에 哭則不歌러시다
자어시일　곡즉불가

10

●

선생님께서 안연에게 말씀하셨다. "써주면 관직을 맡아 일하고 버려지면 재야에 숨기를 오직 나와 너만이 이렇게 행하고 있구나."

子謂顏淵曰用之則行하고 舍之則藏을 惟我與爾有是夫인저
자위안연왈용지즉행　사지즉장　유아여이유시부

써주면 실력을 발휘하고 버려지면 자리에 연연하지 않고 물러난다는 말이다. 조선시대 선비들이 벼슬에 임하는 가치관이었다.

●

자로가 질문했다. "선생님께서 삼군을 지휘하신다면 누구와 함께 하시겠습니까?"

子路曰子行三軍則誰與시리잇고
자로왈자행삼군즉수여

1군軍이 1만 2,500명이다《집주》). 삼군三軍 정도의 군대를 갖고 있으면 큰 나라다.

●

선생님이 말씀하셨다. "맨손으로 호랑이를 잡으려 하고 맨몸으로 강을 건너려고 하다가 죽어도 후회하지 않는 그런 사람과는 함께하지 않겠다. 나는 반드시 조심하고 두려워하는 마음으로 일에 임하며 계획을 세워 일하기를 좋아하여 끝내 목표를 성취해내는 그런 사람과 함께 일하겠다."

子曰暴虎馮河하여 死而無悔者를 吾不與也니
자왈포호빙하   사이무회자   오불여야

必也臨事而懼하며 好謀而成者也니라
필야림사이구   호모이성자야

김홍도, 〈송하맹호도松下猛虎圖〉, 호암미술관.
226쪽의 소나무는 강세황姜世晃이 그린 것이라고 한다.

11

●

선생님이 말씀하셨다. "부자라는 것이 노력해서 될 수 있다면 채찍을
잡는 마부 노릇이라도 또한 하겠지만 그렇지 못할 땐 내가 좋아하는 일
을 추구하겠다."

子曰富而可求也인댄 雖執鞭之士라도 吾亦爲之어니와
자왈부이가구야　　수집편지사　　오역위지

如不可求인댄 從吾所好호리라
여불가구　　종오소호

공자는 부자가 되는 것은 하늘의 뜻에 달려 있다고 생각했다.

12

●

선생님께서 삼가신 것은 제사와 전쟁과 질병이었다.

子之所愼은 齊戰疾이러시다
자지소신　　재전질

13

●

선생님께서 제나라에 계실 때 소韶 음악을 듣고 3개월 동안 고기 맛을

몰랐다. 이렇게 말씀하셨다. "순임금께서 음악을 만드신 지극함의 경지가 이 정도인 줄은 몰랐다."

子在齊聞韶하시고 三月을 不知肉味하사
자재제문소   삼월   부지육미

日不圖爲樂之至於斯也호라
왈부도위악지지어사야

소韶는 순임금의 음악이다.

14

•

염유가 말했다. "선생님께서 위나라 임금을 도우실까?" 자공이 말했다. "알겠다. 내가 장차 여쭤보겠다."

冉有日夫子爲衛君乎아 子貢이 日諾다 吾將問之호리라
염유왈부자위위군호   자공   왈락   오장문지

당시 위나라에는 복잡한 사건이 있었다. 위나라 영공에게는 괴외라는 세자가 있었다. 괴외는 음란한 행실로 소문난 어머니인 남자南子를 살해하려다 실패하고 망명했다. 영공이 죽자 괴외의 아들 첩輒이 임금 자리를 계승했다. 이에 괴외가 망명지에 있다가 복귀를 시도했다. 그러자 괴외의 아들 첩이 저지했다. 이렇게 아버지와 아들이 싸웠다. 이런 정치판에 공자가 관여할 것인지 제자들이 궁금해했다.

(자공이) 들어가서 (공자에게) 말했다. "백이와 숙제는 어떤 사람입니까?" 선생님이 말씀하셨다. "옛날의 현인이다." 자공이 말했다. "그들은 (자기들이 했던 일을) 후회했습니까?" 선생님이 말씀하셨다. "인仁을 구하다가 인仁을 얻었거늘 또 무슨 후회가 있었겠는가?" (자공이) 나와서 말했다. "선생님은 (위나라 임금을) 돕지 않으실 것이다."

入曰伯夷叔齊는 何人也잇고 曰古之賢人也니라 曰怨乎잇가
입왈백이숙제   하인야   왈고지현인야   왈원호

曰 求仁而得仁이어니 又何怨이리오 出曰夫子不爲也시리러라
왈 구인이득인   우하원   출왈부자불위야

옥산서원玉山書院 구인당求仁堂

백이와 숙제는 무왕이 은나라를 치는 것을 말렸으나 무왕이 감행하자 무왕의 나라인 주周나라 곡식은 먹지 않겠다고 하면서 수양산에 들어가 굶어 죽었다고 한다. 공자가 백이와 숙제를 옳다고 평가함을 알게 된 자공은 공자도 천륜을 어긴 위나라 군주인 첩輒을 돕지 않을 것이라고 확신한 것이다.

15

선생님이 말씀하셨다. "거친 밥을 먹고 물을 마시며 팔베개하면서 살

더라도 즐거움이 또한 그 속에 있으니 불의로 얻은 부유함과 높은 벼슬
은 나에겐 뜬구름과 같다."

子曰飯疏食飲水하고[✛] 曲肱而枕之라도 樂亦在其中矣니
자왈반소사음수　　곡굉이침지　　낙역재기중의
不義而富且貴는 於我에 如浮雲이니라
불의이부차귀　　어아　　여부운

✛ '소疏'자는 한자 자형이 정유자본 《논어집주대전》에 '疏'자로
되어 있다. 조선시대 《논어언해》 7종류에 모두 '疏'자로 되어 있
다. 사고전서 《논어집주대전》에도 '疏'자로 되어 있다. 1910년대
이후에 현토와 언해를 추가하여 현대적인 책으로 간행한 《논어집
주》의 여러 판본(1917년, 1952년, 1976년판)에도 '疏'자로 되어 있다.
〈논어주소교감기〉에는 '疏'자의 한자 자형의 차이에 대해서는 상
술되어 있지 않고 다만, '황본皇本'(황간의 《논어의소》)에 '疏'자로 되
어 있다는 설명이 있을 뿐이다. 이 문장에 대해 공안국이 "疏食"
은 "菜食"이라고 한 것이 있다. 《논어》 교재를 보면, 양백준楊伯峻
의 《논어역주論語譯注》, 《한문대계》〈논어집설〉에 '疏'로 되어 있
고 최근에 간행되는 《논어》 역주서에서는 '疏'자를 주로 쓰고 있
다. 단대 《한한대사전》(2008)에 '疏'와 '疏'는 같은 것으로 되어 있
다. '疏'자보다는 '疏'자가 더 많이 사용되고 있어서 이것으로 수
정했다.

16

•

선생님이 말씀하셨다. 하늘이 나를 몇 년 더 살게 해서 마침내 《주역》을 배울 수 있다면 큰 과오는 없게 할 수 있을 것이다.

子曰加我數年하여 五十以學易이면⁺ 可以無大過矣리라
자왈가아수년　　　　졸 이학역　　　　가이무대과의

⁺ 여기서 '가加' 자는 원래 빌릴 '가假' 자라고 한다. '오십五十'도 원래 '졸卒' 자라고 한다(《집주》). 그래서 '졸'이라고 읽는다. 정약용은 "명命을 아는 나이인 50세에 명命을 알게 하는 책인 역易을 읽는다면 대과大過는 없을 것"이라고 설명했다. 그러면서 '오십五十'은 오자誤字가 아니라고 했다. 그냥 '오십五十'이라는 나이로 해석하라는 말이다. 참고로 '오십五十'을 나이로 해석한 《논어》 역주서의 사례를 소개한다. "내게 몇 년만 더 보태어져, 쉰 살까지 《역경》을 공부한다면, 큰 허물이 없을 수 있게 될 것이다."(김학주, 1999).

17

•

선생님께서 표준어로 말씀하신 것은 《시경》, 《서경》, 예禮의 집행에 관한 것이었다. 이런 것을 모두 표준어로 말씀했다.⁺

子所雅言은 詩書執禮皆雅言也러시다
자소아언　　시서집례개아언야

✝ 공안국은 '아언雅言'을 "정언正言"이라고 했다. 황간도 "雅正也"(雅 자는 正이라는 뜻이다)라고 했다. 정현(127~200)은 선왕의 법전을 읽음에 있어서 반드시 정음正音으로 한 다음에야 그 뜻이 온전해질 수 있다고 설명했다. 김도련(2008)은 이 문장에 대한 해설에서 '정음正音'에 대해 "표준말"이라고 괄호에 표시하였다. 필자도 이를 따랐다. 위의 문장을 '공용어'와 '방언'의 차원에서 해석하기도 한다. "선생님께서 공용어로 말씀하신 경우는 《詩》를 읽고 《書》를 읽고 禮事를 집행하실 때다. 이런 경우에는 언제나 공용어로 말씀하셨다."(이영주, 《한자자의론漢字字義論》, 182쪽). 성호 이익은 이 문장을 시詩, 서書, 예禮의 가치가 무엇인가를 생각하게 한다는 뜻으로 해석했다. 위의 문장은 시로써 뜻을 말하고, 서로써 일을 말하고, 예로써 행동하면서 일을 처리해나간다는 뜻이라고 한다. 그런데 시가 단지 외우는 것으로 그치고 예를 행함에 있어서도 오직 겸손만 강조되어 시와 예가 도움이 되지 못하는 것을 문제로 본 것이라고 했다. 공자가 생각하는 정치가의 주된 업무는 백성들의 속마음과 실정을 파악하여 백성들을 편안하게 하는 것인데, 백성들은 시를 통하여 정치에 대한 솔직한 마음을 표현하기 때문에 시가 그런 소통의 기능을 할 수 있다는 것이다. 대외적인 업무와 행사를 예법에 의거하여 절도 있게 처리할 수 있다는 것이다. 이익은 시, 서, 예가 실제 생활에 도움이 되는 기능을 할 수 있어야 한다는 뜻으로 위의 문장을 설명했다(《성호사설》). 주자는 "雅常也"(雅 자는 평소라는 뜻이다)라고 해석했다. 그러면서 시, 서, 예는 일상생활에서 꼭 필요한 것이기에 공자가 항상 이것을 말했다고 설명했다. 예에 대해서만 "집례執禮"라고 표현한 것은 예라는 것이 단지 외우고 말함에 그치는 것이 아니라 실제로 잡아서 지켜야 한다는 뜻에서 그렇게 말한 것이라고 설명했다.

18

●

섭공이 자로에게 공자에 대해 물었는데 자로가 대답하지 않았다.

> 葉公이＋ 問孔子於子路어늘 子路不對한대
> 섭공　문공자어자로　　자로부대

●

선생님이 말씀하셨다. "너는 왜 '그분은 학문에 몰두해서 식사마저 잊으며 깨달음의 즐거움으로 인해 근심을 잊어서 늙어가는 것조차 모른다' 고 말하지 않았느냐?"

> 子曰女奚不曰其爲人也發憤忘食하며 樂以忘憂하여
> 자왈여해불왈기위인야발분망식　　　낙이망우
>
> 不知老之將至云爾오
> 부지로지장지운이

＋《집주》에 '葉' 자의 한자음이 반절로 표시되어 있다. "葉舒涉反" (葉 자의 한자음은 '서' 와 '섭' 의 반절이니 그 한자음은 '섭' 이다). '葉' 자는 잎사귀라는 뜻일 때 '엽', 지명이나 성씨일 때 '섭' 으로 읽는다.

19

●

선생님이 말씀하셨다. "나는 지식을 갖고 태어난 사람이 아니다. 나는 성현의 말씀과 고전을 좋아하고 민첩하게 지식을 구하는 사람이다."

子曰我非生而知之者라 好古敏以求之者也로라
자왈아비생이지지자　호고민이구지자야

'생이지지生而知之'는 나면서부터
모든 것을 아는 것이다.

민구재敏求齋. 옥산서원 기숙사

20
●

선생님은 괴이한 일, 무서운 힘, 패륜과 반역, 귀신에 관해선 말씀하
지 않았다.

子不語怪力亂神이러시다
자불어괴력란신

21
●

선생님이 말씀하셨다. "세 사람이 함께 길을 갈 때 그중에 반드시 나
의 스승이 있으니, 선한 사람을 택해서 장점을 따르고 선하지 못한 사
람에게선 그 잘못됨을 거울 삼아 자신의 잘못을 고쳐라."

子曰三人行에 必有我師焉이니 擇其善者而從之요
자왈삼인행　필유아사언　　택기선자이종지

其不善者而改之니라
기불선자이개지

22

•

선생님이 말씀하셨다. "하늘이 나에게 (문명을 계승할) 덕德을 주셨는데,
환퇴가 나를 어찌 해칠 수 있단 말이냐?"

子曰天生德於予시니 桓魋其如予何리오
자왈천생덕어여　　환퇴기여여하

　공자가 송나라에 갔을 때 환퇴가 해치려고 했다. 제자들이 두려워하
자 공자는 하늘이 자신에게 부여한 사명이 있는데 어찌 환퇴가 자신을
해칠 수 있겠냐고 하면서 제자들을 안심시켰다. 공자는 도道라는 것이
사람을 통하여 다음 세대로 전달된다고 믿었다. 하늘로부터 그런 사명
을 부여받은 존재인 자신을 환퇴가 어떻게 해칠 수 있겠냐고 말한 것이
다. 공자가 생각한 도道의 계승자들은 요→ 순→ 우→ 탕→ 문→ 무→
주공이었고, 그다음에는 공자 그 자신이라고 생각했다. 이런 것을 유학
자들은 도통道統이라고 한다.

23

●

선생님이 말씀하셨다. "너희들은 내가 숨기는 것이 있다고 생각하는가? 나는 숨기는 것이 없다. 나는 내가 한 일을 너희들 제자에게 보여주지 않은 적이 없었다. 이렇게 해왔던 이가 이 사람 丘로다."

子曰二三子는 以我爲隱乎아 吾無隱乎爾로라
자왈이삼자   이아위은호   오무은호이

吾無行而不與二三子者是丘也니라
오무행이불여이삼자자시구야

24

●

선생님께서는 4가지로 교육했다. 그것은 문文, 행실, 충忠, 신信이었다.

子以四敎하시니 文行忠信이니라
자이사교   문행충신

25

●

선생님이 말씀하셨다. "성인聖人을 내가 만나볼 수 없다면 군자라도 만나볼 수 있으면 좋겠다."

子曰聖人을 吾不得而見之矣어든 得見君子者면 斯可矣니라
자왈성인　오부득이견지의　　　득견군자자　사가의

●

선생님이 말씀하셨다. "선인善人을 내가 만나볼 수 없다면 꾸준한 항
심恒心을 가진 사람이라도 만나볼 수 있으면 좋겠다."

子曰善人을 吾不得而見之矣어든 得見有恒者면 斯可矣니라
자왈선인　오부득이견지의　　　득견유항자　사가의

●

"없으면서 있는 척하고 비었는데 가득한 척하며 얄팍한데 큰 것처럼
위장하면 꾸준한 마음인 항심恒心을 갖기가 어렵게 된다."

亡而爲有하며 虛而爲盈하며 約而爲泰면 難乎有恒矣니라
무이위유　　허이위영　　　약이위태　난호유항의

26

●

선생님은 낚시질을 해도 촘촘한 그물을 쓰지 않았고 주살로 새를 잡
아도 잠자는 새를 쏘지 않았다.

子는 釣而不綱하시며 弋不射宿이러시다
자　조이불강　　　익불석숙

강綱은 그물의 위쪽 코를 꿴 굵은 줄이다. 강이나 하천을 가로로 막아 설치해놓고 그물질하여 고기를 남김 없이 잡는 것이다. '인仁'은 사람에게 국한되는 것이 아님을 설명하는 문장이다.

27

•

선생님이 말씀하셨다. "알지 못하면서 창작하는 사람이 있는가? 나는 이런 일이 없다. 많이 듣고 좋은 것을 택해서 따라하며 많이 보고 기억하는 것이 지식의 지극한 단계는 아니어도 그 직전 단계는 된다."

子曰蓋有不知而作之者아﹢ 我無是也로라 多聞하여
자왈개유부지이작지자   아무시야   다문

擇其善者而從之하며 多見而識之知之次也니라﹢﹢
택기선자이종지   다견이지지지지차야

﹢ '作' 자는 '창작'이라는 의미로 해석할 수도 있고, '행동'이라고 해석할 수도 있다. 근래의 《논어》 역주서에서 "蓋有不知而作之者"를 번역한 사례를 본다. "무엇인가에 대해 잘 알지도 못하면서 창작하는 사람이 있겠지만, 나는 그런 일이 없다"(이강재, 2006), "대저 소상히 잘 알지도 못하면서 마구 지어내는 녀석들이 많다"(김용옥, 2008), "대개 알지 못하면서 일을 창작하는 이가 있을 수도 있겠으나"(박헌순, 2008), "이치를 알지 못하면서 저작하는 자가 있는데"(김도련, 2008), "알지 못하면서 '함부로' 행동하는 것이 있는가?"(성백효, 2005). 먼저 창작이라고 보는 견해를 소개한다. 포함은 "時人多

有穿鑿妄作篇籍者故云然也"(당시 사람들이 억지로 이치에 맞지 않는 주장을 하면서 함부로 책을 만드는 일이 있어서 이렇게 말한 것이다)라고 했다. 정약용도 '作'을 "창조刱造"라고 하면서, 作은 "如老子作道德經"(마치 노자가 도덕경을 작作하듯이) "刱造一書"(책 한 권을 창조하는 것)를 말한다고 설명했다. 앞에서 나온 '述而不作' 한다는 말과 같이 지식을 전하기만 할 뿐 창작을 하지 않는다는 공자의 글쓰기 태도를 생각하고 지식을 쌓아가는 방법을 언급한 문맥으로 보아 "蓋有不知而作之者"를 "잘 모르면서 책을 쓰는 바와 같은 창작을 하는 사람이 있겠지만" 공자 자신은 그런 일이 없다는 뜻으로 해석할 수 있겠다. 다음으로 '作'을 '행동'이라고 해석한 자료를 본다. 《집주》에서는 '作' 자를 '妄作'으로 설명했다. 이것을 "함부로 행동한 적"이라고 해석할 수 있고(성백효, 2005), 또 "망녕되이 창작한 적"이라고 해석할 수 있겠다(박헌순, 2008). 《논어집주대전》 소주小註에 '作' 자를 '述作저술하다'으로 볼 것인가, 아니면 '作事(일을 하다)'로 볼 것인가 하는 질문이 있는데, '作事'를 의미한다고 되어 있다. 박문호의 《논어집주상설》에도 이를 요약하여 "朱子曰作事"라고 보충·설명되어 있다. 또한 이치를 제대로 알고 그 이후에 행동하는 것을 강조하는 관점에서는 '不知而作之者'는 곧 함부로 행동한 자라고 해석할 수 있겠다. 홍대용(1731~1783)도 학문을 함에 있어서는 知行을 兼해야 한다고 전제하면서, 행동할 때 마음으로 이치를 궁구함이 없으면 "무지망작無知妄作"하게 된다고 지적했다(《담헌서》 논어문의). 결국 '作'을 '창작'으로 또는 '행실'로 해석하는 것은 관점의 차이라고 할 수 있다. 이렇게 보면, 妄作이란 잘 알지 못하면서 글을 쓰는 행위를 포함하여 또한 무지하여 경거망동하는 행동을 의미하는 것으로 포괄적으로 이해할 수 있겠다. 한편, 위백규는 이 문장을 공자가 잘못된 사람을 대하는 방식을 보여주는 사례라고 설명했다. 공자가 "人多不知而作之我則無是"(사람들이 잘 모르면서 창작을 하곤 하지만 난 이렇게 하지 않는다)고 말하는 대신 "盖有作之者"(대개 창작하는 사람이 있지만)라고 완곡하게 말한 것은 잘못된 사람이라도 심하게 나무라지 않고 부드러운 어조로 용서하는 마음으로 대했던 공자의 태도를 볼 수 있는 사례라고 했다("辭氣之厚待人之恕可見也").

✝✝ 이 문장에서 '앎의 다음'이라고 하는 "知之次"의 의미가 무엇인지 좀 막연한데 이것을 '앎의 지극함'이라는 "知之至"와 비교하면 뜻이 선명해진다(《홍재전서》).

28
●

호향 사람들은 함께 말하기가 어렵다고 하는데, (그 지역 출신) 동자가 공자를 만나러 왔다. 공자가 만나주자 제자들이 어리둥절해했다.

互鄕은 難與言이러니 童子見커늘 門人이 惑한대
호향 　 난여언 　 　 동자현 　 문인 혹

●

선생님이 말씀하셨다. "그 (선善으로) 진보함을 허락한 것이고 그 (불선不善으로) 퇴보함을 허락하지 않은 것뿐인데, 어찌 사람에게 야박하게만 할 수 있는가? 사람이 몸을 정결하게 하고 찾아왔기에 그 정성을 보고 면회를 허락한 것이고 그들의 지난날의 잘못을 내가 책임지겠다는 것도 아니다."

子曰與其進也요 不與其退也니 唯何甚이리오
자왈여기진야　　불여기퇴야　유하심

人이 潔己以進이어든 與其潔也요 不保其往也며⁺
인　결기이진　　　여기결야　　불보기왕야

⁺ 이 문장에 대해 《집주》에 문장 배열에 착오가 있는 듯하다고 설
명되어 있다. 성백효의 《현토완역 논어집주》(2005)에는 이렇게 다시
배열되어 있다. "子曰 人이 潔己以進이어든 與其潔也요 不保其往
也며 與其進也요 不與其退也니 唯何甚이리오." 《집주》의 제안을
따른 것이다. 필자가 확인해보니, 조선시대 《논어》 필사본 4종 중
에서 3종에 문장이 이렇게 교정되어 있다. 그러나 김용옥(2008)은
주자가 문장의 일부를 옮기라고 한 지적에 대해 "전혀 그럴 필요가
없다"고 설명했다. 《논어언해》(1612), 《한문대계》, 《논어주소論語注
疏》, 《사서장구집주四書章句集注》(1996)의 〈논어집주論語集注〉에도 원
래 원문과 같이 《논어집주대전》과 동일하다. 율곡의 《논어언해》도
이와 동일하나, 다만 "人潔至往也當在與其進也之前"이라고 《집주》
에 언급된 내용이 표시되어 있다. 이 문장은 두 군데에서 해석이
어렵다. 우선 "不與其退也"에 대해서 보면, 황간은 이 문장을 해석
할 때 "唯進是與唯退是抑"(오직 찾아오면 이를 받아들이고 물러가면 이를
붙잡을 뿐이다)이라는 것이 교화敎化의 도道라고 말을 꺼냈다. 정약용
은 '與' 자를 '許' 자라고 하면서 방문하는 사람을 맞이하는 법에 대
해 이렇게 설명했다. "來則迎之 去則止之"(찾아오면 맞이하고 간다고 하
면 잡는다). 그러면서 위의 문장을 "許其進 不許其退也"(그 찾아옴을 허
락하고 그 물러감을 허락하지 않는다)라고 해석했다. "不與其退也"를 "가
겠다는 사람에게 예의상 가지 말라고 붙잡는다"는 뜻으로도 이해

된다. 필자는 위 본문의 '進'과 '退'를 찾아오고 되돌아간다는 것보다는 추상적으로 진보하고 퇴보하는 것으로 해석했다. 다른 해석도 또한 참고가 된다. 성백효(2005)는 "與其進也 不與其退也"를 "그 찾아옴을 허여할 뿐이요 물러간 뒤에 잘못하는 것을 허여하는 것은 아니다"라고 해석했다. 박헌순(2008)은 이를 "그 나아옴을 허여하는 것이지 그 물러난 뒤를 허여하는 것이 아니다"라고 해석했다. 김도련(2008)은 "그 나아옴을 허여해준 것이지, 그 물러가서 不善한 짓을 하는 것까지 허여해준 것은 아닌데, 너무 심한 것이 아니냐"라고 해석했다. 다음으로 '不保其往也'에 대해 본다. 《집주》에 '往'의 의미에 대해 "前日"이라고 되어 있다. 《혹문》에는 "往日之事"라고 되어 있다. 《논어고금주》에는 "前日之惡行"이라고 되어 있다. 이를 참고하고, '保'자를 '보장한다'는 말 대신 같은 의미인 '책임진다'는 표현을 써서 위의 원문을 해석했다. 한편 이 구절을 "지나간 일을 개의치 말아야 하느니"라는 한 배병삼(20002)의 해석도 문맥이 자연스러워 참고할 만하다. 한편 회재 이언적(1491~1553)은 이 문장을 공자가 사람들에게 박절하게 대하지 않았던 사례로 인용했다. 이언적은 어질지 못한 사람을 심하게 미워하면 난을 일으킨다는 말(人而不仁疾之已甚亂)과 또한 위의 문장에서 "與其潔也 不保其往也 唯何甚"라는 부분을 인용하면서 이것은 성인(공자)이 사람을 너그럽게 대하는 태도를 보여주는 것이라고 해석했다(《회재선생집晦齋先生集》, 차箚, 을사추차자乙巳秋箚字). 박세당도 앞에서 나왔던 문장인데, 백이와 숙제는 "不念舊惡"(지난날의 잘못을 생각하지 않았다)는 말과 "與其進也"(그 찾아옴을 허락했다)를 함께 인용하면서 이것은 성현이 사람 대하기를 후하고 다른 사람이 선을 하도록 도운 뜻이라고 하면서 견해가 다르다고 해서 야박하고 편협하게 공격하는 세태를 우려했다(《서계집》, 서, '신감사에게 답하는 편지'). 맹자가 공자에 대해 "仲尼不爲已甚者"(공자는 남에게 심하게 하지 않았다)라고 했던 것을 생각해보면 공자의 사람에 대한 배려를 이해할 수 있겠다.

29
●

선생님이 말씀하셨다. "인仁이 멀리 있는가? 내가 인仁을 하려고 하면 이에 인仁이 이르는 것이다."

子曰仁遠乎哉아 我欲仁이면 斯仁이 至矣니라
자왈인원호재　아욕인　　사인　지의

30
●

진나라 사패가 질문했다. "소공은 예禮를 알았습니까?" 공자께서 말씀하셨다. "예를 아셨다."

陳司敗問昭公이 知禮乎잇가 孔子曰知禮시니라
진사패문소공　지례호　　공자왈지례

●

공자가 나가자 (진사패가) 무마기에게 인사하여 나오게 하고 이렇게 말했다. "내가 듣기에 군자는 편파적이지 않다고 하는데 군자도 역시 편파적이질 않는가? 임금이 오나라에 장가를 들었으니 둘 다 성姓이 같았다. 그런데 임금은 동성同姓임을 숨기기 위해 그 부인을 오맹자라고 불렀으니 이런 임금을 보고 예禮를 안다고 하면 누구를 보고 예를 알지 못한다고 하겠는가?"

孔子退커시늘 揖巫馬期而進之曰吾聞君子는 不黨이라호니
공자퇴   읍무마기이진지왈오문군자   부당

君子도 亦黨乎아 君이 取於吳하니 爲同姓이라
군자   역당호   군   취어오   위동성

謂之吳孟子라 하니 君而知禮면 孰不知禮리오
위지오맹자   군이지례   숙부지례

나쁜 짓도 서로 숨겨주면서 돕는 파벌을 당黨이라고 한다. 노나라와 오나라의 조상이 동일하게 주나라에서 나왔기 때문에 둘 다 성姓이 주나라 성姓인 희姬씨였다《집주》.

●

무마기가 공자한테 이런 말을 전했다. 선생님이 말씀하셨다. "나 구丘는 참 다행이다. 내게 진실로 허물이 있으면 사람들이 반드시 아는구나."

巫馬期以告한대 子曰丘也幸이로다 苟有過어든 人必知之온여
무마기이고   자왈구야행   구유과   인필지지

공자는 임금과 관련된 불미스러운 일이라 이야기할 수도 없었고 또한 임금이 예를 모른다고 혹평하기도 어려운 난처한 입장이라 예를 안

다고 말했는데, 이를 지적한 것이다((집주)).

31

●

선생님은 사람들과 함께 노래를 부를 때 잘하는 사람이 있으면 꼭 다시 부르게 하고 뒤에 화답했다.

子與人歌而善이어든 必使反之하시고 而後和之러시다
자여인가이선　　　 필사반지　　　 이후화지

32

●

선생님이 말씀하셨다. "나도 문장文章은 다른 사람보다 못하진 않다. 그러나 군자가 되기 위해 몸으로 수양을 함에 있어서는 난 아직 성취한 것이 없다."

子曰文莫吾猶人也아 躬行君子는 則吾未之有得호라
자왈문막오유인야　 궁행군자　 즉오미지유득

33

●

선생님이 말씀하셨다. "성聖과 인仁은 내가 어찌 감히 자처하랴마는

(성聖과 인仁을) 실천하기를 싫어하지 않고 사람을 가르치는 일에서 나태하지 않으려고 노력함에 있어서는 내가 그렇다고 말할 수 있을 것이다." 공서화가 말했다. "바로 그것입니다. 제자인 저희들이 선생님을 따라 배우기 어려운 것이 바로 그것입니다."

子曰若聖與仁은 則吾豈敢이리오 抑爲之不厭하며 誨人不倦은
사왈약성여인　　즉오기감　　　　억위지불염　　　회인불권

則可謂云爾已矣니라 公西華曰正唯弟子不能學也로소이다
즉가위운이이의　　　공서화왈정유제자불능학야

34

●

선생님이 심한 병에 걸렸다. 자로가 (귀신에게) 기도하자고 요청했다. 선생님이 말씀하셨다. "근거가 있느냐?" 자로가 대답했다. "있습니다. 뇌誄에 이런 말이 있습니다. '위에 있는 하늘의 신神과 아래에 있는 땅의 신에게 기도하라.' 선생님이 말씀하셨다. 그런 것이라면 나의 기도는 이미 오래되었다.

子疾病이어시늘 子路請禱한대 子曰有諸아 子路對曰有之하니
자질병　　　　자로청도　　　자왈유제　　자로대왈유지
　　　　　　　　　　　　　　　　　(저)

誄에 曰禱爾于上下神祇라 하도소이다✝ 子曰丘之禱久矣니라
뇌　왈도이우상하신기　　　　　　　자왈구지도구의

뇌誄는 죽은 사람을 애도하고 행적을 기록한 글이다(《집주》).

✢ ‘祇’ 자의 한자 자형에 대해 설명한다. ‘祇’ 자는 ‘땅 귀신 기’ 자다. 이와 자형이 흡사한 ‘祗’ 자는 ‘공경할 지’ 자다. 《국한문신옥편》(1908)과 《자전석요》(1909)에는 ‘祇’ 자에 대해 “귀신 기, 공경 지”라고 그 뜻과 음이 표시되어 있다. 초급 한자 교재인 《천자문》을 보면, 《주해註解 천자문千字文》에도 ‘祇’ 자에 대해 “공경 지, 귀신 기”라고 되어 있다. 《석봉 천자문》에는 ‘祇’ 자에 대해 다만 “공경 지”라고 되어 있다. 위의 문장에서는 문맥으로 보아 “귀신 기”자인 ‘祇’ 자가 한자 자형에도 맞을 것으로 여겨진다. 1427년 발문 《논어집주대전》에 ‘祇’ 로 되어 있다. 그런데 정유자본 《논어집주대전》과 사고전서 《논어집주대전》에는 그 한자 자형이 ‘祗’ 자로 되어 있다. 황간의 《논어의소》에 “地曰祇也”(땅 귀신을 祇 라고 한다)라는 설명이 있고 ‘祇’ 자를 쓰고 있다. 형병의 《논의주소》에도 ‘祇’ 자로 되어 있다. 《논어언해》(1590년, 1612년, 율곡언해)에는 ‘祇’ 자로 되어 있고 한자음은 ‘기’ 라고 되어 있다. 조선시대 《논어》 필사본의 4개 사례를 보았더니, 모두 ‘祇’ 로 기록되어 있다. 1900년대 이후에 현토와 언해를 포함하여 현대적인 책으로 간행한 《논어집주》 일부 판본(1952, 1973)에 ‘祇’ 로 되어 있다. 《한문대계》에는 ‘祇’ 로 되어 있다. 이 책에서는 귀신, 토지 신이라는 의미로 ‘祇’ 자를 쓰고 한자음을 ‘기’ 로 표시했다.

35

선생님이 말씀하셨다. "사치하다보면 온순하지 않게 되고 검소하게 살다보면 고루해진다. 온순하지 않은 것보다는 차라리 고루한 것이 낫다."

子曰奢則不孫하고 儉則固니 與其不孫也론 寧固니라
자왈사즉불손　　검즉고　여기불손야　녕고

36

선생님이 말씀하셨다. "군자는 마음이 넓고 관대하지만 소인은 늘 수심에 차 있다."

子曰君子는 坦蕩蕩이요 小人은 長戚戚이니라
자왈군자　탄탕탕　　소인　장척척

37

선생님은 따뜻하면서 엄격했으며 위엄이 있어도 사납지 않았으며 공손하지만 편안했다.

子는 溫而厲하시며 威而不猛하시며 恭而安이러시다
자　온이려　　위이불맹　　공이안

泰伯

자왈학이시습지면 불역열호아 유붕이자원방래면 불역락호아 인부지이불온이면 불역군자호아 유자왈기위인야효제요 이호범상자선의녀 불호범상이요 이호작란자미지유야녀라 군자는 무본이녀 본립이도생하녀 효제야자는 기위인지본여인저 자왈교언영색이 선의인이녀라 증자왈오일삼성오신하노녀 위인모이불충호아 여붕우교이불신호아 전불습호애녀라 자왈도천승지국호대 경사이신하며 절용이애인하며 사민이시녀라 자왈제자입즉효하고 출즉제하며 근이신하며 범애중호대 이친인이녀 행유여력이어든 즉이학문이녀라 자하왈현현호대 역색하며 사부모호대 능갈기력하며 사군호대 능치기신하며 여붕우교호대 언이유신이면 수왈미학이라도 오필위지학의녀라 자왈군자부중즉불위녀 학즉불고녀라 주충신하며 무불여기자요 과즉물탄개녀라 증자왈신종추원이면 민덕이 귀후의녀라 자금이 문어자공왈부자지어시방야하사 필문기정하시녀니 구지여아 억여지여아 자공이 왈부자는 온량공검양이득지시녀 부자지구지야는 기제이호인지구지여인저 자왈부재에 관기지하고 부몰에 관기행이녀 삼년을 무개어부지도라야 가위효의녀라 유자왈예지용이 화위귀하녀 선왕지도사위미라 소대유지녀라 유소불행하녀 지화이화요 불이예절지면 역불가행야녀라 유자왈신근어의면 언가복야며 공근어례면 원치욕야며 인불실기친이면 역가종야녀라 자왈군자식무구포하며 거무구안하며 민어사이신어언이요 취유도이정언이면 가위호학야이녀라 자공이 왈빈이무첨하며 부이무교하대 하여하리잇고 자왈가야나 미약빈이락하며 부이호례자야녀라 자공이 왈시운여절여차하며 여탁여마라 하니 기사지위여인저 자왈사야는 시가여언시이의로다 고제왕이지래자온여 자왈불환인지불기지요 환부지인야녀라 자왈도천승지국에 자왈위정이덕이 비여북신이 거기소어든 이중성이 공지녀라 자왈시삼백에 일언이폐지하녀 왈사무사녀라 자왈도지이정하고 제지이형이면 민면이무치녀라 도지이덕하고 제지이례면 유치차격이녀라 자왈오십유오이지우학하고 삼십이립하고 사십이불혹하고 오십이지천명하고 육십이이순하고 칠십이종심소욕하여 불유구호라 맹의자문효한대 자왈무위녀라 번지어러 자고자왈맹손이 문효어아어늘 아대왈무위라호라 번지왈하위야잇고 자왈생사지이례하며 사장지이례하며 제지이례녀라 맹무백이 문효한대 자왈부모는 유기질지우시녀라 자유문효한대 자왈금지효자는 시위능양이녀 지어견마하여도 개능유양이녀 불경이면 하이별호리오 자하문효한대 자왈색난이녀 유사이든 제자

태백
泰伯

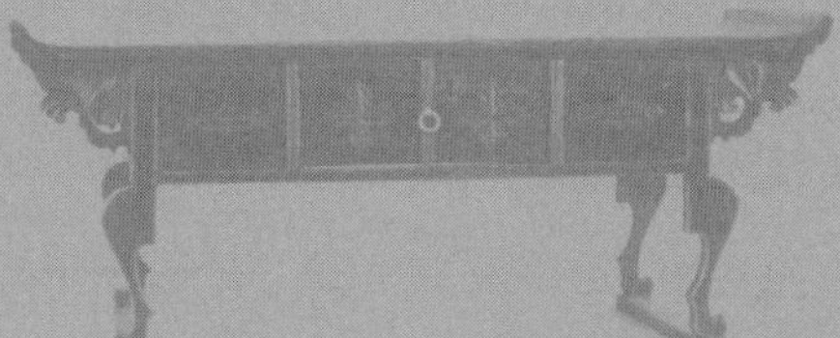

1

선생님이 말씀하셨다. "태백은 지극한 덕의 소유자라고 말할 수 있다. 세 번이나 천하를 다스리는 자리를 사양했건만 백성이 그런 일을 알지 못해 칭송할 수 없었다."

子曰泰伯은 其可謂至德也已矣로다
자왈태백　기가위지덕야이의

三以天下讓호대 民無得而稱焉이온여
삼이천하양　　민무득이칭언

공자는 주나라 시대에 제후국인 노나라에서 출생했다. 그래서 《논어》에는 주나라와 노나라에 관한 인물 이야기가 많이 나온다. 주나라 태왕(고공단보)에겐 태백이라는 아들이 있었다. 그다음이 중옹, 계력이었다. 태왕은 계력을 후계자로 마음에 두었고 계력의 아들 창昌으로 자리가 이어지기를 원했다. 이를 눈치 챈 태백은 중옹과 함께 남만지방으로 떠났다. 이에 계력이 자리를 계승했고 창으로 이어졌다. 창이 그 유명한 문왕文王이다. 문왕의 아들 무왕武王이 은나라를 쳐서 천하를 차지했다(《집주》).

2

선생님이 말씀하셨다. "공손해도 예禮가 없으면 수고롭기만 하고, 신중해도 예禮가 없으면 두려워하는 모습이 되고, 용맹해도 예禮가 없으

면 난을 일으키고, 정직해도 예禮가 없으면 숨이 막힐 정도로 빡빡하게
된다."

子曰恭而無禮則勞하고 慎而無禮則蔥하고
자왈공이무례즉로　　　신이무례즉시

勇而無禮則亂하고 直而無禮則絞니라
용이무례즉란　　　직이무례즉교

●

"군자가 부모에게 잘하면 백성이 인仁에 흥기興起하고 옛 동료와 알고
지내던 사람에 대한 도리를 저버리지 않으면 백성이 각박해지지 않는
다."

君子篤於親則民興於仁하고✚ 故舊를 不遺則民不偸니라
군자독어친즉민흥어인　　　고구　불유즉민불투

✚ "군자독어친君子篤於親"에 대해 생각해본다. 여기서 군자는 군주
를 말한다. 그러면 '親'은 누구인가? 성백효(2005)는 "친척", 김도련
(2008)은 "친족"이라고 해석했다. 박헌순(2008)은 '篤於親'을 "어버
이에게 독실하게 하면"이라고 해석했다. 원문이 '篤於親戚'(친척에
게 잘한다)이라고 되어 있으면 문제는 간단한데, '親'자만 있어서 이
렇게 해석이 갈라진다. 소주小註에 신안 진씨가 말한 내용 중에 "親
親仁也"(親親은 仁이다)라고 한 설명이 있다. '親親'은 먼저 자기 부
모에게 잘하는 것이다. 또한 형제와 친척을 친애하는 것이다. 고주

를 보면, 포함은 "君能厚於親屬"(군주가 능히 친척에게 후하게 하면)이라고 해석했다. 황간도 인군人君이 친척으로부터 덕을 두텁게 하면 백성이 감화되어 인의仁愍의 마음이 일어난다고 설명되어 있다. 한편, 주자의 《정의精義》에는 인仁으로 향하는 사랑은 반드시 부모를 사랑하는 것으로부터 시작한다("立愛必自親始")고 하면서 인군人君이 부모에게 잘하면 백성의 마음이 후덕해지고 종족에게 잘하면 백성의 인仁에 대한 마음이 일어난다고 하는 범씨의 설명이 있다. 이렇게 '親' 자는 부모와 형제, 친척을 의미하는 것이나, 부모를 우선으로 하는 것으로 해석했다.

3
●

曾자가 병에 걸리자 문하의 제자들을 불러 모았다. "(이불을 걷어내고) 내 다리와 팔을 보아라. (어디 한 군데라도 흉터가 있느냐? 내가 몸을 이렇게 보존할 수 있었던 것은 항상 조심했기 때문이다.) 《시경》에도 '두려워하고 경계하기를 깊은 연못가에 있는 것처럼 하고, 얇은 어름 위를 걷는 것처럼 하라' 는 말이 있지 않느냐. 나는 이제 (명이 다했기 때문에 앞으로는 몸에 상처를 내는 죄를 짓지 않으려고 하는) 걱정은 하지 않아도 되는 때가 되었음을 알겠다. 제자들아!"

曾子·有疾하사 김門弟子曰啓子·足하며 啓子·手하라
증자유질　　소문제자왈계여족　　계여수

詩云戰戰兢兢하여 如臨深淵하며 如履薄氷이라 하니
시운전전긍긍　　여림심연　　여리박빙

而今而後에야 吾知免夫와라 小子아
이금이후　　오지면부　　소자

　　증자는 부모로부터 물려받은 몸을 온전하게 보존하는 것이 효도라고
생각했다. 그는 평생 몸을 소중하게 지켰다. 증자의 이런 가치관에 대
해 신체를 어떤 경우에도 훼손하지 말라는 뜻으로 좁게 해석하기보다
는 넓게 보는 것이 좋겠다. 《홍재전서》에 이 문제에 대해 논한 것이 있
다. 《집주》에 "부모가 온전하게 낳아주셨으니 자식은 온전하게 돌아간
다"고 한 문장이 있는데, 이 문장에서 보전하는 '전全' 자의 대상은 '신
체' 뿐만 아니라 '마음(명예)'도 겸하는 것으로 보아야 한다는 설명이다
("全字當兼身心看"). 그러면서 중대한 상황에 처해서는 마음(명예)을 잘 보
전하는 것이 몸보다 우선이라고 한 것이 있다. 옳은 일을 하다가 몸을
다치기도 하는 일이 있기 때문이다. 또한 마음과 정신이 신체의 보존보
다 우선하는 일도 있는 것이다.

4

●

증자가 병에 걸렸다. 맹경자가 문병하러 왔다.

　　曾子有疾이어시늘 孟敬子問之러니
　　증자유질　　　　맹경자문지

●

증자가 말했다. "새가 장차 죽으려고 할 때 그 울음이 슬프고, 사람이

장차 죽으려고 할 때 그 말이 선하다."

曾子言曰鳥之將死에 其鳴也哀하고 人之將死에 其言也善이니라
증자언왈조지장사　기명야애　　　인지장사　기언야선

●

"군자가 (자기 몸을 다스리는) 도道에 있어서 중요하게 생각하는 것이 세
가지가 있다. 용모와 행동거지에 있어서 사납고 게으른 느낌을 주지 않
도록 하며, 안색을 바르게 함에 있어서 최대한 진실하게 하며, 말을 함
에 있어서 억양과 용어가 저속하거나 도리에 어긋나지 않도록 하는 것
이다. 이렇게 하면서 제사를 지낼 때 하는 소소한 일은 유사有司라는 실
무 직원이 맡아서 하게 한다."

君子所貴乎道者三이니 動容貌에 斯遠暴慢矣며
군자소귀호도자삼　　　동용모　사원포만의

正顔色에 斯近信矣며 出辭氣에 斯遠鄙倍矣니[+]
정안색　사근신의　출사기　사원비패의

籩豆之事則有司存이니라
변두지사즉유사존

사辭는 단어다. 기氣는 단어를 발음하는 기운이다. 군자는 모든 것을
잘해야 하지만 그중에서 절제된 행동, 진실한 표정, 적절한 용어 사용
과 정확한 발음은 인격의 수준을 그대로 보여주는 것이기 때문에 신경
을 써야 한다는 말이다. 정치가의 기본을 말한 것이다.

✝ '倍'는 음이 '배'인데 어긋난다는 뜻으로 《집주》에 그 음이 패라고 한자로 표시되어 있다["倍背竝音佩"('倍' 자와 '背' 자는 모두 음이 '佩' 자와 같다)]. 한국고전번역원 〈멀티미디어 자료 논어성독〉(2009)에도 '패'로 되어 있다. 단대 《한한대사전》(2008)에 '배'와 '패'로 읽는 것이 병기되어 있다.

5
●

증자가 말했다. "능숙하면서 능숙하지 못한 사람에게 물어보며, 많으면서 적은 사람에게 물어보며, 갖고 있으면서 없는 것처럼 하고, 내실이 있으면서 빈 것처럼 하며, 남이 덤벼들어 건드려도 따지지 않았던 나의 옛 친구가 있었다. 그 친구는 오래전부터 이렇게 해왔다."

曾子曰以能으로 問於不能하며 以多로 問於寡하며
증자왈이능   문어불능   이다   문어과

有若無하며 實若虛하며 犯而不校를 昔者吾友嘗從事於斯矣러니라
유약무   실약허   범이불교   석자오우상종사어사의

증자가 말한 그 친구는 안연顔淵이라고 한다(마융).

6
●

증자가 말했다. "신장이 6척인 어린 임금을 위한 후견인 역할을 부탁

할 만하며, 백 리 정도가 되는 나라의 정무를 맡길 만하고, 큰 절개가 있어 (생명의 위협과 물질적인 유혹으로도 그것을) 빼앗을 수 없다면 이런 사람은 군자인가? 군자라고 할 수 있다.”

曾子曰可以託六尺之孤하며 可以寄百里之命이요
증자왈가이탁육척지고   가이기백리지명

臨大節而不可奪也면 君子人與아 君子人也니라
임대절이불가탈야   군자인여   군자인야

7

증자가 말했다. 선비는 뜻과 의지가 넓고 굳세지 않을 수 없다. 임무가 막중하고 추구하는 도道가 아득히 멀기 때문이다.

曾子曰士不可以不弘毅니
증자왈사불가이불홍의

任重而道遠이니라
임중이도원

도산서원 홍의재弘毅齋

“인仁의 실천을 자신의 임무로 삼았으니 어찌 막중하지 않은가! 죽은 뒤에야 그치는 임무니 어찌 아득하지 않은가!”

仁以爲己任이니 不亦重乎아 死而後已니 不亦遠乎아
인이위기임　　불역중호　　사이후이　　불역원호

8

•

선생님이 말씀하셨다. "시에서 (착한 마음을) 흥기興起시키고"

子曰興於詩하며
자왈흥어시

•

"예禮에서 (마음과 몸이 바로) 서며"

김홍도, 〈송석원시사야연도松石園詩社夜宴圖〉, 개인소장

立於禮하며
립어례

•

“音악에서 (인격을) 완성한다.”

成於樂이니라
성어악

9

•

선생님이 말씀하셨다. “백성에게 이치를 따르게 할 순 있어도 이치를
알게 할 순 없다.”

子曰民은 可使由之요 不可使知之니라
자왈민　가사유지　불가사지지

10

•

선생님이 말씀하셨다. “용맹을 좋아하면서 가난을 싫어하면 난을 일
으키고, 사람이 어질지 못함을 너무 심하게 미워하는 것이 또한 난을
일으키게 만든다.”

子曰好勇疾貧이 亂也요 人而不仁을 疾之已甚이 亂也니라
자왈호용질빈　난야　인이불인　질지이심　난야

　분수에 만족하지 못할 때, 궁지에 몰려 선택의 여지가 없을 때 난을
일으킨다는 말이다. 어질지 못한 사람이라도 너무 심하게 미워하면 난
을 일으킨다는 말은 공자가 다른 사람에게 심하게 하지 않았음을 말해
주는 문장으로 인용된다.

11

●

선생님이 말씀하셨다. "주공의 재주와 같은 장점을 가졌더라도 교만
하고 인색하면 그 나머진 족히 볼 것이 없다."

子曰如有周公之才之美오도 使驕且吝이면 其餘는 不足觀也已니라
자왈여유주공지재지미　　사교차린　　기여　부족관야이

12

●

선생님이 말씀하셨다. "3년을 공부하고도 녹봉에 뜻을 두지 않는 사
람을 쉽게 얻을 수 없을 것이다."

子曰三年學에 不至於穀을 不易得也니라
자왈삼년학　부지어곡　불이득야

위기지학爲己之學을 하면 차츰 실력이 쌓여서 나중에 저절로 벼슬할 수 있다. 그럼에도 조급하게 벼슬 그 자체를 목적으로 공부하는 사람이 많았음을 한탄한 것이다. 그렇다고 해서 벼슬하는 것을 나쁘게 본 것은 아니다. 단지 조급함을 탓한 것이다.

13

●

선생님이 말씀하셨다. "독실하게 믿으면서 배움을 좋아하며, 도道를 죽음으로써 지키면서 제대로 실천해야 한다."

子曰篤信好學하며 守死善道니라
자왈독신호학　　　수사선도

"선도善道"가 무슨 뜻인지 막연한 점이 있다. "도를 잘한다", "도를 선하게 한다", "좋은 도"라고 해석할 수 있다. 《집주》에는 "독신호학"에서는 신념과 학문, "수사선도"에서는 의지와 실행에 대해 설명되어 있다. 신념만 있고 학문으로 기른 판단력이 없으면 잘못된 길로 빠질 수 있고, 죽기를 각오하고 지킨다고 해도 그 도의 방향을 바르게 잡지 못하면 결과적으로 헛된 죽음이 될 수 있는 말이다. 신념이 분명해야 죽음도 두려워하지 않을 수 있고, 학문을 해야 도를 제대로 실천하는 방법을 알 수 있다는 말이다. 《논어》에 '죽음'이라는 단어가 몇 번 나온다. 이인편(제4편)에 "아침에 도를 들으면 저녁에 죽어도 좋다"는 말이 있다. 또 위의 문장에 "수사선도"라는 말도 그렇다. 죽기를 각오하고 지킬 것이 무엇인지, 죽음과 바꿀 수 있는 것이 무엇인지, 죽을 때까지 해야 하는 것이 무엇인지 생각해본다.

•

"국정이 불안하고 위태로운 나라에는 들어가지 않고, 어지러운 나라에는 살지 않으며, 천하에 도道가 있으면 벼슬하고 도道가 없으면 재야에 숨는다."

危邦不入하고 亂邦不居하며 天下有道則見하고 無道則隱이니라
위방불입　　　난방불거　　　천하유도즉현　　　무도즉은

공자가 살았던 그 시대에는 나라를 고를 수 있었다. 백성의 입장에선 좋은 정치가 행해진다는 소문이 들리면 짐을 꾸려서 그 나라로 옮겨간다는 말이 《맹자》에 나온다. "위방불입"이라는 말은 이런 의미다. 《집주》에는 이런 상황에 대한 지식인의 처신이 설명되어 있다. 위태로운 나라 밖에 살고 있는 지식인은 구태여 그런 나라에 들어갈 필요가 없다고 한다. 그러나 일단 그런 나라에 이미 살고 있는 지식인은 아무리 정국이 위태롭다고 하더라고 떠날 수 없다는 뜻이다. 공자는 나라가 위태로운 상황에 처했을 때는 목숨을 바치는 것이 지식인의 의리라고 생각했다. 그 의리라는 것은 현대적인 용어로 번역하면 의무와 같은 것이다. 또한 "난방불거"에 대해 《집주》에는 "난방"이란 "위태로운 곳은 아니지만 형정과 기강이 문란한 곳"이기 때문에 이런 곳을 떠난다고 설명되어 있다. 그러면 "위방"과 "난방"을 어떻게 구분할 수 있는가? 그것은 위에서 설명했던 "독신호학, 수사선도"라고 할 수 있다. 위태로운 나라에 들어가지 않으며 어지러운 나라를 떠나는 그 판단력, 위태로운 나라에서 사는 지식인으로서 위험한 현실의

정치를 외면하지 않는 정치적 의무감과 용기, 이런 것을 말한 것이다.

●

"나라에 도道가 있을 때 가난하고 또 미천함이 부끄러운 일이다. 나라에 도道가 없을 때 부유하고 또 높은 자리에 오르는 것이 부끄러운 일이다."

邦有道에 貧且賤焉이 恥也며 邦無道에 富且貴焉이 恥也니라
방유도　빈차천언　치야　방무도　부차귀언　치야

14

●

선생님이 말씀하셨다. "그 직책을 맡고 있지 않으면 그에 관한 정무를 도모하지 않는다."

子曰不在其位하야 不謀其政이니라
자왈부재기위　　불모기정

공안국은 각자 맡은 직분에 충실한다는 뜻으로 해석했다.

15

●

선생님이 말씀하셨다. "악사 지摯가 관직을 맡은 초기에 《시경》 첫 편인)

관저의 마지막 악장을 연주했는데 그 소리가 귀에 가득하구나."

子曰師摯之始에 關雎之亂이 洋洋乎盈耳哉라
자왈사지지시   관저지란   양양호영이재

16
●

선생님이 말씀하셨다. "진취적이고 포부가 거창한데 정직하지 않고, 무식한데 조심성도 없으며, 무능한데 신뢰성도 없는 사람에 대해선 난 어찌해야 할지 모르겠다."

子曰狂而不直하며 侗而不愿하며 悾悾而不信을 吾不知之矣로라
자왈광이부직   통이불원   공공이불신   오부지지의

17
●

선생님이 말씀하셨다. "공부를 할 때는 수준에 미치지 못할 것같이 하고, 이미 배운 것에 대해서는 오히려 잃어버리지 않을까봐 걱정하는 마음으로 해야 한다."

子曰學如不及이요 猶恐失之니라
자왈학여불급   유공실지

18

●

선생님이 말씀하셨다. "높고 위대하다. 순임금과 우임금이여! 천하를 다스렸으나 권력을 즐기지 않으셨으니."

子曰巍巍乎舜禹之有天下也而不與焉이여
자왈외외호순우지유천하야이불여언

19

●

선생님이 말씀하셨다. "위대하다, 요의 임금 노릇함이여! 높고 높은 하늘만이 위대한데, 오직 요堯가 그것을 본받았으니, 넓고 아득하여 백성들이 말로 형용하질 못하는구나."

子曰大哉라 堯之爲君也여 巍巍乎唯天이 爲大어시늘
자왈대재   요지위군야   외외호유천   위대

唯堯則之하시니‡蕩蕩乎民無能名焉이로다
유요칙지   탕탕호민무능명언
    (측)

●

"높고 높은 그 사업의 성공이여! 찬란한 그 문장이여!"

巍巍乎其有成功也여 煥乎其有文章이여
외외호기유성공야　환호기유문장

✝ 주자는 '則' 자를 '표준[準]'이라고 해석했다. 이를 '法'으로 해석
하기도 한다. '則' 자의 한자음은 《논어언해》(1590), 《논어언해》
(1612), 율곡의 《논어언해》, 한국고전번역원 〈논어성독〉(2009)에 '측'
으로 되어 있다. 임동석(2006)은 '則之'를 "측則은 동사動詞로 '법 받
다'의 뜻"이라고 했다. 성백효의 《현토완역 논어집주》(2005)에 '칙'
이라고 되어 있다.

20

•

"**순**임금이 신하 5명을 두었더니 천하가 다스려졌다." ✝

舜이 有臣五人而天下治하니라
순　유신오인이천하치

•

무왕이 말했다. "나에겐 다스림을 도운 신하 10명이 있었다." ✝✝

武王이 曰予有亂臣十人호라
무왕　왈여유란신십인

공자께서 말씀하셨다. "인재 구하기가 어렵다는데, 그렇지 않은가? 요와 순이 천하 다스리는 임무를 교체하던 그 시대만이 이때보다 인재가 많았다. 그런데 무왕의 신하 10명 중에 부인도 끼어 있었으니 실제로는 아홉 사람뿐이다."

孔子曰才難이 不其然乎아 唐虞之際於斯爲盛하나
공자왈재난　불기연호　당우지제어사위성

有婦人焉이라 九人而已니라
유부인언　　구인이이

"(문왕은 덕이 있어서 천하의 백성이 자발적으로 귀의하여) 천하의 3분의 2를 가지게 되었는데 (천자국인 은나라를) 여전히 섬겼다. 주나라(문왕)의 덕은 지극하다고 말할 수 있다."

三分天下에 有其二하사 以服事殷하시니
삼분천하　유기이　　이복사은

周之德은 其可謂至德也已矣로다
주지덕　기가위지덕야이의

문왕은 이렇게 했지만 그의 아들 무왕이 은나라 주紂를 정벌했다.

✝ 그 다섯 사람은 우禹, 직稷, 설契, 고요皐陶, 백익伯益이라고 한다 《집주》).

** 마융은 주공단周公旦, 소공석召公奭, 태공망太公望, 필공畢公, 영공
榮公, 태전太顚, 굉요閎夭, 산의생散宜生, 남궁괄南宮适까지 9명과 나
머지 한 명은 문모文母(문왕의 비 태사, 무왕의 어머니)라고 했다. 《집주》
에는 유시독의 견해가 추가로 인용되어 있다. 유시독은 "아들이 어
머니를 신하로 하는 의리는 없다"고 하면서 무왕의 어머니 대신 무
왕의 비인 읍강邑姜일 것이라고 했다. 10명에 포함된 '태공망'은
강태공이다. 나이가 많았지만 전투에 임해서는 "매처럼 날았다"는
말을 들을 정도로 날렵했다고 한다. 무왕을 도운 신하 중에서 특히
주공과 강태공이 유명하다. 이런 공로가 있어서 주공은 노나라, 강
태공은 제나라의 시조가 되었다. 《서경》에도 이 문장이 나온다. 다
만 "동심동덕同心同德"이라는 말이 추가되어 있다. 마음과 뜻을 같
이했던 신하들이라는 말이다.

21

•

선생님이 말씀하셨다. "나는 우임금에 대해서는 흠을 잡을 수 없다.
평소에는 거친 음식을 먹었지만 제사만큼은 풍성하고 깨끗하게 지냈
다. 평소에는 남루한 의복을 입었지만 제사 지낼 때 쓰는 모자와 옷만
큼은 화려하게 했다. 궁실은 낮게 했지만 백성이 농사를 짓는 데 필요
한 수로를 고치는 데 전력했다. 우임금에 대해 나는 결코 흠잡을 수
없다."

子曰禹는 吾無間然矣로다 菲飮食而致孝乎鬼神하시며
자왈우　오무간연의　　비음식이치효호귀신

惡衣服而致美乎黻冕하시며 卑宮室而盡力乎溝洫하시니
악의복이치미호불면　　　　비궁실이진력호구혁

禹는 吾無間然矣로다
우　오무간연의

자왈학이시습지면 불역열호아 유붕이자원방래면 불역락호아인 부지이불온이면

불역군자호아 유자왈기위인야효제요 이호범상자선의니 불호범상이요 이호작란

자미지유야니라 군자는무본이니 본립이도생하나니 효제야자는기위인지본

인저라 ...색이...의인이니라 증자왈오일삼성오신하노니 위인모이불충호

아 여붕우교이불신호아 전불습호애니라 자왈도천승지국호대 경사이신하며 절

용이애인하며 사민이시니라 자왈제자입즉효하고 출즉제하며 근이신하며 범

애중호대 이친인이니 행유여력이어든 즉이학문이니라 자하왈현현호대 역색하며

사부모호대 능갈기력하며 사군호대 능치기신하며 여붕우교호대 언이유신이면

수왈미학이라도 오필위지학의라호리라 자왈군자부중즉불위니 학즉불고니라

주충신하며 무우불여기자요 과즉물탄개니라 증자왈신종추원이면 민덕이귀후의

라 자금이문어자공왈 부자지어시방야하사 필문기정하시나니 구지여아 억여지

여아 자공이왈부자는 온량공검양이득지시니 부자지구지야는 기제(저)이호인

구지여인저 자왈부재에 관기지요 부몰에 관기행이나 삼년을 무개어부지도라야

가위효의니라 유자왈예지용이 화위귀하니 선왕지도사위미라 소대유지니라

유소불행하니 지화이화요 불이례절지면 역불가행야니라 유자왈신근어의면 언

가복야며 공근어례면 원치욕야며 인불실기친이면 역가종야니라 자왈군자식무

구포하며 거무구안하며 민어사이신어언이요 취유도이정언이면 가위호학야이

라 자공이왈빈이무첨하며 부이무교호대 하여하리잇고 자왈가야나 미약빈이

하며 부이호례자야니라 자공이왈시운여절여차하며 여탁여마라하니 기사지

위인저 자왈사야는 시가여언시이의로다 고제(저)왕이지래자온여 자왈불환인

지기지요 환부지인야니라 자왈위정이덕이 비여북신이 거기소어든 이중성이

공지니라 자왈시삼백에 일언이폐지하니 왈사무사니라 자왈도지이정하고 제지

형이면 민면이무치니라 도지이덕하고 제지이례면 유치차격이니라 자왈오십

오이지우학하고 삼십이립하고 사십이불혹하고 오십이지천명하고 육십이이순

고 칠십이종심소욕하여 불유구호라 맹의자문효한대 자왈무위니라 번지어

자고 자왈맹손이 문효어아이늘 아대왈무위라호라 번지왈하위야잇고 자왈생사

이례하며 사장지이례하며 제지이례니라 맹무백이 문효한대 자왈부모는 유기

지우시니라 자유문효한대 자왈금지효자는 시위능양이니 지어견마하여도 개

유양이니 불경이면 하이별호리오 자하문효한대 자왈색난이니 유사이든 제자

자한 子罕

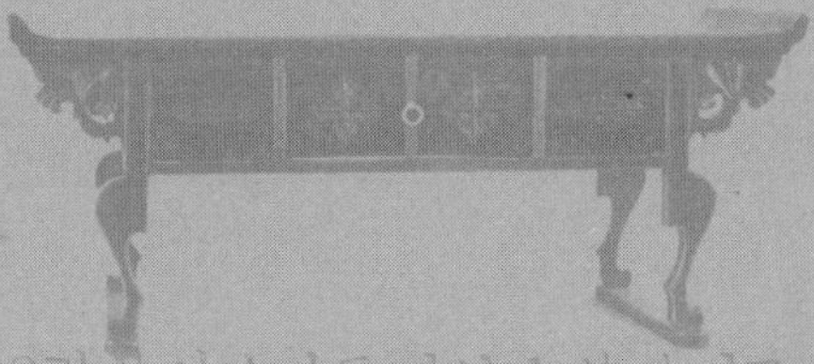

1

●

선생님이 이익利益과 하늘의 명命과 인仁에 대해서 말씀하시는 일은 드물었다.

子는 罕言利與命與仁이러시다
자　한언리여명여인

이익을 따지면 의義를 생각하는 정신이 약해지고, 천명의 이치는 오묘해서 알기가 어려우며, 인仁은 거대한 개념이라서 공자는 이 3가지에 대해서는 드물게 언급했다고 한다《집주》).

2

●

달항 마을 사람이 말했다. "위대하다, 공자여! 박학하지만 (한 가지 기술로) 이름을 날린 바는 없구나."

達巷黨人이 曰大哉라 孔子여 博學而無所成名이로다
달항당인　왈대재　공자　박학이무소성명

●

선생님이 이 말을 듣고 제자들에게 말씀하셨다. "내가 어떤 직종을 전문으로 하는 것이 좋을까? 말을 모는 일을 전문으로 할까? 활쏘기를 전문으로 할까? 나는 말을 모는 일을 전문으로 해야겠다."

子聞之하시고 謂門弟子曰吾何執고 執御乎아
자문지　　　위문제자왈오하집　집어호

執射乎아 吾執御矣로리라
집사호　오집어의

당시에는 활쏘기보다 말몰이가 더 쉽고 천한 일이었다고 한다(《집주》).

3
●

선생님이 말씀하셨다. "삼으로 만든 면류관을 쓰는 것이 예법에 맞는데 이제 생사生絲로 만들어 사용하니 검소하구나. 그렇다면 나도 많은 사람들이 하는 방식을 따르겠다."

子曰麻冕이 禮也어늘 今也純하니✝ 儉이라 吾從衆호리라
자왈마면　예야　금야순　검　오종중

●

"**당**堂 아래서 절하는 것이 예법에 맞는데 이제 당堂 위에서 절하니 교만해 보인다. 설령 다수가 하는 것과 어긋나더라도 나는 예법에 따라 당堂 아래에서 절하는 방식을 따르겠다."✝✝

拜下禮也어늘 今拜乎上하니 泰也라 雖違衆이나 吾從下호리라
배하례야　금배호상　태야　수위중　오종하

✢ 이 문장에서 '純' 자의 한자음은 ① 순 ② 준 ③ 치, 3가지가 있다. 우선 ① '순'으로 읽는 사례를 본다. 공안국이 "純絲也"라고 했다. '純'은 생사라는 뜻이다. 주자의 설명도 이와 동일하다. 조선시대 《논어언해》 6종(1590년, 1612년, 내각장판, 영영장판, 영영중간, 하경룡장판)과 율곡의 《논어언해》에 '순'으로 되어 있다. 《논어언해》에서는 이렇게 통일적으로 '순'으로 읽고 있다. 현대에 와서도 《언해논어》(1932), 한국고전번역원 〈논어성독〉(2009)에서도 '순'으로 읽고 있다. 근래의 《논어》 역주서를 보면, 이기동(1992), 김형찬(1999), 이우재(2000), 김학주(1999), 이강재(2006), 성대 유교문화연구소(2008) 등에서 '순'으로 표시되어 있다. ② '준'으로 읽는 사례인데, 성백효(2005), 박헌순(2008)에 '준'이라고 표시되어 있다. '준'으로 읽는 이유에 대해서는 두 분의 책에 언급되어 있지 않다. 아래의 설명은 다만 필자의 생각이다. 옥편과 한자사전을 보면, 《화동정음통석운고》(1747)에 '純' 자에 대해서는 "粹也"(순전하다는 뜻이다)라는 의미 설명이 있고 그 한자음이 "슌"이라고 되어 있다. 《전운옥편》(1796)에는 실[絲]이라는 의미일 때 "슌"이라고 되어 옷 깃[衣緣]이란 뜻일 때 "쥰"이라고 되어 있다. 《국한문신옥편》(1908)에는 '純' 자의 한자음이 "순, 준, 돈" 3가지로 설명되어 있다. "순"은 순수하다는 뜻과 실[絲]일 때, "준"은 옷깃과 관을 장식하는 뜻일 때, "돈"은 싸서 묶는다는 뜻이다. 《자전석요》(1909)에도 이와 동일한 3가지 한자음이 있다. 《신자전》(1915)에는 실[絲]이란 뜻일 때 "순"이라고 되어 있고 《논어》의 바로 이 문장이 인용되어 있다. 《사서집해사전》(2003)에도 위의 사전과 그 한자음과 인용 문장이 동일하다. 조선시대 한자음 용례를 정리한 사전인 남광우의 《고금한한자전古今漢韓字典》(1995)에도 한자음이 '순'으로 되어 있고 이 문장이 인용되어 있다. 다만

'선두를[衣緣] 준'이라는 음과 '冠衣不純素(관과 의복은 흰색을 입지 않는다)'라는 문장에서 '純'자를 '준'으로 읽는 사례로 인용되어 있다. 《소학》에 "父母存冠衣不純素"(부모가 살아 계시면 관과 의복은 흰색을 입지 않는다)라는 문장이 있는데, 후재 김간金幹(1646~1732)도 이 문장에 대한 설명에서 "純朱閏切"(純은 '주'와 '윤'의 반절이다)이라고 했다. 한자음은 '준'이라는 뜻이다(《후재집厚齋集》 권19, 차기箚記, 소학小學 경신敬身). '純'자의 반절을 이렇게 표시하는 것이 중국 음운서인 《집운集韻》에도 있는데, 이것에는 "朱倫切"('주'와 '윤'의 반절이다)이라고 되어 있다. 마찬가지로 한자음이 '준'이라는 뜻이다. 정약용은 《소학》의 이 문장에 대한 설명에서 "昔有拘儒 欲讀純如字 非也"(예전에 융통성 없는 선비들이 '純'자를 글자 그대로 '순'으로 읽으려 했으나 이것은 잘못이다)라고 했다. 《집운集韻》을 보면, '純'자가 실[絲]이라는 뜻일 때 그 반절음이 "殊倫切"(수와 '윤'의 반절이다. 한자음이 '순'이다)이라고 되어 있고, 《논어》의 이 문장이 그 사례로 제시되어 있다. 그러나 《예기》의 의복 관련 문장에서 '純'에 대한 한자음은 반절 또한 한자로 대부분 "준"이라고 표시되어 있다. ③ '純'을 '치'라고 읽는 견해다. 《경전석문》에는 純자에 대해 2개의 한자음이 소개되어 있다. 우선 '純'를 '絲'의 의미로 해석하여 "順倫反"('순'과 '윤'의 반절이다. 한자음은 '순'이다)이라고 되어 있다. 또한 "鄭作側基反黑繒也"(정현은 반절로 '치'라고 쓰기도 하는데 검은 비단이란 뜻이다)라고 되어 있다. '純'자를 검은 비단으로 해석하여 '치'라고 읽는 것이다. 《논어고금주》에 "純音緇"(純자의 음은 '치'다)라고 표시되어 있다. 정약용은 정현이 '純'자에 대해 이것은 검은 비단이라는 뜻이고 그 한자음은 반절로 '치'라고 했다고 설명했다. 정약용은 《상례사전喪禮四箋》에서도 "純實緇字"라고 하면서 '純'자를 '緇'와 동일하게 보고, "純音緇"(純

자의 한자음은 緇자와 같이 '치' 다)라고 했다. 류종목(2000)도 '純'을 "검을 치"라고 하고 "검은색 명주. 緇와 같다"고 하고 "今也純"을 "지금은 검은 명주갓을 쓰다"라고 설명했다. 한편, 단대 《한한대사전》(2008)에는 '純' 자의 한자음은 '순'으로 되어 있고 '준'으로 읽는 경우는 '테를 두르다, 가장자리, 피륙의 폭'이라는 의미일 때로 되어 있다. '치'로 읽는 경우는 '검은색 견직물'로서 緇로 통용된다고 설명되어 있다. 이렇게 '純' 자의 한자음에 대해 여러 설이 있는데, 〈논어주소교감기〉에는 이에 대한 언급이 없다. 《강희자전康熙字典》에는 '純' 자와 관련하여 "何晏註 純絲也"(하안의 주석에 '純' 자가 생사라는 뜻으로 되어 있다)라고 설명한 부분이 있고 《논어》의 이 문장이 인용되어 있다. 박문호는 《논어집주상설》에서 언해의 한자음이 자신이 생각하는 것과 다른 경우에는 대부분 언해의 음이 오류라고 지적했는데, 이 문장의 '純' 자에 대해서는 그런 언급을 한 것이 없다. 그는 《논어언해》의 한자음 "순"에 대해 이의를 달지 않은 것으로도 생각할 수도 있겠다.

✝✝ 《집주》에서는 당堂 아래서 절하는 것은 '신하가 임금에게 예禮를 행할 때'를 상정하고 설명했다. 신하는 당 아래에서 절해야 하지만 군주가 허락할 때 당 위에 올라와서 절하는 것이 예법이라는 설명이다. 한편, 《집주》에는 군자의 처신에 대해 "無害於義者 從俗可也"(의義에 저촉되지 않는다면 보통 사람들이 하는 것을 따라도 좋다)라고 한 정이천程伊川의 말이 인용되어 있다.

4

●

선생님은 네 가지를 끊어버렸다. 공적인 일에 사적인 의도를 개입함이 없었고, 무조건 집착함이 없었으며, 고집을 부리다가 앞뒤가 꽉 막히는 일이 없었고, 자기 몫을 챙기려는 사심이 없었다.

　子絕四러시니 毋意毋必毋固毋我러시다
　자절사　　　무의무필무고무아

　의意는 사적인 의도고, 필必은 꼭 어떻게 하겠다고 무리하게 하는 것이며, 고固는 이미 다 끝난 일에 매달리는 것이고, 아我는 사적인 욕심에 의해 끌려가는 것이다(《집주》).

5

●

선생님이 광匡이라는 지역에서 (위험한 일을 당하자) 경계하는 마음을 품었다.

　子畏於匡이러시니
　자외어광

　광匡에서 노나라 출신 양호가 포악한 짓을 자행했다고 한다. 그래서 그곳 사람들이 양호에게 원한을 품었는데 마침 그와 외모가 비슷하고 노나라 출신인 공자가 지나가자 양호로 잘못 알고 포위했다고 한다

《《집주》).

●

선생님이 말씀하셨다. "(요, 순, 우, 탕을 거쳐 문명을 계승할 임무가 주나라 문 왕에게 이어졌다.) 문왕은 이미 돌아가셨으니 그다음 세대로 전할 문文이 여기 (나에게) 있지 아니한가?

曰文王이 旣沒하시니 文不在茲乎아
왈문왕　기몰　　문부재자호

공자는 문文이 사람을 통해 이어진다고 생각했다. 요, 순, 우, 탕, 문 왕은 바로 그런 문文을 이어온 사람들이었다. 공자는 그러한 문文을 이 어갈 계승자가 자기 자신이라고 은근하게 자부했다. 도암 이재는 여기 서 문文이란 예악제도禮樂制度를 말하는 것이라고 하면서 그러한 문文이 공자에게 갖추어져 있다는 뜻이라고 설명했다.

●

"**하**늘이 장차 이 문文의 계승을 단절시킨다면 뒤에 죽을 사람인 내가 이 문文을 이어받는 일에 참여하지 못할 것이다. 그러나 하늘은 결코 문文을 버리지 않을 것이니 (문文의 계승자인) 나를 광匡 사람들이 어떻게 해칠 수 있겠느냐?"

天之將喪斯文也신댄 後死者不得與於斯文也어니와
천지장상사문야　　후사자부득여어사문야

天之未喪斯文也시니 匡人이 其如子에 何리오
천지미상사문야　　광인　기여여　하

　공자는 문명을 전수할 임무를 맡은 자신을 하늘이 결코 죽게 내버려
두지 않을 것이라고 하면서 제자들을 안심시켰다. 사문斯文이란 용어는
유학儒學 또는 유학자를 의미하는 말로 사용되고 있다.

6

태재 벼슬하는 사람이 자공에게 질문했다. "그대의 스승인 공자는 성
인이신가? 어찌 그렇게 잘하시는 게 많으신가?"

　大宰問於子貢曰夫子는 聖者與아 何其多能也오
　태재문어자공왈부자　성자여　하기다능야

자공이 말했다. "(우리 선생님은) 진실로 하늘이 내려주신 성인이실 것이
다. 또 잘하시는 것이 많다."

　子貢이 曰固天縱之將聖이시고 又多能也시니라
　자공　왈고천종지장성　　　우다능야

선생님이 이런 대화를 듣고 말했다. "태재가 나를 알아보는구나. 나는

어릴 때 비천했기 때문에 여러 가지 천한 일들을 잘하게 된 것이다. 군
자는 잘하는 게 많은가? 많지 않다."

子聞之曰大宰知我乎인저 吾少也에 賤故로 多能鄙事호니
자문지왈태재지아호   오소야   천고   다능비사

君子는 多乎哉아 不多也니라
군자   다호재   부다야

●

뢰가 말했다. "선생님은 (젊었을 때) 관직을 얻지 못해 여러 재주를 익혔
다고 말씀하신 적이 있다."

牢曰子云吾不試故로+藝라 하시니라
뢰왈자운오불시고   예
(로)

+ '牢' 는 《논어언해》 6종(1590년, 1612년, 내각장판, 영영장판, 영영중간, 하
경룡장판)과 율곡의 《논어언해》에 '로' 라고 되어 있다. '牢' 자의 대
법원 지정 인명용 한자의 음은 '뢰' 다.

7

●

선생님이 말씀하셨다. "(내가 설명을 잘하니까 사람들은 내가 모든 것을 아는 것
처럼 생각하는데) 나는 아는 것이 있는가? 아는 것이 없다. (내가 한 일은 아무
리) 천한 사람이 어리석은 질문을 하더라도 (성의 있게 듣고) 질문의 처음

과 끝을 살펴서 이치를 이해할 수 있게 설명해주었을 뿐이다."

子曰吾有知乎哉아 無知也로라 有鄙夫問於我호대
자왈오유지호재   무지야   유비부문어아

空空如也라도 我叩其兩端而竭焉하노라‡
공공여야   아고기양단이갈언
            (구)

‡ '叩' 자는 정유자본 《논어집주대전》에는 "叩音古"라고 되어 있다. '叩' 자의 음은 '고'라는 말이다. 그러나 1427년 발문이 있는 《논어집주대전》과 사고전서 《논어집주대전》에는 "叩音口"라고 되어 있다. '叩' 자의 음은 '구'라는 말이다. 《경전석문》에도 "音口"(그 한자음은 '구'다)라고 되어 있다. 《논어주소》를 포함하여 《논어》에 관한 주석서에도 대부분 이렇게("叩音口") 되어 있다. 《사서장구집주四書章句集注》의 〈논어집주論語集注〉에는 "叩, 音口"라고 되어 있다. 이렇게 보면 정유자본에 "叩音古"라고 되어 있는 것은 오자誤字로 여겨진다. 그러나 문제는 '叩' 자를 지금은 '고'로 읽는다는 점이다. 《논어언해》는 둘로 나뉜다. 율곡의 《논어언해》에는 '고'라고 되어 있다. 그러나 《논어언해》 6종(1590년, 1612년, 내각장판, 영영장판, 영영중간, 하경룡장판)에는 '구'라고 되어 있다. 《언해논어》(1932)에도 '구'라고 되어 있다. 현토와 언해가 있는 《논어집주》 일부 판본(1952) 본문 상단에는 '구'라고 한자음이 표시된 것도 있고, '고'라고 된 것도 있다(1917년, 1976년). 한국고전번역원 〈논어성독〉(2009)에는 '고'라고 되어 있다. 《전운옥편》(1796)에는 '叩' 자에 대해 "問也"(질문하다), "擊也"(두드리다), "發也"(발하다) 등의 뜻이 나열되어 있고 한자음은 "구" 하나만 제시되어 있다. 《신자전》(1915)에는 "發也"(발한다)는 뜻

으로 "구"라고 되어 있고 《논어》의 이 문장이 인용되어 있다. 《명문대옥편》(2005)에는 '叩' 자에 대해 한자음을 "고"로 제시하면서 "구"는 속음俗音이라고 표시하였다. 단대 《한한대사전》(2008)에는 '叩' 자에 대해 "고(구)"로 되어 있고, "묻다, 탐문하다, 문의하다"는 뜻으로 사용되는 사례에 《논어》의 이 문장이 인용되어 있다.

8
●

선생님이 말씀하셨다. "봉황이 날아오지 않으며 황하에선 그림이 나오지 않으니 난 이제 그만인가보다."

子曰鳳鳥不至하며 河不出圖하니 吾已矣夫인저
자왈봉조부지   하불출도   오이의부

봉황이나 하도河圖는 좋은 왕이 나타날 조짐이라고 한다(《집주》).

9
●

선생님은 상복을 입은 사람과 면류관에 정장을 차려입은 사람과 소경을 보면 비록 나이가 어려도 (앉아 있다가) 반드시 일어났다. 그 앞을 지날 때는 총총걸음으로 갔다.

子見齊衰者와⧾ 冕衣裳者와 與瞽者하시고
자견자최자　면의상자　여고자
　　(재)
見之에 雖少나 必作하시며 過之必趨러시다
견지　수소　필작　　과지필추

관을 쓰고 정장을 했다면 관직이 높은 사람이었을 것이다. 공자는 상복을 입은 사람을 보고 슬픔을, 공직자를 보고 존경하는 마음을, 소경을 보고 불쌍함을, 나이가 어린 것을 따지지 않고 표정과 몸가짐으로 표현했다.

⧾ '齊衰'는 상복이다. '齊' 자는 《집주》에 한자로 그 음이 '자'라고 되어 있다. "齊音咨"(齊의 한자음은 '자'다). 그러나 《논어언해》 6종 (1590년, 1612년, 내각장판, 영영장판, 영영중간, 하경룡장판), 율곡의 《논어언해》에는 '지'라고 되어 있다. 박문호의 《논어집주상설》에는 '齊' 자에 대해 "諺音誤"(언해의 한자음은 잘못된 것이다)라고 되어 있다. 《집주》에 한자음이 '자'라고 되어 있는데 언해에 '지'라고 되어 있는 것을 지적한 것으로 생각된다. 1933년 조선어학회 〈한글 맞춤법 표기〉에 따르면 'ᄌ'→'자', '지'→'재'가 된다. 이렇게 《집주》에서는 '齊' 자를 '자'로 읽었고 《논어언해》에서 '재'로 읽었다. 《집주》와 《논어언해》의 한자음이 이렇게 달랐다. 최근의 《논어》 역주본을 보면, 이기동(1992), 김형찬(1999), 이종락(2005), 성백효(2005), 이강재(2006), 임동석(2006), 성대 유교문화연구소(2008), 박헌순(2008), 한국고전번역원 〈논어성독〉(2009)에서 '齊衰'를 "자최"로 읽고 있다. 옥편과 한자사전을 보면, 《동아대옥편》(2005), 《한한대자전》(2001)에는 '齊衰'를 "자최"와 "재최"로 동시에 표기하고 있다.

이희승의 《국어대사전》(2006)에 '재최'는 "'자최'의 잘못"이라고 되어 있다. 한글학회 《큰사전》(1959)과 《우리말큰사전》(1992)에는 '재최'에 대해 "조금 굵은 생베로 짓되, 그 아래 가를 좁게 접어서 꿰맨 상복"이라고 설명되어 있다. 《사서집해사전》(2003)에는 '齊衰'를 '재최'라고 하고, "오복 중의 하나로, 모친상을 당했을 때 3개월 동안 입는 '상복'의 일종이다"라고 설명되어 있으며 《논어》의 이 문장이 인용되어 있다. 《한국고전용어사전》(2001)에서는 '재최'는 '자최'를 참고하라고 되어 있고, "자최齊衰"는 "상례에서 규정한 오복五服制 중의 하나"라고 설명되어 있다. 단대 《한한대사전》(2008)에 '齊' 자에 대해 6개의 한자음이 설명되어 있는데 그중에 '재'와 '자'도 있다. '재'는 제사와 같은 의식에서, '자'는 상복의 뜻으로 되어 있다. 이렇게 사전에 '자최'로 쓰는 사례가 있고 최근의 《논어》 역주서 대부분이 '자최'로 쓰고 있어서 이 책에서는 '자최'를 우선으로 표시했다.

10
●

안연이 감탄하고 한편으로 탄식하면서 말했다. "(선생님의 도는) 우러러 볼수록 더욱 높고 뚫을수록 더욱 견고하며 바라봄에 바로 앞에 있더니 문득 뒤에 있구나."

顔淵이 喟然欸曰仰之彌高하며 鑽之彌堅하며
안연　위연탄왈앙지미고　　찬지미견

瞻之在前이러니 忽焉在後로다
첨지재전　　　홀언재후

안연은 공부할수록 공자의 도가 높고 견고하며 정밀하다는 것을 깨닫고 더욱 존경했다.

●

"선생님께서는 사람들을 (수준에 따라) 차근차근 잘 이끌어주셨다. 나의 지식을 문文으로써 넓혀주셨고 나의 행동을 예禮로써 단속하게 해주셨다."

夫子循循然善誘人하사 博我以文하시고 約我以禮하시니라
부자순순연선유인　　　박아이문　　　약아이례

도산서원 박약재博約齋

문자, 언어, 문장, 상징, 예절, 문화 등 표현에 관련된 것이 모두 문文이다. 문文은 곧 지식에 관한 것이다. 이렇게 문으로 얻은 많은 지식도 중요하지만, 그런 지식을 간략하게 정리하여 근본 원리를 이해하도록 이끌어주는 교육도 필요하다. 그것이 예禮다.

●

"(넓을 박博과 요약할 요要의 공부를) 그만두려고 해도 멈출 수 없어 나의 재주를 다했더니 (선생님의 도道의 경지가) 앞에 우뚝 서 있는 것처럼 보인다. (선생님의 도道의 경지를) 따라가려고 노력은 하겠지만 어디서부터 줄기를 잡아야 할지 모르겠다."

欲罷不能하여 旣竭吾才호니 如有所立이 卓爾라
욕파불능　　기갈오재　　여유소립　탁이

雖欲從之나 末由也已로다
수욕종지　말유야이

11

●

선생님이 병에 걸렸다. 자로가 문인門人으로 가신을 삼았다.

子疾病이어시늘 子路使門人으로 爲臣이러니
자질병　　　　자로사문인　　　위신

이때 공자는 관직이 없어 가신이 없었다. 자로는 공자의 병이 심해지자 제자들을 가신으로 삼아 공자의 격을 높이고 초상 치를 준비를 했다.

●

병세가 좀 호전되자 선생님이 말씀하셨다. "오래되었구나, 유由가 속임수를 부렸음이! 관직이 없으면 가신도 없는 법인데 마치 있는 것처럼 꾸미려 했으니. 내가 누구를 속인단 말이냐. 하늘을 속이랴!"

病間日久矣哉라 由之行詐也여 無臣而爲有臣하니
병간왈구의재   유지행사야   무신이위유신

吾誰欺오 欺天乎인저
오수기   기천호

●

"또 내가 죽을 때 가신들의 손을 빌리기보다는 제자들 손에 의지하는
것이 편치 않겠느냐. 또 내가 죽은 다음에 거창하게 장사 지내지는 못
하더라도 길바닥에서 죽기야 하겠느냐?

且予與其死於臣之手也론 無寧死於二三子之手乎아
차여여기사어신지수야   무령사어이삼자지수호

且予縱不得大葬이나 予死於道路乎아
차여종부득대장   여사어도로호

12

●

자공이 말했다. "여기에 아름다운 옥玉이 있다고 하면, 그것을 장롱에
잘 보관하는 것이 좋겠습니까? 아니면 시장에 나가 좋은 가격으로 파는
게 좋겠습니까?" 선생님이 말씀하셨다. "팔아야지, 팔아야지. 나도 나
의 가치를 알아주는 사람에게 좋은 가격으로 팔리기를 바라는 몸이다."

子貢이 曰有美玉於斯하니 韞匵而藏諸잇가
자공   왈유미옥어사   온독이장 제
                                  (저)

求善賈而沽諸잇가⁺⁺ 子曰沽之哉沽之哉나 我는
구선가 이고제　　자왈고지재고지재　아
　　　(고)　(저)
待賈者也로라
대가자야
　(고)

자공이 벼슬하는 것을 옥玉을 판매하는 것에 비유하면서 공자의 의중을 떠본 것이다. 공자는 현실정치에 참여해서 능력을 펼칠 것을 강조했다. 그러면서 그 능력을 제대로 인정받을 수 있기를 희망했다. 이 문장은 공자의 사상이 적극적인 현실 참여를 지향함을 분명하게 보여주는 것이다.

＋　藏 자는 정유자《논어집주대전》과《논어언해》(경진신간, 임오신간 영영장판, 하경룡장판)에 원래 '蔵' 자로 되어 있다. 같은 글자로 보는 단대《한한대사전》설명에 따라 수정했다.

＋＋　'賈' 자를 '가'로 읽을 수 있고, '고'로 읽을 수 있다.《경전석문》에 "音嫁音古"(한자음이 '가' 또는 '고' 다)라고 2가지로 제시되어 있다.《집주》에도 동일하게 "賈音嫁"라고 되어 있다. '가' 자로 읽는 것은 가격이라는 "價" 자의 의미로 해석하는 경우다. '고' 자로 읽는 사례는《논어고금주》에서도 찾을 수 있는데, "賈人"(상인, 장사치)라는 의미다.《논어언해》6종(1590년, 1612년, 내각장판, 영영장판, 영영중간, 하경룡장판)과 율곡의《논어언해》에는 '가'로 되어 있다. 필자도 이에 따라 '善賈'를 "좋은 가격"으로 해석했다. 한편, 정약용은 '賈' 자를 '고'라고 읽어야 한다고 주장했다.《논어고금주》의 이 문장 아래에 작은 글씨로 "賈音估"(賈자의 음은 '고' 다)라고 표시되어 있다. 정약용은 "善賈"를 "估"(賈人, 상인, 장사치)의 의미로 해석했다. 이런

차이에도 불구하고 전체적인 해석은 크게 다르지 않다. 주자는 "但 當待賈 以不當求之耳"(단지 좋은 가격으로 팔리기를 마땅히 기다려야지 팔리기를 구해서는 안 될 것이다)라고 해석되어 있는 바와 같이 '賈' 자를 가격의 의미로 본 것으로 여겨진다. 또한 군자가 팔리기를 기다려야지 '적극적으로 몸을 팔려고 하는 것은 곤란하다'는 뜻으로 설명했다. 고주를 보면, 포함도 "沽之哉"(팔아야지)라고 말한 뜻은 길거리에서 판매한다는 뜻이 아니라 거주하면서 팔리기를 기다리는 것이라고 설명했다. 황간도 "沽之哉"(팔아야지)가 길거리에서 파는 것을 말하는 것이 아니라고 강조했다. 형병도 이러한 해석을 따르면서 "沽之哉"라고 말한 것은 "有人虛心盡禮以求我道卽我與之而不吝也"(어떤 사람이 있어서 마음을 비우고 최대한 예의를 갖추면서 내가 추구하는 도道를 갈구한다면 나는 기꺼이 그와 함께함에 있어서 인색하지 않겠다)는 뜻이라고 부연 설명했다. 이렇게 주자를 포함하여 대부분 공자가 "팔아야지"라고 두 번 말한 것에 대해 최대한 점잖은 표현으로 해석했다. 형병은 그러면서 길거리에서 팔지는 않겠지만 "我亦待貴賈耳"(나는 또한 귀한 가격에 팔리기를 기다린다)는 뜻이라고 해석했다. 공자는 대부분의 지식인들이 등을 돌린 세상에서도 현실정치에 참여하려고 했다. 공자는 자신의 이상을 실현하기 위해 천하를 주유했다. 그런 그가 상점에서 또는 상인의 중개를 통해서 팔리기만을 수동적으로 기다렸을 것인가? 그는 그런 소극성을 제자에게 교육하진 않았을 것이다. 다만, 적극성과 함께 그가 중시한 것이 겸양의 미덕이기 때문에 경박스럽게 처신하지도 않았을 것이다. 이렇기 때문에 해석의 어려움이 있다. 필자는 이 문장이야말로 공자의 적극적인 정치참여 의식을 선명하게 알 수 있게 하는 근거라고 생각한다.

13

·

선생님이 아홉 오랑캐 땅에 가서 살려고 했다.

子欲居九夷러시니
자욕거구이

·

어떤 사람이 말했다. "(야만인이 사는) 무지하고 누추한 곳인데 어떻게 살려고 하십니까?" 선생님이 말씀하셨다. "군자가 가서 사는데 무슨 누추함이 있겠느냐?"

或曰陋커니 如之何잇고 子曰君子居之면 何陋之有리오
혹왈루   여지하   자왈군자거지   하루지유

공자 사상이 민족과 지역을 초월하여 문화적 보편성을 지향하는 경향이 있다는 것을 설명할 때 이 문장이 인용된다. 마융은 군자가 가서 살면 문명화된 곳이 된다("君子所居則化")고 했다. 문명화된 지역과 야만 지역의 경계가 민족이나 국가보다는 문화의 수준에 의해 결정됨을 말하는 것이다. 물론 그 문화라는 것은 '문文'을 말하는 것이다.

14

•

선생님이 말씀하셨다. "내가 위나라에서 노나라로 돌아온 다음에 음악이 바르게 되어 아雅와 송頌이 각각 제자리를 잡게 되었다."

子曰吾自衛反魯然後에 樂正하여
자왈오자위반노연후　악정

雅頌이 各得其所하니라
아송　각득기소

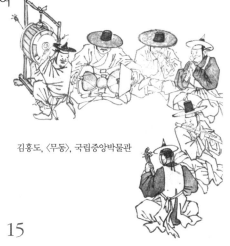

김홍도, 〈무동〉, 국립중앙박물관

15

•

선생님이 말씀하셨다. "집 밖에 나가서는 높은 벼슬을 하는 사람을 섬기며, 들어와서는 가족 친지를 섬기며, 상사喪事를 감히 소홀히 하지 않으며, 술주정을 하지 않는 것, 이런 것 중에서 내가 제대로 하는 것이 무엇인가?"

子曰出則事公卿하고 入則事父兄하며 喪事를
자왈출즉사공경　　입즉사부형　　상사

不敢不勉하며 不爲酒困이 何有於我哉오
불감불면　　불위주곤　　하유어아재

16

•

선생님이 시냇가에 계시다가 물이 흐르는 모양을 보고 말씀하셨다.
"이렇게 흘러가는구나. 밤낮으로 흘러 멈추지 않는구나."

　　子在川上曰逝者如斯夫인저 不舍晝夜로다
　　자재천상왈서사여사부　　　불사주야

　이 글은 필자가 《논어》에서 최고로 꼽는 문장이다. 특별하게 선동적
인 문장도 아닌데 어느 날 시냇물을 보다가 문득 이 문장을 떠올리게
되었다. 여러 해석이 있다.✝ 물이 흘러가는 것을 보고 한순간도 멈춤이
없는 자연의 위대한 법칙을 생각한다는 것이다(《집주》). 지식과 물을 연
관시키는 견해도 있다. 앞서 "지자知者는 물을 좋아한다"는 말이 나왔
다. 필자는 이것을 지식이란 물처럼 시대와 지역
을 넘어서 확산되는 보편성이 있다는 점에서 착안
한 말이라고 생각한다. 지식과 물은 옆으로 넓게
퍼지는 속성이 있어서 이렇게 생각해보았다. 또한
끊임없이 흐르는 물을 보고 꾸준히 공부하는 자세
를 갖게 하는 교육의 정신도 있다. 어디선가 여수
如水 서점이란 상호를 보고 참 잘 지은 이름이라고
생각했다. 물의 의미를 제대로 이해한 주인이라고
생각한다.

　✝ 정약용은 '서逝' 자를 '인생人生' 이라고 해석했
　다("逝者人生也"). 태어나서 죽을 때까지 한순간도

계상서당溪上書堂 앞 시냇물

삶의 흐름이 멈추지 않는 것이 마치 작은 마차를 타고 언덕길을 내려가는 것과 같다고 했다. 그러면서 멈추지 않고 흘러가는 인생에서 인격 수양과 학업의 '때'와 '기회'를 놓치지 말라는 의미로 해석했다.

17

●

선생님이 말씀하셨다. "나는 덕德이 있는 사람을 좋아하기를 여자를 좋아하는 만큼 좋아하는 사람을 보지 못했다."

子曰吾未見好德이 如好色者也케라
자왈오미견호덕   여호색자야

위나라 영공이 자기 부인을 먼저 마차에 타게 하고 공자는 나중에 오게 했다는 일화에서 나온 말이라고 한다(《집주》).

18

●

선생님이 말씀하셨다. "(공부와 일을 흙을 쌓아) 산을 만드는 것에 비유하자면, 마지막 한 삼태기 흙이 부족해서 산이 완성되지 못함도 내가 그만둔 것이다. 다시 비유하면, 평지에다 (산을 만들어보겠다고) 처음 한 삼태기 흙을 부어 (산을 만드는 일에서) 진전이 있는 것도 내가 나아가는 것이다."

子曰譬如爲山에 未成一簣하여 止도 吾止也며
자왈비여위산   미성일궤   지   오지야

譬如平地에 雖覆一簣나 進도 吾往也니라
비여평지   수복일궤   진   오왕야

19

선생님이 말씀하셨다. "말해준 대로 실천하는 일에서 게으르지 않았
던 그 제자는 회回일 것이다."

子曰語之而不惰者는 其回也與인저
자왈어지이불타자   기회야여

20

선생님이 안연에 대해 말씀하셨다. "안타깝다. (안연이 없음이여!) 나는
그 사람이 진보하는 것은 보았지만 멈추는 것은 보지 못했다."

子謂顔淵曰惜乎라 吾見其進也요 未見其止也호라
자위안연왈석호   오견기진야   미견기지야

21
●

선생님이 말씀하셨다. "싹은 났지만 꽃을 피우지 못하는 이도 있고, 꽃을 피웠으나 열매를 맺지 못하는 이도 있구나."

子曰苗而不秀者有矣夫며 秀而不實者有矣夫인저
자왈묘이불수자유의부　수이불실자유의부

22
●

선생님이 말씀하셨다. "후학이 가히 두려우니 성장하고 있는 그들이 지금의 내 수준에 미치지 못함을 어찌 알 수 있겠는가? 그러나 그들이 40, 50이 되어도 잘한다는 명성이 들리지 않는다면 이 또한 두려워할 것이 없다."

子曰後生이 可畏니 焉知來者之不如今也리오
자왈후생　가외　언지래자지불여금야

四十五十而無聞焉이면 斯亦不足畏也已니라
사십오십이무문언　사역부족외야이

율곡 이이가 23세 때(1558) 도산에 있는 퇴계 이황을 인사차 방문했다. 이황은 "후생가외後生可畏"라는 말로 이이를 극찬했다.

23

●

선생님이 말씀하셨다. "바른 말로 지적해주니 따르지 않을 수 있겠는가? 잘못을 고치는 것이 중요하다. 넌지시 지적해주니 기뻐하지 않을수 있겠는가? 잘못의 단서를 지적해주는 그 뜻을 아는 것이 중요하다. 그러나 그렇게 해주는 것만 좋아하고 개선의 실마리를 찾지 않으며 따르기만 하고 허물을 고치지 않는다면 나도 달리 해줄 방도가 없다."

子曰法語之言은 能無從乎아 改之爲貴니라
자왈법어지언　능무종호　개지위귀

巽與之言은 能無說乎아 繹之爲貴니라 說而不繹하며
손여지언　능무열호　역지위귀　　열이불역

從而不改면 吾末如之何也已矣니라
종이불개　오말여지하야이의

24

●

선생님이 말씀하셨다. "충忠과 신信을 위주로 하라. 자기만 못한 사람과 사귀지 말라. 허물이 있으면 망설이지 말고 고쳐라."

子曰主忠信하며 毋友不如己者요 過則勿憚改니라
자왈주충신　　무우불여기자　과즉물탄개

25

●

선생님이 말씀하셨다. "삼군을 지휘하는 장수도 사로잡을 수 있지만 평범한 사내라도 그가 품은 뜻은 빼앗을 수 없다."

子曰三軍은 可奪帥也어니와 匹夫는 不可奪志也니라
자왈삼군　가탈수야　　　필부　불가탈지야

뜻[志]이라는 것이 남에게 빼앗길 정도라면 그건 뜻도 아닐 것이다. 한 사람의 마음을 얻기가 얼마나 어려운가는 선거에 출마해보면 안다.

26

●

선생님이 말씀하셨다. "낡은 천으로 기운 솜옷을 입고서도 여우와 너구리 털옷을 입은 사람 옆에 서서 부끄러워하지 않을 그 사람은 자로다."

子曰衣敝縕袍하여 與衣狐貉者로⁺ 立而不恥者는 其由也與인저
자왈의폐온포　　　여의호학자　　립이불치자　기유야여
　　　　　　　　　　　（락）

●

"해치지 않고 탐내지 않는다면 어찌 착하지 않을 수 있겠는가?"

不忮不求면 何用不臧이리오
불기불구　하용부장

《시경》의 한 구절이다. 공자가 자로의 인품을 칭찬하려고 인용했다고 한다. 《집주》에 가난한 사람 중에서 힘이 강한 자는 부자를 해치고 가난한 사람 중에서 힘이 약한 자는 부유함을 탐낸다는 말이 있다. 자로는 이런 부류에 해당되지 않기 때문에 공자가 칭찬했다는 해석이다.

•

자로가 이 시를 계속 외웠다. (이 모습을 본) 선생님이 말씀하셨다. "(외우기만 하고 진보가 없으면) 어찌 이 도道가 착하다고 할 수 있겠는가?"

子路終身誦之한대 子曰是道也何足以臧이리오
자로종신송지　　 자왈시도야하족이장

‡ '貉' 은 《집주》에 그 한자음이 반절로 '학' 이라고 되어 있다. "貉胡各反"('貉' 자의 한자음은 '호' 와 '락' 의 반절이니 그 한자음은 '학' 이다). 그러나 《논어언해》 6종(1590년, 1612년, 내각장판, 영영장판, 영영중간, 하경룡장판), 율곡의 《논어언해》, 《언해논어》(1932), 한국고전번역원 〈논어성독〉(2009)에 '락' 이라고 되어 있다. 박문호는 《논어집주상설》에서 《논어언해》의 한자음이 잘못이라고 했다. 박문호는 《집주》의 한자음을 중시하는 경향이 있어서 '학' 으로 읽는 것이 옳다고 본 것으로 생각된다. 언해본에서는 '락' 이라고 되어 있지만, 지금 사용하고 있는 한자사전과 옥편은 또 다르다. 《동아대옥편》(2005)에는 '담비 학' 이라고 되어 있고 《논어》의 이 문장이 사례로 제시되어 있다. 《한한대자전》(2001), 《명문대옥편》(2005)에는 '오소리 학' 이라고 되어 있다. 추가적으로 '貉' 의 속음이 '락' 인데 《논어》와 《소학》에서 이렇게 읽는다고 되어 있다. 단대 《한한대사전》(2008)에는 오소

리 또는 너구리일 때 '학'이라고 되어 있다. 이 책에서는 한자사전
과 옥편의 용례에 따라 '학'을 우선으로 표시했다.

27

•

선생님이 말씀하셨다. "날씨가 추워진 다음에야 소나무와 잣나무가
늦게 시든다는 것을 알게 된다."

子曰歲寒然後에 知松柏之後彫也니라
자왈세한연후   지송백지후조야

군자의 지조는 환난 속에서 알아본다. 추사 김정희(1786~1856)가 제
자 이상적(1804~1865)에게 보내준 〈세한도歲寒圖〉(1844)가 유명하다. 이

김정희, 〈세한도歲寒圖〉, 개인소장

상적은 유배지에 있는 김정희에게 청나라에서 구한 서적을 여러 번 보내주었다. '후조後彫'라는 말도 변치 않는 의리를 표현하는 뜻으로 사용된다.

28
•

선생님이 말씀하셨다. "지혜로운 사람은 헷갈리지 않고, 어진 사람은 근심하지 않고, 용감한 사람은 두려워하지 않는다."

子曰知者는 不惑하고 仁者는 不憂하고 勇者는 不懼니라
자왈지자　불혹　　인자　불우　　용자　불구

29
•

선생님이 말씀하셨다. "함께 배울 수는 있어도 함께 도에 나아갈 수는 없으며, 함께 도에 나아갈 수 있어도 함께 설 수는 없으며, 함께 설 수 있어도 (원칙에 맞게 융통성을 발휘하는) 권도權道를 함께 행할 수는 없다."

子曰可與共學이오도 未可與適道며 可與適道오도
자왈가여공학　　　미가여적도　　가여적도
未可與立이며 可與立이오도 未可與權이니라
미가여립　　가여립　　　미가여권

권權은 막대기에 눈금이 표시된 저울에 달려 있는 저울추다. 이 저울 추를 좌우로 이동하면서 물건의 무게를 잰다. 이런 의미에서 나온 권도 權道라는 말은 원칙의 근본 정신을 벗어나지 않는 범위에서 때와 상황을 저울질하여 적절한 결정을 내린다는 뜻이다. 나름대로 재량권을 발휘한다는 뜻으로 사용된다.

30

●

"당체의 꽃이여, 바람에 이리저리 흔들리는구나. 어찌 너를 생각하지 않으련만 집이 이렇게 멀어 가볼 수 없구나."

唐棣之華여 偏其反而로다[+] 豈不爾思리오마는 室是遠而니라
당체지화   편기번이   기불이사   실시원이

●

선생님이 말씀하셨다. "생각하는 마음이 없는 것이지 어찌 거리가 멀다고 핑계를 대는가!"

子曰未之思也언정 夫何遠之有리오
자왈미지사야   부하원지유

경복궁 사정전思政殿

삼봉 정도전(1342~1398)은 경복궁에 임금이 정무를 보는 건물의 이름을 '사정전思政殿'이라고 지으면서 그 유래로 이 문장을 인용했다(《삼봉집》). 정치할 때 생각하고

또 생각하라는 뜻이다. 생각하면 얻고 생각하지 않으면 잃는다고 하면서 지은 건물 이름이다.

✢ "反"자는 '번翻'과 같은 뜻으로 보는 《집주》에 따라 '번'으로 읽는다. 이 구절句節은 시詩를 번역한 것인 만큼 표현이 다양하다. "산이스랏 꽃이 팔랑팔랑 나부끼네"(류종목, 2000), "당체의 꽃이여, 바람에 펄럭이는구나"(성백효, 2005), "당체의 꽃이여, 반짝반짝 뒤집히네"(박헌순, 2008), "자두의 꽃이 나부껴 펄럭이네"(김도련, 2008), "이스랏의 꽃잎은 봄바람에 펄럭펄럭"(김용옥, 2008). '당체'는 한글학회 《우리말큰사전》(1992)에 "산이스랏나무"라고 되어 있다.

제십
第十

鄕黨

향당
鄉黨

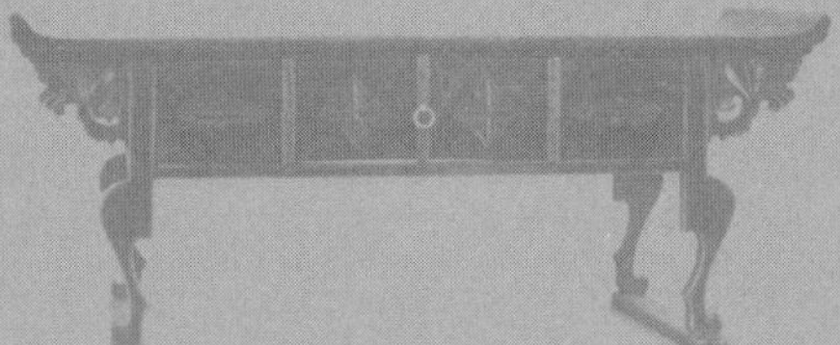

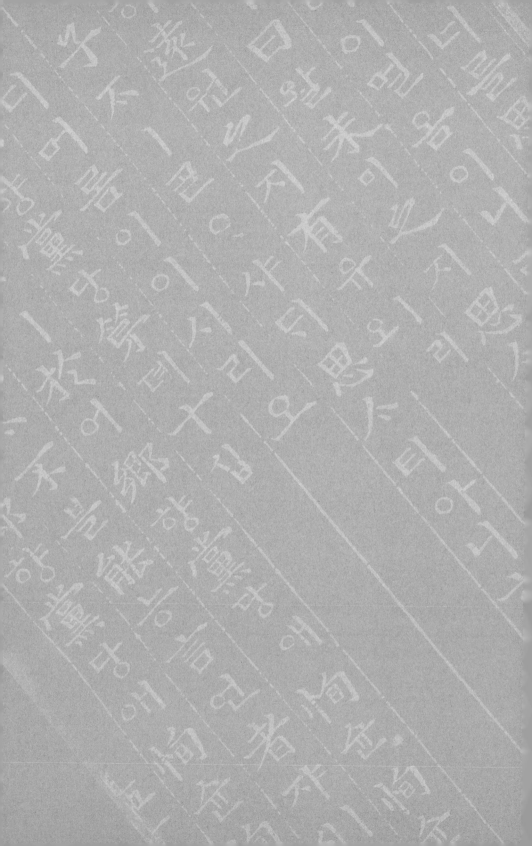

1

·

공자는 고향 마을에서는 신실信實하게 처신해서 마치 말을 못하는 사람 같았다.

孔子於鄕黨에 恂恂如也하사 似不能言者러시다
공사어향당　순순여야　　사불능언자

향당鄕黨은 고향이다. 고향 마을에서 어떻게 도도한 언변을 자랑할 것인가?

·

종묘나 조정에서는 언변이 유창하고 분명했으나 다만 조심하는 태도를 유지했다.

其在宗廟朝廷하사는 便便言하사대⧾ 唯謹爾러시다
기재종묘조정　　　변변언　　　　유근이

⧾ '便'은 《집주》에 반절로 '변'이라고 되어 있다("便旁連反"). 《경전석문》에도 "便婢縣反"('便' 자의 한자음은 '비'와 '면'의 반절이니 그 한자음은 '변'이다)라고 되어 있다. 관본 언해로 분류되는 《논어언해》와 율곡의 《논어언해》, 《언해논어》(1932), 한국고전번역원 〈논어성독〉(2009)에도 '변'으로 되어 있다.

2

●

(임금이 조회를 보지 않을 때) 조정에서 동료나 하대부下大夫와 말할 때 강직하게 했고, 상대부上大夫와 말할 때 부드럽고 곡진하게 했다.

朝에 與下大夫言에 侃侃如也하시며 與上大夫言에 誾誾如也러시다
조   여하대부언   간간여야   여상대부언   은은여야

●

임금이 있는 자리에서는 공경하며 엄숙하게 처신했고 몸가짐과 차림새를 예법에 맞게 했다.

君在어시든 踧踖如也하시며✝ 與與如也러시다
군재   축척여야   여여여야
            (적)

✝ '踖' 자의 한자음은 집주에 반절로 '적'이라고 되어 있다("踖子亦反"). 관본 언해로 분류되는 《논어언해》와 율곡의 《논어언해》에는 '척'으로 되어 있다. 현토와 언해가 있는 《논어집주》 일부 판본(1917, 1952, 1976) 본문 상단에도 이 글자에 대한 한자음이 '척'으로 되어 있다. 《언해논어》(1932)에도 '척'으로 되어 있다. 한자사전을 보면, 《화동정음통석운고》(1747)에 이 한자의 동음東音(조선 한자음)은 "척"이라고 되어 있다. 그러나 《전운옥편》(1796), 《국한문신옥편》(1908), 《자전석요》(1909), 《신자전》(1915)에는 '젹(적)'으로 되어 있다. 《한한대자전》(2001), 《동아대옥편》(2005)에는 "밟을 적"이라고 되어 있고 '적축'이라는 단어가 조심하여 걷는 모양이라고 설명되어 있

다. 《고금한한자전》(1995), 《명문대옥편》(2005)에도 '적'으로 되어 있
고 '踧踖'이 인용되어 있다. 단대 《한한대사전》(2008)에 '踖'자는
"밟다, 뛰어넘다"는 뜻으로는 "적"이라고 되어 있다. 그러나 공경
하고 민첩한 모양의 의미로는 "척(적)"이라고 되어 있고 "踧踖"을
"척축"이라고 예시하고 이를 "공경스러우면서도 어색하여 불편함"
이라고 해설했다. '踧'자에 대한 설명 부분에서는 "踧踖"을 "공경
스러우면서도 불안한 모양"이라고 설명했다. 필자는 '척'을 우선
으로 표시했다. 최근의 《논어》 역주서를 보면, 이기동(1992), 한국고
전번역원 〈논어성독〉(2009)에 '척'으로 되어 있다. 이종락(2005), 성
백효(2005), 이강재(2006), 김용옥(2008)에는 '적'으로 되어 있다.

3

●

임금이 불러서 (외빈을) 접대하는 일을 맡기면 낯빛을 엄숙하게 하고 걸
음걸이를 조심하면서 공경하는 자세로 임했다.

君召使擯이어시든⁺ 色勃如也하시며 足躩如也러시다
군소사빈　　　　　색발여야　　　　족확여야

●

더불어 도열해 있다가 읍揖할 때 손을 왼쪽으로 오른쪽으로 움직였고
옷의 앞뒤가 단정했다.

揖所與立하사대 *左右手*러시니 *衣前後襜如也*러시다
읍소여립   좌우수   의전후첨여야

•

재빠르게 걸어 나아감에 단정함이 새가 날개를 편 듯했다.

趨進에 **翼如也**러시다
추진   익여야

•

손님이 돌아간 다음에는 반드시 복명하기를 "손님이 (만족하여) 뒤돌아
보지 않았다"고 했다.

賓退어든 *必復命日賓不顧矣*라 하더시다
빈퇴   필복명왈빈불고의

임금은 손님을 정성으로 접대했지만 미진함이 있을까봐 긴장하는 마
음으로 서 있게 된다. 손님을 배웅하기 위해 나와 있던 의전관은 임금
에게 손님이 뒤돌아보지 않고 갔다고 복명復命한다.

✝ "君" 다음의 토吐는 1612년 《논어언해》, 《경진신간 내각장판 논어
언해》에는 "君ㅣ"라고 되어 있지만 논어언해본 3종(영영장판, 영영중
간, 하경룡장판)과 율곡의 《논어언해》에는 "君이"라고 되어 있다. 현토
와 언해가 있는 《논어집주》(1917년, 1952년, 1976년)에도 "君이"로 되어
있다. 이렇게 언해본 사이에도 미세하게 다른 부분이 있다.

4

●

공문公門에 들어설 때 몸을 굽히면서 마치 문이 작아서 용납되지 못하는 것처럼 했다.

入公門하실새 鞠躬如也하사 如不容이러시다
입공문　　　국궁여야　　　여불용

공문公門은 높고 크기 때문에 머리가 닿을 리 없지만, 공자가 몸을 구부린 것은 공적인 임무에 대한 공경심 때문이었다고 한다((집주)).

●

문의 한가운데에 서지 않았고 다니면서 문지방을 밟지 않았다.

立不中門하시며 行不履閾이러시다
입불중문　　　행불리역

●

임금이 있던 자리를 지나갈 때는 긴장한 낯빛으로 발걸음을 무겁고 조심스럽게 했고 말을 삼갔다.

過位하실새 色勃如也하시며 足躩如也하시며 其言이 似不足者러시다
과위　　　색발여야　　　족확여야　　　기언　사부족자

임금이 자리에 앉아 있지 않아도 그 앞을 종종걸음으로 지나가고 낮

빛을 고치고 말을 삼간 것은 임금에 대한 공경심을 표현한 것이다.

●

옷 아랫단을 올려 잡고 당堂에 오를 때 몸을 굽히고 숨 쉬는 기운을 막아 마치 잠시 호흡이 멈춘 것 같았다.

攝齊升堂하실새 鞠躬如也하시며 屛氣하사 似不息者러시다
섭자승당   국궁여야   병기   사불식자

●

나가서 한 층을 내려오면서 비로소 낯빛을 펴며 부드럽게 했고, 층계를 다 내려간 다음에는 새가 날개를 편 듯 재빨리 나아갔고 다시 위에 있는 자리로 돌아와서는 공경하는 표정을 유지했다.

出降一等하사는 逞顔色하사 怡怡如也하시며 沒階하사는
출강일등   영안색   이이여야   몰계

趨進翼如也하시며 復其位하사는 踧踖如也러시다
추진익여야   복기위   축척여야
            (적)

5

●

규圭를 잡았을 때 그 무게를 이기지 못하는 것처럼 몸을 굽혔는데 위로는 읍揖할 때와 같게 했고 아래로는 물건을 줄 때와 같게 했다. 낯빛은 두려워하는 것처럼 했고 발걸음을 조심스럽게 옮겼다.

執圭하사대 鞠躬如也하사 如不勝하시며 上如揖하시고
집규　　　국궁여야　　　여불승　　　상여읍

下如授하시며 勃如戰色하시며 足蹜蹜如有循이러시다
하여수　　　발여전색　　　족축축여유순

규圭가 무겁지 않아도 그 무게를 이기지 못하는 것처럼 한 것은 그 물건을 소중히 한다는 표현이다.

●

예물을 전할 때에는 낯빛이 부드러웠다.

享禮에 有容色하시며
향례　　유용색

●

사사롭게 만나 볼 때에는 더욱 부드러운 낯빛으로 환담했다.

私覿에 愉愉如也러시다
사적　　유유여야

6

●

군자는 감색紺色과 검붉은색으로는 옷의 깃을 달지 않았다.

君子는 不以紺緅로 飾하시며
군자　불이감추　식

감紺은 재계할 때 입는 옷의 색이고, 추緅는 상복의 옷깃 선을 만드는 색이기 때문에 피한다고 한다(《집주》).✛

●

홍색과 자색으로는 평복을 만들어 입지 않았다.✛✛

紅紫로 不以爲褻服이러시다
홍자　불이위설복

●

날씨가 더워지면 가는 갈포葛布와 거친 갈포로 만든 홑옷을 반드시 위에 걸쳐 입었다.

當署하사 袗絺綌을 必表而出之러시다
당서　　진치격　필표이출지

●

검은 옷에는 흑염소 갖옷을, 흰 옷에는 새끼 사슴 갖옷을, 누런 옷에는 여우 갖옷을 걸쳤다.

緇衣엔 羔裘요 素衣엔 麑裘요 黃衣엔 狐裘러시다
치의　고구　소의　예구　황의　호구

옷 색깔의 조화를 염두에 둔 듯하다.

●

평상시에 입는 갓옷은 길게 입었는데 오른쪽 소매는 짧게 했다.

褻裘는 長호대 短右袂러시다
설구　장　　단우몌

옷 길이를 길게 한 것은 몸을 따뜻하게 하기 위함이었다. 오른쪽 소매를 짧게 한 것은 간편함을 위한 것이라고 한다《집주》.

●

반드시 잠옷을 입었고 길이가 한 길 반이었다.

必有寢衣하시니 長이 一身有半이러라
필유침의　　　장　일신유반

옷 길이가 키의 한 배 반半이었던 것은 발을 덮기 위한 것이라고 한다《집주》.

●

집에서는 여우와 담비 가죽으로 만든 두툼한 옷을 입었다.

狐貉之厚로 以居러시다
호학지후　이거
　　(락)

여우와 담비 가죽은 털이 길어 따뜻하고 푹신하다.

●

상喪을 마친 다음에는 패물을 차지 않음이 없었다.

去喪하사는 無所不佩러시다
거상　　　무소불패

●

행사 때 입는 치마가 아니면 반드시 줄여 입었다.

非帷裳이어든 必殺之러시다
비유상　　　필쇄지

●

흑염소 가죽 갖옷이나 검은 관冠을 쓰고 조문하지 않았다.

羔裘玄冠으로 不以弔러시다
고구현관　　　불이조

상사에는 흰색을 주로 쓰고 경사에는 검은색을 주로 썼다고 한다. 조문할 때 반드시 평소와는 다른 복장으로 바꾸는 것은 죽음을 애도하는 마음의 표시라고 한다(《집주》).

초하루에는 반드시 조복을 입고 조회에 참석했다.

吉月에 必朝服而朝러시다
길월   필조복이조

✝ 이재의 《논어강설》에 있는 질문과 대답을 인용한다. "問紺緅不飾
之義曰似是半凶半吉之色故不以爲飾也"(여쭙겠습니다. 감색과 검붉은색으
로 장식을 하지 않는다는 것은 어떤 뜻입니까? 선생님이 말씀하셨다. 이것은 옳은 색
인 것 같으나 절반은 길吉하고 절반은 흉凶한 색이기 때문이다. 그래서 이것으로 장
식을 하지 않는 것이다).
✝✝ 이익의 설명에 의하면, 주나라에서는 적색赤色을 숭상했다고 한
다. 이 색깔이 덜 진하면 홍색이 되고 너무 진하면 자색이 되는데,
이런 홍색과 자색은 색色의 '정正'이 아니라고 한다. 그래서 이런
색으로는 조회나 제사 때는 물론 평상복을 만들어 입지 않았다고
한다(《성호사설》).

7
●

재계할 때에는 목욕한 다음에 반드시 명의明衣를 입었는데 베로 만든
것이었다.

齊必有明衣러시니✝ 布러라
재필유명의   포

재계할 때는 반드시 음식을 바꾸었고 거처를 옮겨서 평상시와 다르게 했다.

齊必變食하시며 居必遷坐러시다
재필변식　　　거필천좌

✝ '齊' 자에 대해서는 앞서 설명했지만 한자음이 달라지기 때문에 다시 설명한다. 이 문장에서 齊 의 한자음은 집주에 "齊側皆反" (齊 자의 한자음은 '측'과 '개'의 반절이다)라고 표시되어 있어 '재'로 읽는다. 앞서 향당편에 나왔던 "섭자승당攝齊升堂", "자최齊衰"에서의 齊 자에 대해 《논어언해》에서는 '지'로 표시하고 있다. '지'는 '재'에 가까운 음이다. 《논어언해》에서는 향당편에 나오는 위의 두 가지 사례의 齊 자에 대해 그 한자음을 '자'와 '재'로 구별하지 않았다. 지금 이 문장의 齊 자도 《논어언해》에 '지'로 되어 있다. '齊' 자의 한자음을 '자'와 '재'로 구분하는 것은 필자의 짐작으로는 집주의 한자음 때문인 것으로 여겨진다. 옥편이나 한자사전에서도 齊 에 대해 의미에 따라 한자음을 구분한다.

8

곱게 도정한 정갈한 쌀로 지은 밥을 싫어하지 않았고 가늘게 썬 회膾를 싫어하지 않았다.

食不厭精하시며 膾不厭細러시다
사불염정　　　회불염세

밥이 정精하다는 것은 쌀을 여러 번 도정했다는 뜻이다. 거칠게 자른
회膾는 정성이 담겨 있지 않아 사람 몸에 좋지 않다고 여겼다.

●

밥이 상해서 쉰 것과 생선이 상한 것과 고기가 부패한 것은 먹지 않았
다. 고기 빛이 궂은 것은 먹지 않았고 나쁜 냄새가 나는 것도 먹지 않았
다. 덜 익힌 것을 먹지 않았고 철에 안 맞는 것도 먹지 않았다.

食饐而餲와＋ 魚餒而肉敗를 不食하시며 色惡不食하시며
사의이애　　어뇌이육패　　불식　　　색악불식
　(애)
臭惡不食하시며 失飪不食하시며 不時不食이러시다
취악불식　　　실임불식　　　불시불식

●

음식을 자른 모양이 바르지 않으면 먹지 않았다. 음식에 맞는 간장이
없으면 먹지 않았다.

割不正이어든 不食하시며 不得其醬이어든 不食이러시다
할부정　　　불식　　　부득기장　　　불식

음식은 만든 사람의 정성과 그것을 알고 고맙게 먹는 사람의 교감이
중요하다. 바르게 자르지 않은 고기나 야채를 먹는다고 해서 그리고 간

장이 없이 고기를 먹는다고 해서 몸에 해가 될 것은 없다. 이익은 공자가 이렇게 음식에 대해 까다로운 원칙을 적용한 것은 식욕을 억제하기 위한 방법이었다고 해석했다(《성호사설》).

●

비록 고기를 많이 먹어도 고기의 기운이 밥 기운을 이기지 않도록 고기를 밥보다 많게 하진 않았다. 주량은 한정이 없었으나 취해서 어지러울 때까지 마시진 않았다.

肉雖多나 不使勝食氣하시며 唯酒無量하사대⁺⁺ 不及亂이러시다
육수다   불사승사기   유주무량   불급란

●

길이나 시장에서 파는 술과 육포를 먹지 않았다.

沽酒市脯를 不食하시며
고주시포   불식

시장에서 구매한 술과 포脯를 먹지 않았던 이유는 정결하지 않아 사람을 해칠까봐 두려워했기 때문이라고 한다(《집주》). 이익은 공자가 이렇게 한 이유 역시 많이 먹지 않으려는 절제의 한 방법이라고 해석했다. 술과 포는 평소에 집에 준비해두는 것인데 잠시 이것이 떨어졌다고 해서 시장에 사러가는 것은 구차한 행위기 때문이라는 말이다. 손님이 왔는데 그것이 없을 때는 어쩔 수 없이 시장에 가서 사와야 한다고 설명했다(《성호사설》).

생강을 늘 두고 먹었다.

不撤薑食하시며
불철강식

생강生薑은 정신을 맑게 하고 악취를 제거하는 효능이 있다고 한다
《집주》).

과식하지 않았다.

不多食이러시다
부다식

관청에서 제사 지내고 준 고기는 밤을 넘기지 않았다. 집에서 제사 지
낸 고기는 사흘을 넘기게 하지 않았고 사흘이 넘으면 먹지 못하는 것으
로 했다.

祭於公에 不宿肉하시며 祭肉은 不出三日하더시니
제어공   불숙육   제육   불출삼일

出三日이면 不食之矣니라
출삼일   불식지의

식사할 때 말하지 않았고 잠자면서 말하지 않았다.^{╇╇╇}

食不語하시며 寢不言이러시다
식불어   침불언

어語는 서로 주고받는 말이다. 대화를 말한다. 언言은 일방적으로 하
는 말이다(《집주》).

비록 거친 밥과 나물국이라도 반드시 제사했고, 제사하면 반드시 엄
숙하게 했다.

雖疏食菜羹이라도^{╇╇╇╇} 瓜祭하사대^{╇╇╇╇╇} 必齊如也러시다
수소사채갱   필제   필제여야

소사疏食는 보통 거친 밥, 나물 밥, 반찬이 없는 밥 등으로도 번역된다.

╇ '饐' 자는 관본 언해로 분류되는 《논어언해》와 율곡의 《논어언
해》에 모두 "에"로 되어 있다. '饐' 자를 옥편과 사전에서 보면, 《전
운옥편》(1796)에는 '의' 자가 먼저 나오고, 밥이 상해서 습기와 냄새
가 있고 맛이 변한 것이라는 설명이 있다. 이어서 '애' 도 이와 뜻이
동일하다고 되어 있다. 《신자전》(1915)에는 한자음이 '의' 와 '애' 둘
다 제시되어 있고, 그 용례로 "食饐而餲"가 인용되어 있다. 《한한대
자전》(2001), 《동아대옥편》(2005)에도 동일하다. 《명문옥편》(2005)에

도 '의'를 먼저 제시하고 있다. 다만, 이 한자를 '애'로 읽고 있는
데 《집운集韻》에 반절로 '於例切'이라고 되어 있어서 '예'로도 읽
을 수 있다고 설명한 부분이 있다. 단대 《한한대사전》(2008)에는
'饐' 자에 한자음이 '의'로 되어 있고, '애'는 없다.

** '唯'자를 '惟' 자로 쓰는 판본도 있다. 박문호의 《논어집주상설》,
《사서장구집주》에는 '惟' 자로 되어 있다. 유학자들의 일부 문집에
도 '惟' 자를 쓴 것이 있다. 정유자본 《논어집주대전》과 사고전서
《논어집주대전》에서 '唯' 자를 쓰고 있다. 지금 《논어》 교재로 많이
사용되는 《한문대계》와 양백준楊伯竣의 《논어역주論語譯注》에도 '唯'
자를 쓰고 있다. 중세의 《논어》 판본에도 그 두 글자가 혼용되어 사
용되었는데, 그런 사례가 〈논어주소교감기〉에 설명되어 있다.

*** 《집주》에는 잠잘 때와 식사할 때 말을 하지 않는 이유는 잠잘
때와 식사할 때는 숨이 막혀 통하지 않는 순간이니까 이럴 때 말을
하면 다칠 것을 우려한 때문이라고 되어 있다. 이익은 '寢' 자는 잠
잘 때는 물론 휴식을 취할 때를 의미한다고 설명하면서 잠자면서
말을 하지 않는다는 것은 말이 안 된다고 했다. 그러면서 휴식을
취할 때 말을 하지 않는다는 뜻으로 해석했다(《성호사설》).

**** "소疏"자의 한자 자형에 대해 설명한다. 정유자본 《논어집주
대전》과 관본 언해로 분류되는 《논어언해》와 율곡의 《논어언해》에
모두 '疏' 자로 되어 있다. 그렇지만 최근에 대부분의 《논어》 책에
서 '疏' 자를 쓰고 있어서 이를 따랐다. '황본皇本'(황간의 《논어의소》),
'형본邢本'(형병의 〈논어주소〉)에는 '疏'로 되어 있다.

***** 《집주》에서 "瓜"자를 '必' 자로 보는 해석에 따라 '필'이라고
읽는다. 이 문장을 "雖疏食菜羹瓜라도 祭하사대"라고 하는 바와 같
이 구두句讀를 달리하여 읽으면 '瓜' 자는 '과'로 읽어야 하고 그 뜻

도 이렇게 달라진다. "비록 거친 밥과 나물국과 오이일지라도 제사했고"(《분류오주연문장전산고》).

9
•

자리가 바르지 않으면 앉지 않았다.

席不正이어든 不坐러시다
석부정   부좌

10
•

마을 사람들이 모여 술을 마실 때 지팡이를 짚는 사람이 자리를 뜬 다음에 일어섰다.

鄉人飮酒에 杖者出이어든 斯出矣러시다
향인음주   장자출   사출의

•

마을 사람들이 굿을 할 때에는 조복을 입고 동쪽 섬돌에 서 있었다.

鄉人儺에 朝服而立於阼階러시다
향인나   조복이립어조계

이익은 공자가 푸닥거리를 하는데 조복을 입고 서 있었던 이유에 대해 귀신을 공경하되 멀리한다는 뜻이라고 설명했다(《성호사설》).

11

●

다른 나라에 있는 사람에게 안부를 전할 때 심부름 가는 사람에게 두 번 절하고 보냈다.

問人於他邦하실새 再拜而送之러시다
문인어타방　　　재배이송지

심부름 보내는 사람에게 절하는 것은 만날 사람을 직접 본 것처럼 공경하는 마음을 갖기 위함이었다고 한다(《집주》).

●

季강자가 약을 보냈다. 절하고 받은 다음 선생님이 말씀하셨다. "나 구丘는 이 약을 잘 모르겠다. 그러니 감히 맛볼 수 없다."

康子饋藥이어늘 拜而受之曰丘未達이라 不敢嘗이라 하시다
강자궤약　　　배이수지왈구미달　　　불감상

당시에는 다른 사람이 음식을 주면 먼저 맛을 보고 절을 했다고 한다 (《집주》).

12

•

마굿간에 불이 났다. 선생님이 조정에서 퇴근해서 말씀하셨다. "다친 사람은 없었느냐?" 하시고 말에 대해선 묻지 않았다.

廐焚이어늘 子退朝日傷人乎아하시고 不問馬하시다
구분   자퇴조왈상인호   불문마

수업 시간에 이 문장을 해석해주자 학생들은 공자가 말의 상태에 대해서도 관심을 가졌으면 좋았겠다고 말했다. 동물도 사랑하자는 말이다.✝

✝ 《논어고금주》에 다른 해석이 있다. 위의 문장 "傷人乎 不問馬"에서 '不'자를 앞으로 옮겨서 "傷人乎否 問馬"로 하고 이를 "사람은 다치지 않았느냐 하시고 말에 대해서 물었다"고 해석할 수도 있다는 왕양명(1472~1528)의 견해가 그런 것이다. 이렇게 구두句讀를 달리하면서 '不'자는 '否'자로 변경되었다. 이런 설명은 《경전석문》에 나온다. 《경전석문》에는 이렇게 되어 있다. "絕句―讀至不字絕句" (絕句를 만들면서 '不'자까지 끊어서 한 구절로 읽는다). 정약용도 이런 설명이 있다고 소개했다. 이렇게 구두를 달리해서 해석하면, 먼저 사람의 안부를 물어보고 그다음에 말에 대해서 물어보는 것이므로 "仁民而愛物"(백성에서 인仁을 베풀고 이어서 동물을 사랑한다)이 말이 된다. 이런 해석을 정약용은 긍정하지 않았다. 정조도 '不'자를 앞에 붙여서 읽으면 "사람은 다치지 않았느냐 하시고 말에 대해 물으셨다"도 해석이 되니까 말의 상태에 대해서도 관심을 표시한 것이 된다는 박세당의 설을 신하들에게 말한 적이 있다(《홍재전서》〈일득록〉; 〈사변록〉).

13

●

임금이 음식을 주면 반드시 자리를 바르게 하고 먼저 맛보고, 임금이 날고기를 보내주면 반드시 익혀서 조상께 올렸다. 임금이 살아 있는 짐승을 보내주면 반드시 길렀다.

君이 賜食이어시든 必正席先嘗之하시고 君이 賜腥이어시든
군   사식   필정석선상지   군   사성

必熟而薦之하시고 君이 賜生이어시든 必畜之러시다
필숙이천지   군   사생   필휵지

●

임금을 모시고 식사할 때 임금이 제祭를 올리면 먼저 식사를 해서 군주를 위해 음식 맛을 보는 것처럼 했다.

侍食於君에 君祭어시든 先飯이러시다
시식어군   군제   선반

●

병에 걸렸을 때 임금이 문병을 오면 머리를 동쪽으로 하고 몸에 조복을 걸치고 띠를 둘렀다.

疾에 君이 視之어시든 東首하시고 加朝服拖紳이러시다
질   군   시지   동수   가조복타신

머리를 동쪽에 두는 것은 생기生氣를 받기 위함이라고 한다((집주)).

●

임금이 명하여 부르면 수레가 준비되기를 기다리지 않고 달려갔다.

君이 命召어시든 不俟駕行矣러시다
군　명소　　　불사가행의

●

(주공의 사당인) 태묘에 들어가서는 일마다 물어보고 행했다.

入太廟하사 每事를 問이러시다
입태묘　　매사　문

14

●

친구가 죽었는데 빈소를 차릴 곳이 없으면 "우리 집에다 빈소를 차려
라"라고 말씀하셨다.

朋友死하여 無所歸어든 日於我殯이라 하더시다
붕우사　　무소귀　　왈어아빈

●

친구 사이에 선물을 주고받을 때 제사 지낸 고기가 아니면 설령 수레

를 주더라도 절하지 않았다.

朋友之饋는 雖車馬라도 非祭肉이어든 不拜러시다
붕우지궤　수거마　　비제육　　　불배

　제사 지낸 고기에 절하는 것은 서로 조상을 공경하는 마음 때문이라
고 한다《집주》.

15

●

잠잘 때 시신과 같은 모습으로 눕지 않았다. 집안에 있을 때 용모를
꾸미지 않았다.✝

寢不尸하시며 居不容이러시다
침불시　　　 거불용

●

상복을 입은 사람을 보면 비록 친한 사이라도 반드시 낯빛을 고쳤다.
면류관을 쓴 사람과 소경을 보면 사사로운 자리에서도 반드시 자세를
고쳤다.

見齊衰者하시고 雖狎이나 必變하시며
견자최자　　　　수압　　필변
　　(재)

見冕者與瞽者하시고 雖褻이나 必以貌러시다
견면자여고자   수설   필이모

상복을 입은 사람에게 몸을 굽혀 경의를 표했고 백성의 호적과 나라
의 지도를 짊어진 사람에게도 몸을 굽혀 경의를 표했다.

凶服者를 式之하시며 式負版者러시다
흉복자   식지   식부판자

공자가 지도와 호적을 짊어진 사람에게 예를 표시
한 것은 백성 숫자를 중하게 여긴 것이라고 한다(《집
주》). 《주례周禮》에 '소사구小司寇'라는 관직이 있다.
소사구가 백성들의 인원수를 기록한 장부를 왕에게
올리면 왕은 이것을 절하면서 받는다. 정도전은 〈조
선국전〉에서 소사구가 하는 이런 일을 인용하면서
"백성은 임금의 하늘이다"라고 역설했다.

정도전의 〈조선경국전〉

성찬을 차렸거든 반드시 낯빛을 고치고 일어섰다.

有盛饌이어든 必變色而作이러시다
유성찬   필변색이작

천둥번개가 치고 바람이 맹렬하게 불면 반드시 (엄숙하게) 낯빛을 고쳤다.

迅雷風烈에 必變이러시다
신뢰풍렬   필변

한밤중이라도 폭풍이 불고 빠른 번개가 칠 때는 일어나 의관衣冠을 정제하고 앉는다고 한다(《집주》).

╬ "거불용"에 대해 이익은 거居를 앉는다는 뜻으로, 용容을 동작動作의 의미로 해석했다(《성호사설》〈경사문〉). 정약용은 거居를 연거燕居로 용容을 《주례》에 나오는 관직의 하나인 보씨保氏가 담당하는 6가지 용모 교육과 같은 것이라고 했다. 제사, 빈객 접대, 조정朝廷, 상사喪事, 군려軍旅, 거마車馬와 같은 6가지 상황에 있을 때 취하는 용모를 말하는 것이다. 《논어고금주》에는 이런 일을 담당하는 보씨保氏라는 관직이 《주례》의 6가지 관직 분류(천관, 지관, 춘관, 하관, 추관, 동관고공기) 중 춘관 春官에 속한 것으로 되어 있다(신조선사新朝鮮社 간행刊行 《논어고금주》). 보씨保氏는 지관地官에 속한다. 홍대용은 용容이라는 것이 "다만 제사를 받들고 손님을 만날 때와 같이하지 않은 것"이라고 하는 《집주》의 설명은 미진하다고 했다(《담헌서》). 《승정원일기》에도 '거불용'에 대해 논의한 것이 있는데, 일상의 거처에서 위용威容을 갖추고 있으면 기운이 맺히게 되고 그러면 맥박이 고르지 않게 된다고 한 부분이 있다 [국역 《승정원일기》 고종1년(1864) 11월 19일 병진].

16

●

수레에 올라설 때 반드시 똑바로 서서 끈을 잡았다.

升車하사 必正立執綏러시다[+]
승거　　　필정립집수
　　　　　　　　（유）

●

수레 안에서 이리저리 둘러보지 않았고 빨리 말하지 않았고 손가락질
하지 않았다.

車中에 不內顧하시며 不疾言하시며 不親指러시다
거중　불내고　　　불질언　　　　불친지

[+] 綏 의 한자음은 관본 언해로 분류되는 《논어언해》와 율곡의 《논
어언해》, 《언해논어》(1932)에 모두 '유' 라고 되어 있다. 현토와 언해
가 추가되어 있는 《논어집주》 일부 판본(1917, 1952)에 한자음을 표시
한 부분에도 '유' 라고 되어 있다. 박문호는 綏 자에 대한 언해의
한자음이 오류라고 지적했다. 옥편과 사전을 보면, 《고금한한자전》
(1995)에는 '수' 로 되어 있고 《논어》의 이 문장이 사례로 인용되어
있다. 《전운옥편》(1796)과 《신자전》(1915)에는 '유' 와 '수' 가 다 나오
는데, '유' 는 깃발을 아래로 내린다는 뜻이고, '수' 는 '편안하다' 와
'수레 고삐' 라는 뜻이다. 《동아대옥편》(2005), 《한한대자전》(2005),
《명문대옥편》(2005)에는 수레 손잡이 줄이라는 뜻일 때 '수' 로 되어
있다. 《집주》에는 綏 자가 마차에 매달려 있는 줄이라는 뜻이라고

되어 있다. 단대 《한한대사전》(2008)에는 수레에 오를 때 잡는 끈이라는 의미로는 '수'로 되어 있다. 박세당은 이 문장을 해석할 때 수레에 오른 다음에 끈을 잡고 앉아 있는 것으로 오해하기 쉬운데 그런 것이 아니라 수레에 오를 때 끈을 잡는 것임을 강조했다.

17

●

새도 주위에 있는 사람의 안색을 살피면서 빙빙 돈 다음에 내려앉는다.

色斯擧矣하여 翔而後集이니라
색사거의   상이후집

새가 내려앉으려고 할 때 근처에 있는 사람을 본다. 잡으려는 기색이 있으면 멀리 날아가고 그렇지 않으면 내려앉는다. 사람도 미리 기미를 알아차리고 처신하라는 말이다(《집주》).

김홍도, 〈쌍치도雙雉圖〉, 호암미술관

●

선생님이 말씀하셨다. "산속 다리에 앉아 있는 꿩이 때를 만났구나, 때를 만났구나." 자로가 잡아 바쳤더니 공자가 세 번 냄새만 맡고 일어섰다.

曰山梁雌雉時哉時哉인저 子路共之한대 三嗅而作하시다
왈산량자치시재시재   자로공지   삼후이작

제십일
第十一

先進

선진
先進

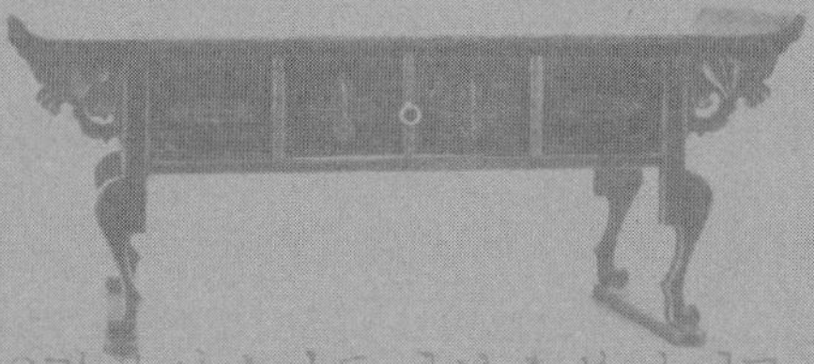

1

●

선생님이 말씀하셨다. "선배들은 예악에 있어서 촌사람처럼 투박했고, 후배들은 예악에 있어서 군자처럼 매끈하다."

　子曰先進이 於禮樂에 野人也요 後進이 於禮樂에 君子也라 하나니
　자왈선진　어례악　야인야　후진　어례악　군자야

　質질과 文문의 관계를 말한 것이다. 예전의 선배들은 質질에 중점을 두었지만 당시 사람들인 후배들은 文문에 더 신경을 썼다는 말이다. 주나라 말기에 표현에 있어서 기교에 치우친 경향을 지적한 것이다.

●

"만일 선택하라면 나는 선배들이 했던 것을 따르겠다."

　如用之則吾從先進호리라
　여용지즉오종선진

　공자가 文문보다 質질을 우선으로 생각했음은 앞에서 설명했다. 그렇다고 해서 공자가 文문의 중요성을 인정하지 않은 것이 아니다. 오히려 그의 교육 목적은 文문을 향상시키는 데 있다고 할 정도로 文문을 강조했다.

2

•

선생님이 말씀하셨다. "진나라와 채나라에서 나를 따르던 제자들이 이젠 모두 문하門下에 없구나."

子曰從我於陳蔡者皆不及門也로다✝
자왈종아어진채자개불급문야

•

"덕행에는 안연과 민자건과 염백우와 중궁이고, 언어에는 재아와 자공이고, 정치 행정에는 염유와 계로고, 문학에는 자유와 자하다."

德行엔 顏淵閔子騫冉伯牛仲弓이요 言語엔 宰我子貢이요
덕행　안연민자건염백우중궁　　　언어　재아자공

政事엔 冉有季路요 文學엔 子游子夏니라
정사　염유계로　문학　자유자하

✝ "불급문不及門"에 대해 다른 해석이 있다. 정현(127~200)은 '문門'을 "仕進之門"(관직으로 진출하는 문門)으로 해석하면서 제자들이 마땅한 자리를 잡지 못했다는 뜻으로 해석했다. 황간과 형병 역시 정현의 해설을 따라 제자들이 관직의 문門으로 복귀하지 못했다는 뜻으로 설명했다. 《집주》에는 공자가 진나라와 채나라에서 곤란을 당했을 때 따르던 제자들이 "此時皆不在門"(이때에 모두 문하에 있지 않았다)라고 설명되어 있다. 환난의 시기를 같이했던 사람들을 잊지 않는다는 뜻이다. 정약용은 "不及門"에 대해 이것은 "孔子先反衛 而從行者皆不及

於衛國之城門也"(공자가 위나라에 먼저 돌아왔는데 뒤따르던 제자들은 위나라 성문城門에 미처 도착하지 못했다)라는 말이라고 설명했다.

3
•

선생님이 말씀하셨다. "안회는 나를 도와주는 사람이 아니로다. 내가 말할 때마다 기뻐하지 않은 적이 없으니."

子曰回也는 非助我者也로다 於吾言에 無所不說이온여
자왈회야　비조아자야　　어오언　무소불열

4
•

선생님이 말씀하셨다. "효자로다. 민자건이여. 사람들은 민자건의 부모 형제가 그를 칭찬하는 말에 대해 트집을 잡을 수 없구나."

子曰孝哉라 閔子騫이여 人不間於其父母昆弟之言이로다
자왈효재　민자건　　인불간어기부모곤제지언

5
•

남용이 '백규' 라는 시를 (하루에) 세 번씩 반복해서 외웠는데 공자가 형의 딸을 아내로 삼게 했다.

南容이 三復白圭어늘 孔子以其兄之子로 妻之하시다
남용　삼복백규　　공자이기형지자　　처지

남용은 "백옥 구슬에 있는 흠은 갈면 되지만 내가 한 말에 있는 흠은
결코 그렇게 할 수 없네"(白圭之玷 尙可磨也 斯言之玷 不可爲也)라는 시를 반
복해서 읽었다고 한다(《집주》).

6
•

계강자가 질문했다. "제자 중에서 누가 학문을 좋아합니까?" 공자가
대답했다. "안회라는 제자가 학문을 좋아했는데, 불행히 젊은 나이에
죽고 말았다. 이제는 없다."

季康子問弟子孰爲好學이리잇고 孔子對曰有顔回者好學하더니
계강자문제자숙위호학　　　　　공자대왈유안회자호학

不幸短命死矣라 今也則亡하니라
불행단명사의　금야즉무

7
•

안연이 죽자 (그의 아비인) 안로가 선생님의 수레를 팔아 (외관外棺) 곽槨

을 장만하는 비용으로 쓰기를 요청했다.

> 顔淵이 死커늘 顔路請子之車하여 以爲之椁한대
> 안연　사　안로청자지거　이위지곽

●

선생님이 말씀하셨다. "자식이 재주가 있거나 없거나 부모에게는 다 같은 자식이라고 말하는데, 내 아들 리鯉도 죽었을 때 관棺은 있었지만 곽椁은 없었다. 내가 안회의 곽椁을 마련하기 위해 수레를 팔아버리고 그냥 걸어 다닐 수 없는 이유는 나도 한때 대부의 반열에 있었기에 조정에 출입할 때 수레를 타야 하기 때문이다. 걸어서 조정에 출입할 순 없다."

> 子曰才不才에 亦各言其子也니 鯉也死커늘 有棺而無椁호니
> 자왈재부재　역각언기자야　리야사　유관이무곽
>
> 吾不徒行하여 以爲之椁은 以吾從大夫之後라 不可徒行也니라[+]
> 오불도행　이위지곽　이오종대부지후　불가도행야

공자는 남을 도와줄 형편이 아닌데 단지 은혜롭게 보이기 위해 자기에게 꼭 필요한 것을 주는 것을 솔직한 행동으로 보지 않았다.

8

●

안연이 죽었다. 선생님이 말씀하셨다. "아이고, 하늘이 날 버렸다. 하

늘이 날 버렸다."

顏淵이 死커늘 子曰噫라 天喪予샷다 天喪予샷다
안연　사　　자왈희　천상여　　천상여

　공자는 도道가 사람을 통해 다음 세대로 전해진다고 생각했다. 안연
을 그 계승자로 생각하고 있었다. 그래서 공자는 하늘이 자신을 버렸다
고 원망하는 말을 했다.

9

●

안연이 죽자 선생님이 통곡했다. 제자들이 말했다. "선생님, 통곡이
지나치십니다."

顏淵이 死커늘 子哭之慟하신대 從者曰子慟矣샤소이다
안연　사　　자곡지통　　종자왈자통의

●

말씀하기를, "내가 통곡했단 말이냐?"

曰有慟乎아
왈유통호

"저 사람을 위해 통곡하지 않으면 누굴 위해 한단 말이냐?"

非夫人之爲慟이요 而誰爲리오
비부인지위통   이수위

10

안연이 죽자 공자의 문인들이 거창하게 장사를 치르려고 했다. 선생님이 말씀하셨다. "그렇게 해선 안 된다."

顔淵이 死커늘 門人이 欲厚葬之한대 子曰不可하니라
안연   사   문인   욕후장지   자왈불가

장례를 집안 형편대로 하는 것이 예법이라고 생각했던 공자가 없는 살림에 호화롭게 장례를 지내려는 것을 제지한 것이다.

그래도 문인門人들이 호화롭게 장사를 치렀다.

門人이 厚葬之한대
문인   후장지

선생님이 말씀하셨다. "안회는 나를 아버지처럼 여겼는데 나는 그를
자식처럼 해주지 못했으니, 내가 아니라 바로 너희들 때문이다."

子曰回也는 視予猶父也어늘 予不得視猶子也호니
자왈회야   시여유부야   여부득시유자야

非我也라 夫二三子也니라
비아야   부이삼자야

공자는 자기 자식인 리鯉처럼 안회도 예법에 맞게 장사 지내려고 했
다. 그렇게 하지 못한 문인門人들을 책망한 것이다.

11

●

계로가 귀신을 섬기는 일에 대해 질문했다. 선생님이 말씀하셨다. "사
람을 제대로 섬기지 못한다면 어찌 귀신을 섬길 수 있겠느냐?" (자로가 또
질문했다.) "감히 죽음에 대해 여쭙겠습니다." 다시 말씀하셨다. "살아 있
는 지금의 삶에 대해 알지 못한다면 어찌 죽음에 대해 알 수 있겠느냐?"

季路問事鬼神한대 子曰未能事人이면 焉能事鬼리오
계로문사귀신   자왈미능사인   언능사귀

敢問死하노이다⁺ 曰未知生이면 焉知死리오
감문사   왈미지생   언지사

제사와 죽음에 대해 알고 싶었던 자로에게 공자는 이렇게 충고했다. 산 사람을 잘 섬긴다는 것, 즉 부모나 형제를 잘 섬겨서 그들을 감동시킬 만한 정성이라면 귀신도 제사 때 찾아와서 흠향할 것이고 그렇지 못하면 제사 때 귀신은 흠향하러 오지 않는다는 말이다.

　조선시대 유학자들은 이론적으로는 귀신의 존재를 인정하지 않았다. 이들은 사람이 죽으면 혼백이 공중에 흩어지기 때문에 형태가 있는 어떤 존재가 있을 수 없다고 생각했다. 사람의 삶도 일회적이라고 생각했다. "사람은 한 번 죽는다"고 정도전이 말한 것이 그런 뜻이다. 이들은 신神의 존재를 믿지 않았다. 다만 사람이 죽어서 몸은 사라졌어도 그 기氣가 흩어지지 않고 남아 있는 형태의 귀신은 있을 수 있다고 생각한 유학자는 있었다. 이러한 형태의 영혼이 제사에 온다고 생각한 것이다. 그렇다고 해서 어떤 형체를 가진 신의 존재를 인정한 것은 아니었다.

　그런데 문제는 이들의 생각과 행동이 일치하지 않았다는 점이다. 신랄하게 종교를 공격할 때는 신神은 없는 것이고 이치에 따라 이 세상이 움직일 뿐이라고 역설했다. 유학자들이 상제上帝라는 개념을 생각하고 있었지만 이 역시 이치의 상징으로 이해한 것이었다. 조선시대 군주들의 종교에 대한 입장을 보면, 유교 국가 조선을 건국한 태조 이성계는 불교 신자였다. 그는 부처님의 도움으로 조선을 건국할 수 있었다고 말했다. 조선의 유교적 문명의 기초를 세운 세종도 불교 신자였다. 그는 궁궐 안에 내불당이라는 사찰을 세워서 유학자 관료들로부터 비판을 받았다. 세조의 불교 신앙은 유명하다. 그 이후에도 불교 신앙을 표시한 군주들도 있었으나, 주목할 사례는 정조라고 할 수 있다. 조선 건국 초기에는 고려시대의 전통에 따라 불교 신앙이 유지된 상황이었기 때문에 태조의 불교 신앙에 대해서는 이해할 수 있다. 그러나 18세기 이후는 조선이 유교 국가로서 제도는 물론 생활문화의 차원에서 유교화된 상태였다. 정조는 유교 문명에 대한 확고한 신념을 가졌던 군주였다. 그렇지만 그는 종교에 대해서 관용적이었다. 유학자들은 이론적으로 이단 배척 입장을 분명히 했지만 그들 중 상당수는 일상생활에서 종교의 존재에 대해 심각하게 공격하진 않았다. 정책적으로도 불교를 인정하지 않지만 묵인의 상태로 놔두게 되었다. 유학자들의 종교에 대한 인식에서 논란이 되는 것은 제사에 임하는 자세였다. 제사라는 것이 조상을 추모하면서 자신이 나온 뿌리에 대한 인식을 분명하게 하는 것이라는 취지도 있지만 제사를 지내는 입장에서는 조상의 혼령이 제사를 지내는 곳에 온다는 생각을 한 경우도 있었다.

이렇게 조선의 군주나 유학자가 종교 문제에 대해서 이중적인 태도를 가졌던 것에 대해 신념과 행동의 불일치라고 혹평할 필요는 없다. 그 당시에는 그런 불일치가 큰 문제가 되지 않았다. 이들은 그냥 예전의 방식대로 살았을 뿐이다. 이런 것을 명확하게 하기를 요구하는 쪽은 후대의 유학자들이었다. 유교적인 가치관으로 신神과 종교 문제를 평가한 것이다. 종교 비판에 있어서는 정치적인 이유가 작용하는 경우도 있었다. 이럴 때는 그것이 심각한 상황으로 전개되었다. 종교에 대한 학술적인 비판에 정치적인 의도가 개입된 사례가 조선 초기의 불교 억압, 조선 후기의 천주교 박해라고 할 수 있다.

《논어》에도 여러 번 귀신 이야기가 나온다. 그럴 때마다 공자의 태도는 분명하지 않다. 있다는 것인지 없다는 것인지 명쾌하게 설명을 한 적이 없다. 그러니까 과감한 자로가 단도직입적으로 귀신의 존재에 대해 질문한 것이다. 공자의 대답은 적극적인 부정도 긍정도 아니었다. 무시나 존경도 아니었다. 다만 조심스러운 태도로 임했다. '외경畏敬'이라는 말이 있는데 이것이 공자의 귀신에 대한 태도를 설명하는 데 적합할 것 같다.

✝ "감문사敢問死" 앞에 '曰' 자가 있는 판본이 있고 없는 판본도 있다. 사고전서 《논어집주대전》에는 '曰' 자가 없다. 정유자본 《논어집주대전》과 《논어언해》도 마찬가지다. 그런데 '황본皇本'(황간의 《논어의소》), '형본邢本'(형병의 《논어주소》), 《논어고금주》에는 '曰' 자가 있다. 《칠경맹자고문보유七經孟子考文補遺》에 "曰敢問死"에 대해 이런 설명이 있다. "朱熹集註本無曰字"(주희의 《집주》에는 '왈' 자가 없다). 〈논어주소교감기〉에도 같은 설명이 있다. "朱子集注本無曰字"(주자의 《집주》에는 '曰' 자가 없다). 이렇게 '曰' 자가 없는 것은 착오에 의해 빠진 것 같다고 설명되어 있다. 《논어집주》의 편집 체제를 따르는 책에는 '曰' 자가 없다. 최근의 《논어》 역주본을 보면 성백효의 《현토완역 논어집주》(2005)에는 '曰' 자가 없으나 이강재(2006), 김용옥의 《한글논어역주》(2008)에는 '曰' 자가 있다.

12
●

민자는 선생님을 곁에서 모실 때 온화하게 공경하는 모습이었고, 자로는 강건하여 굽힘이 없었고, 염유와 자공은 강직했는데 (이런 제자들을 둔) 선생님은 즐거워했다.

閔子는 侍側에 誾誾如也하고 子路는 行行如也하고✝
민자   시측   은은여야   자로   항항여야

冉有子貢은 侃侃如也어늘 子樂하시다
염유자공   간간여야   자락

(선생님이 말씀하셨다.) "유由와 같은 인물은 제 명에 죽지 못할 것 같구나."

若由也는 不得其死然이로다
약유야　부득기사연

✝ '行行如'는 곧고 강한 모양이다. '行'은 굳세다는 뜻이다. 《집주》
에 반절로 그 한자음이 항이라고 되어 있다. "胡浪反"('호'와 '랑'의
반절이니 그 한자음은 '항'이다). 《경전석문》의 반절도 《집주》와 동일하
다. 《논어언해》 5종(1590년, 1612년, 내각장판, 영영장판, 하경룡장판), 율곡
의 《논어언해》에도 '항'으로 되어 있다. 《언해논어》(1932)에는 '행'
으로 되어 있고, "행행"은 "강강剛强한 모양"이라고 설명되어 있다.
단대 《한한대사전》(2008)에도 '行行'은 '항항'으로 되어 있고 이 문
장이 인용되어 있다.

13

⦿

노나라 사람이 장부라고 하는 창고를 개축했다.

魯人이 爲長府러니
노인　위장부

⦿

민자건이 말했다. "예전 그대로 놔두면 어때서 그러는가. 하필 고쳐서

무슨 도움이 되겠는가?"

  閔子騫이 曰仍舊貫如之何오 何必改作이리오
  민자건   왈잉구관여지하   하필개작

●

선생님이 말씀하셨다. "이 사람은 말을 하지 않을지언정 말하면 반드시 이치에 적중하는구나."

  子曰夫人이 不言이언정 言必有中이니라
  자왈부인   불언   언필유중

14

●

선생님이 말씀하셨다. "유由의 비파 연주 소리가 어찌 이 사람 구丘의 집 문에서 들리는가?"

  子曰由之瑟을 奚爲於丘之門고
  자왈유지슬   해위어구지문

  자로는 기질이 강했기 때문에 그의 연주에 그런 살벌함이 깃들어 있음을 말한 것이라고 한다(《집주》). 정약용은 이런 설명을 반박하면서 공자가 이렇게 말한 것은 다만 자로의 연주가 최상의 단계에 이르지 못했기 때문이라고 했다.

문인들이 자로를 공경하지 않았다. 선생님이 말씀하셨다. "자로의 학식은 당堂에 올라와 있는 수준이다. 다만 방안에 들어오지 못했을 뿐이다."

門人이 不敬子路한대 子曰由也는 升堂矣요 未入於室也니라
문인　불경자로　　자왈유야　승당의　미입어실야

15

자공이 질문했다. "사師와 상商 중에서 누가 더 어질다고 할 수 있습니까?" 선생님이 말씀하셨다. "사는 지나친 점이 있고 상은 미치지 못한 점이 있다."

子貢이 問師與商也孰賢이리잇고 子曰師也는 過하고
자공　문사여상야숙현　　　자왈사야　과

商也는 不及이니라
상야　불급

사師는 포부가 크고 모험을 즐겼고, 상商은 원칙에 충실한 인물이라고 한다《집주》.

(자공이) 말했다. "그렇다면 사師가 낫다는 말씀입니까?"

曰然則師愈與잇가
왈연즉사유여

●

선생님이 말씀하셨다. "지나침은 미치지 못함과 같다."

子曰過猶不及이니라
자왈과유불급

공자가 이렇게 "과유불급"이라고 한 것에 대해 정약용은 난형난제難
兄難弟, 막상막하莫上莫下라는 말로 보충 설명했다.

16

●

계씨가 주공周公보다 부유했는데 구求가 계씨의 가신이 되어 세금을
거둬 모으고 부가附加하여 계씨의 재산을 늘려주었다.

季氏富於周公이어늘 而求也爲之聚斂而附益之한대†
계씨부어주공   이구야위지취렴이부익지

●

선생님이 말씀하셨다. "우리 무리가 아니구나. 제자들아, 북을 치고
성토해도 좋다."

子曰非吾徒也로소니 小子아 鳴鼓而攻之可也니라
자왈비오도야   소자   명고이공지가야

✝ '거둘 렴' 자의 한자 자형이 판본마다 다른 것이 있어 소개한다.
'렴' 자는 정유자본 《논어집주대전》, 내각장판 《논어집주대전》, 관
본 언해로 분류되는 《논어언해》, 율곡의 《논어언해》, 《논어집주상
설》, 현토와 언해가 추가된 《논어집주》 일부 판본(1917, 1952), 《논어
언해》를 현대적으로 풀어서 해설한 《언해논어》(1932), 양백준楊伯竣
의 《논어역주論語譯注》(1980)에 한자 자형이 '歛'으로 되어 있다. 필
자가 확인한 《논어》 필사본에서도 '歛' 자로 쓰고 있다. 그러나 일
부 《논어집주》 판본(김혁제 교열, 1976)과 《한문대계漢文大系》 〈논어집
해論語集解〉(1975)에는 '斂'으로 되어 있다. 지금 대부분의 《논어》 책
에서는 '斂' 자를 쓰고 있다.

17

•

"시柴는 우직하고,"

柴也는 愚하고
시야   우

《집주》에 시柴의 성격이 이렇게 설명되어 있다. 그는 남의 그림자를
밟지 않았다. 겨울잠에서 깨어난 벌레를 죽이지 않았다. 초목을 꺾지
않았다. 피난을 갈 때도 지름길을 택하지 않았다고 한다.

"삼參은 노둔하고,"

參也는 魯하고
삼야　　노

"사師는 외모에만 신경을 쓰고,"

師也는 辟하고
사야　　벽

"유由는 속되고 거칠다."

由也는 嗲이니라
유야　　언

18

선생님이 말씀하셨다. "안회는 거의 도道에 가까웠다. 그러나 자주 양
식이 바닥났다."

김홍도, 〈고사관송高士觀松〉, 개인소장

子曰回也는 其庶乎요 屢空이니라
자왈회야   기서호   누공

        ●

"사賜는 하늘의 명命을 받아들이지 않고 재산을 증식했지만 예측하는
바가 종종 적중했다."

賜는 不受命이요 而貨殖焉이나 億則屢中이니라
사   불수명   이화식언   억즉루중

사賜는 안회처럼 안빈낙도의 수준에는 이르지 못했으나 돈을 늘리는
식견이 있었다.

자장이 선인善人의 도에 대해 질문했다. 선생님이 말씀하셨다. "(이런 사람은) 성인聖人의 자취를 밟진 않았으나 (악을 자행하진 않는다. 그러나 이런 정도로는) 또한 성인의 방에 들어가지 못한다."✛

子張이 問善人之道한대 子曰不踐迹이나 亦不入於室이니라
자장   문선인지도   자왈불천적   역불입어실

선인善人은 성인을 본받으려고 노력하는 사람이 아니다. 그냥 자기의 의지에 따라 선하게 살아온 사람이다. 그래서 악한 일을 행함이 없으나 단계적인 교육을 받은 적이 없었기 때문에 궁극적인 발전 또한 기대하기 어려운 사람이다.

✛ 방에 들어가지 못한다는 말은 무슨 뜻인가? 공자가 자로를 평가할 때 "당堂"에는 올랐으나 "실室"에는 들어오지 못했다고 하는 말이 앞에서 나왔다. 정약용은 이 문장을 교육하는 방법과 단계에 관한 것으로 설명했다. 아래에서 점차 위로 올라가는 하학상달下學上達의 방법으로 이렇게 단계를 설정했다. 문門→ 계단階段→ 당堂→ 실室. 그래서 실室에 들어간다는 것은 목표로 했던 단계에 도달한 수준을 말하는 것이다.

20

•

선생님이 말씀하셨다. "말하는 것이 독실하다고 해서 이런 사람을 인정한다면, 이런 사람은 군자인가? 외모만 씩씩한 사람인가?"

子曰論篤을 是與면 君子者乎아 色莊者乎아
자왈론독　시여　군자자호　색장자호

21

•

자로가 질문했다. "옳은 말을 들으면 곧 실천할까요?" 선생님이 말씀하셨다. "집안 어른이 계신데 어찌 듣게 되는 옳은 말을 즉시 행동에 옮길 수 있겠는가?" 염유가 질문했다. "옳은 말을 들으면 곧 실천할까요?" 선생님이 말씀하셨다. "옳은 말을 듣는 즉시 실천해라." 공서화가 말했다. "유由가 옳은 말을 듣고 실천해야 하느냐고 질문했을 때 선생님은 집안 어른이 계시니 여쭤본 다음에 하라고 만류하셨습니다. 그런데 구求가 옳은 말을 듣고 실천해야 하느냐고 질문했을 때는 곧장 하라고 격려하셨습니다. 저 적赤은 무슨 뜻인지 몰라 감히 여쭤봅니다." 선생님이 말씀하셨다. "구求는 뒷걸음치는 경향이 있어서 앞으로 나아가게 했다. 유由는 사람을 이기려고 하는 경향이 있어서 한발 물러서게 한 것이다."

子路問聞斯行諸잇가 子曰有父兄이 在하니
자로문문사행제　　자왈유부형　재
　　　　　(저)
如之何其聞斯行之리오 冉有問聞斯行諸잇가 子曰聞斯行之니라
여지하기문사행지　　염유문문사행제　　자왈문사행지
　　　　　　　　　　　　　　(저)
公西華曰由也問聞斯行諸어늘 子曰有父兄在라 하시고
공서화왈유야문문사행제　　자왈유부형재
　　　　　(저)

求也問聞斯行諸어늘 子曰聞斯行之라 하시니 赤也惑하여
구야문문사행제　　자왈문사행지　　　적야혹
　　　(저)
敢問하노이다 子曰求也는 退故로 進之하고
감문　　　자왈구야　퇴고　진지

由也는 兼人故로 退之호라
유야　겸인고　퇴지

22

●

선생님이 광匡 땅에서 두려움에 떨면서 빠져나올 때 안연이 뒤에 처
져 있다가 따라왔다. 선생님이 말씀하셨다. "나는 네가 죽은 줄 알았
다." 안연이 말했다. "선생님이 계신데 제가 어찌 감히 죽을 수 있겠습
니까?"

子畏於匡하실새 顏淵이 後러니 子曰吾以女爲死矣라호라
자외어광　　안연　후　자왈오이여위사의

曰子在어시니 回何敢死리잇고
왈자재　　　회하감사

공자 일행이 광匡이라는 지역을 지날 때 그곳 주민들이 공자 일행을
포위했다. 공자를 그곳 주민에게 해를 끼친 양호라는 인물로 착각했기
때문에 이런 일이 발생했다.

23

•

계자연이 질문했다. "중유와 염구는 대신大臣이라고 말할 만합니까?"

季子然이 問仲由冉求는 可謂大臣與잇가
계자연　문중유염구　가위대신여

계자연은 계씨 가문에서 중유와 염구 두 사람을 신하로 쓴 것이 자랑
스러워서 이렇게 질문했다고 한다(《집주》).

•

선생님이 말씀하셨다. "나는 그대가 색다른 질문을 할 것으로 기대했
는데, 유由와 구求에 관한 질문을 하는군."

子曰吾以子爲異之問이러니 曾由與求之問이로다
자왈오이자위이지문　　　증유여구지문

●

"이른바 대신은 도道로써 임금을 섬기다가 뜻대로 되지 않으면 그만 둔다고 한다."

所謂大臣者는 以道事君하다가 不可則止하나니
소위대신자　이도사군　　　불가즉지

도道로써 군주를 섬긴다는 것은 무조건 군주가 하자는 대로 하는 것이 아니라 원칙을 가지고 섬긴다는 말이다.

●

"이제 이런 점에서 유由와 구求는 (역량을 발휘하는 대신大臣이라기보다는 다만) 숫자만 채울 뿐인 신하라고 말할 수 있다."

今由與求也는 可謂具臣矣니라
금유여구야　가위구신의

●

계자연이 말했다. "그렇다면 지시를 따르기만 하는 신하입니까?"

曰然則從之者與잇가
왈연즉종지자여

●

선생님이 말씀하셨다. "임금과 아비를 죽이라는 일은 시켜도 하진 않을 것이다."

子曰弑父與君은 亦不從也리라
자왈시부여군   역부종야

24

●

자로가 자고를 비읍의 읍재로 천거했다.

子路使子羔로 爲費宰한대
자로사자고   위비재

이때 자로는 계씨의 가신이었다. 비읍은 계씨의 직할지인데 자주 반란이 일어나는 곳이었다.

●

선생님이 말씀하셨다. "자로가 남의 집 자식을 망치는구나."

子曰賊夫人之子로다
자왈적부인지자

자고는 기본 바탕은 좋으나 공부를 한 사람은 아니었다. 그래서 성급하게 관직을 맡으면 그 자신을 해치게 됨을 우려한 것이라고 한다(《집주》).

자로가 말했다. "지금 (다스림이 필요한) 백성이 있고 해야 할 사직社稷의 일이 있는데, 어찌 반드시 글을 읽어야만 배움이 된다고 하십니까?"

子路曰有民人焉하며 有社稷焉하니 何必讀書然後에 爲學이리잇고
자로왈유민인언   유사직언   하필독서연후   위학

자로는 관직 생활도 일종의 배움이라고 생각했다.

선생님이 말씀하셨다. "이래서 내가 말을 잘하는 자를 미워하는 것이다."

子曰是故로 惡夫佞者하노라
자왈시고   오부녕자

주자는 공자의 생각을 이렇게 설명했다. "공부한 것이 성숙한 다음에 벼슬할 수 있다"(《집주》).

25

자로와 증석과 염유와 공서화가 (선생님을) 모시고 앉아 있었다.

子路曾晳冉有公西華侍坐러니
자로증석염유공서화시좌

선생님이 말씀하셨다. "내가 비록 너희들보다 조금 나이가 많지만 나를 개의치 말라."

子曰以吾一日長乎爾나 毋吾以也하라
자왈이오일일장호이   무오이야

"평소에 (사람들이) 너희들을 '알아주지 않는다' 고 말해왔는데, 만약 누군가 너희를 알아준다면 어떻게 하겠느냐?"

居則曰不吾知也라 하나니 如或知爾면 則何以哉오
거즉왈불오지야   여혹지이   즉하이재

자로가 선뜻 나서면서 대답했다. "천승의 나라가 대국의 틈에 끼어서 전쟁에 휘말리고 기근으로 백성이 굶주린다면, 저 유由가 그런 나라를 맡아 다스리기를 3년 정도 하면 백성을 용감하게 하고 바르게 처신하는 방도를 알게 만들 겁니다." 이 말을 듣고 선생님이 빙긋이 웃었다.

子路率爾而對曰千乘之國이 攝乎大國之間하여
자로솔이이대왈천승지국   섭호대국지간

加之以師旅요 因之以饑饉이어든 由也爲之면 比及三年하여
가지이사려   인지이기근   유야위지   비급삼년

可使有勇이요 且知方也케호리이다 夫子哂之하시다
가사유용　　　차지방야　　　　　　부자신지

●

"求求야 너는 어떠냐?" 구가 대답했다. "제가 사방 60~70리나 50~60
리쯤 되는 나라 다스리는 일을 맡아 3년 정도 지나면 백성의 살림을 풍
족하게 할 수 있습니다. 예악은 (제가 잘 해낼 수 없기에) 이에 능한 군자君子
를 기다리겠습니다."

求아 爾는 何如오 對日方六七十과 如五六十에 求也爲之면
구　　이　　하여　　대왈방륙칠십　　여오륙십　　구야위지

比及三年하여 可使足民이어니와 如其禮樂엔 以俟君子호리이다
비급삼년　　　가사족민　　　　　여기예악　　이사군자

자로가 포부를 크게 말했다가 공자가 웃는 표정을 짓자 구(염구)가 위
축되어 포부를 줄여서 말했다고 한다《집주》.

●

"적赤야, 너는 어떠냐?" 적이 대답했다. "저는 (예악에) 능하다는 말이
아니라 (다만 예악으로 다스림을) 배우기 원할 따름입니다. 저는 종묘의 일
과 제후의 회동에서 현단玄端의 옷을 입고 장보章甫의 관冠을 쓰고 보좌
하는 작은 신하가 되기를 원합니다."

赤아 爾는 何如오 對日非日能之라 願學焉하노이다
적　　이　　하여　　대왈비왈능지　　원학언

宗廟之事와 如會同에 端章甫로 願爲小相焉하노이다
종묘지사　여회동　단장보　원위소상언

적(공서화)은 예악에 밝다고 자신했다. 그런데 이런 자부심을 드러내면 공자가 겸손하지 못하다고 야단칠까봐 "배우기를 원한다"고 말했다. 그런 다음 슬며시 예악에 능한 자기 실력을 펼칠 포부를 말했다.

●

"점點아 너는 어떠냐?"(점이) 비파를 타니 (그 소리의) 여운이 간간이 끊이지 아니하는데 비파를 딱 놓고 일어서서 대답했다. "저는 (정치를 하겠다고 말한) 세 사람과는 뜻이 다릅니다." 선생님이 말씀하셨다. "생각이 다르다고 나쁠 게 무엇이냐? 각자 자기 포부를 말했을 뿐이다."(점이) 말했다. "저는 늦은 봄에 봄옷이 이미 만들어져 있으면 관을 쓴 5~6인과 동자 6~7명과 더불어 기수沂水에서 목욕하고 무우舞雩에서 바람을 쐰 다음 노래하고 시를 읊으며 돌아오겠습니다." 선생님이 깊게 탄식하면서 말했다. "나도 점點과 생각을 같이한다. 내 너를 허여하노라."

點아 爾는 何如오 鼓瑟希러니 鏗爾舍瑟而作하여
점　이　하여　고슬희　　갱이사슬이작

對日異乎三子者之撰호이다⁺ 子日何傷乎리오 亦各言其志也니라
대왈이호삼자자지선　　　자왈하상호　　역각언기지야

日莫春者에⁺⁺ 春服이 旣成이어든 冠者五六人과
왈모춘자　춘복　기성　　관자오륙인

童子六七人으로 浴乎沂하여 風乎舞雩하여 詠而歸호리이다
동자륙칠인　욕호기　풍호무우　영이귀

夫子喟然嘆曰吾與點也하노라^{＊＊＊}
부자위연탄왈오여점야

무우舞雩는 기우제를 지내는 곳이라고 한다(《집주》).

"기수에서 목욕하고 무우에서 바람을 쐰 다음 노래하면서 돌아오겠다"는 말은 조선시대 선비들의 시에 자주 인용된다. 홍대용은 잠시 자연을 벗삼아 지내는 것은 모르겠지만 평생 이렇게 하겠다면 세상일에 대한 책무를 유기한 것이라고 했다(《담헌서》). 이익은 증점의 대답이 동문서답이라고 지적했다. 공자는 자기를 알아주는 사람이 있어서 등용해준다면 어떻게 할 것인지 각자 그 뜻을 말해보라고 했고 앞의 세 사람은 각자 포부를 밝혔다. 그런데 증점은 질문의 핵심에서 벗어난 대답을 했다. 그럼에도 불구하고 공자가 증점을 칭찬한 이유는 무엇인가? 이익은 증점의 대답은 정치가 잘된 이후의 상황을 말하는 것이라고 설명했다. 선정善政으로 인해 태평한 시대가 도래하면 대자연의 조화 속에서 살 수 있다는 말이라고 한다. 세 사람은 각자 포부만 말했지만 증점은 좋은 정치의 결과에 대해 말했고 그의 대답 속에는 자리를 얻지 못해 꿈을 펼치지 못한 공자에 대한 연민도 함축되어 있다는 의미로 해석했다(《성호사설》).

●

세 사람이 나가자 증석이 남아 있다가 말했다. "세 사람이 한 말을 어떻게 생각하십니까?" 선생님이 말씀하셨다. "또한 각자 뜻을 말했을 뿐이다." 증석이 말했다. "그런데 선생님께서는 왜 유(자로)가 한 말을 듣고 웃으셨습니까?"

三子者出커늘 曾晳이 後러니 曾晳이 曰夫三子者之言이
삼자자출   증석 후   증석   왈부삼자자지언

何如하리잇고 子曰亦各言其志也已矣니라 曰夫子何哂由也시리잇고
하여   자왈역각언기지야이의   왈부자하신유야

●

선생님이 말씀하셨다. "나라를 다스리기를 예禮로써 해야 하는데 그가
한 말에는 겸양지덕이 없었다. 그래서 웃은 것이다."

曰爲國以禮어늘 其言이 不讓이라 是故로 哂之호라
왈위국이례   기언   불양   시고   신지

증석은 공자가 자로를 칭찬하지 않은 것이 자로가 정치하겠다는 것
을 부정적으로 본 것이 아닐까 하고 생각했다. 공자는 단지 자로가 겸
손하지 않아서 웃었을 뿐이라고 해명했다.

●

"그렇다면 구求가 말한 것은 나라를 다스리는 것이 아닙니까?" (선생님
이 말씀하셨다) "사방이 60~70리 또는 50~60리나 되는데 나라가 아니라
고 할 수 있겠는가?"

唯求則非邦也與잇가 安見方六七十과 如五六十而非邦也者리오
유구즉비방야여   안견방륙칠십   여오륙십이비방야자

"그렇다면 적赤이 말한 것도 나라를 다스리는 일이 아닙니까?" (선생님이 말씀하셨다.) "종묘의 일과 제후의 회동을 보좌하는 것이 제후와 연관된 일이 아니라면 말이 되는가? 적赤이 하는 일을 작다고 하면 어느 누가 하는 일이 큰일이 되겠는가?"

唯赤則非邦也與잇가 宗廟會同이 非諸侯而何오
유적즉비방야여　　종묘회동　　비제후이하

赤也爲之小면 孰能爲之大리오
적야위지소　　숙능위지대

공자는 자로, 염유, 공서화의 현실정치에 대한 관심은 좋으나 뜻을 더 크게 가지라고 격려하기 위해 칭찬하지 않은 듯하다. 증석의 고원高遠한 뜻을 좋다고 평가는 했지만, 또 질문하자 현실정치에 대해 거듭 긍정적으로 말함으로써 이에 관심을 갖게 했다.

✝ 撰은 '갖추고 있다'는 뜻으로 '선'이라고 읽는다.
✝✝ 여기서 '莫'자는 '暮'자와 같은 의미다. '저물 모'자다.
✝✝✝ '탄嘆'자 한자 자형을 보면, 사고전서《논어집주대전》, 내각장판《논어집주대전》, 관본 언해로 분류되는 《논어언해》는 위의 원문과 같다. 그러나 율곡의 《논어언해》, 《논어집주상설》, 현토와 언해가 있는 《논어집주》 판본(1917, 1952, 1976), 《한문대계漢文大系》〈논어집해論語集解〉(1975), 양백준楊伯峻의 《논어역주論語譯注》(1980), 《사서장구집주四書章句集注》에는 '歎'으로 되어 있다.

顔淵

자왈학이시습지면 불역열호아 유붕이자원방래면 불역락호아 인부지이불온이면 불역군자호아 유자왈기위인야효제요 이호범상자선의너 불호범상이요 이호작란자미지유야너라 군자는 무본이너 본립이도생하너니 효제야자는 기위인지본인저자 왈교언영색이 선의인이너라 증자왈오일삼성오신하노너 위인모이불충호아 여붕우교이불신호아 전불습호애너라 자왈도천승지국호대 경사이신하며 절용이애인하며 사민이시너라 자왈제자입즉효하고 출즉제하며 근이신하며 범애중호대 이친인이너 행유여력이어든 즉이학문이너라 자하왈현현호대 역색하며 사부모호대 능갈기력하며 사군호대 능치기신하며 여붕우교호대 언이유신이면 수왈미학이라도 오필위지학의라호리라 자왈군자부중즉불위너 학즉불고너라 주충신하며 무불여기자요 과즉물탄개너라 증자왈신종추원이면 민덕이 귀후의리라 자금이 문어자공왈부자지어시방야하사 필문기정하시너니 구지여아 억여지여아 자공왈부자는 온량공검양이로 득지시너 부자지구지야는 기제이호인지구지여인저 자왈부재에 관기지요 부몰에 관기행이너 삼년을 무개어부지도라 가위효의너라 유자왈예지용이 화위귀하너 선왕지도사위미라 소대유지너라 유소불행하너 지화이화요 불이례절지면 역불가행야너라 유자왈신근어의면 언가복야며 공근어례면 원치욕야며 인불실기친이면 역가종야너라 자왈군자식무구포하며 거무구안하며 민어사이신어언이요 취유도이정언이면 가위호학야이너라 자공이 왈빈이무첨하며 부이무교호대 하여하리잇고 자왈가야나 미약빈이락하며 부이호례자야너라 자공이 왈시운여절여차하며 여탁여마라 하너 기사지위여인저 자왈사야는 시가여언시이의로다 고제왕이지래자온여 자왈불환인지불기지요 환부지인야너라 자왈위정이 이덕이 비여북신이 거기소어든 이중성이 공지너라 자왈시삼백에 일언이폐지하너 왈사무사너라 자왈도지이정하고 제지이형이면 민면이무치너라 도지이덕하고 제지이례면 유치차격이너라 자왈오십유오이지우학하고 삼십이립하고 사십이불혹하고 오십이지천명하고 육십이이순하고 칠십이종심소욕하여 불유구호라 맹의자문효한대 자왈무위너라 번지어러자고 자왈맹손이 문효어아아늘 아대왈무위라호라 번지왈하위야잇고 자왈생사지이례하며 사장지이례하며 제지이례너라 맹무백이 문효한대 자왈부모는 유기질지우시너라 자유문효한대 자왈금지효자는 시위능양이너 지어견마하여도 개능유양이너 불경이면 하이별호리오 자하문효한대 자왈색난이너 유사어든 제자

子曰학이시습지면 불역열호아 유붕이자원방래면 불역락호아 인부지이불온이면
불역군자호아 유자왈기위인야효제요 이호범상자선의니 불호범상이요 이호작란
자미지유야니라 군자는 무본이니 본립이도생하나니 효제야자는 기위인지본여
인저 자왈교언영색이 선의인이니라 증자왈오일삼성오신하노니 위인모이불충호
아 여붕우교이불신호아 전불습호애니라 자왈도천승지국호대 경사이신하며 절
용이애인하며 사민이시니라 자왈제자입즉효하고 출즉제하며 근이신하며 범애
중호대 이친인이니 행유여력이어든 즉이학문이니라 자하왈현현호대 역색하며
사부모호대 능갈기력하며 사군호대 능치기신하며 여붕우교호대 언이유신이면
수왈미학이라도 오필위지학의라호리라 자왈군자부중즉불위니 학즉불고니라 주
충신하며 무불여기자요 과즉물탄개니라 증자왈신종추원이면 민덕이 귀후의리
라 자금이 문어자공왈부자지어시방야하사 필문기정하시나니 구지여아 억여지

안연
顏淵

여야 자공이 왈부자는 온량공검양이득지시니 부자지구지야는 기제저이호인지
지여인저 자왈부재에 관기지요 부몰에 관기행이나 삼년을 무개어부지도라야
가위효의니라 유자왈례지용이 화위귀하니 선왕지도사위미라 소대유지니라 유
소불행하니 지화이화요 불이례절지면 역불가행야니라 유자왈신근어의면 언가
복야며 공근어례면 원치욕야며 인불실기친이면 역가종야니라 자왈군자식무구
포하며 거무구안하며 민어사이신어언이요 취유도이정언이면 가위호학야이니
자공이 왈빈이무첨하며 부이무교호대 하여하리잇고 자왈가야나 미약빈이락
하며 부이호례자야니라 자공이 왈시운여절여차하며 여탁여마라 하니 기사지위
인저 자왈사야는 시가여언시이의로다 고제저왕이지래자온여 자왈불환인지
기지요 환부지인야니라 자왈위정이덕이 비여북신이 거기소어든 이중성이 공
지니라 자왈시삼백에 일언이폐지하니 왈사무사니라 자왈도지이정하고 제지이
형이면 민면이무치니라 도지이덕하고 제지이례면 유치차격이니라 자왈오십유

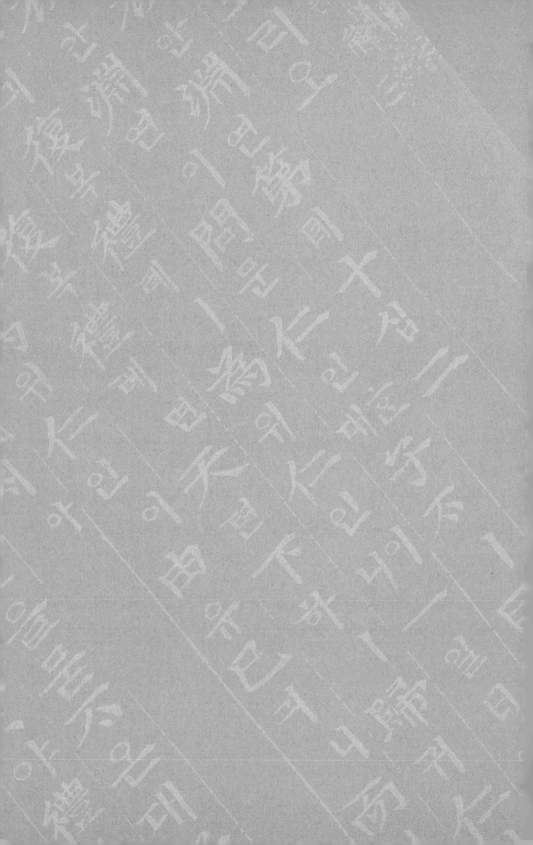

1

·

안연이 인仁을 실천하는 방법에 대해 질문했다. 선생님이 말씀하셨다. "사욕을 억누르고 예禮로 돌아오는 것이 인仁을 실천하는 것이다.✝ 하루라도 사욕을 억누르고 예禮로 돌아온다면 천하의 사람들이 인仁하다고 인정할 것이다. 인仁은 내가 하는 것이지 남이 하는 것이겠는가?"

顔淵이 問仁한대 子曰克己復禮爲仁이니
안연   문인   자왈극기복례위인

一日克己復禮면 天下歸仁焉하나니 爲仁이 由己니 而由人乎哉아
일일극기복례   천하귀인언   위인   유기   이유인호재

·

안연이 말했다. "감히 (인을 실천하는) 그 조목을 여쭙겠습니다." 선생님이 말씀하셨다. "예禮가 아니면 보지 말고, 예禮가 아니면 듣지 말며, 예禮가 아니면 말하지 말고, 예禮가 아니면 움직이지 말라." 안연이 말했다. "저 회回가 비록 민첩하진 못하나 이 말씀을 실천하도록 노력하겠습니다."

顔淵이 曰請問其目하노이다 子曰非禮勿視하며
안연   왈청문기목   자왈비례물시

非禮勿聽하며 非禮勿言하며 非禮勿動이니라 顔淵이
비례물청   비례물언   비례물동   안연

曰回雖不敏이나 請事斯語矣로리이다
왈회수불민   청사사어의

《고경중마방》. 퇴계 이황이 인격 수양에 필요한 문장을 모은 책이다. '사물잠' 등이 이 책에 있다.

인仁을 실천하는 방법과 주체에 대해 설명한 문장이다. 방법은 극기克己이고, 주체는 자신[己]이며, 극기의 대상은 자기 몸속에 있는 사욕이다. 극기를 통해서 더욱 완전한 '기己'를 만들고 보고 듣는 것과 말과 행동을 예禮에 맞게 한다는 말이다. 위에 나오는 '하지 말라는 것 4가지'를 가지고 정이程頤가 4가지 스스로 경계하는 말을 지었다. 이것을 '사물잠四勿箴'이라고 한다. 보는 것은 시잠視箴, 듣는 것은 청잠聽箴, 말하는 것은 언잠言箴, 행동하는 것에는 동잠動箴이 있다. 보는 것이 가장 중요하기 때문에 시잠이 사물잠 중에서 먼저 나온다는 말도 있다. 조선시대 선비들은 사물잠을 평소 암송했다. 이황이 벼슬을 버리고 고향에 내려와 있을 때 선조가 간곡하게 다시 조정으로 돌아올 것은 요청했다. 이황은 '사물잠' 등을 필사하여 선조에게 보냈다. 선조는 이황이 보낸 '사물잠' 등을 병풍으로 만들어 옆에 두고 늘 읽었다고 한다(《선조실록》).

✛ 참고로 이재의 《논어강설》에 있는 질문과 설명을 인용한다. "問己是私也 禮是理也 其不曰克私復理而曰克己復禮何也 曰有形氣故有私 私是本從己上出來故特言己字以明其克之之道只在乎我也"(여쭙겠습니다. 기己라는 것은 바로 사私고, 예禮라는 것은 바로 이理인데, 위의 문장에서는 사私를 극복하고 이理를 회복한다는 의미의 '극사복리'라고 하지 않고 '극기복례'라고 한 것은 어떤 이유 때문입니까? 선생님이 말씀하셨다. 형기形氣가 있기에 사私가 있는 것이니 사私라는 이것은 바로 나 자신 기己를 따라 나오는 것이다. 그렇기 때문에 특별히 기己자를 언급함으로써 자기에게 있는 사적인 욕심을 극복하는 도道가

바로 나에게 있음을 드러낸 것이다). 유학자들은 이기적인 욕심을 만들어 내는 인욕人欲, 정의로운 자연법칙인 천리天理라고 하는 두 개념의 대립과 상호작용으로 이 세상이 돌아가는 이치를 설명했다. 천리天理는 공적인 질서를 만들고, 인욕人欲은 사적私的인 분란을 만든다고 생각했다. 천리는 빛이고 인욕은 어둠이었다. 천리는 공公이고 인욕은 사私였다. 유학자들은 하늘이 사람의 마음에 넣어준 천리를 성性이라고 했다. 그 성性은 인仁·예禮·의義·지智라고 하는 4가지 덕德으로 구성된다. 그러면서 이러한 인仁·예禮·의義·지智를 계절에 비유했다. 인仁은 생물이 탄생하고 자라는 봄이다. 예禮는 여름이다. 의義는 가을이다. 지智는 겨울이다. 봄은 생명의 시작이다. 여름에 막 자란다. 가을이 되면 더 성숙해진다. 추운 겨울에는 생존의 지혜를 갖게 된다. 봄에 시작된 생명이 사계절 내내 자라는 것이다. 그래서 다시 인仁은 봄의 봄, 예禮는 봄의 여름, 의義는 봄의 가을, 지智는 봄의 겨울이라고 할 수 있다. 유학자들은 이런 인仁이 인仁·예禮·의義·지智 4가지 덕德을 대표한다고 생각했다. 이렇게 인仁은 인仁·예禮·의義·지智의 종합적 개념이기도 하다. 율곡 이이의 아래와 같은 〈극기복례설克己復禮說〉이 위의 문장을 이해하는 데 도움이 된다. 번역해서 인용한다. "조심스럽게 인仁이라는 것에 말해보자면, 이것은 본래 마음에 있는 덕德을 총칭한 것이다. 인仁에 포함되어 있는 덕德의 하나인 예禮는 천리天理의 가장 적합하고 적절한 표현 양식이라고 할 수 있다. 기己라는 것은 한 몸의 사욕私欲이다. 사람들은 하늘로부터 부여받은 본심本心을 갖추고 있지 않음이 없건만 인仁이 되지 못하는 이유는 바로 사욕私欲이 끼어들기 때문이다. 이런 사욕을 제거하려면 모름지기 몸과 마음을 정리整理하여 한결같이 예禮를 따라야 할 것이다. 그렇게 해야만 기己의 사욕을 극복하고 예

禮를 회복할 수 있다. 의義, 예禮, 그리고 지智가 모두 마음의 덕으로서 모두 균일하게 천리天理인데 이 문장에서 유독 예禮 하나만 거론한 이유는 무엇인가? 예禮, 이것은 몸과 마음을 단속하는 일과 같은 것이다. 보고, 듣고, 말하고, 행동하는 것, 이런 것들이 하늘의 법칙에 어긋남이 없어야 사람의 동작動作과 의용儀容과 진퇴進退가 모두 표현의 절도에 맞게 되고, 그런 다음에야 마음의 모든 덕德이 온전해지고, 그렇게 되면 인仁과 예禮와 더불어 마음의 4덕인 의義와 지智도 당연히 그 가운데 있게 된다."

2
•

중궁이 인仁에 대해 질문했다. 선생님이 말씀하셨다. "집 밖에서 만나는 사람들을 큰 손님이라고 생각해라. 백성 부리기를 큰 제사를 받드는 것처럼 경건하게 해라. 자기가 하고 싶지 않은 일을 결코 남에게 시키지 말라. 그러면 나라에도 원망이 없고 집안에도 원망이 없을 것이다." 중궁이 말했다. "저 옹雍이 비록 민첩하진 못하나 이 말씀을 실천하도록 노력하겠습니다."

仲弓이 問仁한대 子曰出門如見大賓하며 使民如承大祭하고
중궁   문인   자왈출문여견대빈   사민여승대제

己所不欲을 勿施於人이니 在邦無怨하며 在家無怨이니라
기소불욕   물시어인   재방무원   재가무원

仲弓이 曰雍雖不敏이나 請事斯語矣로리이다
중궁   왈옹수불민   청사사어의

공자는 중궁에게 인仁의 실천을 경敬과 서恕라는 개념으로 설명해주었다. 서恕는 다른 사람을 자기 자신처럼 생각하는 것이다.

3

●

사마우가 인仁에 대해 질문했다.

司馬牛問仁한대
사마우문인

●

선생님이 말씀하셨다. "인자仁者는 말을 꾹 참는 것이다."

子曰仁者는 其言也訒이니라
자왈인자　기언야인

●

(사마우가) 말했다. "그 말을 삼가고 꾹 참으면 이런 것이 인仁이란 말씀입니까?" 선생님이 말씀하셨다. "실행하기가 참으로 어려우니 말을 삼가고 조심하지 않을 수 있겠는가?"

曰其言也訒이면 斯謂之仁矣乎잇가 子曰爲之難하니 言之得無訒乎아
왈기언야인　　사위지인의호　　자왈위지난　　언지득무인호

사마우는 인仁이라는 것이 거창한 개념인 것으로 생각했는데 공자가 간략하게 설명해주자 개운치 않았다. 미진한 마음으로 다시 물어본 것이다.

4
●

사마우가 군자에 대해 질문했다. 선생님이 말씀하셨다. "군자는 근심하지 않으며 두려워하지 않는다."

　司馬牛問君子한대 子曰君子는 不憂不懼니라
　사마우문군자　　자왈군자　불우불구

●

(사마우가) 말했다. "근심하지 않고 두려워하지 않으면 이런 사람이 군자라는 말씀입니까?" 선생님이 말씀하셨다. "(군자는) 자신을 돌이켜 반성하고 허물이 없게 하는데 무엇을 근심하고 무엇을 두려워하겠는가?"

　曰不憂不懼면 斯謂之君子矣乎잇가
　왈불우불구　사위지군자의호

　子曰內省不疚어니 夫何憂何懼리오
　자왈내성불구　　부하우하구

공자가 또 간단하게 군자에 대해 설명해주니까 사마우가 다시 질문한 것이다.

5

●

사마우가 근심스럽게 말했다. "다른 사람들은 다 형제가 있는데 나 혼자만 없구나."

> 司馬牛憂曰人皆有兄弟어늘 我獨亡로다
> 사마우우왈인개유형제   아독무

●

자하가 말했다. "나 상商은 예전에 (이런 말씀을) 들은 적이 있다."

> 子夏曰商은 聞之矣로니
> 자하왈상   문지의

●

"죽고 사는 것은 명命에 달려 있고 부귀는 하늘에 달려 있다."

> 死生이 有命이요 富貴在天이라호라
> 사생   유명   부귀재천

부귀는 노력해서 얻을 수 있는 것인가? 부귀는 요행이나 운명이라는 말도 있다. 부귀는 하늘의 뜻에 달려 있어서 억지로 구할 수 없다는 말도 있다. "부귀재천"에 대해 주자는 이것은 의도한다고 해서 달성할 수 있는 것은 아니기 때문에 다만 순순히 현실을 받아들인다는 뜻으로 해석했다.⁺

"**군**자가 경敬으로 조심하여 도리를 잃음이 없으며 사람을 공손하게 대접하고 예禮를 지키면 천하 모든 사람들이 다 형제나 다름없다. 군자가 어찌 형제가 없음을 걱정하리오."

君子敬而無失하며 與人恭而有禮면
군자경이무실　　여인공이유례

四海之內皆兄弟也니 君子何患乎無兄弟也리오
사해지내개형제야　군자하환호무형제야

✝ 홍대용은 부귀가 하늘의 뜻에 달려 있기 때문에 구하지 않는 것이 아니라 의義에 맞지 않기 때문에 구하지 않는 것이라고 설명했다《담헌서》.

6

자장이 명철한 판단력에 대해 질문했다. 선생님이 말씀하셨다. "옷이 물에 젖듯이 은근히 비방하는 말과 뜨거운 물이 피부에 닿은 듯이 급박하게 호소하는 말이 행해지지 않게 한다면 명철하다고 말할 수 있다. 옷이 물에 젖듯이 은근히 비방하는 말과 뜨거운 물이 피부에 닿은 듯이 급박하게 호소하는 말이 행해지지 않는다면 멀리 내다보는 식견이 있다고 말할 수 있다."

子張이 問明한대 子曰浸潤之譖과 膚受之愬不行焉이면
자장   문명   자왈침윤지참   부수지소불행언

可謂明也已矣니라 浸潤之譖과 膚受之愬不行焉이면
가위명야이의   침윤지참   부수지소불행언

可謂遠也已矣니라
가위원야이의

침윤浸潤은 보이지 않게 서서히 물에 젖는 모양이다. 참譖은 비방하는
말이다. 부수膚受는 피부에 뜨거운 물이 쏟아진 것처럼 하는 것이다. 소
愬는 억울하다고 하소연하는 말이다. 자기 잘못은 숨기고 자기에게 유
리한 쪽만 강조하면서 억울함을 호소할 때 이렇게 한다. 듣는 사람에게
정황을 바르게 판단할 여유를 주지 않으려는 것이다.

7

자공이 정치에 대해 질문했다. 선생님이 말씀하셨다. "식량을 충분히
제공해주고 국방이 튼튼하면 백성이 믿을 것이다."

子貢이 問政한대 子曰足食足兵이면 民이 信之矣리라
자공   문정   자왈족식족병   민   신지의

그 시대 정치의 3대 요소를 말했다. 그것은 식량, 군대, 백성의 지도
자에 대한 신뢰다.

자공이 말했다. "부득이 반드시 하나를 버려야 한다면 이 세 가지 중에서 어떤 것을 먼저 버려야 합니까?" 선생님이 말씀하셨다. "군대를 버린다."

子貢이 曰必不得已而去인대 於斯三者에 何先이리잇고 曰去兵이니라
자공   왈필부득이이거   어사삼자   하선   왈거병

자공이 말했다. "부득이 반드시 또 하나를 버려야 한다면 이 두 가지 중에서 어떤 것을 먼저 버려야 합니까?" 선생님이 말씀하셨다. "식량을 버린다. 자고로 모두에게 죽음은 피할 수 없는 것이다. 백성의 (정치와 법령에 대한) 신뢰가 없다면 (정권은) 버티지 못한다."

子貢이 曰必不得已而去인대 於斯二者에 何先이리잇고
자공   왈필부득이이거   어사이자   하선

曰去食이니 自古皆有死어니와⁺ 民無信不立이니라
왈거식   자고개유사   민무신불립

순조(재위 1800~1834)가 경연에서 신하들과 이 문장을 공부하다가 적과 대치하고 있는 특별한 상황에 처하게 된다면 이 세 가지 중에서 어떤 것을 먼저 버려야 하는지 질문했다. 그러자 신하들은 《논어》에 있는 그대로 대답했다. 그러자 순조는 목숨이 경각에 달려 있는 위기의 순간에는 어떻게 해야 하느냐고 재차 질문했다. 그래도 신하들은 위기의 순간일수록 백성의 정권에 대한 신뢰가 더욱 중요하다고 대답했다(《순조

실록》).

✝ "자고개유사自古皆有死"에 대한 《집주》의 설명을 보완한다. 주자
의 설명은 이렇다. 식량이 없어도 죽는다. 식량 대신 백성의 신뢰
를 버리고 구차하게 살아 있다면, 백성의 신뢰가 없는 정권이라서
오래 버티지 못하고 붕괴되어 결국 죽게 된다. 식량이 없어도 죽
고, 신뢰를 버리고 식량을 지켜도 잠시 순간을 모면할 순 있으나
결국 죽는다는 말이다. 어차피 죽는 상황이라면 신뢰를 최후까지
지켜서 백성의 지도자와 법령에 대한 믿음을 잃지 않는다는 말이
다. 정약용은 "食以實內兵以禦外"(식량은 안을 충실하게 하는 것이고 군대
는 밖을 지키는 것)이라고 하면서 식량과 군대 이 두 가지가 있어서 죽
지 않는 것이라고 설명했다.

8

극자성이 말했다. "군자는 본바탕인 질質이 제대로 되어 있으면 그만
이지 겉모양인 문文은 있어 무엇에 쓰겠는가?"

棘子成이 曰君子는 質而已矣니 何以文爲리오
극자성   왈군자   질이이의   하이문위

자공이 말했다. "안타깝다. 그대가 하는 말이 군자인 듯해도 잘 달리
는 말도 그대 혓바닥이 경솔하게 앞서감을 따라갈 수 없구나."

子貢이 曰惜乎라 夫子之說이 君子也나 駟不及舌이로다
자공 왈석호 부자지설 군자야 사불급설

문文에 치우친 풍조를 비판한 것은 옳지만 그렇다고 문文을 무시한 것은 잘못이라는 말이다.

●

"겉모양인 문文도 본바탕인 질質만큼 중요하다. 본바탕인 질質도 겉모양인 문文만큼 중요하다. 호랑이나 표범 가죽도 그 털을 깎아버리면 개나 양의 털 깎은 가죽이나 별 차이가 없어 보인다."

文猶質也며 質猶文也니 虎豹之鞹이 猶犬羊之鞹이니라
문유질야 질유문야 호표지곽 유견양지곽

자공이 질質을 가죽에, 문文을 가죽에 붙어 있는 털과 무늬에 비유해 말했다.

9

●

애공이 유약에게 질문했다. "흉년이 들어 재정이 부족하니 어찌하면 좋은가?"

哀公이 問於有若曰年饑用不足하니 如之何오
애공 문어유약왈년기용부족 여지하

유약이 대답했다. "어찌 철徹이라는 세법을 쓰지 않으십니까?"

有若이 對曰盍徹乎시리잇고
유약　대왈합철호

철徹은 주나라 때 10분의 1 세법이다(《집주》).

(애공이) 말했다. "10분의 2의 세율로 징수하는 세법으로도 재정이 부족한데 어떻게 (10분의 1의 세율인) 철徹이라는 세법을 쓰란 말인가?"

曰二도 吾猶不足이어니 如之何其徹也리오
왈이　오유부족　　　여지하기철야

(유약이) 말했다. "백성이 풍족한데 그 나라 임금만 궁핍하겠습니까? 백성이 궁핍한데 그 나라 임금만 홀로 풍족할 수 있겠습니까?"

對曰百姓이 足이면 君孰與不足이며 百姓이
대왈백성　족　　군숙여부족　　　백성

不足이면 君孰與足이리잇고
부족　　군숙여족

10

●

자장이 덕을 높이고 미혹을 분변함에 대해 질문했다. 선생님이 말씀하셨다. "충忠과 신信을 위주로 하고 (의롭지 못한 것을 과감하게 고치며) 의義로 옮겨가는 것이 덕을 높이는 것이다."

子張이 問崇德辨惑한대 子曰主忠信하며 徙義崇德也니라
자장 문숭덕변혹 자왈주충신 사의숭덕야

"사의徙義"의 효과에 대해 《집주》에 '일신日新'이라고 간략하게 설명되어 있다. 매일 자신을 새롭게 한다는 뜻이다. 그래서 "사의"를 매일 허물을 고치고 듣게 되는 좋은 말을 실천에 옮긴다는 '문의능사聞義能徙'의 뜻으로 해석했다. 술이편(제7편)에 공자가 "문의불능사聞義不能徙"라고 하면서 자책한 말이 있다. 용감하게 '개과천선改過遷善'한다는 의미도 포함되어 있다.

●

"사랑할 때는 살기를 바라고 미워할 때는 죽기를 바라는데, 이미 살기를 바라다가 또 죽기를 바라는 것이 미혹함이다."

愛之란 欲其生하고 惡之란 欲其死하나니 旣欲其生이요
애지 욕기생 오지 욕기사 기욕기생

又欲其死是惑也니라
우욕기사시혹야

●

"**진**실로 부유함 때문도 아니고 단지 다른 사람이라는 그 이유뿐이구나."

誠不以富요 亦祇以異로다
성불이부   역지이이

이 문장은 《집주》의 해석을 따르면, '부富'가 아니고 다만 '이異'일 뿐이라는 의미가 된다. 앞뒤로 연결되는 맥락이 없기 때문에 무슨 뜻인지 알 수가 없다. 이것은 《시경》에 있는 "我行其野"(내가 들판을 걸어가다)라는 시의 일부다. 이 문장은 《집주》의 설명을 통해서는 그 뜻을 이해하기 어렵다. 《논어》의 후반부(계씨 제16편 12장)의 《집주》에 이 문장이 다시 언급된다. 이 문장을 다음과 같이 해석하면 뜻이 분명해진다. "(내 남자가 날 버리고 다른 여자를 찾아간 이유는 그 여자가 나보다) 부유하기 때문이 아니라 단지 다른 (새로운) 여자라는 그 이유 때문이다." 필자가 위와 같이 해석한 것은 《시경》의 시를 염두에 두고 한 것이다. 돈이 많고 미모가 뛰어난 여자가 있었는데 그녀는 남편이 결코 외도를 하지 않을 것으로 자신했다. 그런데 남편이 다른 여자를 만난다는 말을 듣고 불륜의 현장으로 달려갔다. 그러면서 그 여자는 자기보다 더 돈이 많거나 더 예쁠 것이라고 생각했다. 현장에 도착해보니 그 여자는 자기보다 돈이 많은 것도 아니고 더 예쁘지도 않았다. 그런데 왜 남편은 외도를 한 것일까? 남자는 늘 다른 여자를 원한다. 이것이 공자의 시대로부터 지금까지 변하지 않은 남자의 본성이다.✝

✝ 그러나 도암 이재는 《논어》에 있는 시詩를 구체적인 사건에 국한

시켜 좁게 해석하는 경향을 경계했다. 물론 시詩라는 것은 처음에는 구체적인 사건과 관련되어 창작되지만, 그것이 시어詩語로 표현되었을 때는 그 모티브가 되었던 사건이나 하나의 장구章句에 국한되는 것은 곤란하다고 설명했다. "詩之作雖各指一事而自觀詩言之則不可局於一隅"(시詩의 창작이 비록 각각 하나의 일을 지칭한 것이지만 시어詩語를 보고 말함에 있어서는 한 귀퉁이에 국한되어서는 안 된다). 그러한 예로서 자한편(제9편) 마지막 장章에 있는 "豈不爾思室是遠而"(그대를 생각하지 않은 것은 아니지만 집이 멀기 때문이다)라는 시詩에 대해 그것이 본래 어떤 것을 지칭해서 나온 것인지 알 수 없어도 공자가 이에 대해 "未之思也夫何遠之有"(생각이 없었던 것뿐이지 어찌 집이 멀다고 핑계를 대는가)라고 했던 것이 시詩를 논론論하는 법이라고 설명했다. 《논어강설》에는 도암의 제자 박성원이 시詩에 대해 언급한 것이 기록되어 있다. 그가 《논어》에 인용된 시詩를 어떻게 이해할 것인지에 대해 이재에게 질문하면서 말한 것 일부를 인용한다. "聖源曰 詩之爲義 如易之取象 斷章取義 自無不通"(박성원이 말했다. 어떤 시詩가 의미하는 것은 《주역》에서 상象을 취하는 것과 문장에서 한 부분을 떼어내서 의미를 새롭게 부여하는 것과 같은 것이어서 그 의미는 통하지 않는 것이 없습니다). 여기서 특히 단장취의斷章取義라는 것은 고전에서 시詩를 인용하는 방법으로, 시에서 한두 단어를 택하여 어떤 일을 설명할 때 나름대로 해석하여 인용하는 방식이다. 물론 본래 시詩의 의도와 다르게 왜곡할 위험이 있지만 그런 시어를 문장이나 대화에서 보편적으로 활용할 수 있는 측면도 있는 것이다. 정조도 신하들과 이런 문제를 논의한 적이 있다. 《홍재전서》 논어 팔일편에는 시詩에 대해 질문한 정조에게 김재찬이 대답한 말 일부를 본다. "善讀詩者 如易之取象 推小以驗大 卽此而悟彼"(시詩를 잘 읽는 사람은 《주역)에서 象을 취하는 것처럼, 작은 글을 보고 그것을 크게 활용하며 이것을 보고 저것을 깨우쳐 압니다).

11

●

제나라 경공이 공자에게 정치에 대해 질문했다.

齊景公이 問政於孔子한대
제경공　문정어공자

●

공자가 대답했다. "임금은 임금답고 신하는 신하다우며 아비는 아비답고 자식은 자식답게 하는 것입니다."

孔子對曰君君臣臣父父子子니이다
공자대왈군군신신부부자자

정명正名사상에 대해 말했다. 정명은 이름값을 한다는 말이다. 또는 자신의 역할과 직위에 걸맞게 처신한다는 말이다.

●

경공이 말했다. "참 좋은 말이다. 진실로 만일 임금이 임금답지 못하고, 신하가 신하답지 못하며, 아비가 아비답지 못하고, 자식이 자식답지 못하면, (그 나라가 잘될 리 있는가? 그렇게 되면) 비록 곡식이 있다한들 내가 어찌 먹을 수 있겠는가?"

公이 日善哉라 信如君不君하며 臣不臣하며
공　왈선재　신여군불군　　신불신

父不父하며 子不子면 雖有粟이나 吾得而食諸아
부불부　　자불자　수유속　　오득이식제
(저)

12

●

선생님이 말씀하셨다. "한마디 말로 옥사의 시비를 판결할 인물이 있
다면 그는 유由일 것이다."‡

子曰片言에 可以折獄者는 其由也與인저
자왈편언　가이절옥자　기유야여

●

"자로는 승낙한 말을 실행에 옮길 때 지체함이 없었다."

子路는 無宿諾이러라
자로　무숙락

‡ "편언片言"은 한마디의 말 또는 한쪽 사람이 하는 말이다. 이 문
장은 《집주》의 설명만으로는 뜻이 선명하지 않다. 공안국은 이렇
게 설명했다. "聽訟必須兩辭以定是非 偏信一言以折獄者唯子路可

也"(재판에 있어서는 반드시 양쪽 말을 다 들어보고 시비를 판가름해야 하는데 한쪽의 주장과 한마디로 옥사를 처결할 사람은 오직 자로라고 할 수 있다).《집주》에서는 자로가 하는 판단을 신뢰하는 분위기가 있었다는 관점에서 이렇게 설명했다. "子路忠信明決 故 言出而人信服之 不待其辭之畢也"(자로는 진심으로 신뢰할 만하게 밝게 결단하였기 때문에 사람들이 그의 말을 신뢰했고 그의 말이 끝나기를 기다리지 않았다). 송사訟事에는 거짓말과 진실이 복잡하게 얽혀 있다. 사람들은 이해관계에 따라 서로 자기에게 유리한 쪽으로 증언하기 마련이다. 자로는 이런 일에서도 진실을 말했을 것이다. 한편 성호 이익은 한마디 말만 듣고 옥사를 판결하는 것은 곤란하다고 설명했다. 형을 집행함에 있어서 여러 단계의 심판을 거치고 중대한 경우에는 백성에게도 물어봐야 한다는 것이다. 그렇기 때문에 한마디 말만 듣고 옥사의 시비를 판결하는 것은 불가하다는 것이다. 이익은 위의 '말씀 언言' 자는 송사하는 자의 말이라고 보았다. 이것을 자로가 증언하는 말이라고 한다면 자로는 자기가 아는 것을 충분히 말함으로써 정확하게 옥사를 판결할 수 있게 해야 한다고 했다. 그렇게 하지 않으면 아무리 자로가 어진 사람이라고 하더라도 이런 행동은 잘못된 판결을 유도할 위험이 있다는 것이다(《성호사설》).

13

●

선생님이 말씀하셨다. "송사訟事를 듣고 판결하는 능력은 나도 다른 사람보다 못하진 않으나 반드시 송사가 없게 하겠다."

子曰聽訟이 吾猶人也나 必也使無訟乎인저
자왈청송　오유인야　필야사무송호

　송사가 있을 때 진실과 거짓, 옳고 그름을 판단하는 능력도 중요하지
만 사전에 그런 다툼이 발생하지 않게 하는 일이 더 중요하다는 말이
다. 병을 치료하기보다는 예방한다는 관점이다.

14
●

자장이 정치(하는 도道)에 대해 질문했다. 선생님이 말씀하셨다. "정무를
생각함에 게으름이 없으며 정무를 수행하기를 충忠으로 해야 한다."

　子張이 問政한대 子曰居之無倦하며 行之以忠이니라
　자장　문정　　자왈거지무권　　행지이충

15
●

선생님이 말씀하셨다. "널리 문文을 배우고 예禮로 다듬는다면 또한
어긋나지 않을 것이다."

　子曰博學於文이요 約之以禮면 亦可以弗畔矣夫인저
　자왈박학어문　　약지이례　역가이불반의부

문文은 표현이다. 그러니까 문文은 수없이 많다. 박학博學은 그것을 넓게 배운다는 말이다. 약례約禮는 그것을 다시 분류하고 요약하는 것이다.

16
•

선생님이 말씀하셨다. "군자는 다른 사람의 장점을 자라게 해주고 단점은 자라지 못하게 한다. 소인은 이와 반대로 한다."

子曰君子는 成人之美하고 不成人之惡하나니 小人은 反是니라
자왈군자　　성인지미　　　불성인지악　　　　소인　　반시

17
•

"정치라는 것은 바름을 추구하는 것이니, 그대가 몸을 바르게 하고 모범적으로 처신하면서 백성을 이끈다면 누가 감히 바르지 않을 수 있겠는가?"

季康子問政於孔子한대 孔子對曰政者는 正也니
계강자문정어공자　　　공자대왈정자　　정야

子帥以正이면 孰敢不正이리오
자솔이정　　　숙감부정

계강자가 공자에게 정치에 대해 질문했다. 공자가 대답했다.

18

•

계강자가, 도둑이 걱정이 되어 공자에게 (그 대책을) 질문했다. 공자가 대답했다. "그대가 탐욕을 부리지 않으면 백성은 설령 상을 준다고 해도 도둑질을 하지 않을 것이다."

季康子患盜하여 問於孔子한대 孔子對曰苟子之不欲이면
계강자환도　　문어공자　　공자대왈구자지불욕

雖賞之라도 不竊하리라
수상지　　　부절

19

•

계강자가 정치에 대해 공자에게 질문했다. "만일 무도한 자를 죽여서 (백성을) 도道 있는 데로 나아가게 한다면 어떻습니까?" 공자가 대답했다. "정치를 하는데 어찌 사람을 죽여서 시범을 보이는 그런 방법을 쓰려고 하는가? 그대가 착하고자 하면 백성도 착하게 된다. 군자의 덕은 바람이고 소인의 덕은 풀이다. 풀 위에 바람이 불면 풀은 반드시 바람이 부는 방향으로 쓰러진다."

季康子問政於孔子曰如殺無道하여 以就有道인댄 何如하리잇고
계강자문정어공자왈여살무도　　　이취유도　　　하여

孔子對曰子爲政에 焉用殺이리오 子欲善이면 而民이 善矣리니
공자대왈자위정　언용살　　　　자욕선　　　이민　선의

君子之德은 風이요 小人之德은 草라 草上之風이면[✝] 必偃하나니라
군자지덕 풍 소인지덕 초 초상지풍   필언

✝ "上"자에 대해 《집주》에 "上자는 어떤 판본에는 尙자로 되어 있
는데, 加한다는 뜻이다"라는 설명이 있다. 관본 언해로 분류되는
《논어언해》와 율곡의 《논어언해》에 모두 "上"자로 쓰고 있다. 그런
데 황간의 《논어의소》와 《한문대계》〈논어집설〉(1975)에는 "尙"자로
되어 있다. 《한문대계》에 이런 설명이 있다. "황간의 《논어의소》에
는 風자 뒤에 '也'자가 있고 草자 뒤에도 '也'가 있다." 형병의 《논
어주소》에는 위의 원문과 같이 風자와 草자 다음에 '也'자가 없
다. 이런 차이에 대해 〈논어주소교감기〉에도 언급되어 있다. 황간
의 《논어의소》에 "上"자가 "尙"자로 되어 있는 것에 대해 "尙上古
字通"(尙자는 '上'자의 고자古字이기에 통용된다)라고 설명되어 있다.
《논어고금주》에도 이런 언급이 있다. "皇氏本云君子之德風也小人
之德草也"(황간본에는 '군자지덕풍야 소인지덕초야'라고 되어 있다). 정유자
본 《논어집주대전》과 《논어언해》(1612)는 형병의 《논어주소》와 같
다. 최근의 《논어》 역주서를 보면, 이기동(1992), 남만성(1996), 김형
찬(1999), 김학주(1999), 류종목(2000), 이우재(2000), 이종락(2005), 성백
효(2005), 박헌순(2008), 김용옥(2008)도 위의 원문과 같이 쓰고 있다.
《논어》 글자 수를 세어본 사람이 있을까? 필자도 《논어》 본문을 한
글자씩 입력하면서 한 번 글자를 세어볼까 하고 생각은 해봤지만
시도하진 않았다. 이규경(1788~?)의 《오주연문장전산고》에 《논어》
의 글자 수數에 관해 언급한 것이 있다. 정경로鄭耕老는 1만 2,700
자라고 했고, 구양수歐陽修와 송나라의 주밀周密은 《논어》는 1만
1,705자라고 했다고 한다(《오주연문장전산고》〈경사편〉 경전총설, '십삼경

주소十三經注疏 및 제가경해諸家經解와 오경사서대전五經四書大全에 대한 변증
설`). 그러면 위와 같이 '也' 자가 두 번 있는 판본과 없는 판본이 있
고, 헌문편(제14편) 40장(《논어집주》에 의한 장章 분류) "作者七人矣"에
'矣' 자가 있는 것과 없는 것, 위령공편(제15편) 12장(《논어집주》에 의한
장章 분류)에 "已矣乎"에 '乎' 도 있는 것과 없는 것이 있고, 이외에도
판본에 따라 글자가 있고 없음이 다른데 어떤 판본의 글자를 세웠
는지 궁금하다. 위백규는 이 문장에서 "風上於草"(바람이 풀 위에 분
다)고 하지 않고 "草尙之風"(풀 위의 바람)이라고 한 것은 비유적으로
말하면 풀이라는 것은 선善할 수도 있고 악惡할 수도 있는 존재인
데 그 방향을 결정하는 것이 바람이라는 것을 말하기 위한 것이라
고 설명했다. 풀은 백성이고 바람은 정치다.

20

●

자장이 질문했다. "선비가 어떻게 처신해야 달達이라고 말할 수 있습
니까?"

子張이 問士何如라아 斯可謂之達矣리잇고
자장　문사하여　　사가위지달의

●

선생님이 말씀하셨다. "너는 달達이 무슨 뜻이라고 생각하고 말하는
것이냐?"

子曰何哉오 爾所謂達者여
자왈하재　이소위달자

●

자장이 대답했다. "나라에 있어도 반드시 그 명성이 들리고 집안에 있어도 반드시 그 명성이 들리는 것입니다."

子張이 對曰在邦必聞하며 在家必聞이니이다
자장　대왈재방필문　　재가필문

●

선생님이 말씀하셨다. "이는 소문을 말하는 것이지 달達이 아니다."

子曰是는 聞也라 非達也니라
자왈시　문야　비달야

●

"모름지기 달達이란 질박하고 정직하며 의義를 좋아하고 말에 담긴 뜻을 살피며 그 낯빛을 보고 그가 어떤 사람인지 잘 생각해보고 그 사람에게 몸을 낮추는 것이다. 이렇게 하는 사람은 나라에 있어도 (윗사람이 신임하고 백성이 복종해서 일마다 막힘이 없어) 반드시 달達이 되고, 집안에 있어도 (부모에게 잘하고 식구가 화목하여) 반드시 달達이 된다."

夫達也者는 質直而好義하며 察言而觀色하여
부달야자　질직이호의　　찰언이관색

慮以下人하나니 在邦必達하며 在家必達이니라
려이하인   재방필달   재가필달

●

"문聞이란 어진 낯빛을 하지만 행실은 어긋나고 실상이 어떤지 의심해
봄이 없는 것이다. 이런 사람은 (이름 알리기에만 신경을 쓰니) 나라에 있어도
반드시 소문이 들리고 집안에 있어도 반드시 그런 말이 들리게 된다."

夫聞也者는 色取仁而行違요 居之不疑하나니
부문야자   색취인이행위   거지불의

在邦必聞하며 在家必聞이니라
재방필문   재가필문

21

●

번遲지가 공자를 따라 무우舞雩의 아래에서 노닐다가 말했다. "덕을 높
이고, (나쁜 생각인) 특慝을 제거해버리고, 혹惑을 분변하는 것에 대해 감
히 여쭙겠습니다."

樊遲從遊於舞雩之下러니 曰敢問崇德脩慝辨惑하노이다
번지종유어무우지하   왈감문숭덕수특변혹

●

선생님이 말씀하셨다. "좋은 질문이다."

子曰善哉라 問이여
자왈선재   문

•

"일을 먼저하고 이득은 뒤로 하는 것이 덕을 높이는 것이지 않느냐?
자신의 악은 치지만 다른 사람의 악은 치지 않는 것이 특慝이 없게 하
는 것이지 않느냐? 순간적인 분노를 삭이지 못해 자기 몸을 돌아보지
않고 성질대로 했다가 그 화가 부모까지 미치게 하는 것이 바로 혹惑이
지 않느냐?"

先事後得이 非崇德與아 攻其惡이요 無攻人之惡이 非脩慝與아
선사후득   비숭덕여   공기악   무공인지악   비수특여

一朝之忿으로 忘其身하여 以及其親이 非惑與아
일조지분   망기신   이급기친   비혹여

22

•

번지가 인仁에 대해 질문했다. 선생님이 말씀하셨다. "사람을 사랑하
는 것이다." 번지가 지知에 대해 질문했다. 다시 말씀하셨다. "사람을
아는 것이다."

樊遲問仁한대 子曰愛人이니라 問知한대 子曰知人이니라
번지문인   자왈애인   문지   자왈지인

●

번지가 무슨 뜻인지 알아듣지 못했다.

　　樊遲未達이어늘
　　번지미달

●

선생님이 말씀하셨다. "정직한 사람을 발탁하고 굽은 사람들을 내버려 두면 굽은 사람들이 능히 곧게 된다."

　　子曰擧直錯諸枉이면 能使枉者直이니라
　　자왈거직조제왕　　　능사왕자직
　　　　　　(저)

●

번지가 물러나오다 자하를 만났다. 번지가 말했다. "지난번에 내가 선생님을 뵙고 지知에 대해 질문했다. 그때 선생님은 '정직한 사람을 발탁하고 굽은 사람들을 내버려 두면 굽은 사람들을 곧게 할 수 있다' 고 말씀하셨다. 이게 무슨 뜻이냐?"

　　樊遲退하여 見子夏曰鄕也에 吾見於夫子而問知호니
　　번지퇴　　　견자하왈향야　　오현어부자이문지

　　子曰擧直錯諸枉이면 能使枉者直이라 하시니 何謂也오
　　자왈거직조제왕　　　능사왕자직　　　　　　하위야
　　　　　　(저)

자하가 말했다. "많은 의미가 함축된 말씀을 해주셨구나."

子夏曰富哉라 言乎여
자하왈부재　언호

"순임금이 천하를 소유하여 다스릴 때 많은 사람들 속에서 고요의 곧
음을 알고 그를 발탁하자 어질지 못한 사람들이 없어졌다. 탕임금이 천
하를 소유하여 다스릴 때 많은 사람들 속에서 이윤의 곧음을 알고 발탁
하자 어질지 못한 사람들이 없어졌다."

舜有天下에 選於衆하사 擧皐陶하시니 不仁者遠矣요
순유천하　선어중　거고요　　　불인자원의

湯有天下에 選於衆하사 擧伊尹하시니 不仁者遠矣니라
탕유천하　선어중　거이윤　　　불인자원의

공자는 인仁을 사람을 사랑한다는 뜻인 "애인愛人"이라는 두 글자로
설명했다. 존재 위백규는 여기서 말하는 "애인愛人"이란 공적이고 보편
적인 사랑이라고 설명했다.

23

자공이 벗과 사귐에 대해 질문했다. 선생님이 말씀하셨다. "알아듣도

록 충고해주고 잘 인도해주다가 듣지 않으면 그만두라. 잘해주다가 오히려 스스로 욕辱됨이 없게 하라."

子貢이 問友한대 子曰忠告而善道之호대⁺
자공　문우　　자왈충고이선도지
　　　　　　　　　　(곡)
不可則止하여 無自辱焉이니라
불가즉지　　　무자욕언

⁺ 이 문장에서 '告'의 한자음은 다르게 읽는 사례기에 다시 언급한다. '告'는 《집주》에 반절로 "곡"이라고 되어 있다("告工毒反"). 관본언해로 분류되는 《논어언해》와 율곡의 《논어언해》, 《언해논어》(1932), 이종락의 《논어집주》(2005)에도 "곡"으로 되어 있다. 그러나 한국고전번역원 〈논어성독〉(2009)에는 "고"로 되어 있다. 단대 《한한대사전》(2008)의 '忠'자에서 예시된 '忠告'가 "충고"로 되어 있고 논어의 이 문장이 인용되어 있다. '忠告'의 사전적인 의미는 남의 잘못을 타이른다는 뜻인데, 위의 문장의 "忠告"도 이런 뜻이고 일반적으로 '충고'라는 말을 사용하기에 "고"자로 했다.

24

·

증자가 말했다. "군자는 문文으로 벗을 모으고, 벗의 도움으로 자신의 인仁을 보완한다."

曾子曰君子는 以文會友하고 以友輔仁이니라
증자왈군자　이문회우　　이우보인

제십삼
第十三

子路

자로
子路

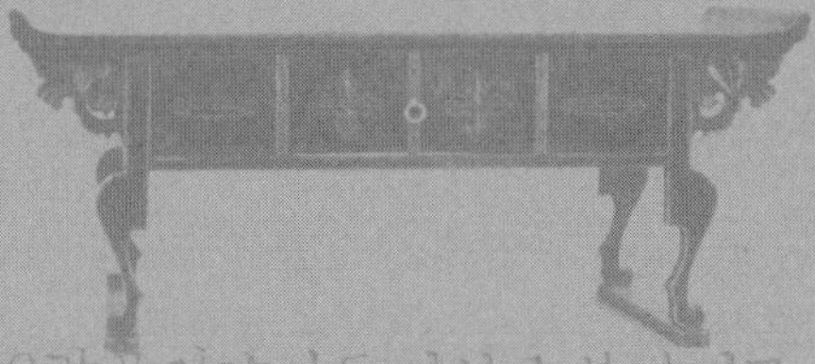

1

●

자로가 정치에 대해 질문했다. 선생님이 말씀하셨다. "먼저 덕으로 선도하고 감화시켜서 백성이 자발적으로 수고하도록 만드는 것이다."[+]

　子路問政한대 子曰先之勞之니라
　자로문정　　 자왈선지로지

　정치를 잘하는 방법을 질문한 자로에게 공자가 이렇게 대답했다. 정치의 핵심을 말해준 것이다. 백성의 마음을 움직이는 정치다.

●

(자로가 더) 말해달라고 요청했다. 선생님이 말씀하셨다. "백성의 마음을 얻는 일을 결코 게을리 하지 말라."

　請益한대 曰無倦이니라
　청익　　 왈무권

[+] 이 문장을 해석하는 데 공안국의 아래와 같은 설명이 참고가 되었다. "先導之以德 使民信之 然後勞之"(먼저 덕으로 선도해서 백성이 믿게 한 다음에 힘든 일을 시킨다).

2

●

중궁이 계씨의 가신이 되었다. 공자에게 정치에 대해 질문했다. 선생님이 말씀하셨다. "세세한 업무는 유사라고 하는 실무자에게 맡겨라. (너는 업무의 큰 줄기를 살펴라. 실무자의) 작은 허물은 용서하며 어진 이와 유능한 이를 발탁하라."

仲弓이 爲季氏宰라 問政한대 子曰先有司요 赦小過하며 擧賢才니라
중궁　 위계씨재 　문정 　　자왈선유사 　사소과 　　 거현재

재宰는 가신인데 당시에는 여러 업무를 겸직했다고 한다. 할 일이 많기 때문에 일하는 요령을 말해준 것이다.

●

(중궁이) 말했다. "어진 사람과 재능 있는 사람을 어떻게 알아보고 발탁합니까?" 선생님이 말씀하셨다. "네가 아는 사람 중에서 발탁한다면 네가 모르는 (재능 있는) 사람을 남이 그냥 내버려 두겠는가?"

曰焉知賢才而擧之리잇고 曰擧爾所知면 爾所不知를 人其舍諸아
왈언지현재이거지 　　왈거이소지 　이소부지 　　인기사제
　　　　　　　　　　　　　　　　　　　　　　　　　　　(저)

3

●

자로가 말했다. "위나라 임금이 선생님과 함께 정치를 하려고 기다리

고 있습니다. 선생님은 (정무를 맡으시면) 장차 어떤 일을 먼저 하시겠습니까?"

子路曰衛君이 待子而爲政하시나니 子將奚先이잇고
자로왈위군　대자이위정　　　　자장해선

●

선생님이 말씀하셨다. "기필코 명분을 바로잡겠다."

子曰必也正名乎인저
자왈필야정명호

여기서 '명분[名]'이라는 것은 아버지, 아들, 임금, 신하 등과 같은 이름과 직책을 말하는 것이다. 아버지가 아버지답지 못하고, 자식이 자식답지 못한 위나라 임금 집안을 다시 아버지가 아버지답고 자식이 자식답게 만들겠다는 말이다.

●

자로가 말했다. "이렇다니까! 선생님은 너무 물정을 모르십니다. 어떻게 바로잡을 수 있단 말씀입니까?"

子路曰有是哉라 子之迂也여⁺ 奚其正이리잇고
자로왈유시재　자지우야　　해기정
　　　　　　　　(오)

우迂는 현실과 거리가 있다는 뜻이다《《집주》). 공자가 "명분을 바로잡겠다"고 한 것은 당시 위나라를 볼 때 임금이 임금답지 못하고 신하가 신하답지 못하며 아비가 아비답지 못하고 자식이 자식답지 못한 상황을 보고 한 말이다.

●

선생님이 말씀하셨다. "거칠구나, 유由야. 군자는 자기가 알지 못하는 것은 대개 말하지 않는 법이다."

子曰野哉라 由也여 君子於其所不知에 蓋闕如也니라
자왈야재   유야   군자어기소부지   개궐여야

●

"이름이 바르지 않으면 말이 순조롭게 통하지 않고, 말이 순조롭게 통하지 않으면 하는 일이 이루어지지 않는다."

名不正則言不順하고 言不順則事不成하고
명부정즉언불순   언불순즉사불성

명칭이 실제와 다르면 어떻게 될까? 임금이 아닌 사람이 임금 행세를 하고, 임금답지 못한 사람이 임금 자리에 앉아 있으면 누가 그의 말에 순순히 복종하겠는가?

●

"일이 (순조롭게) 이루어지지 못하면 (화합이 깨져) 예악이 흥성하지 못한다. 예악이 흥성하지 못하면 (통치자가 감정적으로 형벌을 동원해서) 형벌이 공정하지 않게 된다. 형벌이 공정하지 않으면 백성은 (착한 일을 해도 처벌을 받고, 그렇다고 해서 악한 일을 할 수도 없고 해서) 손발을 둘 곳조차 없게 된다."

事不成則禮樂이 不興하고 禮樂이 不興則刑罰이
사불성즉례악　불흥　　예악　불흥즉형벌

不中하고 刑罰이 不中則民無所措手足이니라
부중　　형벌　부중즉민무소조수족

●

"그렇기 때문에 군자는 이름을 붙이면 (실제와 합치되게 해서) 반드시 (그 이름을) 말할 수 있게 한다. 일단 (그 이름을) 말하면 반드시 실행할 수 있게 한다. 군자는 (이렇게 이름이 실제에 부합되게 하여) 말함에 있어 구차함이 없게 할 따름이다."

故로 君子名之인댄 必可言也며 言之인댄 必可行也니
고　군자명지　　필가언야　언지　　필가행야

君子於其言에 無所苟而已矣니라
군자어기언　　무소구이이의

✝ "迂"자의 한자음에 대해 《집주》에 표시된 것은 없다. 《경전석문》에는 迂자에 대해 "音于"(한자음이 '우'다)라고 되어 있다. 관본 언해로 분류되는 《논어언해》, 율곡의 《논어언해》, 《언해논어》(1932)에 '오'로 되어 있다. 이렇게 언해본에는 모두 '오'로 되어 있는데, 박문호는 언해의 한자음이 잘못이라고 지적했다. 옥편과 사전을 보

면, 《전운옥편》(1796)에는 '迂'에 대해 '우'라고 되어 있고, 《개정
전운옥편》에는 '우'와 함께 상단에 '오'를 속음이라고 표시하고
있다. 《신자전》(1915)에는 멀다는 의미로 '우'라고 되어 있다. 《한한
대자전》(2001)에는 '우'를 원음이라고 표시하고 그 뒤에 속음이
'오'라고 보충하고 있다. '迂闊'이라는 단어를 '우활'과 '오활'로
읽고 있다. 《동아대옥편》(2005)에서는 물정에 어둡다는 의미일 때
'멀 우'라고 하고 《논어》의 이 문장을 예시했다. 단대 《한한대사
전》(2008)에는 '迂'자의 한자음으로 '우'만을 제시하고 있다. 또한
"진부하다, 사리에 어둡다"라는 뜻으로 《논어》의 이 문장의 사례로
인용했다.

4
●

번지가 곡식 심는 법을 가르쳐달라고 청했다. 선생님이 말씀하셨다.
"나는 노숙한 농부만 못하다." 채소 가꾸는 법을 가르쳐달라고 청했다.
선생님이 말씀하셨다. "나는 노숙한 원예사만 못하다."

樊遲請學稼한대 子曰吾不如老農호라
번지청학가   자왈오불여로농

請學爲圃한대 曰吾不如老圃호라
청학위포   왈오불여로포

●

번지가 나가자 선생님이 말씀하셨다. "번수는 소인小人이구나."

樊遲出커늘 子曰小人哉라 樊須也여
번지출   자왈소인재   번수야

●

"윗사람이 예禮를 좋아하면 백성이 감히 공경하지 않을 수 없다. 윗사람이 의義를 좋아하면 백성이 감히 복종하지 않을 수 없다. 윗사람이 신信을 좋아하면 백성이 감히 있는 사실 그대로 하지 않을 수 없다. (윗사람이) 이렇게 하면 사방의 백성이 아이를 포대기에 싸서 업고 (이런 나라에 살려고) 몰려올 터인데, 어느 겨를에 곡식을 심겠는가."

上이 好禮則民莫敢不敬하고 上이 好義則民莫敢不服하고
상   호례즉민막감불경   상   호의즉민막감불복

上이 好信則民莫敢不用情이니 夫如是則四方之民이
상   호신즉민막감불용정   부여시즉사방지민

襁負其子而至矣리니 焉用稼리오
강부기자이지의   언용가

5

●

선생님이 말씀하셨다. "시 300편을 외운들 정무를 맡았을 때 능숙하게 처리하지 못하고 사방에 사신으로 가서 전대專對하지 못한다면 (아무리 외운 시가) 많은들 또한 무슨 소용이 있는가?"

子曰誦詩三百호대 授之以政에 不達하며 使於四方에
자왈송시삼백　　　수지이정　부달　　시어사방
　　　　　　　　　　　　　　　　　　　　(사)

不能專對하면 雖多나 亦奚以爲리오
불능전대　　수다　역해이위

　전대專對는 외교사절로 파견되어 홀로 임금의 명령을 전하고 그 쪽에
서 질문하는 바에 대답한다는 뜻이다. 전대라는 용어는 조선시대 선비
들의 시에 빈번하게 인용된다. 공부는 많이 했지만 사신으로 파견되는
자신의 능력을 겸손하게 표현할 때, 외교 업무의 어려움을 말할 때 이
문장을 인용했다.

6
●

선생님이 말씀하셨다. "그 몸이 바르면 명령하지 않아도 일이 실행되고
그 몸이 바르지 않으면 설령 명령을 하더라도 따르지 않을 것이다."

　子曰其身이 正이면 不令而行하고 其身이 不正이면 雖令不從이니라
　자왈기신　정　　불령이행　　　기신　부정　　　수령부종

7
●

선생님이 말씀하셨다. 노나라와 위나라 정치가 형제처럼 닮았구나.

子曰魯衛之政이 兄弟也로다
자왈노위지정   형제야

노나라의 시조는 주공이고, 위나라 시조는 강숙康叔이다. 주공과 강숙은 형제다. 당시 정국의 혼란함도 두 나라가 비슷했기에 공자가 이렇게 탄식했다고 한다(《집주》).

8
•

선생님이 위나라 공자형公子荊에 대해 말했다. "그 사람은 집 살림살이를 잘했다. 처음 시작할 때 '이만하면 대충 있을 것은 다 있다'고 했고, 조금 갖추어지자 '이만하면 필요한 것은 완비되었다'고 했으며, 부유해지자 '이만하면 참 아름답다'고 했다."

子謂衛公子荊하사대 善居室이로다 始有에 曰苟合矣라 하고
자위위공자형   선거실   시유   왈구합의

小有에 曰苟完矣라 하고 富有에 曰苟美矣라 하니라
소유   왈구완의   부유   왈구미의

9
•

선생님이 위나라에 갈 때 염유가 수레를 몰았다.

子適衛하실새 冉有僕이러니
자적위　　　염유복

·

선생님이 말씀하셨다. "(백성이) 참으로 많구나."

子曰庶矣哉라
자왈서의재

·

염유가 말했다. "(백성이) 많아진 다음에 더할 일은 무엇입니까?" (선생님이) 말씀하셨다. "부유하게 해야지."

冉有曰既庶矣어든 又何加焉이리잇고 曰富之니라
염유왈기서의　　　우하가언　　　　왈부지

·

염유가 말했다. "(백성이) 부유해진 다음에 더 할 일은 무엇입니까?" (선생님이) 말씀했다. "(인륜을) 가르쳐야지."

曰既富矣어든 又何加焉이리잇고 曰敎之니라
왈기부의　　　우하가언　　　　왈교지

10

●

선생님이 말씀하셨다. "만약 나를 써주는 임금이 있어 1년만 (정치를) 맡기면 (기강을 바로잡고 도덕적으로 생활하게 하는 일을) 해낼 수 있다. 3년만 맡겨주면 분명한 성과를 낼 수 있을 것이다."

子曰苟有用我者면 朞月而已라도[†] 可也니 三年이면 有成이리라
자왈구유용아자　기월이이　　　가야　삼년　　유성

'可' 자는 빠듯하게 해낼 수 있다는 말이다. 정치를 하겠다는 강력한 의지를 표현한 말이다.

† "기朞"자를 《논어고금주》에는 '期' 자로 쓰고 있다. 그 아래에 이런 언급이 있다. "集註本期作朞"(《집주》에는 '期' 자를 '朞'자로 쓰고 있다). 형병본에는 '期' 자로 되어 있다. 〈논어주소교감기〉에는 "皇本期作朞"(황간본에는 '期' 자를 '朞'로 쓰고 있다)라고 되어 있다. 지금 사용되고 있는 《논어》 교재에서도 '朞' 또는 '期'를 쓰고 있다.

11

●

선생님이 말씀하셨다. "선인善人이 나라를 다스린 지 100년이면 또한 포악함을 없애고 사형을 없앨 수 있다고 하니 이 말이 참으로 맞구나."

子曰善人이 爲邦百年이면 亦可以勝殘去殺矣라 하니
자왈선인   위방백년   역가이승잔거살의

誠哉라 是言也여
성재   시언야

12

●

선생님이 말씀하셨다. "왕王 노릇할 만한 역량을 가진 사람이 정치를
해도 반드시 한 세대는 지난 다음에야 (백성이) 어질게 된다."

子曰如有王者라도 必世而後仁이니라
자왈여유왕자   필세이후인

13

●

선생님이 말씀하셨다. "진정 자신을 바르게 하고 정치에 임하면 무슨
어려움이 있겠는가? 자신을 바르게 하지 못하면서 어떻게 다른 사람을
바르게 할 수 있겠는가?"

子曰苟正其身矣면 於從政乎에 何有며
자왈구정기신의   어종정호   하유

不能正其身이면 如正人에 何오
불능정기신   여정인   하

14

•

염자가 (계씨가 주재하는) 조회에 참석하고 퇴근했다. 선생님이 말씀하셨다. "왜 늦었느냐?" 염자가 대답했다. "나라의 정무가 있었습니다." 선생님이 말씀하셨다. "그냥 (계씨 집안에) 일이 있었겠지. 만약 나라에 일이 있었다면 비록 (대부大夫의 반열에 있는) 내가 참여하지는 못했더라도 무슨 일이 있었는지 들었을 것이다."

冉子退朝어늘 子曰何晏也오 對曰有政이러이다
염자퇴조   자왈하안야   대왈유정

子曰其事也로다 如有政인댄 雖不吾以나 吾其與聞之니라
자왈기사야   여유정   수불오이   오기여문지

15

•

정공이 질문했다. "한마디 말로 나라를 일으켜 세울 수 있다고 하는데, 과연 그런 것이 있는가?" 공자가 대답했다. "말이 이와 같은 효과가 있는지 꼭 기약할 수는 없습니다."

定公이 問一言而可以興邦이라 하나니
정공   문일언이가이흥방

有諸잇가 孔子對曰言不可以若是其幾也어니와
유제   공자대왈언불가이약시기기야
(저)

●

"사람들이 하는 말에 '임금 노릇하기가 어렵고 신하 노릇하기도 쉽지 않다' 고 합니다."

人之言曰爲君難하며 爲臣不易라 하나니
인지언왈위군난   위신불이

●

"만일 임금 노릇 제대로 하기가 어렵다는 것을 알고 실천한다면 이런 말 하나로 나라를 일으켜 세움을 기약할 수 있지 않겠습니까?"

如知爲君之難也인댄 不幾乎一言而興邦乎잇가
여지위군지난야   불기호일언이흥방호

●

(정공이) 말했다. "한마디 말로 나라를 망하게 할 수 있다고 하는데 그런 것이 있는가?" 공자가 대답했다. "말이 이와 같은 효과를 낼 수 있는지 꼭 기약할 수 없습니다. 다만 사람들이 하는 말에, '내가 임금 노릇하는데 다른 것은 즐거울 게 없고 오직 내가 한 번 말하면 (신하와 백성이 감히) 어기지 못하는 것이 즐겁다' 라고 합니다."

曰一言而喪邦이라 하나니 有諸잇가
왈일언이상방   유제
                        (저)
孔子對曰言不可以若是其幾也어니와
공자대왈언불가이약시기기야

人之言曰予無樂乎爲君이요 唯其言而莫予違也라 하나니
인지언왈여무락호위군   유기언이막여위야

백성들의 입을 봉쇄한 임금의 정치에 대해 말한 것이다.

●

"만약 (임금의 명령이) 옳다면 (신하와 백성이) 어기지 않을 것이니 또한 좋지 않겠습니까? 만약 옳지 않은 명령인데도 (신하와 백성이) 어기지 못하게 한다면 (그리고 이런 조치를 임금이 즐거움으로 삼는다면) 또한 이런 말 하나로 나라를 잃게 됨을 예상할 수 있지 않겠습니까?"

如其善而莫之違也인댄 不亦善乎잇가
여기선이막지위야   불역선호

如不善而莫之違也인댄 不幾乎一言而喪邦乎잇가
여불선이막지위야   불기호일언이상방호

16

●

섭공이 정치에 대해 질문했다.

葉公이 問政한대
섭공   문정

선생님이 말씀하셨다. "가까이 있는 사람을 기쁘게 하고 멀리 있는 사람을 찾아오게 하는 것이다."

子曰近者說하며 遠者來니라
자왈근자열　　　원자래

17

자하가 거보의 재宰가 되어 공자에게 정치에 대해 질문했다. 선생님이 말씀하셨다. "빨리 효과를 보려고 욕심 내지 않으며 사소한 이익에 눈을 돌리지 않는다. 빨리 얻으려고 하면 목표를 달성하지 못하고 작은 이익에 집착하면 대업을 이룰 수 없다."

子夏爲莒父宰라 問政한대 子曰無欲速하며 無見小利니
자하위거보재　　문정　　　자왈무욕속　　　무견소리

欲速則不達하고 見小利則大事不成이니라
욕속즉부달　　　견소리즉대사불성

18

섭공이 공자에게 말했다. "우리 고을에 정직한 사람이 있는데, 그 아비가 양을 훔치자 자식이 증언했습니다."

葉公이 語孔子曰吾黨에 有直躬者하니
섭공　어공자왈오당　유직궁자

其父攘羊이어늘 而子證之하니이다.
기부양양　　　이자증지

●

공자께서 말씀하셨다. "우리 고을의 정직한 사람은 그와는 다르다. 아비가 자식을 숨겨주고 자식이 아비를 숨겨준다. 정직이란 바로 이렇게 하는 행위 속에 있는 것이다."‡

孔子曰吾黨之直者는 異於是하니 父爲子隱하며
공자왈오당지직자　이어시　　부위자은

子爲父隱하나니 直在其中矣니라
자위부은　　　직재기중의

　위의 사례를 조선시대 유학자들은 '천륜天倫'과 '직直'이 충돌한 것으로 보았다. 부모와 자식 사이의 정은 천륜이고 법을 지키는 것은 직이다. 이럴 때는 천리가 직에 우선한다고 보았다. 직은 천리에 포함된다고 보았다. 천륜을 직의 상위 가치로 파악한 것이다. 지금 법으로도 죄를 범한 아비나 자식을 숨겨주는 것이 큰 죄가 되지는 않는다. 자식으로서 부모로서 서로 숨겨주려고 하는 마음을 지켜주는 것이 법의 정신이다. 실정법을 지키는 것도 법의 정신이다. 어느 것이 우선인가에 대해서 이미 공자가 말했다.

　‡ 《맹자孟子》(진심상盡心上 35장)에 이와 유사한 이야기가 있다. "도응

桃應이 맹자에게 질문했다. 만약 순舜임금의 아버지인 고수瞽瞍가 사람을 죽였다면 순舜은 어떻게 했을까? 맹자가 말했다. 순舜은 천자天子 자리를 버리고 아버지를 업고 몰래 도망쳤을 것이다."

19

●

번지가 인仁을 (행하는 마음에 대해) 질문했다. 선생님이 말씀하셨다. "평소 거처할 때 공손히 하고, 직무에 대한 공경심을 갖고 일하며, 사람 대하기를 충忠으로 하는 것이다. 이런 (인仁의) 마음가짐은 야만 지역에 가더라도 결코 버릴 수 없는 것이다."

樊遲問仁한대 子曰居處恭하며 執事敬하며
번지문인　　자왈거처공　　집사경

與人忠을 雖之夷狄이라도 不可棄也니라
여인충　　수지이적　　　불가기야

"집사경執事敬"은 자신이 하는 일을 소중하게 여기는 마음으로 일하는 것이다. 어떤 일이라도 긍지를 갖고 임하는 전문가 정신을 말하는 것이다. 또한 직업 윤리다.

20

●

자공이 질문했다. "어떻게 하면 선비라고 말할 수 있습니까?" 선생님이 말씀하셨다. "수치심을 느낄 수 있는 마음으로 몸가짐을 단속하며, 사방에 사신으로 파견되어 임금의 명령을 욕되게 하지 않으면 선비라고 말할 수 있다."

子貢이 問曰何如라아 斯可謂之士矣잇고
자공　문왈하여　　　사가위지사의

子曰行己有恥하며 使於四方하여 不辱君命이면 可謂士矣니라
자왈행기유치　　시어사방　　불욕군명　　가위사의
　　　　　　(사)

공자가 선비의 조건으로 '수치심을 느낄 수 있는 마음'을 먼저 말한 이유는 무엇인가? 공안국은 이런 마음을 가진 사람은 나름대로 "하지 않는 것이 있다"고 설명했다. 상식을 가진 사람으로서는 차마 또는 결코 해선 안 될 일이라는 것이 있다. 그것이 구체적으로 어떤 것인가를 알 수 있게 하는 것이 '치恥'다. 행위의 준칙을 제공하는 마음의 장치가 '치恥'다.

●

(자공이) 말했다. "그 아래 단계의 사람은 어떤지 여쭙겠습니다."(선생님이) 말씀하셨다. "친척들이 효자라고 칭찬하고 마을 사람들이 공손하다고 칭찬하면 된다."

曰敢問其次하노이다 曰宗族이 稱孝焉하며 鄕黨이 稱弟焉이니라
왈감문기차　　　　왈종족　칭효언　　향당　칭제언

(자_{공이}) 말했다. "더 아래 단계의 사람은 어떤지 여쭙겠습니다." (선생님이) 말씀하셨다. "말한 것에 대해 꼭 신의를 지키려 하고 행동을 함에 있어서 반드시 과단성이 있음이 (사소한 규정과 원칙에 집착하여) 단단한 차돌처럼 도량이 좁은 소인이지만 이 정도라면 그다음이 될 만하다."

曰敢問其次하노이다 曰言必信하며
왈감문기차　　　　왈언필신

行必果硜硜然小人哉나＋ 抑亦可以爲次矣니라
행필과갱갱연소인재　　억역가이위차의
　　　　　(경경)

공자는 이런 사람은 큰 줄기를 볼 줄 모르지만 실속 없이 허황되거나 방자하게 행동하는 사람보단 낫다고 보았다. 이 정도까지는 선비라고 할 수 있다는 말이다.

(자_{공이}) 말했다. "지금 정치하는 사람들은 어떻습니까?" 선생님이 말씀하셨다. "한심할 뿐이다. 도량이 1말 2되 정도의 보잘것없는 사람들을 어떻게 평가할 수 있단 말이냐?"

曰今之從政者는 何如하리잇고 子曰噫라
왈금지종정자　　하여　　　　자왈희

斗筲之人을＋＋ 何足算也리오
두소지인　　하족산야
　　　(초)

✝ "硻"은 《집주》에 반절로 '경'이라고 되어 있다. "硻苦耕反"(硻은 '고'와 '경'의 반절이다. 한자음은 '경'이다). 《경전석문》도 《집주》와 같다. 관본 언해로 분류되는 《논어언해》, 율곡의 《논어언해》, 《언해논어》(1932), 성백효(2005), 임동석(2006), 박헌순(2008), 김용옥(2008), 한국고전번역원 〈논어성독〉(2009)에도 "경"으로 되어 있다. 이강재 (2006)는 "갱"으로 표시했다. 옥편과 사전을 보면, 《전운옥편》(1796)에는 답답한 소인이라는 뜻으로 그 한자음이 "깅"(갱)으로 되어 있다. 《국한문신옥편》(1908)과 《자전석요》(1909)에는 무지하다는 뜻으로 그 한자음이 "깅"(갱)으로 되어 있다. 《신자전》(1915)에도 "갱"으로 되어 있고 《논어》의 이 문장이 그 사례로 제시되어 있다. 《한한대자전》(2001)에는 "돌소리 갱, 주변 없을 갱"으로 되어 있고 《논어》의 이 문장이 인용되어 있다. 《동아대옥편》(2005)에서는 《논어》에 나오는 문장 '鄙哉硻硻乎'를 인용하고 '갱갱硻硻'을 "소인의 모양"이라고 설명했다. 《사서집해사전》(2003)에는 "갱갱硻硻"이라고 되어 있고 《논어》의 이 문장이 인용되어 있다. 《명문대옥편》(2005)에도 "갱"으로만 되어 있고 《논어》의 위의 문장 '硻硻然小人哉'이 인용되어 있다. 그러나 단대 《한한대사전》(2008)에는 '갱'은 없고 '경'만 설명되어 있다. 그러면서 이 문장의 硻硻의 한자음이 "경경"이라고 표시되어 있고 "고루하고 고집스러운 모양"이라는 설명이 있다. 이렇게 조선시대부터 최근까지 나온 대부분의 옥편과 한자사전에는 "갱갱"으로 되어 있는데, 단대 《한한대사전》에만 "경경"으로 되어 있다. 다수의 사전류에 나온 바에 따라 "갱갱"을 우선으로 표시했다.

✝✝ "莦"는 《집주》에 한자음이 표시되어 있다. "莦所交反"(莦는 '소'와 '교'의 반절이다. 한자음은 '소'다). 《경전석문》도 동일하다. 관본

언해로 분류되는 《논어언해》, 율곡의 《논어언해》, 《언해논어》
(1932), 현토와 언해가 있는 《논어집주》(1917, 1952, 1976), 한국고전
번역원 〈논어성독〉(2009)에는 '초'로 되어 있다. 그러나 이기동
(1992), 이종락(2005), 성백효(2005), 이강재(2006), 박헌순(2008), 김용
옥(2008)에는 "소"로 쓰고 있다. 사전을 보면, 《동아대옥편》(2005),
《한한대자전》(2001), 《명문대옥편》(2005)에 "소"로 되어 있다. 단대
《한한대사전》(2008)에도 '소'로 되어 있고 이 문장이 예시되어 있
다. 한글학회 《우리말큰사전》에는 "두소斗筲", "두소소인斗筲小人"
에 대해 "도량이 좁고 변변하지 못한 사람"이라고 설명되어 있다.
이희승의 《국어대사전》에도 "두소지인"에 대해 "국량이 작은 사
람"이라고 되어 있다.

21

●

선생님이 말씀하셨다. "균형 감각을 가진 인격의 선비를 얻어서 함께
하지 못할 바엔 반드시 이상이 드높은 광狂이나 고집 센 견狷과 함께하
겠다. 광자狂者는 진취적이고 견자狷者는 양심과 신조에 어긋난 일은 하
지 않는다."

子曰不得中行而與之인댄⁺ 必也狂狷乎인저
자왈부득중행이여지   필야광견호

狂者는 進取요 狷者는 有所不爲也니라
광자   진취   견자   유소불위야

광자는 지나친[過] 사람이고, 견자는 부족[不及]한 사람이다. 그러나 의지가 미약하고 더러운 사람보다는 광자가 낫다. 차마 사람으로선 해선 안 될 일까지 함부로 범할 사람보다는 차라리 견자가 낫다.

‡ "不得中行"이 《논어고금주》(신조선사新朝鮮社 판본)에는 "不得中行之士"로 되어 있다. 《논어집주대전》, '황본皇本'(황간의 《논어의소》), '형본邢本'(형병의 《논어주소》), 《한문대계》, 《사서장구집주》에 이르기까지 《논어》의 다른 판본에서 "中行之士"라고 된 것을 찾을 수 없다. 오자誤字가 아닌가 한다. 정약용이 일부러 이렇게 했는지는 알 수 없다. "中行之士"로 해석하면 뜻이 분명기기는 하다. "中行之士"는 공자가 "우리 마을 젊은이들은 품은 뜻은 크나 일에는 소략하여"(공야장편 21장)라고 하는 문장의 《집주》에 나온다. '行' 자는 《논어언해》(1612)에 '힝'으로 되어 있다. 그 이후의 언해본(내각장판, 영영장판, 하경룡장판), 율곡의 《논어언해》도 동일하다. '힝' 자는 1933년 조선어학회 〈한글 맞춤법 표기법〉에 따라 '행'으로 표시된다. 이강재(2006), 임동석(2006), 성대 유교문화연구소(2008)에는 '행'으로 되어 있다. 성백효(2005)에는 '항'으로 되어 있다. 사전을 보면, 단대 《한한대사전》(2008)에서 '中' 자를 찾아 "中行"에 대한 설명을 보면, 한자음이 "중행", "중항"이 있는데 "중행"이 1번, "중항"이 2번으로 표시되어 있다. 이어서 "행실이 중용의 도리에 맞음. 또는 그런 사람"이라도 설명되어 있고 《논어》의 이 문장이 그 사례로 인용되어 있다. 한글학회 《우리말대사전》에 "중행中行"에 대해 "중용을 지키는 바른 행실"이라고 설명되어 있다. 이희승의 《국어대사전》에도 "중행"에 대해 "중용을 지키는 행위"라고 되어 있다. 이렇게 '중행'이라는 말이 통용되고 있어서 위의 원문

에서 한자음을 '행' 자로 표시했다.

22

•

선생님이 말씀하셨다. "남쪽 나라 사람들이 하는 말이 있다. '어떤 사람이라도 꾸준히 오랫동안 노력하는 항심恒心이 없으면 무당이나 의원도 하지 못한다.' 참 좋은 말이다."

子曰南人이 有言曰人而無恒이면
자왈남인　　유언왈인이무항

不可以作巫醫라 하니 善夫라
불가이작무의　　　　선부

김홍도, 〈점괘〉, 국립중앙박물관

•

"(《주역》에 이런 말이 있다.) '그 덕을 항상 갖고 있지 않으면 혹 부끄러운 일이 생길 것이다.'"

不恒其德이면 或承之羞라 하니
불항기덕　　　혹승지수

•

선생님이 말씀하셨다. "(사람들에게 항恒이 없고 부끄러운 일을 당함이 많은 것은) 점괘의 교훈을 살피지 않았기 때문이다."

子曰不占而已矣니라
자왈부점이이의

23
•

선생님이 말씀하셨다. "군자는 개성을 지키면서 남과 조화롭게 어울리지만 결코 남을 흉내 내지는 않는다. 소인은 남을 모방할 수 있지만 조화롭게 어울리진 못한다."

子曰君子는 和而不同하고 小人은 同而不和니라
자왈군자　화이부동　　소인　동이불화

화和는 주체성이 분명한 요소들이 모여서 조화를 이루는 것이다. 전체적인 목표에는 동감하지만 각자의 세계를 추구하기 때문에 다툼이 없다. 동同은 흉내만 내는 엇비슷한 것이다. 서로 순위를 다투기 때문에 싸울 뿐이다. 화和는 개인의 차원에서는 서로 다르지만 전체의 차원에서는 동일한 목표를 추구하는 것이다. 그래서 협동하고 단결할 수 있다.

24

·

자공이 질문했다. "(어떤 사람을 평가할 때) 고을 사람들이 다 좋다고 하면
어떻습니까?" 선생님이 말씀하셨다. "됐다고 할 수 없다." 자공이 말했
다. "고을 사람들이 다 미워하면 어떻습니까?" 다시 말씀하셨다. "됐다
고 할 수 없다. 고을 사람들 중에서 착한 사람이 좋아하고 착하지 못한
사람이 미워하는 것만 못하다."

子貢이 問曰鄕人이 皆好之면 何如리잇고
자공　문왈향인　개호지　하여

子曰未可也니라 鄕人이 皆惡之면 何如리잇고
자왈미가야　　향인　개오지　하여

子曰未可也니라 不如鄕人之善者好之요 其不善者惡之니라
자왈미가야　　불여향인지선자호지　기불선자오지

25

·

선생님이 말씀하셨다. 군자는 섬기기는 쉽고 기쁘게 하기란 어렵다.
도道로써 기쁘게 하지 않으면 기뻐하질 않는다. 사람을 부릴 때 능력과
적성에 맞게 일을 맡긴다. 소인은 섬기기는 어렵고 기쁘게 하기란 쉽
다. 도道가 아닌 것으로 기쁘게 해도 기뻐한다. 소인은 사람을 부릴 때
모든 능력을 구비한 사람을 찾는다."

子曰君子는 易事而難說也니 說之不以道면 不說也요
자왈군자　이사이난열야　열지불이도　불열야

及其使人也하얀 器之니라 小人은 難事而易說也니
급기사인야　기지　소인　난사이이열야

說之雖不以道라도 說也오 及其使人也하얀 求備焉이니라
열지수불이도　열야 급기사인야　구비언

26

●

선생님이 말씀하셨다. "군자는 태산처럼 크지만 교만하지 않다. 소인
은 교만할 뿐 크지는 않다."

子曰君子는 泰而不驕하고 小人은 驕而不泰니라
자왈군자　태이불교　소인　교이불태

27

●

선생님이 말씀하셨다. "강직함과 굳셈, 질박함과 말재주 없음이 인仁
의 특성에 가깝다."

子曰剛毅木訥이 近仁이니라
자왈강의목눌　근인

목木은 투박하고 진실한 것이다. 인仁은 자기 자신을 사랑하는 것이
기 때문에 있는 그대로의 모습으로 드러난다.

28

•

자로가 질문했다. "어떻게 해야 선비라고 불릴 수 있습니까?" 선생님
이 말씀하셨다. "간절하고 상세하게 권면하며 마음이 화평하고 기쁘면
선비라고 할 수 있다. 벗에게는 (허물을 바로잡아 주는 의로운 관계니) 간절하
고 상세하게 권면하여 힘쓰게 하고, 형제와 친척에게는 (초상이 나면 상복
喪服을 입어야 하는 관계니) 화평하고 기쁘게 하라."

子路問曰何如라아 斯可謂之士矣리잇고 子曰切切偲偲하며
자로문왈하여　　　사가위지사의　　　자왈절절시시

怡怡如也면 可謂士矣니 朋友엔 切切偲偲요 兄弟엔 怡怡니라
이이여야　가위사의　붕우　절절시시　형제　이이

29

•

선생님이 말씀하셨다. "선인善人이 백성을 가르친 지 7년이면 군대에
보낼 정도가 된다."

子曰善人이 敎民七年이면 亦可以卽戎矣니라
자왈선인　교민칠년　　　역가이즉융의

30

●

선생님이 말씀하셨다. "가르치지 않은 백성을 동원해 전쟁을 한다면, 이런 것을 두고 '백성을 포기하는 것이다' 라고 말하는 것이다."

子曰以不敎民戰이면 是謂棄之니라
자왈이불교민전　　시위기지

자왈학이시습지면 불역열호아 유붕이자원방래면 불역락호아 인부지이불온이면

불역군자호아 유자왈기위인야효제요 이호범상자선의니 불호범상이요 이호작란

자미지유야니라 군자는 무본이니 본립이도생하나니 효제야자는 기위인지본

인저 자왈교언영색이 선의인이니라 증자왈오일삼성오신하노니 위인모이불충

아 여붕우교이불신호아 전불습호애니라 자왈도천승지국호대 경사이신하며

용이애인하며 사민이시니라 자왈제자입즉효하고 출즉제하며 근이신하며 범

중호대 이친인이니 행유여력이어든 즉이학문이니라 자하왈현현호대 역색하며

사부모호대 능갈기력하며 사군호대 능치기신하며 여붕우교호대 언이유신이면

수왈미학이라도 오필위지학의라 호리라 자왈군자부중즉불위니 학즉불고니라

충신하며 무불여기자요 과즉물탄개니라 증자왈신종추원이면 민덕이 귀후의

라 자금이 문어자공왈부자지어시방야하사 필문기정하시나니 구지여아 억여

여아 자공이 왈부자는 온량공검양이득지시니 부자지구지야는 기제이호인

구지여아 자왈부재에 관기지요 부몰에 관기행이나 삼년을 무개어부지도라

가위효의니라 유자왈례지용이 화위귀하니 선왕지도사위미라 소대유지니라

소불행하니 지화이화요 불이례절지면 역불가행야니라 유자왈신근어의면 언

복야며 공근어례면 원치욕야며 인불실기친이면 역가종야니라 자왈군자식무

구포하며 거무구안하며 민어사이신어언이요 취유도이정언이면 가위호학야이

라 자공이 왈빈이무첨하며 부이무교호대 하여하리잇고 자왈가야나 미약빈이

하며 부이호례자야니라 자공이 왈시운여절여차하며 여탁여마라 하니 기사지

위여인저 자왈사야는 시가여언시이의라 고제왕이지래자온여 자왈불환인

불기지요 환부지인야니라 자왈위정이덕이 비여북신이 거기소어든 이중성이

공지니라 자왈시삼백에 일언이폐지하여 왈사무사니라 자왈도지이정하고 제지

형이면 민면이무치니라 도지이덕하고 제지이례면 유치차격이니라 자왈오십

유오이지우학하고 삼십이립하고 사십이불혹하고 오십이지천명하고 육십이이순

고 칠십이종심소욕하여 불유구호라 맹의자문효어대 자왈무위니라 번지어

자고 자왈맹손이 문효어아이늘 아대왈무위라호라 번지왈하위야잇고 자왈생사

이례하며 사장지이례하며 제지이례니라 맹무백이 문효어대 자왈부모는 유기

지우시니라 자유문효어대 자왈금지효자는 시위능양이니 지어견마하여도 개

유양이니 불경이면 하이별호리오 자하문효어대 자왈색난이니 유사이든 제자

헌문 憲問

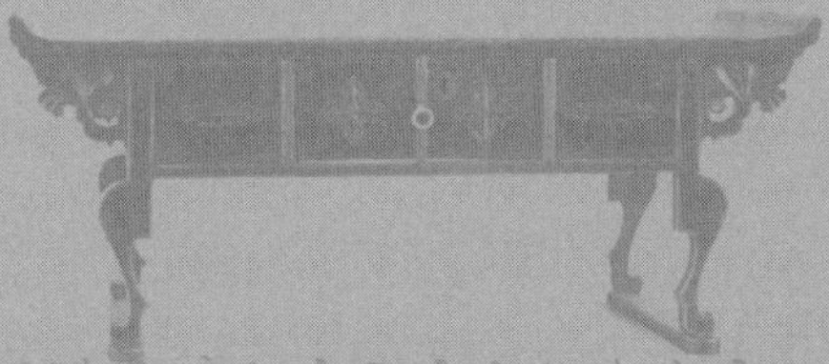

1

●

원헌原憲이 부끄러운 일에 대해 질문했다. 선생님이 말씀하셨다. 나라에 도道가 있을 때 적극적으로 일하지 않고 단지 녹祿만 받아먹으며, 나라에 도道가 없을 때 (좋은 정치를 회복하는 일은 하지 못하고) 단지 녹祿만 받아먹는 것이 부끄러운 일이다."

憲이 問恥한대 子曰邦有道에 穀하며 邦無道에 穀이 恥也니라
헌　문치　　자왈방유도　곡　　　방무도　곡　치야

지식인은 난세에 어떻게 처신해야 하는가? 권력의 정당성이 있을 때에는 참여하고, 정당성이 없는 정권에는 참여하지 않았다. 그러면서 세상이 좋아지기를 기다렸다. 부당한 권력자 밑에서 일하는 것은 치욕이라고 생각했다. 그러나 공자는 이렇게 하지 않았다. 권력의 정당성이 있다고 해서 참여하고 없다고 해서 물러나지 않았다. 공자는 어떻게 해서든 함께 잘해볼 수 있는 여지를 찾았다. 이런 공자의 태도에 대해 심지어는 제자들까지도 걱정했다. 공자가 참여의 기준으로 삼은 것은 잘될 수 있는 '가능성'이었다. 그래서 반란군의 두목이 초청을 해도 즉시 거부하지 않고 망설였다. 의리와 절개의 가치를 중시하는 유학자들의 관점에선 이런 공자의 태도야말로 이해하기 어려운 그 어떤 것이었다. 그들은 이런 공자의 자유로운 선택에 대해선 가급적 언급하지 않았다. 이들이 공자의 결단을 설명할 때 사용한 개념은 '권도權道'였다. 그러면서 원칙을 뛰어넘으면서 상황에 맞게 결단하는 권도를 제대로 발휘할 수 있는 분은 오직 성현뿐이라고 단서를 달았다. 그래서 "방무도邦無道에 곡穀이 치야恥也니라"라는 문장에 대한 해석이 쉽지 않다. 간단하

게 나라에 도가 없을 때 벼슬하는 것이 치욕이라고 해석하는 것에 더하여 현실정치를 외면하지 않았던 지식인으로서의 책임감과 고뇌를 담아야 한다는 말이다.

2

(원헌이 말했다.) "남을 이기려는 마음과 자기의 공로를 자랑하고 싶은 마음과 남에 대한 원망과 탐욕을 단속해서 행해지지 않도록 하면 어질다고 할 수 있습니까?"

克伐怨欲을 不行焉이면 可以爲仁矣잇가
극벌원욕　불행언　　가이위인의

선생님이 말씀하셨다. "그렇게 하기가 참으로 어렵겠지만 그렇다고 해서 인仁하다고 할 수 있는지는 모르겠다."

子曰可以爲難矣어니와 仁則吾不知也케라
자왈가이위난의　　　인즉오부지야

공자가 기대하는 인仁이란 이런 마음의 병이 자라지 않도록 의식적으로 노력하는 수준이 아니라 애쓰지 않아도 저절로 그런 것이 없는 수준이었다.

3
●

선생님이 말씀하셨다. "선비라고 자부하면서 편안한 삶을 마음에 두고 있으면 선비가 되기에는 부족하다."

子曰士而懷居면 不足以爲士矣니라
자왈사이회거　부족이위사의

4
●

선생님이 말씀하셨다. "나라에 도道가 있을 땐 (곧은 도가 용납될 수 있으니까) 말을 도도하게 하고 행실을 고상하게 한다. 나라에 도道가 없을 땐 (곧은 도가 용납되지 못하니까) 행실은 고상하게 하지만 말은 겸손하게 해야 한다."

子曰邦有道엔✝ 危言危行하고 邦無道엔 危行言孫이니라
자왈방유도　위언위행　방무도　위행언손

무도한 세상에서는 말을 조심해야 살 수 있음을 말한 것이다.

✝ "방유도邦有道"가 《한문대계》〈논어집해〉(1975)에는 '국유도國有道'로 되어 있다. 사고전서 《논어집주대전》, '황본皇本'(황간의 《논어의소》), '형본邢本'(형병의 《논어주소》), 《논어언해》 5종(1590년, 1612년, 내각장판, 영영장판, 하경룡장판)에도 모두 '방유도邦有道'로 되어 있다.

유독《한문대계》〈논어집해〉에만 '국國' 자로 되어 있는 이유는 무엇인가?《사기》중니제자열전仲尼弟子列傳 원헌原憲에 관한 부분에 있는 이런 설명이 참고가 될 것 같다. "子思問恥孔子曰國有道穀恥國無道穀恥也"(자사가 공자에게 치恥에 대해 질문했다. 나라에 도가 있을 때에도 봉녹만 먹고 있는 것이 치恥며 나라에 도가 없을 때 봉록만 먹고 있는 것이 치恥다). 이 문장은 헌문편(제14편) 제1장과 내용은 동일하고 다만 질문자만 다르게 되어 있다.《논어》에는 원헌이 질문한 것으로 되어 있는데《사기》에는 자사가 질문한 것으로 되어 있다. 또한《논어》의 '방邦' 자가《사기》에서는 '국國' 자로 바뀐 것이 다르다. 왜《사기》에는 왜 '방邦' 자가 '국國'로 변경되어 있을까?〈논어주소교감기〉팔일편 "管仲之器小哉章"에서 "邦君爲兩君之好"에 대해 설명한 내용 중에 이런 말이 있다. "漢石經避高帝諱邦作國"('한석경漢石經'에서는 한漢 고제高帝 유방劉邦의 이름에 방邦자가 있어서 이를 피하여 방邦자 대신 국國자를 사용했다). 이와 유사한 사례가 있다. 주공의 이름은 '단旦'이다. 조선 태조 이성계의 이름도 '단旦'이다. 그래서 조선 시대에는《맹자》를 공부할 때 '단旦' 자가 나오면 '단'이라고 읽는 것을 피하고 그 대신 아침 조朝자가 같은 의미라고 해서 '조'라고 읽었다.《주해천자문註解 千字文》의 '단旦' 자에 이런 설명이 있다. "太祖御諱當讀如朝"('旦' 자는 태조의 이름이기에 이를 그대로 발음하는 것을 피하여 마땅히 아침 조朝자와 같이 발음해야 한다).《화동정음통석운고》(1747)에도 '단旦' 자가 있는 그 페이지 상단에 "태조휘太祖諱"라고 표시되어 있다.《논어》판본 일부에서도 그 판본이 간행된 시대의 왕조의 황제 이름과 동일한 한자는 피하고 다른 글자로 대신 쓴 것이 있다.〈논어주소교감기〉에 그런 사례가 설명되어 있다.

5

선생님이 말씀하셨다. "덕이 있는 사람은 언제나 의미가 있는 말을 하지만 말을 잘한다고 해서 반드시 덕이 있는 것은 아니다. 어진 사람은 언제나 용기를 발휘하지만 용기가 있다고 해서 반드시 어진 것은 아니다.

子曰有德者는 必有言이어니와 有言者는 不必有德이니라
자왈유덕자   필유언   유언자   불필유덕

仁者는 必有勇이어니와 勇者는 不必有仁이니라
인자   필유용   용자   불필유인

'유덕자필유언有德者必有言'의 뜻은 단지 말을 잘한다는 표현의 기교를 말하는 것이 아니다. 덕이 축적된 만큼 그것이 언어로 표현된다는 뜻이다. 공부를 많이 한 선비의 말과 문장을 기리는 표현으로 이해하는 것이 좋겠다.

6

남궁괄이 공자에게 질문했다. "예羿는 활쏘기를 잘했고 오奡는 배를 (육지에서) 끌고 다닐 정도로 힘이 셌는데,⁺ (모두) 제 명에 죽질 못했습니다. 그러나 우禹와 직稷은 몸소 농사를 짓고도 천하를 차지했습니다. (이렇게 흥하고 망하는 이치는 무엇입니까?) 선생님은 대답하지 않았다. 남궁괄이 나가자 선생님이 말씀하셨다. "군자로다, 이 사람은 덕을 숭상하는구나, 이 사람은."

南宮适이 問於孔子曰羿는 善射하고 奡는 盪舟호대
남궁괄　문어공자왈예　선사　　오　탕주

俱不得其死어늘 然禹稷은 躬稼而有天下하시니이다
구부득기사　　연우직　궁가이유천하

夫子不答이러시니 南宮适이 出커늘 子曰君子哉라
부자부답　　　　남궁괄　출　　자왈군자재

若人이여 尚德哉라 若人이여
약인　　상덕재　약인

우禹는 수로를 개척했
다. 그 공을 인정받아 순
임금으로부터 천자 자리
를 물려받았다. 우의 천자
자리를 그의 아들이 물려받
았다. 이렇게 해서 왕위의
가내 계승이 시작되었다. 이
것이 하夏나라다. 직稷은 백곡
을 뿌리고 농사를 지었다. 그의
자손이 주나라 문왕이다.

김홍도, 〈활쏘기〉, 국립중앙박물관

✝《집주》에 오奡는 배를 육지로 끌어올릴 정도로 힘이 셌다고 되어
있다. 이익은 배를 육지로 끌어올렸다는 것이 아니라 배를 밀어서
전복시킨 것이라고 했다(《성호사설》). 공안국은 오奡는 힘이 강해서 능
히 육지에서도 배를 움직일 수 있었다("多力能陸地行舟")고 설명했다.

7

•

선생님이 말씀하셨다. "군자면서 어질지 못한 사람은 있지만 소인이
면서 어진 사람은 없다."

子曰君子而不仁者는 有矣夫어니와 未有小人而仁者也니라
자왈군자이불인자　유의부　　　미유소인이인자야

8

•

선생님이 말씀하셨다. "진실로 사랑하는데 어찌 (지혜를 깨우치도록) 노력
하게 하지 않을 수 있겠는가? (신하가 되어 임금에게) 진실로 충성한다면 어
찌 (선정을 베풀도록) 깨우쳐주지 않을 수 있겠는가?"

子曰愛之란 能勿勞乎아 忠焉이란 能勿誨乎아
자왈애지　능물로호　충언　　능물회호

9

•

선생님이 말씀하셨다. "(정나라에서는) 외교문서를 만들 때 비침이 초고
를 작성했고, 세숙이 가다듬어 검토했고, 행인 자우가 수정했고, 동리
자산이 윤색했다."

子曰爲命에 裨諶이 草創之하고 世叔이 討論之하고
자왈위명　비침　초창지　　세숙　토론지

行人子羽修飾之하고 東里子産이 潤色之하니라
행인자우수식지　　　동리자산　　윤색지

정나라는 작은 나라였기에 외교문서만큼은 잘 만들어야 했다. 꾀가
많은 비침이 문서의 기초起草를 담당했다. 견문이 넓은 세숙은 초고에
대한 전거를 찾아내 이치와 의리에 합당한지 검토했다. 자우는 문장을
다듬었고, 자산은 건조한 문장을 빛나게 만들었다고 한다《집주》.

10

•

어떤 사람이 자산에 대해 질문했다. 선생님이 말씀하셨다. "(백성에
게) 은혜를 베푼 사람이다."

或이 問子産한대 子曰惠人也니라
혹　문자산　　자왈혜인야

•

(**어**떤 사람이) 자서에 대해 질문했다. 선생님이 말씀하셨다. "그 사람
말이냐, 그 사람 말이냐."

問子西한대 曰彼哉彼哉여
문자서　　왈피재피재

'피재彼哉'라고 한 것은 말할 것도 없고 또 말하고 싶지도 않다는 부정적인 표현이다.

●

(어떤 사람이) 관중에 대해 질문했다. 선생님이 말씀하셨다. "이 사람이 백씨의 병읍 300호를 빼앗은 일이 있었는데도, 백씨는 거친 밥을 먹으면서 어렵게 살다가 죽었는데 이런 조치에 대해 원망하는 말을 하지 않았다."

問管仲한대 曰人也奪伯氏騈邑三百하여늘✝
문관중   왈인야탈백씨병읍삼백

飯疏食沒齒호대 無怨言하니라
반소사몰치   무원언

✝ "인야人也"에 대한 해석이 다양하다. 이에 관련된 사건을 보면, 환공이 백씨의 병읍을 빼앗아 관중에게 주었다고 《집주》에 설명되어 있다. 그러니까 백씨의 병읍을 빼앗은 사람은 환공이다. 환공이 백씨의 병읍을 관중에게 준 것이다. 이런 조치에 대해 백씨는 평생 원망하는 말을 하지 않았다는 것은 위의 문장으로 알 수 있다. 그렇다면 위의 문장에서 "인야人也"를 어떻게 해석할 것인가가 문제다. 하안은 "인야人也"에 대해 시詩에 나오는 "所謂伊人"(이른바 그 사람)이라는 말과 같다고 했다. 정현은 "伊人也"(그 사람이)라고 했다. 황간은 "管仲是人也"(관중이 이 사람이다)라고 했다. 《집주》에는 "此人也"(이 사람)라고 되어 있다. 이렇게 '이 사람'이라는 뜻으로 설명했다. 내각장판 《논어언해》에는 "人이"라고 되어 있다. 율곡 이이의 〈논어석의〉에는 "이 사룸이"(이 사람이)라고 되어 있다(율곡의 《논어언

해)도 동일하다). 이렇게 언해에서는 '人也'를 주어로 보고 있다. 그러면 그 '인人'이 누구인가? 관중에 대해 질문했는데 그 대답에 "이 사람"이라고 했다면 곧 관중을 지칭하는 것으로 볼 수 있다. 그런데 직접 빼앗은 사람은 환공이지 않는가? 이를 고려한다면, 내각 장판 언해에서 "인人이"라고 한 것에 대해 그 인人은 환공을 포함하여 그것을 받은 관중까지 백씨의 병읍을 빼앗은 일에 관계된 사람을 총칭하는 것으로 해석할 수 있겠다는 생각도 해보았다. 이유태(1607~1684)는 《집주》에서 말하는 "此人也"가 누구인가 하는 질문에 대해 "此人指管仲也"(관중을 지칭하는 것)라고 대답했다(《사서답문》). 주자의 《정의精義》에도 "人也" 대신에 "管氏"를 넣어서 해석한 양씨의 설이 소개되어 있다. 관중이 백씨의 병읍을 빼앗았는데 원망하는 말이 없었던 이유에 대해서는 빼앗기를 의義로써 했고 이치에 맞게 했기 때문("奪之以義而當理故也")이라고 하는 해석이 있다. 이상과 같이 해석하는 것은 기본적으로 언해에서 토吐를 단 바와 같이 "人也"가 주격으로 되어 있는 것을 따른 것이다. 한편, 정약용은 이 문제에 대해 "人也" 앞에 한 글자가 빠진 것 같다고 하면서, 예를 들면 "子産에 대해 평가하기를 '惠人也'라고 하는 것과 같은 것"("人也之上疑落一字如謂子産曰惠人也")이라는 의문을 제기했다. "人也" 앞에 "惠"자라든지 "仁"자라든지 한 글자가 있으면 의미가 분명한 문장이 될 것이라는 지적이다. 이와 유사한 맥락의 해석인데, '人也'를 주격으로 보지 않고 독립구로 보아 김학주(1999)와 김용옥(2008)과 같이 '人也'를 "인물이다"라고 해석한 사례도 있다.

11

·

선생님이 말씀하셨다. "가난해도 원망을 안 하기란 어렵지만 부자면서 교만하지 않기는 상대적으로 쉽다."

子曰貧而無怨은 難하고 富而無驕는 易하니라
자왈빈이무원　난　　부이무교　이

12

·

선생님이 말씀하셨다. "맹공작은 조씨와 위씨 가문의 가신 중에서 우두머리 노릇을 할 정도는 되지만 등나라와 설나라에서 대부大夫를 하기에는 그 능력이 부족하다."

子曰孟公綽이 爲趙魏老則優어니와 不可以爲滕薛大夫니라
자왈맹공작　위조위로즉우　　　불가이위등설대부

맹공작은 청렴하고 욕심이 적었으나 행정 능력은 부족했다고 한다. 《집주》에는 사람을 능력에 맞는 직책에 임명해야 한다는 의미로 설명되어 있다.

13

●

자로가 인격자가 되는 방법을 질문했다. 선생님이 말씀하셨다. "장무중의 지혜, 공작의 무욕, 변장자의 용맹, 염구의 재예를 합쳐서 이런 것을 예악으로 다듬고 문채를 더하면 또한 완전한 인격자가 될 수 있다."

子路問成人한대 子曰若臧武仲之知와 公綽之不欲과
자로문성인　　자왈약장무중지지　　공작지불욕

卞莊子之勇과 冉求之藝에 文之以禮樂이면 亦可以爲成人矣니라
변장자지용　　염구지예　　문지이례악　　　역가이위성인의

여기서 성인成人은 인격이 완성된 사람을 말한다. 《집주》에는 성인成人은 완전한 사람이라는 뜻의 '전인全人'이라는 말과 같다고 되어 있다. 완인完人이라고 하기도 한다. 자기 인격을 완성하는 것을 성기成己라고 한다. 성물成物이라는 말도 있는데 이는 성기成己한 사람이 다른 사람을 인격적으로 완성시켜준다는 말이다.

장무중은 지혜, 공작은 청렴, 변장자는 용기, 염구는 예술적 재능이 장점이었다. 지知·인仁·용勇·예藝 4가지 덕을 말한 것이다. 이 4가지 장점과 덕을 그냥 하나로 결합하면 어색하다. 이것을 예악으로 다듬어 각각 기능적으로 조화를 이루게 한다는 말이다.

문文이라는 것은 만물, 일, 사람, 생각 등을 표현한 것이다. 이를 글로써 표현하기도 한다. 말로 표현하기도 한다. 색깔과 모양으로 표현하기도 한다. 디자인도 일종의 문文인 셈이다. 문文은 내용[質]을 전달하는 상징이다. 사람에게 문文은 말과 행동거지 등과 같이 겉으로 드러난 모습이다. 자로가 한 질문에 대해 공자가 네 사람의 장점을 합쳐

서 예악으로 문文을 이루면 '또한[亦]' 성인成人에 이를 수 있다고 했다. 여기서 '또한'이라는 말 속에는 완벽한 의미의 인격적 완성에는 미치지 못하지만 성인成人의 여러 가지 형태 중 하나라는 의미가 담겨 있다(《집주》).

●

(선생님이) 말씀하셨다. "이제 완전한 인격자라는 것이 어찌 반드시 (모든 장점을 완비한) 그런 사람을 말하는 것이겠는가? 이익을 보면 의義를 생각하고, (나라에) 위기가 닥치면 목숨을 던지며, 오랜 언약을 지킴에 있어서 평상시에 했던 말을 잊지 않는다면 또한 완전한 인격자가 될 수 있다."

日今之成人者는 何必然이리오 見利思義하며 見危授命하며
왈금지성인자　하필연　　　견리사의　　　견위수명

久要에 不忘平生之言이면 亦可以爲成人矣니라
구요　불망평생지언　　　역가이위성인의

14

●

선생님이 공명가에게 공숙문자에 대해 질문했다. "그대의 선생님은 정말 말하지 않고, 웃지 않으며, (뇌물을) 받지 않는단 말이지?"

子問公叔文子於公明賈曰信乎夫子不言不笑不取乎아
자문공숙문자어공명가왈신호부자불언불소불취호

공명가가 대답했다. "말을 전하다가 과도하게 표현된 것 같습니다. 선생님께서는 말을 꼭 해야 할 때 말했기 때문에 사람들이 (그분의) 말씀을 싫어하지 않았습니다. 선생님께서는 사람들이 즐거워한 연후에 웃었기 때문에 사람들이 (그분의) 웃음을 싫어하지 않았습니다. 선생님께서는 의로운 것인지 판단한 다음에 이득을 취했기 때문에 사람들이 (그분이) 이득을 취해도 싫어하지 않은 것입니다." 선생님이 말씀하셨다. "그랬단 말이냐? 어찌 그렇게 할 수 있었단 말이냐?"

公明賈對曰以告者過也로소이다 夫子時然後言이라
공명가대왈이고자과야　　　　부자시연후언

人不厭其言하며 樂然後笑라 人不厭其笑하며 義然後取라
인불염기언　　낙연후소　인불염기소　　의연후취

人不厭其取하나니이다 子曰其然가 豈其然乎리오
인불염기취　　　　자왈기연　기기연호

15

선생님이 말씀하셨다. "(죄를 짓고 도망가던) 장무중이 방이라는 고을을 점거하고 노나라 임금에게 그의 후계자를 세워달라고 요구했다. (장무중은 이런 요구가 받아들여지지 않으면 반란을 일으킬 기세였다.) 비록 장무중은 임금에게 강요한 적이 없다고 하지만 난 그런 말을 믿지 않는다."

子曰臧武仲이 以防으로 求爲後於魯하니
자왈장무중   이방   구위후어노

雖曰不要君이나 吾不信也하노라
수왈불요군   오불신야

방防은 노나라에 있는 고을 이름이다. 장무중의 영지였던 곳이다(《집주》).

16
●

선생님이 말씀하셨다. "진나라 문공은 사람을 속이는 짓을 했고 바르
지도 않았다. 제나라 환공은 바르게 처신했고 사람을 속이는 짓을 하지
않았다."

子曰晋文公은 譎而不正하고 齊桓公은 正而不譎하니라
자왈진문공   휼이부정   제환공   정이불휼

17
●

자로가 말했다. "환공이 공자규公子糾를 죽이자 (공자규의 신하였던) 소홀
은 죽었는데 (공자규의 신하였던) 관중은 주군을 따라 죽지 않았습니다. (이
런 관중이) 어질다고 할 수는 없습니다."

子路曰桓公이 殺公子糾하여늘 召忽은 死之하고
자로왈환공　살공자규　　　소홀　사지

管仲은 不死하니 曰未仁乎인저
관중　불사　　왈미인호

제나라 양공 때, 정국이 혼란하자 포숙아는 공자소백公子小白을 받들고
거나라로 망명했다. 관중은 소홀과 함께 공자규公子糾를 받들고 노나라로
망명했다. 공자소백과 공자규는 형제였다. 제나라 양공이 죽은 다음, 공자
소백이 먼저 제나라로 들어가 즉위하니 그가 제환공이다. 제환공이 노나
라를 사주하여 공자규를 살해했다. 소홀은 자살하고 관중은 포로가 되었
다. 포숙아가 제환공에게 건의하여 관중을 참모로 기용했다(《집주》). 이렇게
해서 관중은 자신이 섬기던 사람을 죽인 사람을 섬기게 되었다. '관포지교
管鮑之交'라는 고사성어가 있다. 관중과 포숙아의 우정에서 나온 말이다.

●

선생님이 말씀하셨다. "(관중은 살아남았으나) 환공이 제후들을 규합하되
무력을 쓰지 않았던 것은 관중의 노력 때문이다. 누가 그만큼 어질 수
있는가, 누가 그만큼 어질 수 있는가."

子曰桓公이 九合諸侯호대✝ 不以兵車는
자왈환공　규합제후　　　불이병거

管仲之力也니 如其仁如其仁이리오
관중지력야　여기인여기인

✝ 이 문장에서 '九'자를 '규'라고 읽는 이유는 《집주》에 '九'자가 '규

糾' 자와 통용되었다고 하는 설명 때문에 그런 것이다. '九合'을 '糾合'이라고 보면서 '규합'이라고 읽는 것이다. 그러나 이익은 이것을 글자 그대로 '구합'이라고 읽어야 한다고 주장했다. 《사기》등에 나오는 환공이 제후들과 회동한 기록을 제시하면서 9번 회동한 것이 분명하다는 것이다. 그러면서 논어의 이 문장 다음에 '일광천하一匡天下'라는 말이 나오기 때문에 9번 회동하여 한 번 크게 통일했다고 해석하면 앞뒤의 문맥이 자연스럽게 이어진다고 설명했다(《성호사설》〈경사문〉). 정약용은 《논어고금주》에서 이 문장에 대해 '九' 자와 '糾' 자가 서로 통한다는 설에 동의하지 않았고 '구합'으로 해석했다. 이종락(2005), 성백효(2005), 박헌순(2008)은 《집주》의 해석에 따라 "규합하되"(성백효, 이종락), "규합함에 있어서"(박헌순)라고 번역하였으나, 김용옥(2008)은 《집주》와 같이 규합이라는 뜻을 받아들이면서 또한 아홉 구로 보는 견해를 종합하여 "아홉 번이나 규합시키면서도"라고 번역했다.

18

•

자공이 말했다. "관중은 어진 사람이 아닙니다. 환공이 공자규를 죽였는데 (관중은) 따라 죽지 않았습니다. (또한 자기 주군을 죽인 원수를) 도와주기까지 했습니다."

子貢이 曰管仲은 非仁者與인저 桓公이 殺公子糾어늘
자공　　왈관중　　비인자여　　　환공　　살공자규

不能死요 又相之온여
불능사　　우상지

선생님이 말씀하셨다. "(주周나라가 약해지고 이적夷狄이 날뛸 때) 관중이 환공을 도와 제후들 중에서 으뜸이 되게 했고 천하를 한 번 바로잡아서 백성이 지금껏 그 혜택을 받고 있다. 관중의 공로가 아니었다면 나도 (야만인들처럼) 머리를 풀고 옷깃을 왼쪽으로 여미고 있었을 것이다."

子曰管仲이 相桓公覇諸侯하여 一匡天下하니
자왈관중　　상환공패제후　　　일광천하

民到于今히 受其賜하나니 微管仲이면 吾其被髮左衽矣러니라
민도우금　　수기사　　　 미관중　　 오기피발좌임의

머리를 풀고 옷깃을 왼쪽으로 하는 것은 오랑캐의 풍속이라고 한다 (《집주》).

"어찌 (원대하게 바라보지 못하고) 그저 평범한 사내와 그저 평범한 아낙네처럼 사소한 신의에 (집착하여) 개천에서 목매달아 죽어서 그 시신이 도랑에서 뒹굴어도 (그런 죽음을) 알아주는 사람 하나 없게 하는 것과 같이 하겠는가?"

豈若匹夫匹婦之爲諒也라 自經於溝瀆而莫之知也리오
기약필부필부지위량야　　자경어구독이막지지야

제환공 공자소백과 공자규는 위에서 설명한 바와 같이 형제였다. 형제가 서로 나라를 차지하려는 싸움에서 관중이 어느 한편에서 일했다는 경

력이 과연 목숨을 걸고 지킬 만큼 중대한 의義였는지 생각해봐야 한다는
말이다. 한 번 섬겼다는 이유만으로 어떤 경우에도 그를 위해 죽어야 한
다는 논리는 곤란하다는 것이다. 제환공이 공자규를 죽인 것은 지나친 일
이지만 그렇다고 관중이 중대하지도 않은 의리를 위해 따라 죽을 수는 없
다는 말이다. 개천에서 목매달아 죽는다는 말은 글자 그대로 사소한 일로
목숨을 끊어서 사람들이 그 죽음의 가치를 인정하지 않는다는 말이다.

19

●

공숙문자의 가신 대부 선이 공숙문자의 추천으로 공직에서 함께 일하
게 되었다.

公叔文子之臣大夫僎이 與文子로 同升諸公이러니
공숙문자지신대부선　여문자　동승제공
　　　　　　　　　　　　　　　　(저)

문자文子는 공숙문자의 시호다.

●

선생님이 듣고 말씀하셨다. "(공숙문자의 시호를) 문文이라고 할 만하다."

子聞之하시고 曰可以爲文矣로다
자문지　　　왈가이위문의

•

선생님이 위나라 영공의 무도함에 대해 말씀하셨다. 계강자가 말했다. "이렇게 하는데 (위령공은) 어떻게 (임금) 자리를 잃지 않았을까요?"

> 子言衛靈公之無道也러시니 康子曰夫如是로대 奚而不喪이리잇고
> 자언위령공지무도야 　　　 강자왈부여시 　　 해이불상

•

공자께서 말씀하셨다. "중숙어가 빈객 접대를 맡았고, 축타가 종묘 다스리는 일을 맡았고, 왕손가가 군대를 지휘했다. 이렇게 (인재를 적재적소에 쓰기를 잘)하는데 어찌 (임금) 자리를 잃을 수 있는가?"

> 孔子曰仲叔圉는 治賓客하고 祝鮀는 治宗廟하고
> 공자왈중숙어 　 치빈객 　　　 축타 　 치종묘
>
> 王孫賈는 治軍旅하니 夫如是니 奚其喪이리오
> 왕손가 　 치군려 　　　 부여시 　 해기상

•

선생님이 말씀하셨다. "말하는 것을 부끄러워하지 않으면 그 말을 실천하기가 어렵다."

子曰其言之不怍이면 則爲之也難하니라
자왈기언지부작　　즉위지야난

22

●

(제나라 대부) 진성자가 (제나라 임금) 간공을 시해했다.

陳成子弑簡公이어늘
진성자시간공

●

공자가 목욕재계하고 입조하여 애공에게 고했다. (공자가) 말씀하셨다.
"진항이 그 임금을 시해했습니다. 청컨대 토벌하십시오."

孔子沐浴而朝하사 告於哀公曰陳恒이 弑其君하니 請討之하소서
공자목욕이조　　　고어애공왈진항　　시기군　　　청토지

목욕재계하고 보고한 것은 그 사안이 중대했기 때문이라고 한다(《집주》).

●

애공이 말했다. "저 (맹손, 숙손, 계손씨) 삼가三家의 대부에게 말하라."

公曰告夫三子하라
공왈고부삼자

이때 노나라의 실권이 맹손씨, 숙손씨, 계손씨에게 있었다.

●

공자가 (이렇게) 말씀하셨다. "나는 일찍이 대부大夫의 뒤를 따랐던 터라 (나랏일을 걱정해) 보고하지 않을 수 없었는데, 임금께서는 저 삼가三家의 대부에게 말하라고 하는구나."

孔子曰以吾從大夫之後라 不敢不告也호니 君曰告夫三子者온여
공자왈이오종대부지후　불감불고야　　군왈고부삼자자

●

(공자가) 삼가三家에 가서 고告했는데 (그들은) 안 된다고 했다. 공자께서 말씀하셨다. "나는 대부의 뒤를 따랐던 터라 (나랏일을 걱정해 이런 일을) 감히 고하지 않을 수 없었다."

之三子하여 告하신대 不可라 하여늘
지삼자　　　고　　　　불가

孔子曰以吾從大夫之後라 不敢不告也니라
공자왈이오종대부지후　불감불고야

삼가三家의 대부나 진항陳恒의 입장이 비슷한데 이들이 공자가 하자는 대로 할 리 없었다.

23

자로가 임금 섬기는 방법에 대해 질문했다. 선생님이 말씀하셨다. "속이지 말고, (임금이 도道에서 벗어나면 바른말로 간쟁하면서 그 안색을) 범하라."

子路問事君한대 子曰勿欺也요 而犯之니라
자로문사군　　자왈물기야　이범지

범犯은 얼굴을 맞대고 잘못을 지적하는 것이다《집주》. 선조가 이 문장을 신하들과 공부하다가 《논어집주대전》에 작은 글씨로 된 여러 주석 중에 마음에 드는 해석을 발견했다. 쌍봉요씨의 견해인데, 신하들은 여자와 재물을 밝히면서 군주에게는 그렇게 하지 말고 요구하는 것이야말로 군주를 속이는 짓이라고 해석한 것이었다. 선조가 이런 해석이 참으로 옳다고 했다. 다음날 기대승이 입조하여 선조에게 이렇게 아뢰었다. "신하들은 공부가 부족하거나 자질 부족으로 여색과 재물을 멀리할 수 없지만 그래도 임금을 너무나 사랑하기 때문에 임금만큼은 아무런 결점이 없게 하려고 바른말로 충고하지 않을 수 없습니다. 만약 자기가 못하는 일이라고 해서 임금에게도 간諫하지 않는다면 이것은 '우리 임금은 하지 못할 것이다' 라고 하는 적賊(도둑)입니다"《국조보감》.

24

선생님이 말씀하셨다. 군자는 (이치가 있는) 위로 통달하고 소인은 (욕심이 있는) 아래로 통달한다.

子曰君子는 上達하고 小人은 下達이니라
자왈군자   상달   소인   하달

25

·

선생님이 말씀하셨다. "옛날 학자는 자기 자신을 위해 공부했는데 지금의 학자는 남에게 인정받기 위해 공부하는구나."

子曰古之學者는 爲己러니 今之學者는 爲人이로다
자왈고지학자   위기   금지학자   위인

성공한 사람들은 대부분 그냥 일이 좋아서 전념했던 사람들이다. '위기지학爲己之學'은 자기 좋아서 하는 공부다. '위인지학爲人之學'은 다른 사람들로부터 인정받기 위해 하는 공부다. 어떤 공부가 궁극적으로 성과가 있을 것인가?

26

·

거백옥이 공자에게 사람을 보내 안부를 전했다.

蘧伯玉이 使人於孔子어늘
거백옥   시인어공자
        (사)

거백옥은 위나라 대부다. 공자가 위나라에 있을 때 그의 집에 머물렀다(《집주》).

●

공자가 (그 사람과) 같이 앉아 질문했다. "(거백옥) 선생님께서는 어떻게 지내시는가?" (그 사람이) 대답했다. "선생님께서는 (수양을 하면서) 허물을 적게 하려고 애쓰고 계신데 아직 잘 안 되시는 것 같습니다." 심부름 온 사람이 나가자 선생님이 말씀하셨다. "심부름 온 사람이 훌륭하구나, 심부름 온 사람이 훌륭하구나."

孔子與之坐而問焉曰夫子는 何爲오 對曰夫子欲寡
공자여지좌이문언왈부자　　하위　　대왈부자욕과

其過而未能也니이다 使者出커늘 子曰使乎使乎여
기과이미능야　　　시자출　　자왈시호시호
　　　　　　　　　(사)　　　(사)　(사)

27

●

선생님이 말씀하셨다. "그 직위를 맡고 있지 않으면 그에 관한 정무를 도모하지 않는다."

子曰不在其位하얀 不謀其政이니라
자왈부재기위　　　불모기정

태백(제8편)에 나왔다. 자기가 맡은 직무의 권한 내에서 활동한다는 뜻도 있다. 남의 직무에 대해 논평하지 않는다는 뜻도 있다. 그러나 직위에 있지 않아도 임금의 자문에는 응할 수 있다는 해석이 있다(태백편 제14장 집주에 있는 정자의 해석). 국가의 중대사인 경우에는 자문을 요청받지 않았어도 자신의 의견을 말하지 않을 수 없다는 해석도 있다(《홍재전서》).

28

●

증자가 말했다. "군자는 생각하는 바가 몸이 처해 있는 그 자리를 벗어나지 않는다."

　曾子曰君子는 思不出其位니라
　증자왈군자　사불출기위

《주역》 간괘艮卦에 나오는 말이다. 앞의 문장과 연결되어 있다. 모든 요소들이 각자 제 역할을 잘 수행하면 조화가 이루어진다는 말이다.

29

●

선생님이 말씀하셨다. "군자는 (실천하지 못할까봐) 말하기를 부끄럽게 여기면서 미진하게 말하고 행동은 넘치게 한다."

　子曰君子는 恥其言而過其行이니라
　자왈군자　치기언이과기행

30

선생님이 말씀하셨다. "군자의 도가 (인仁 · 지知 · 용勇) 3가지인데 나는 하나도 잘하는 것이 없다. 어진 사람은 근심하지 않고 지혜로운 사람은 현혹되지 않고 용감한 사람은 두려워하지 않는다."

子曰君子道者三에 我無能焉호니 仁者는 不憂하고
자왈군자도자삼　아무능언　　인자　불우

知者는 不惑하고 勇者는 不懼니라
지자　불혹　　용자　불구

자공이 말했다. "선생님께서 겸손하게 말씀한 것이다."

子貢이 曰夫子自道也삿다
자공　왈부자자도야

31

자공이 사람을 비교했다. 선생님이 말씀하셨다. "사賜야, (자기 수양하기도 벅찬데 사람을 비교하다니) 너는 참으로 (공부한 게 많아) 똑똑하구나. 나는 그럴 겨를이 없다."

子貢이 方人하더니 子曰賜也는 賢乎哉아 夫我則不暇로라
자공　방인　　　자왈사야　현호재　부아즉불가

32

•

선생님이 말씀하셨다. "남이 나를 알아주지 않음을 근심하지 말고 잘하지 못함을 근심하라."

子曰不患人之不己知요 患其不能也니라[+]
자왈불환인지불기지　환기불능야

[+] 이 문장은 조금씩 다르지만 논어에서 4번 나온다(학이편 16장, 이인편 14장, 위령공편 18장, 헌문편 32장). 정조는 《논어》에 남이 알아주지 않음을 걱정하지 말라는 문장이 4번이나 나오는데 이렇게 성현이 지기知己와 지인知人의 문제를 거듭 강조한 이유가 무엇인지 말해보라고 한 적이 있다(《홍재전서》〈경사강의〉).

33

•

선생님이 말씀하셨다. "남이 속이지 않을까봐 미리 넘겨짚지 않는다. 남이 믿어주지 않을까봐 미리 억측하지 않는다. 다만 그런 일이 있을 때 먼저 깨달아야 현명한 사람이라고 할 수 있다."

子曰不逆詐하며 不億不信이나 抑亦先覺者是賢乎인저
자왈불역사　　불억불신　　억역선각자시현호

34

●

微생묘가 공자에 대해 말했다. "丘도는 (안 될 줄 알면 그만둘 것이지 관직에 대한 미련을 버리지 못해) 어찌 이렇게 돌아다니고 있는가? 말재주나 부리는 것은 아닌가?"

微生畝⁺謂孔子曰丘는 何爲是栖栖者與오 無乃爲佞乎아
미생묘 위공자왈구　하위시서서자여　무내위녕호

●

공자께서 말씀하셨다. "(나는 관직을 얻기 위해) 감히 말재주를 부리고 다니진 않는다. (나는 세상에 道가 없다는 그 한 가지 이유로 세상을 등지고 정치를 포기한 사람들의) 고지식함을 미워한다."

孔子曰非敢爲佞也라 疾固也니라
공자왈비감위녕야　질고야

⁺ "畝"자의 한자음을 보면, 관본 언해로 분류되는 《논어언해》, 율곡의 《논어언해》, 《언해논어》(1932)에 모두 '모'로 되어 있다. 성대 유교문화연구소(2008), 한국고전번역원 〈논어성독〉(2009)에는 '묘'로 되어 있다. 《전운옥편》(1796)에는 "무"로 되어 있다. 이후에 이 옥편이 증보된 《교정校訂 전운옥편》(1800년대 후기 추정)에는 그 한자음이 동일하게 "무"로 되어 있으면서 페이지 상단에 "畝俗묘"라고 표시되어 있다. 畝자의 속음이 '묘'라는 뜻이다. 《신자전》(1915)에는 '무', 《동아대옥편》(2005), 《한한대자전》(2001)에는 '이랑 묘'라고

되어 있다. 《명문대옥편》(2005)에 '무'로 되어 있는데 '한국'에서 '묘'로 사용된다는 표시가 있다. 《논어》역주서를 보면, 이종락 (2005)에는 '묘'로 되어 있고, 김형찬(1999), 류종목(2000), 이강재 (2006), 박헌순(2008), 김용옥(2008)에는 '무'로 되어 있다. 단대 《한한 대사전》(2008)에는 '묘(무)'로 되어 있다.

35
•

선생님이 말씀하셨다. "기驥라고 하는 잘 달리는 말은 그 힘 때문에 칭찬 을 받는 것이 아니라 그 유순한 성질 때문에 칭찬을 받는 것이다."

子曰驥는 不稱其力이라 稱其德也니라
자왈기　불칭기력　　칭기덕야

36
•

어떤 사람이 말했다. "원수를 은혜로 갚는다는 말이 있습니다. 어떻습 니까?"

或이 曰以德報怨이 何如하리잇고
혹　왈이덕보원　　하여

선생님이 말씀하셨다. "그러면 은혜는 무엇으로 갚는단 말인가?"

子曰何以報德고
자왈하이보덕

"원수는 직直으로 갚고, 은혜는 은혜로 갚는 것이다."

以直報怨이요 以德報德이니라
이직보원   이덕보덕

직直은 사적인 감정을 배제하고 공평무사한 태도로 일관하는 것이다.

37

선생님이 말씀하셨다. "나를 알아주지 않는구나."

子曰莫我知也夫인저
자왈막아지야부

자공이 말했다. "어찌 선생님을 알아주는 이가 없다고 하십니까?" 선생님이 말씀하셨다. "하늘을 원망하지 않고, 남을 탓하지 않으며, 낮은 것을 배워 높은 이치에 통달하니, 나를 알아주는 건 저 하늘이구나."

子貢이 曰何爲其莫知子也잇고 子曰不怨天하며
자공   왈하위기막지자야   자왈불원천

不尤人이요 下學而上達하노니 知我者는 其天乎인저
불우인   하학이상달   지아자   기천호

38

●

(**자**로가 계손씨의 가신이 되었다.) 공백료가 계씨에게 자로를 비방했다. 자복경백이 공자에게 말했다. "(지금 계손씨) 어른께서 공백료의 말만 듣고 자로를 의심하고 계십니다. 제 힘이 (공백료를 죽여 그) 시체를 시장 바닥에 늘어놓을 정도는 됩니다."

公伯寮愬子路於季孫이어늘 子服景伯이
공백료소자로어계손   자복경백

以告曰夫子固有惑志於公伯寮하나니 吾力이 猶能肆諸市朝니이다
이고왈부자고유혹지어공백료   오력   유능사제시조
                                          (저)

소愬는 모함하거나 참소하는 것이다. 여기서 부자夫子는 계손이다.

●

선생님이 말씀하셨다. "도道가 장차 실행될 것인지는 하늘의 명命에 달려 있다. 도가 장차 실행되지 못함도 하늘의 명命에 달려 있다. 공백

료 따위가 그 명命을 어찌할 수 있단 말이냐?"

子曰道之將行也與도 命也며 道之將廢也與도 命也니
자왈도지장행야여　　명야　　도지장폐야여　　명야

公伯寮其如命에 何리오
공백료기여명　　하

39

●

선생님이 말씀하셨다. "현자賢者는 무도한 세상을 피하고,"

子曰賢者는 辟世하고
자왈현자　　피세

●

"그다음 사람들은 무도한 나라를 피하고,"

其次는 辟地하고
기차　　피지

●

"그다음 사람들은 (임금이 사람 대접하는 예禮가 쇠퇴하는) 기색을 알아채고
그 나라를 떠나고,"

其次는 辟色하고
기차   피색

●

"그다음 사람들은 말이 행해질 수 없음을 알고 떠나는 것이다."

其次는 辟言이니라
기차   피언

40

●

선생님이 말씀하셨다. "일어나 은둔한 사람이 7인이었다."✝

子曰作者七人矣로다✝✝
자왈작자칠인의

✝ "作"은 '일어나서 숨으러 간다'는 뜻이다(《집주》). 《집주》에는 굳이 7인이 누구인지 찾아내려는 것은 의미가 없다고 되어 있다. 추구한 뜻이 중요하다는 말이다. 포함包咸은 장저, 걸닉, 장인, 석문, 하궤, 의봉인, 초광접여라고 했다. 왕필(226~249)은 그 7인이 백이, 숙제, 우중, 이일, 주장, 유하혜, 소련이라고 했다. 정현(127~200)은 백이, 숙제, 우중은 피세자, 하조, 장저, 걸닉은 피지자, 유하혜, 소련은 피색자, 하궤, 초광접여는 피언자라고 하고 이렇게 하면 7명이 아니라 10명이라고 했다. 이런 해석은 이 문장을 앞의 장章과

연결하여 본 것이다. 정약용은 《논어고금주》에서 포함, 왕필, 정현의 주장을 인용하고, 또한 장횡거張橫渠(1020~1077)가 그 7인을 복희, 신농, 황제, 요, 순, 우, 탕이라고 한 것을 소개했다. 형병의 〈논어주소〉에는 이 문장이 '은일현자隱逸賢者'가 떠나간 행적을 말한 것이라는 설명이 있다. 필자가 보기에도 위의 문장의 앞뒤 맥락으로 보아, 위험한 현실정치에서 떠나는 분위기를 서술하는 과정에 이 문장이 있기 때문에 그리고 그런 와중에서 공자는 그 정치 현장에 남아 고투를 벌이는 내용이 앞으로도 전개되기 때문에 여기서 7인을 '떠나는 7인'으로 보는 것이 적합할 것으로 생각된다. 위에 나온 인물 중에 은둔자 桀溺이라고 있는데 《논어언해》에는 "걸릭"이라고 되어 있다. 지금은 '걸악' 또는 '걸닉'으로 읽는다. 필자는 '걸닉'이라고 했다. '溺'자는 첫 글자일 때 '악'으로 읽지만 그 다음의 글자일 때 본문本音으로 읽어야 하는데 이 글자는 옥편과 사전에 "빠질 닉"으로 되어 있다. 《사서집해사전》에 "걸닉"으로 되어 있다. 대법원 지정 인명용 한자음도 '닉'이다.

‡‡ 《한문대계漢文大系》 〈논어집설〉(1975)에는 '矣'자가 없다. '황본皇本'(황간의 《논어의소》), '형본邢本'(형병의 《논어주소》)은 위의 원문과 동일하다.

41
●

자로가 석문에서 잠을 잤다. 새벽에 문을 여는 사람이 말했다. "어디에서 오는 길인가?" 자로가 말했다. "공씨 댁에서 오는 길이다." 문지기가 말했다. "알겠다. 불가능한 줄 알면서도 하려고 애쓰는 그 사람을 말하는군."

子路宿於石門이러니 晨門이 曰奚自오
자로숙어석문　　　신문　왈해자

子路曰自孔氏로라 曰是知其不可而爲之者與아
자로왈자공씨　　　왈시지기불가이위지자여

　신문晨門은 새벽에 성문을 열어주는 사람이다((집주)). 공자는 어쨌든 정치를 하려고 노력했지만 당시 은자들은 그를 "안 되는 줄 알면서도 하려고 애쓰는 자"라고 조롱했다. 그래도 공자는 포기하지 않았다. 공자는 정치라는 것이 자기가 좋으면 하고 싫으면 그만두는 그런 종류의 일이라고 생각하지 않았다. 대부분 정치의 현장을 떠났어도 공자는 남아 있었다.

42
●

선생님이 위나라에서 (세상을 근심하는 마음으로) 경쇠를 쳤다. 삼태기를 맨 은둔자가 공씨의 집 문 앞을 지나며 말했다. "아직도 (세상일에) 마음을 두고 있구나. 경쇠를 치는 걸 보니."

　子擊磬於衛러시니 有荷蕢而過孔氏之門者曰有心哉라 擊磬乎여
　자격경어위　　　유하궤이과공씨지문자왈유심재　격경호

　경磬은 돌로 만든 악기인 경쇠의 소리다. 단단한 그 소리는 오로지 한 길을 간다는 확고한 뜻이 담겨 있다고 한다((집주)).

(삼태기를 둘러맨 사람이) 조금 있다가 다시 말했다. "답답하구나, 경쇠의 저 단단한 소리가! 자기를 알아주지 않으면 그만둘 일이지. (이런 말이 있다.) '물이 깊으면 옷을 입은 채 건너고 물이 얕으면 옷을 걷고 건넌다.'"

既而曰鄙哉라 硜硜乎여 莫己知也어든
기이왈비재　갱갱호　막기지야
　　　　(경경)
斯己而已矣니 深則厲요 淺則揭니라
사이이이의　심즉려　천즉게

"물이 깊으면 옷을 벗고 건너고 얕으면 옷을 걷고 건넌다"라는 말은 《시경》 포유고엽匏有苦葉이라는 시의 한 부분이다. 물을 건널 때 물의 깊이를 알아본 다음, 깊으면 옷을 입고 그냥 건너고 얕으면 옷을 걷고 건넌다. 또는 물이 깊으면 옷을 허리띠까지 걷고 건너고 얕으면 옷을 무릎까지 걷고 건넌다고 해석하기도 한다. 또 건널 수 없으면 그만둔다는 뜻도 있다. 자기 능력을 발휘할 수 있는 때인지 아닌지를 알고 상황에 맞게 처신하라는 의미다.

선생님이 말씀하셨다. "과감하구나. (세상에 대한 생각을 그렇게 쉽게 끊을 수 있으니 저런 사람에겐) 세상을 걱정하는 마음을 없게 하는 데 어려움이 없겠구나."

子曰果哉라 末之難矣니라[+]
자왈과재　말지난의

공자가 "과재果哉"라고 말한 것은 어쩌면 그렇게 세상일을 모른 척하고 과감하게 딱 잘라버리고 잊고 지낼 수 있느냐는 뜻으로 한 말이다.

✝ 안정복은 "과감하게 잊을 마음 없기가 어렵다"라고 해석하면서 《논어언해》의 토吐를 "果哉나 末之ㅣ難矣니라"로 고칠 것을 제안했다(《순암집》). 언해는 은자들을 향하여 "과감하다"고 한 것이다. 은자들이 세상일을 과감하게 잊어버리는 마음에 대해 공자는 부러움 반 한탄 반으로 말한 것이다.

43
●

자장이 말했다. "《서경》에 이르기를 '고종이 양암에서 3년 거상하는 동안 말하지 않았다'고 합니다. (정치는 어떻게 할 수 있었습니까?) 이게 무슨 말입니까?"

　子張이 曰書云高宗이 諒陰三年을 不言이라 하니 何謂也잇고
　자장　왈서운고종　양암삼년　불언　　　　하위야

　양암諒陰은 천자가 거상하는 곳의 이름이라고 한다(《집주》).

●

선생님이 말씀하셨다. "하필 고종만 그렇게 했겠는가? 옛날의 인군人君은 다 그렇게 했다. (예禮를 상고해보면) 임금이 죽으면 모든 관리들이 맡은 직무에 대해 총재에게 품의하고 명령을 듣기를 3년 동안 했다."

子曰何必高宗이리오 古之人이＊ 皆然하니 君薨커든
자왈하필고종　　　고지인　개연　군흥

百官이 總己하여 以聽於冢宰三年하니라
백관　총기　　이청어총재삼년

　총재冢宰는 백관을 통솔하는 벼슬이다. 총재가 하는 일에 대해서는
《주례》에 나온다. 《주례》에는 국가의 통치 조직이 6개 부서로 분류되어
있다. 하늘과 땅, 봄, 여름, 가을, 겨울 사계절의 특징을 참고하여 6개
부서를 설치했다. 천관天官, 지관地官, 춘관春官, 하관夏官, 추관秋官, 동
관冬同이라는 관직 부서로 구분하는데, 그 각각에 60개 내외의 관직을
설치했다. 관직 수에 있어서도 일년 365일이라는 개념을 적용했다. 이
렇게 《주례》는 자연의 원리를 국가 통치 조직에 적용한 특징이 있다.
천관은 주로 중앙행정과 인사 문제, 궁궐 관리 등을 맡은 부서인데 이
런 천관의 책임자가 총재다. 그래서 천관총재라고 한다. 춘관은 교육과
예절에 관한 업무를 맡는다. 추관은 좀 살벌한 조직인 검찰 업무 등을
맡는다. 하관은 군대 조직이고 동관은 제조 기술 관직이다.
　위의 6개 부서는 조선시대 행정조직인 이, 호, 예, 병, 형, 공이라는 육
조의 모델이 되었다. 《주례》에 나오는 관직 이름을 지금까지 그대로 사용
하는 것이 있다. 병을 치료하는 의사醫師도 《주례》의 관직 명칭이었다. 천
관총재는 천관 이외의 조직도 총괄하기 때문에 천자 다음의 위치라고 할
수 있다. 이런 총재의 실제 사례는 바로 《주례》의 저자인 주공周公이었다.
주공은 당시 주나라 천자이자 자신의 조카인 성왕이 어리고 건국 초기라
서 정권이 불안정하자 성왕을 대신하여 통치를 했다. 주공이 총재의 위
치에서 실질적인 국가 통치를 담당한 것이다. 그러다가 성왕이 성장했을
때 권력을 되돌려 주었다. 《주례》의 핵심은 총재에 관한 것이다.

이런 '총재정치'의 내용을 잘 알고 있었던 정도전은 《조선경국전》을 저술하여 '총재정치'의 필요성을 역설했다. 군주는 다만 현능한 총재 한 명을 임명하는 것으로 그 역할을 다하고 총재가 국가의 정무를 총괄하는 것이다. 총재가 실질적인 권한을 가지고 나라 살림을 하는 일종의 책임 정치였다. 정도전이 이런 생각을 하게 된 것은 최고의 유덕자가 군주가 된다는 고전적인 이론은 그가 살던 시대에는 적용되지 않았기 때문이었다. 군주의 자식이 반드시 최고의 유덕자임을 보장할 수는 없는 것이었다. 정도전은 그러한 권력의 가내 상속은 대권 경쟁을 차단하기 때문에 정치적 안정이라는 차원에서 인정했다. 그 대신 최고의 인물이 군주의 임명을 받아 정무를 이끌어가면 된다고 생각했다. 이것이 정도전이 구상했던 '총재정치론'이다. '재상정치론'이라고도 한다. 이런 총재정치의 핵심은 군주가 유덕자를 총재로 임명하고 정무를 맡기는 것이었다. 그러나 조선의 군주들은 그런 총재를 원하지 않았다. 군주가 직접 정치를 다 하려고 했다. 신하들은 단지 그의 통치를 보좌하는 형태였다. 그렇기 때문에 조선에서 '총재'라는 말은 나중에 이조판서를 의미하게 되었다. 정도전이 말한 총재정치는 현실의 정치에서 완화된 형태로 적용되기도 했다. 단종(재위 1452~1455) 때 '의정부'의 역할이 그런 것인데, 의정부가 실무 행정 부서인 육조의 행정 사항을 먼저 검토하는 제도였다. 군주와 육조 사이에 의정부가 관여하는 것이다. 이렇게 하면 군주의 역할과 권한이 의정부에 상당 부분 위임되는 효과를 기대할 수 있었다. 그러나 강력한 군주권을 행사하려고 했던 세조(재위 1455~1468)는 육조에서 직접 군주에게 보고하는 방식인 '육조직계제'로 재편했다. 그러면서 왕명의 출납을 담당하는 승정원의 기능이 강화되었다.

✝ "고지인古之人"은 글자 그대로 '옛날 사람들은'이라고 번역할 수 있다. 박문호는 이를 "古之人君"이라고 했다. 문맥을 보면 '말을 하지 않는 정치'를 하는 주체는 상喪을 당한 인군人君이기에 위와 같이 "옛날의 인군人君은"이라고 해석했다. 정약용은 "古之人"은 "謂夏殷"이라고 하여 이는 하나라, 은나라 시대를 말하는 것이고 "諒闇不言之禮"는 하나라, 은나라의 예법인 것 같다고 하면서 주나라에 이르러 조금 변화가 있었다고 설명했다.

44

●

선생님이 말씀하셨다. "윗사람이 예禮를 좋아하면 (예禮가 흥기興起하기 때문에) 백성을 부리기가 쉽다."

子曰上이 好禮則民易使也니라
자왈상　호례즉민이사야

45

●

자로가 군자가 되는 방법에 대해 질문했다. 선생님이 말씀하셨다. "경敬으로써 자기 인격을 수양하는 것이다." (자로가) 말했다. "(거창한 말씀을 해주실 것으로 기대했는데) 이렇게 하면 다 됩니까?" (선생님이) 말씀하셨다. "자기 인격을 수양해서 다른 사람을 편안하게 하는 것이다." (자로가) 말했다. "이렇게 하면 다 됩니까?" (선생님이) 말씀하셨다. 자기 인격을 수양해서 백성들을 편안하게 하는 것이다. 자기 인격을 수양해서 백성을 편안하게 하는 것은 요임금과 순임금조차도 오히려 어렵게 여기셨던 일이다."

子路問君子한대 子曰脩己以敬이니라 曰如斯而已乎잇가
자로문군자　　자왈수기이경　　　왈여사이이호

曰脩己以安人이니라 曰如斯而已乎잇가 曰脩己以安百姓이니
왈수기이안인　　왈여사이이호　　　왈수기이안백성

脩己以安百姓은 堯舜도 其猶病諸시니라
수기이안백성　　요순　　기유병제
　　　　　　　　　　　　　(저)

46
●

원양이 걸터앉아서 (공자를) 맞이했다. 선생님이 말씀하셨다. "(너는) 어릴 적에는 불손했다. 장성해서도 칭찬을 받을 만한 일을 한 적이 없었고 늙어서도 죽지 않고 (예법을 어지럽히는) 해를 끼치고 있는데 이런 것을 적 賊이라고 한다." (공자가 이렇게 말하고) 지팡이로 그의 정강이를 툭툭 쳤다.

原壤이 夷俟러니 子曰幼而不孫弟하며 長而無述焉이요
원양　　이사　　자왈유이불손제　　　장이무술언

老而不死是爲賊이라 하시고 以杖叩其脛하시다
노이불사시위적　　　　　이장고기경

　원양은 공자의 옛 친구인데 어머니 장례식에서 노래를 불렀을 정도로 파격적인 행동을 한 사람이라고 한다(《집주》).

47

궐당 고을의 동자가 말을 전하는 일을 맡았다. 어떤 사람이 질문했다. "(명命을 전하는 일을 맡길 정도로) 공부에 진전이 있는 아이입니까?"

闕黨童子將命이어늘 或이 問之曰益者與잇가
궐당동자장명　　　혹　문지왈익자여

주인과 손님 사이에서 명을 전하는 일은 쉬운 일이 아니기에 혹시 공자가 이 사람을 총애하거나 학문적으로 탁월하기 때문에 일을 맡겼는지 의심하고 물어본 것이다.

선생님이 말씀하셨다. "내가 보니 (동자는 정한 자리가 없이 모퉁이에 앉는 법인데 어른이 앉는) 그 자리에 앉고, (동자는 어른을 뒤따르는 법인데) 내가 보니 어른과 함께 어깨를 견주어 나란히 걸어가려고 한다. (공부에) 더한 진전이 있기를 구하는 자가 아니라 속성으로 이루려고 하는 아이다."

子曰吾見其居於位也하며 見其與先生並行也호니
자왈오견기거어위야　　　견기여선생병행야

非求益者也라 欲速成者也니라
비구익자야　욕속성자야

衛靈公

자왈학이시습지면 불역열호아 유붕이자원방래면 불역락호아 인부지이불온이면 불역군자호아 유자왈기위인야효제요 이호범상자선의니 불호범상이요 이호작란자미지유야니라 군자는 무본이니 본립이도생하나니 효제야자는 기위인지본인저 자지…색이 선의인이니라 증자왈오일삼성오신하노니 위인모이불충아 여붕우교이불신호아 전불습호애니라 자왈도천승지국호대 경사이신하며 절용이애인하며 사민이시니라 자왈제자입즉효하고 출즉제하며 근이신하며 범애중호대 이친인이니 행유여력이어든 즉이학문이니라 자하왈현현호대 역색하며 사부모호대 능갈기력하며 사군호대 능치기신하며 여붕우교호대 언이유신이면 수왈미학이라도 오필위지학의라호라 자왈군자부중즉불위니 학즉불고니라 주충신하며 무우불여기자요 과즉물탄개니라 증자왈신종추원이면 민덕이 귀후의리라 자금이 문어자공왈부자지어시방야하사 필문기정하시나니 구지여아 억여지여아 자공이 왈부자는 온량공검양이로써 득지시니 부자지구지야는 기제諸이호인지구지여인저 자왈부재에 관기지요 부몰에 관기행이나 삼년을 무개어부지도라야 가위효의니라 유자왈예지용이 화위귀하니 선왕지도사위미라 소대유지니라 유소불행하니 지화이화요 불이례절지면 역불가행야니라 유자왈신근어의면 언가복야며 공근어례면 원치욕야며 인불실기친이면 역가종야니라 자왈군자식무구포하며 거무구안하며 민어사이신어언이요 취유도이정언이면 가위호학야이니라 자공이 왈빈이무첨하며 부이무교호대 하여하리잇고 자왈가야나 미약빈이락하며 부이호례자야니라 자공이 왈시운여절여차하며 여탁여마라 하니 기사지위여인저 자왈사야는 시가여언시이의로다 고제諸왕이지래자온여 자왈불환인지불기지요 환부지인야니라 자왈위정이덕이 비여북신이 거기소어든 이중성이 공지니라 자왈시삼백에 일언이폐지하니 왈사무사니라 자왈도지이정하고 제지이형이면 민면이무치하고 도지이덕하고 제지이례면 유치차격이니라 자왈오십유오이지우학하고 삼십이립하고 사십이불혹하고 오십이지천명하고 육십이이순하고 칠십이종심소욕하여 불유구하니라 맹의자문효한대 자왈무위니라 번지어니 자고지왈맹손이 문효어아어늘 아대왈무위라호라 번지왈하위야잇고 자왈생사지이례하며 사장지이례하며 제지이례니라 맹무백이 문효한대 자왈부모는 유기질지우시니라 자유이 문효한대 자왈금지효자는 시위능양이니 지어견마하여도 개능유양이니 불경이면 하이별호리오 자하문효한대 자왈색난이니 유사이든 제자

위령공
衛靈公

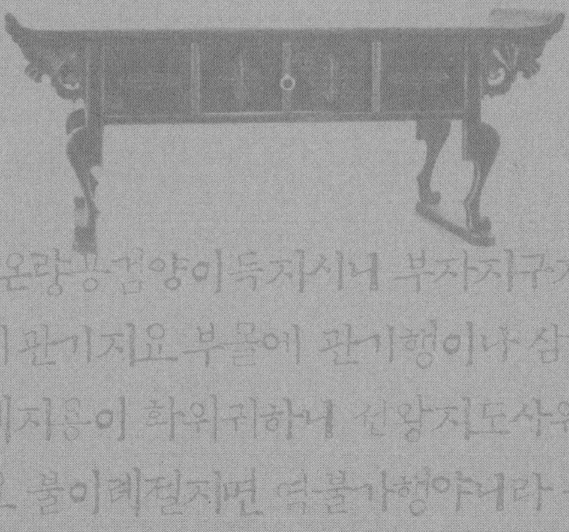

1

•

위나라 영공이 공자에게 진법에 대해 질문했다. 공자가 대답했다. "제기祭器를 진열하는 일에 관해서는 일찍이 들어본 적이 있지만 군대에 관한 일은 배우지 못했습니다." (공자는) 다음날 이내 그곳을 떠났다.

衛靈公이 問陳於孔子한대 孔子對曰俎豆之事는 則嘗聞之矣어니와
위령공   문진어공자   공자대왈조두지사   즉상문지의

軍旅之事는 未之學也라 하시고 明日에 遂行하시다
군려지사   미지학야   명일   수행

•

공자가 진나라에 있을 때 식량이 떨어지고 따르던 제자들이 병들어 일어나질 못했다.

在陳絶糧하니 從者病하여 莫能興이러니
재진절량   종자병   막능흥

•

자로가 화난 기색을 드러내며 말했다. "군자도 이토록 곤궁한 지경에 처할 수 있습니까?" 선생님이 말씀하셨다. "군자는 곤궁한 지경에 처해도 뜻을 굳게 지킴이 의연하다. 소인은 곤궁한 지경에 처하면 못하는 짓이 없다."

子路慍見曰君子亦有窮乎잇가 子曰君子固窮이니
자로온현왈군자역유궁호　　　자왈군자고궁

小人은 窮斯濫矣니라
소인　궁사람의

<h1 style="text-align:center">2</h1>

•

선생님이 말씀하셨다. '사賜야, 너는 내가 많이 공부하고 그것을 다 기억하는 사람이라고 생각하느냐?'

子曰賜也아 女以予로 爲多學而識之者與아
자왈사야　여이여　위다학이지지자여

•

자공이 말했다. "그렇습니다. 아닙니까?"

對曰然하이다 非與잇가
대왈연　　　비여

•

선생님이 말씀하셨다. "아니다. 나는 하나의 이치로 (모든 지식을) 꿰뚫어 보려고 한다."

曰非也라 子는 一以貫之니라
왈비야 　여　 일이관지

"일이관지一以貫之"는 이인편(제4)에 나왔던 말이다. 한번은 증자에게
말해주었고 이번에는 자공에게 말해주었다. 이것은 《집주》의 설명과
같이, 증자에게 말한 것은 '서恕'라고 하는 가치를 실천에 옮기는 것이
고, 이번에는 자공에게 일이관지라는 말을 가지고 지식이 무엇인가를
말해주었다. 일이관지는 개별적인 경험보다는 사물 전체를 관통하는
이치로 이해한다는 말이다. 유학자들은 이것을 일리一理가 만사萬事를
관통한다는 말로 설명한다.

3
•

선생님이 말씀하셨다. "유由야, 덕德을 아는 사람이 드물구나."

子曰由아 知德者鮮矣니라
자왈유　 지덕자선의

4
•

선생님이 말씀하셨다. "드러나게 하는 일은 없었는데 (천하를) 잘 다스
린 분은 순임금이다. (그분은) 어떻게 하셨던가? 몸을 공손하게 하고 바
르게 남면南面을 하셨을 뿐이다."

子曰無爲而治者는 其舜也與신저 夫何爲哉시리오
자왈무위이치자　기순야여　　부하위재

恭己正南面而已矣시니라
공기정남면이이의

무위이치無爲而治는 백성이 마음으로 복종하는 정치를 한다는 의미로
해석할 수 있다. 현명한 인재에게 일을 맡겨서 정무가 저절로 잘된다는
뜻도 있다. 법질서가 안정되고 정무가 제도화된 단계를 말하는 것이기
도 하다.

5
•

자장이 (어떻게 하면) 일이 행해질 수 있는지 질문했다.

子張이 問行한대
자장　문행

자장은 달達에 대해 질문한 적이 있다. 이번에는 뜻하는 대로 일이 될
수 있는 방법을 질문했다.

•

선생님이 말씀하셨다. "말이 충실하고 믿음직하며 행실이 도탑고 공
경스럽다면 설령 만맥蠻貊과 같은 야만 지역에서도 행해진다. 말이 충
실치 못하고 믿음직하지 못하며 행실에 독실함과 공경스러움이 없으면

주州와 리里와 같은 (문명화된) 고을에서도 행해지지 않을 것이다.”

子曰言忠信하며 行篤敬이면 雖蠻貊之邦이라도 行矣어니와
자왈언충신   행독경   수만맥지방   행의

言不忠信하며 行不篤敬이면 雖州里나 行乎哉아
언불충신   행불독경   수주리   행호재

·

“일어서면 (충신忠信·독경篤敬이) 바로 앞에 마주하고 있고, 수레에 타면 그것이 멍에에 기대고 있음을 볼 수 있는 그런 단계에 이른 다음에야 비로소 (뜻하는 일이) 행해질 수 있다.”

立則見其參於前也요 在輿則見其倚於衡也니 夫然後行이니라
립즉견기참어전야   재여즉견기의어형야   부연후행

·

자장이 (이 말을 잊지 않기 위해) 큰 띠에 썼다.

子張이 書諸紳하니라
자장   서제신
          (저)

6
·

선생님이 말씀하셨다. “사어史魚는 곧은 사람이로다. 나라에 도道가 있

을 때 (임금에게 곧은 말로 충고했으니) 화살처럼 곧았고 나라에 도道가 없을 때에도 (위험을 무릅쓰고 임금에게 곧은 말로 충고했으니) 화살처럼 곧았다."

子曰直哉라 史魚여 邦有道에 如矢하며 邦無道에 如矢로다
자왈직재   사어   방유도   여시   방무도   여시

•

"**군**자로다, 거백옥이여! 나라에 도가 있으면 벼슬하고 나라에 도가 없으면 뜻을 거두고 몸을 감추는구나."

君子哉라 蘧伯玉이여 邦有道則仕하고 邦無道則可卷而懷之로다
군자재   거백옥   방유도즉사   방무도즉가권이회지

7

•

선생님이 말씀하셨다. "더불어 말할 만한 상황인데 더불어 말하지 않으면 사람을 잃게 된다. 더불어 말할 만한 상황이 아닌데 더불어 말하면 말을 잃게 된다. 지혜로운 사람은 사람을 잃지 않고 또한 말을 잃지 않는다."

子曰可與言而不與之言이면 失人이요 不可與言而與之言이면
자왈가여언이불여지언   실인   불가여언이여지언

失言이니 知者는 不失人하며 亦不失言이니라
실언   지자   불실인   역불실언

8

●

선생님이 말씀하셨다. "지사志士와 어진 사람은 인仁을 해치면서 구차하게 목숨을 구걸하지 않는다. 자기 몸을 죽여서 인仁을 이룰 뿐이다."

子曰志士仁人은 無求生以害仁이요 有殺身以成仁이니라
자왈지사인인　무구생이해인　　유살신이성인

'살신성인殺身成仁'이란 말은 다른 사람의 목숨을 구하기 위해, 또는 자신의 신념을 지키기 위해 몸을 던졌을 때 사용한다. 기대승은 선조를 모시고 공부하는 경연에서 유학자 정몽주(1337~1392)를 '살신성인' 했다고 평가했다(《고봉선생문집》).

9

●

자공이 인仁에 대해 질문했다. 선생님이 말씀하셨다. "장인은 좋은 작품을 만들려고 할 땐 반드시 먼저 (작업) 도구를 예리하게 갈아서 사용한다. (인仁도 마찬가지다. 무엇이 인仁을 이루는 도구인지 생각하라. 현자賢者의 도움이 바로 그것이다.) 이 나라에 살면서 대부 중에서 현자를 택해 (스승으로) 섬기고 선비 중에서 인자仁者를 벗으로 삼아라."

子貢이 問爲仁한대 子曰工欲善其事인댄 必先利其器니
자공　문위인　　자왈공욕선기사　　필선리기기

居是邦也하여 事其大夫之賢者하며 友其士之仁者니라
거시방야   사기대부지현자   우기사지인자

10

•

안연이 나라를 다스리는 방법에 대해 질문했다.

顔淵이 問爲邦한대
안연   문위방

•

선생님이 말씀하셨다. "하夏나라 책력을 쓰고,"

子曰行夏之時하며
자왈행하지시

하夏나라 달력은 농사짓는 사람들이 이용하기에 편리했다고 한다.
태음력이다.

•

"은殷나라 수레를 타며,"

乘殷之輅하며
승은지로

김홍도, 〈논갈이〉, 국립중앙박물관

은殷나라 수레는 나무로 만들어 소박하고 튼튼했다고 한다(《집주》).

•

"주나라 면류관을 쓰며,"

服周之冕하며
복주지면

주나라 면류관은 화려했지만 사치함이 없었다고 한다(《집주》).

•

"음악은 소무韶舞를 쓰고,"

樂則韶舞요
악즉소무

•

"정나라 소리를 금지하고 말재주를 부리는 사람을 멀리하라. 정나라 소리는 음란하고 말만 잘하는 사람은 위험하다."

放鄭聲하며 遠佞人이니 鄭聲은 淫하고 佞人은 殆니라
방정성　　원녕인　정성　음　　녕인　태

11

•

선생님이 말씀하셨다. "멀리 내다보고 생각하지 않으면 반드시 가까운 곳에서 근심이 생긴다."

子曰人無遠慮면 必有近憂니라
자왈인무원려   필유근우

12

•

선생님이 말씀하셨다. "이제 그만둘까 보다, 나는 여자 좋아하는 만큼 덕德을 좋아하는 사람을 보지 못했다. (이런 사람을 찾는 걸 그만둘까 보다.)"

子曰已矣乎라＋ 吾未見好德을 如好色者也케라
자왈이의호   오미견호덕   여호색자야

공자가 찾으려는 그 사람은 현인을 좋아하는 임금이다.

＋《한문대계》〈논어집설〉(1975)에는 '矣' 자 다음에 '乎' 자가 없다. 〈논어주소교감기〉에 이런 언급이 있다. "皇本無乎字"(황간의 《논어의 소》에는 '乎' 자가 없다).

13

●

선생님이 말씀하셨다. "장문중은 그 지위를 훔친 사람이구나. (그는) 유하혜가 어진 줄 알면서 (추천하지 않아) 조정에 같이 서지 않았다."

子曰臧文仲은 其竊位者與인저 知柳下惠之賢而不與立也로다
자왈장문중　　기절위자여　　　지유하혜지현이불여립야

당시에 장문중이 어진 대부라는 평가가 있었다. 그러나 공자는 그를 혹평했다. 장문중이 유하혜라는 인물이 현인인 줄 몰랐다면 사람을 보는 지혜가 부족한 것이고 현인인 줄 알고도 추천하지 않았다면 남의 자리를 훔친 것이나 다름없다는 말이다.

14

●

선생님이 말씀하셨다. "자기 잘못은 스스로 무겁게 책망하고 다른 사람의 잘못은 가볍게 책망하면 원망이 멀어질 것이다."

子曰躬自厚而薄責於人이면 則遠怨矣니라
자왈궁자후이박책어인　　　즉원원의

15

•

선생님이 말씀하셨다. "(일을 잘 처리하기 위해) '어떻게 하면 좋을까, 어떻게 하면 좋을까'라고 (근심하면서 자문을 구하는) 말을 하지 않는 사람에 대해서는 나도 (도움을 줄 수 없고) 어찌할 수 없을 따름이다."

子曰不曰如之何如之何者는 吾末如之何也已矣니라
자왈불왈여지하여지하자　오말여지하야이의

16

•

선생님이 말씀하셨다. "여럿이 종일 모여 있으면서 의로운 (결론에) 도달하지 못하고 하찮은 재주를 즐긴다면 덕에서 멀어지고 환난을 면하기 어렵게 된다."

子曰羣居終日에 言不及義요 好行小慧면 難矣哉라
자왈군거종일　언불급의　호행소혜　난의재

17

•

선생님이 말씀하셨다. "군자는 의義로써 바탕을 삼고 예禮로써 행동하며 겸손하게 (일을) 처리해나가며 성실하게 (일을) 이루어낸다. (이렇게 하니) 군자로다."

子曰君子義以爲質이요 禮以行之하며 孫以出之하며
자왈군자의이위질　　예이행지　　손이출지

信以成之하나니 君子哉라
신이성지　　군자재

18

●

선생님이 말씀하셨다. "군자는 (자신이) 능하지 못함을 근심할 뿐 남이
자기를 알아주지 않음을 근심하진 않는다."

子曰君子는 病無能焉이요 不病人之不己知也니라
자왈군자　병무능언　　불병인지불기지야

19

●

선생님이 말씀하셨다. "군자는 세상을 마치는 즈음에 이를 때까지도
(고매한 인격과 선행으로 세상에) 이름이 칭송받지 못함을 병으로 여긴다."

子曰君子는 疾沒世而名不稱焉이니라
자왈군자　질몰세이명불칭언

20

●

선생님이 말씀하셨다. "군자는 자기 자신한테서 잘못의 원인을 찾고 소인은 다른 사람한테서 찾는다."

子曰君子는 求諸己요 小人은 求諸人이니라
자왈군자　구저기　소인　구저인
　　　　　(제)　　　　(제)

《집주》에 "반구저(제)기反求諸己"라는 말이 있다. "내 탓이오"라는 뜻이다.

21

●

선생님이 말씀하셨다. "군자는 장엄하게 품위를 지키되 남과 다투는 일이란 없으며 다수와 어울려도 파벌적인 패거리를 만들지 않는다."

子曰君子는 矜而不爭하며 羣而不黨이니라
자왈군자　긍이부쟁　　군이부당

'당黨'은 구차하게 사적인 이익을 도모하는 것이다.

22

●

선생님이 말씀하셨다. "군자는 말만 들어보고 사람을 등용하지 않으며 악한 사람이라고 해서 (그 사람의) 좋은 말까지 버리진 않는다.”

子曰君子는 不以言擧人하며 不以人廢言이니라
자왈군자　불이언거인　　불이인폐언

23

●

자공이 질문했다. “평생토록 행동의 지침으로 삼을 만한 한마디 말이
있습니까?” 선생님이 말씀하셨다. “서恕라는 말이 있다. 자기가 하고
싶지 않은 것은 다른 사람에게도 시키지 말라는 말이다.”

子貢이 問曰有一言而可以終身行之者乎잇가
자공　문왈유일언이가이종신행지자호

子曰其恕乎인저 己所不欲을 勿施於人이니라
자왈기서호　　기소불욕　물시어인

24

●

선생님이 말씀하셨다. “내가 사람에 대해 누구를 헐뜯고 누구의 명예
를 기리겠는가. 만약 내가 (명예를) 기리는 일이 있다면 (실제로 그런지) 시
험해보고 그렇게 하는 것이다.”

子曰吾之於人也에 誰毀誰譽리오 如有所譽者면 其有所試矣니라
자왈오지어인야　수훼수예　　여유소예자　기유소시의

●

"**지**금 이 백성은 3대三代의 곧은 도道를 행해온 사람들이다."

斯民也는 三代之所以直道而行也니라
사민야　삼대지소이직도이행야

삼대는 하나라, 은나라, 주나라를 말하는 것이다.

25

●

선생님이 말씀하셨다. "(전에는) 나도 예전의 풍습을 찾아볼 수 있었다. 사관은 증거가 확실하지 않은 것은 빼놓고 기록하지 않았다. 말을 가진 사람은 다른 사람에게 빌려주어 타게 했다. 이제는 (그런 일이) 사라지고 없구나."

子曰吾猶及史之闕文也와 有馬者借人乘之호니 今亡矣夫인저
자왈오유급사지궐문야　유마자차인승지　　금무의부

옛날에 역사를 기록하는 관리는 증거가 충분하지 않으면 빼놓았다가 증거가 나타나거나 그것을 정확하게 아는 사람을 기다렸다고 한다. 말을 가진 사람도 말을 능숙하게 몰 줄 모르면 익숙해질 때까지 다른 사람에게 대신 몰게 했다고 한다.

26

선생님이 말씀하셨다. "교활한 말은 덕을 어지럽힌다. 사소한 (분노 같은) 것을 참지 못하면 큰 계획이 혼란스럽게 된다."

子曰巧言은 亂德이요 小不忍則亂大謀니라
자왈교언　난덕　　소불인즉란대모

27

선생님이 말씀하셨다. "많은 사람들이 미워해도 반드시 살펴본다. 많은 사람들이 좋아해도 반드시 살펴본다."

子曰衆惡之라도 必察焉하며 衆好之라도 必察焉이니라[＋]
자왈중오지　　필찰언　　중호지　　필찰언

[＋] '惡'자는 미워한다는 뜻일 때 '오'로 읽는다. 좋고 싫음이 분명한 것을 "호오好惡가 분명하다"고 한다.

28

선생님이 말씀하셨다. "사람이 능히 도道를 크게 하는 것이지 도道가 사람을 크게 하는 것이 아니다."[＋]

子曰人能弘道요 非道弘人이니라
자왈인능홍도   비도홍인

✝ 위백규는 '도道'에 대해 이렇게 설명했다. 도는 형체가 없는데, 사람이 능히 이런 도를 실천하지 않고 방치하면 도가 소리도 없고 냄새도 없는 그러한 형태로 숨어버린다고 한다. 그러다가 사람이 능히 그 도를 실천하면서 하는 일마다 적용시키면 비로소 밝게 드러난다고 한다. 이런 것을 두고 "人能弘道也"(사람이 능히 도를 넓히는 것이다)라고 말한다. 도는 무엇인가? 조선 유학자들은 하늘의 도를 천도天道라고 했다. 사람의 도는 무엇인가? 유학자들은 이를 솔성率性이라는 말로 설명했다. 하늘이 부여한 성性을 따른다는 말이다. 하늘에는 원元·형亨·이利·정貞의 리理가 있는데, 이것이 사람에게 부여되어 인仁·예禮·의義·지智의 성性이 된다고 한다. 사람이 할 일은 그 성을 잘 보존하고, 잘 작동되도록 하는 것이다. 이것이 솔성率性이다. 집안에서, 사회생활을 하면서, 공직을 맡아서 그 성을 실천한다. 그렇게 하면서 이치에 맞게 살려고 노력한다. 이것을 사람이 하는 도라고 한다. 사람이 있는 곳에는, 그리고 사람이 사람을 만나는 곳마다 각각 적합한 도가 있다. 도는 수없이 많다. 그래서 도가 "없는 곳이란 없다"고 말하기도 한다. 사람의 도가 있고, 나라의 도가 있고, 천하의 도가 있고, 선생의 도가 있고, 학생의 도가 있다. 유학자들은 사람을 사람답게 만드는 이치가 도라고 생각했다. 원래 천지 사방, 사람이 있는 곳이면 다 있는 도가 사람에 의해 없어질 수도 있다. 무도無道라는 말이 이런 뜻이다.

29

·

선생님이 말씀하셨다. "허물이 있어도 고치지 않는 것, 바로 이런 것을 허물이라고 하는 것이다."

子曰過而不改是謂過矣니라
자왈과이불개시위과의

30

·

선생님이 말씀하셨다. "내가 예전에 종일 먹지도 않고 밤새 잠을 자지도 않고 생각에 몰두한 적이 있었다. (생각이 떠올랐다가 사라졌으나 남아 있는 것이 없어 실제로) 유익함이 없었다. (생각만 하는 것은 학문을) 배우는 것보다 못하다."

子曰吾嘗終日不食하며 終夜不寢하여 以思호니
자왈오상종일불식   종야불침   이사

無益이라 不如學也로다
무익   불여학야

31

·

선생님이 말씀하셨다. "군자는 도道를 도모할 뿐 먹을거리를 도모하지 않는다. 밭을 경작하다보면 (흉년에) 굶주리는 일이 있다. 공부하다보면

(실력이 있어도 버려지기도 하고 또 발탁되어) 벼슬을 하기도 한다. (벼슬과 부귀는 원하는 대로 되는 것은 아니다. 그렇기 때문에) 군자는 도道의 추구를 근심할 뿐 가난을 근심하진 않는다."✝

子曰君子는 謀道요 不謀食하나니 耕也에 餒在其中矣요
자왈군자　모도　불모식　　　경야　뇌재기중의

學也에 祿在其中矣니 君子는 憂道요 不憂貧이니라
학야　록재기중의　군자　우도　불우빈

✝ 이익은 "농사를 지어도 굶주림이 그 가운데 있고 글 공부하다보면 벼슬이 그 가운데 있다"는 말은 앞뒤 논리가 맞지 않는다고 지적했다. 주린다는 뜻의 '뇌餒' 자는 글자 형태가 비슷해 먹인다는 뜻의 '위餧' 자에 대한 착오거나 두 글자가 같은 의미로 사용된 사례가 있다고 설명했다. 이렇게 보면, 열심히 공부하게 되면 농사지은 사람이 반드시 먹을 곡식을 얻는 것처럼 반드시 벼슬을 얻을 것이라고 격려한 뜻이 된다고 했다(《성호사설》).

32

●

선생님이 말씀하셨다. "지식이 수준급이라고 하더라도 인仁으로 직위를 지킬 수 없다면 비록 그것을 얻더라도 반드시 잃게 된다."

子曰知及之오도 仁不能守之면 雖得之나 必失之니라
자왈지급지　　인불능수지　수득지　필실지

＊

"지식이 수준급이고 인仁으로 직위를 지킬 수 있어도, (지식과 교양이 겉으로 드러나는) 위엄을 갖추고 백성에게 다가가지 않으면 백성이 공경하질 않는다."

知及之하며 仁能守之오도 不莊以涖之則民不敬이니라
지급지　　인능수지　　불장이리지즉민불경

＊

"지식이 그 수준에 이르렀고 인仁으로 직위를 지킬 수 있으며 위엄을 갖추고 백성에게 임하더라도, (백성을) 예禮로써 고무시키지 않으면 (백성이) 지극히 선한 수준에는 이르지 못한다."

知及之하며 仁能守之하며 莊以涖之오도 動之不以禮면 未善也니라
지급지　　인능수지　　장이리지　　동지불이례　　미선야

33

＊

선생님이 말씀하셨다. "군자는 작은 일을 잘 알지 못하는 경우가 있으나 큰일을 맡아서 해낼 수 있다. 소인은 큰일을 맡아서 해낼 수는 없지만 작은 일에 대해선 잘 알 수 있다."＊

子曰君子는 不可小知而可大受也요 小人은 不可大受而可小知也니라
자왈군자　　불가소지이가대수야　　소인　　불가대수이가소지야

✢ 위백규는 "不可小知"를 "夫子無所成名"(공자는 작은 기술로 이름이 알려진 것이 없었다)의 뜻으로 해석했다. 박세당도 "小知"를 "小能見知"(작은 기술로 알려짐)와 같은 것으로 해석했다. 그러면서 그는 "此但言 君子或於小事 有不能知者而可以受大任矣"(군자는 비록 작은 일에 있어서는 잘 모르는 것이 있어도 큰일을 맡아서 할 수 있다는 말)이라고 했다.

34

•

선생님이 말씀하셨다. "(백성은 단 하루도 물이나 불이 없으면 살 수 없다.) 백성에게 인仁은 그 필요가 절실함이 물이나 불보다 심하다. 나는 물에 빠지고 불속에 뛰어들었다가 죽은 사람을 본 적이 있지만 인仁을 실천하다가 죽은 사람은 보지 못했다."✢

子曰民之於仁也에 甚於水火하니 水火는
자왈민지어인야   심어수화   수화

吾見蹈而死者矣어니와 未見蹈仁而死者也케라
오견도이사자의   미견도인이사자야

물과 불은 생명을 유지하는 데 없어선 안 될 긴요한 것이지만 평소에는 그 소중함이 절박하게 인식되지 않듯이 인仁도 마찬가지라는 말이다. 공자는 인仁이라는 것이 물이나 공기보다 더 소중한데 백성들이 그걸 몰라 안타깝다고 말하는 것이다.

✢ "도인이사자蹈仁而死者"라는 말은 해석이 좀 어렵다. 직역하면 "인仁을

밟다가 죽는 자를 보지 못했다"는 말인데, 인을 밟다가 죽는 것이 인을 실천하다가 죽는다는 것인지 어떤 것인지 선명하지 않다. 이 문장에서 '물과 불을 밟다가 죽는 자와 인을 밟다가 죽는 자'가 서로 연결되는 것인데, 물과 불 때문에 사람이 죽는 것은 이해가 된다. 주자의 《정의精義》에 물과 불 때문에 죽는다는 의미의 "焚溺"(불에 타죽고 물에 빠져 죽고)이라는 용어가 나온다. 그러면 인을 밟다가 죽는다는 것이 어떤 의미인가? 《집주》에 "仁則未嘗殺人"이라고 되어 있다. "인은 사람을 죽인 적이 없다"는 말인데, 인이 사람을 죽일 수는 없는 법이다. 인을 하다가 사람이 죽은 적은 없다는 뜻으로 보면, '살신성인殺身成仁'의 문제가 걸린다. 인의 극치는 공공을 위해 정말 어쩔 수 없는 순간에는 자기 몸을 버리는 것이고, 이는 곧 죽음이다. 그래서 "인을 하다가 죽는 일은 없다"는 취지의 해석은 곤란할 수도 있다. 이에 대해 윤형로(1702~178?)는 "未見蹈仁而死者"(인을 밟다가 죽은 자를 보지 못했다)는 평상시에 일반적으로 하는 말이고 '살신성인殺身成仁'은 특별한 위기의 순간에 인을 실천한 사례로 구분했다. 그러면서 단 하루라도 인에 의거하지 않을 수 없다("以仁之不可一日無故也")는 뜻으로 위의 문장을 해석했다. 단 한순간도 인을 떠나 살 수 없다는 말이다(《계구암집戒懼菴集》 권자육券之六 〈차록箚錄〉 논어論語). 주자의 《정의精義》에 후씨의 설명이 있다. 후씨는 살신성인殺身成仁을 "인이 사람을 죽였다"고 해석하기보다는 인을 실천하다가 사람이 죽었다는 뜻인데, 이렇게 인을 실천하는 것이 바로 의義라고 설명했다. 인이 사람을 죽인 것이 아니라 의가 사람을 죽인 것이라는 설명이다. 그러면서 맹자의 인의에 대해 설명했다. 공자는 단지 인만을 말했지만 맹자는 인을 말하면 반드시 의에 대해서도 말했는데 의라는 것은 인을 이루게 만드는 것("義所以成仁")이라고 설명했다. 그러면서 의를 모아서 호연지기가 살아나게 하는 것이 바로 인이라고("集義而生浩然之氣仁也") 설명했다.

35

●

선생님이 말씀하셨다. "인仁을 행해야 하는 순간에는 그 실천을 스승에게도 양보하지 않는다."

子曰當仁하여 不讓於師니라
자왈당인　　불양어사

36

●

선생님이 말씀하셨다. "군자는 정도正道를 귀하게 여기고 사소한 신의에 얽매이지 않는다."✝

子曰君子는 貞而不諒이니라
자왈군자　정이불량

✝ "정이불량貞而不諒"에 대한 해석이 좀 어렵다. 《집주》에 '貞'에 대해 "正而固也"(바르고 굳다)라고 되어 있고, '諒'에 대해서는 "不擇是非而必於信"(옳고 그름을 따지지 않고 다만 신의에 고집하는 것)이라고 되어 있다. 형병은 '貞'자를 '正'으로 '諒'자를 '信'으로 본 공안국의 주註를 따르면서 이 문장을 "貴正道而輕小信也"(정도를 귀중하게 여기고 소신小信을 가볍게 여긴다)라는 뜻으로 다시 설명했다. '소신'에 대해서는 단대 《한한대사전》(2008)에 "사소한 일에 있어서의 신의, 또는 그것에 얽매임"이라는 설명이 있는데, 이를 참고했다.

37

●

선생님이 말씀하셨다. "임금을 섬길 때 직무를 소중하게 여기면서 일하고 녹봉은 나중에 생각한다."

子曰事君호대 敬其事而後其食이니라
자왈사군　　경기사이후기식

38

●

선생님이 말씀하셨다. "가르치면 (착한 마음을 회복하기 때문에 사람을 선과 악으로) 부류를 구분하는 일이란 없어진다."

子曰有敎면 無類니라
자왈유교　　무류

39

●

선생님이 말씀하셨다. "추구하는 도道가 같지 않으면 서로 어울려서 (일을) 도모할 수 없다."

子曰道不同이면 不相爲謀니라
자왈도부동　　불상위모

40

●

선생님이 말씀하셨다. "말과 글이란 의미를 전달하면 그만이다."

　子曰辭는 達而已矣니라
　자왈사　 달이이의

　필자는 위의 말을 글쓰기의 지침으로 생각하고 있다. 필자는 책의 무
게와 사람의 체중은 같은 종류라고 생각하고 있다. 책이나 체중은 무게
가 많이 나가서 좋을 것이 없다.

41

●

소경 악사인 면冕이 계단에 이르렀다. 선생님이 말씀하셨다. "계단입
니다." 좌석에 이르자 선생님이 말씀하셨다. "좌석입니다." 모두 자리
에 앉자 선생님이 (면冕에게) 일러주면서 말씀하셨다. "누구는 여기에 있
고 (또) 누구는 여기에 있습니다."

　師冕이 見할새 及階어늘 子曰階也라 하시고 及席이어늘
　사면　 현　　 급계　　 자왈계야　　　　　 급석

　子曰席也라 하시고 皆坐어늘 子告之曰某在斯某在斯라 하시다
　자왈석야　　　　 개좌　　 자고지왈모재사모재사

악사 면冕이 나가자 자장이 질문했다. "(소경 악사에게 자상하게 일러주시니, 이렇게 하는 것이) 악사와 함께 말하는 도道입니까?"

師冕이 出커늘 子張이 問曰與師言之道與잇가
사면   출   자장   문왈여사언지도여

선생님이 말씀하셨다. "그렇다. 원래 이렇게 하는 것이 소경인 악사를 돕는 도道다."

子曰然하다 固相師之道也니라
자왈연   고상사지도야

소경 악사에게는 도와주는 사람을 배치하여 위험에 처하지 않도록 배려했다고 한다(《집주》).

자왈학이시습지면 불역열호아 유붕이자원방래면 불역락호아 인부지이불온이면
불역군자호아 유자왈기위인야효제요 이호범상자선의니 불호범상이요 이호작란
자미지유야니라 군자는 무본이니 본립이도생하나니 효제야자는 기위인지본
여 여붕우교이불신호아 전불습호애니라 자왈도천승지국호대 경사이신하며 절
용이애인하며 사민이시니라 자왈제자입즉효하고 출즉제하며 근이신하며 범
애중호대 이친인이니 행유여력이어든 즉이학문이니라 자하왈현현호대 역색하
며 사부모호대 능갈기력하며 사군호대 능치기신하며 여붕우교호대 언이유신이면
수왈미학이라도 오필위지학의라리라 자왈군자부중즉불위니 학즉불고니라 주
충신하며 무불여기자오 과즉물탄개니라 증자왈신종추원이면 민덕이 귀후의
라 자금이 문어자공왈부자지어시방야하사 필문기정하시나니 구지여아 억여지
여아 자공이 왈부자는 온량공검양으로 득지시니 부자지구지야는 기제저인지
구지여인저 자왈부재에 관기지요 부몰에 관기행이나 삼년을 무개어부지도라
가위효의니라 유자왈예지용이 화위귀하니 선왕지도사위미라 소대유지니라
소불행하니 지화이화요 불이례절지면 역불가행야니라 유자왈신근어의면 언
가복야며 공근어례면 원치욕야며 인불실기친이면 역가종야니라 자왈군자식무
구포하며 거무구안하며 민어사이신어언이요 취유도이정언이면 가위호학야이
라 자공이 왈빈이무첨하며 부이무교호대 하여하리잇고 자왈가야나 미약빈이
하며 부이호례자야니라 자공이 왈시운여탁여차하며 여탁여마라 하니 기사지
위여인저 자왈사는 사여언시이의로다 고제왕이지래자온여 자왈불환인
불기지요 환부지인야니라 자위위정이덕이 비여북신이 거기소어든 이중성이
지라 자왈시삼백에 일언이폐지하니 왈사무사니라 자왈도지이정하고 제지
형이면 민면이무치니라 도지이덕하고 제지이례면 유치차격이니라 자왈오십
오이지우학하고 삼십이립하고 사십이불혹하고 오십이지천명하고 육십이이순
고 칠십이종심소욕하여 불유구호라 맹의자문효한대 자왈무위니라 번지어러
자고 자왈맹손이 문효어아어늘 아대왈무위라호라 번지왈하위야잇고 자왈생사
이례하며 사장지이례하며 제지이례니라 맹무백이 문효한대 자왈부모는 유기
질우시니라 자유문효한대 자왈금지효자는 시위능양이니 지어견마하여도 개
유양이니 불경이면 하이별호리오 자하문효한대 자왈색난이니 유사어든 제자

자왈학이시습지면 불역열호아 유붕이자원방래면 불역락호아 인부지이불온이면
불역군자호아 유자왈기위인야효제요 이호범상자선의니 불호범상이요 이호작란
자미지유야니라 군자는 무본이니 본립이도생하나니 효제야자는 기위인지본여
인저 자왈교언영색이 선의인이니라 증자왈오일삼성오신하노니 위인모이불충호
아 여붕우교이불신호아 전불습호애니라 자왈도천승지국호대 경사이신하며 절
용이애인하며 사민이시니라 자왈제자입즉효하고 출즉제하며 근이신하며 범애
중호대 이친인이니 행유여력이어든 즉이학문이니라 자하왈현현호대 역색하며
사부모호대 능갈기력하며 사군호대 능치기신하며 여붕우교호대 언이유신이면
수왈미학이라도 오필위지학의라호리라 자왈군자부중즉불위니 학즉불고니라 주
충신하며 무불여기자요 과즉물탄개니라 증자왈신종추원이면 민덕이 귀후의리
라 자금이 문어자공왈부자지어시방야하사 필문기정하시나니 구지여아 억여지

계씨 季氏

여아 자공이 왈부자는 온량공검양이득지시니 부자지구지야는 기제(諸)이호인지
구지여인저 자왈부재에 관기지요 부몰에 관기행이나 삼년을 무개어부지도라야
가위효의니라 유자왈례지용이 화위귀하니 선왕지도사위미라 소대유지니라 유
소불행하니 지화이화요 불이례절지면 역불가행야니라 유자왈신근어의면 언가
복야며 공근어례면 원치욕야며 인불실기친이면 역가종야니라 자왈군자식무구
포하며 거무구안하며 민어사이신어언이요 취유도이정언이면 가위호학야이니
라 자공이 왈빈이무첨하며 부이무교호대 하여하니잇고 자왈가야나 미약빈이락
하며 부이호례자야니라 자공이 왈시운여절여차하며 여탁여마라 하니 기사자위
인저 자왈사야는 시가여언시이의로다 고제(諸)왕이지래자온여 자왈불환인지
불기지요 환부지인야니라 자왈위정이덕이 비여북신이 거기소이든 이중성이 공
지니라 자왈시삼백에 일언이폐지하니 왈사무사니라 자왈도지이정하고 제지이
형이면 민면이무치니라 도지이덕하고 제지이례면 유치차격이니라 자왈오십유

1

●

계씨가 장차 전유라고 하는 작은 나라를 치려고 했다.

季氏將伐顓臾러니
계씨장벌전유

●

염유와 계로가 공자를 뵙고 말했다. "계씨가 장차 전유 땅에서 일을 벌이려고 합니다."

冉有季路見於孔子曰季氏將有事於顓臾로소이다
염유계로현어공자왈계씨장유사어전유

이때 염유와 계로는 계씨의 가신이었다. 전유는 노나라의 속국이었다. 당시 노나라를 4등분하여 절반은 계씨가 차지하고 나머지를 맹손과 숙손이 각각 차지하고 있었다. 그런 상황에서 전유만이 노나라를 받들고 있었다(《집주》).

●

공자께서 말씀하셨다. "구求야, 아니 이건 너의 잘못이 아니냐?"

孔子曰求아 無乃爾是過與아
공자왈구　무내이시과여

공자가 두 사람 중에서 유독 구求를 의심한 이유는 구가 계씨를 위해 세금을 많이 거둬들여 그 집안의 재산을 불려주었기 때문이라고 한다 (공안국).

●

"저 전유는 옛날에 선왕께서 동몽산 아래 지역에 봉하여 제사를 주관 하도록 한 작은 나라고 또 노나라 영역 안에 있으며 사직을 받드는 신 하인데 어찌 칠 수 있단 말이냐?"

夫顓臾는 昔者에 先王이 以爲東蒙主하시고
부전유 석자 선왕 이위동몽주

且在邦域之中矣라 是社稷之臣也니 何以伐爲리오
차재방역지중의 시사직지신야 하이벌위

●

염유가 말했다. "(계씨) 어른이 그렇게 하려는 것이지 저희 두 신하는 모두 원치 않는 일입니다."

冉有曰夫子欲之언정 吾二臣者는 皆不欲也로이다
염유왈부자욕지 오이신자 개불욕야

●

공자께서 말씀하셨다. "구求야, 주임이 이런 말을 했다. '직책을 맡아 힘껏 노력하다가 일을 제대로 할 수 없으면 그만둔다.' (보좌하는 사람을 두었는데 돌봐줄 사람이) 위태로운 지경에 처했어도 구해주지 않고, 엎어지

려고 하는데 부축해주지 않는다면, 그렇게 보좌하는 사람을 장차 어디
에 쓰겠느냐?"

孔子曰求아 周任이 有言曰陳力就列하여 不能者止라 하니
공자왈구　주임　유언왈진력취렬　　불능자지

危而不持하며 顚而不扶면 則將焉用彼相矣리오
위이부지　　전이불부　즉장언용피상의

●

"또 너의 말도 잘못이다. 호랑이와 들소가 울타리 밖으로 뛰쳐나가고
거북 등껍질과 옥과 같은 보물이 보관함 속에서 훼손되었다면 이건 누
구 잘못이냐?"

且爾言이 過矣로다 虎兕出於柙하며 龜玉이 毁於櫝中이 是誰之過與오
차이언　과의　　호시출어합　　귀옥　훼어독중　시수지과여

●

염유가 말했다. "(계씨가 전유를 치려는 이유는 이렇습니다.) 지금 전유의 성
곽이 튼튼하고 (계씨가 관할하는) 비읍에 인접해 있습니다. 이제 전유를 장
악하지 않으면 나중에 반드시 (계씨) 자손에게 근심거리가 될 것입니
다."

冉有曰今夫顓臾固而近於費하니 今不取면 後世에 必爲子孫憂하리이다
염유왈금부전유고이근어비　　금불취　후세　필위자손우

공자께서 말씀하셨다. "구求야, 군자는 욕심을 솔직하게 말하지 않고 꼭 변명을 꾸며대는 것을 싫어한다."

孔子曰求아 君子는 疾夫舍曰欲之요 而必爲之辭니라
공자왈구　군자　질부사왈욕지　이필위지사

(공자께서 말씀하셨다.) "나는 이런 말을 들었다. '나라를 다스리고 집안을 다스리는 사람은 인구가 적음을 근심하지 말고 (빈부 차이가 심해서 형편이) 균등하지 않음을 근심하라. 나라 재정의 빈약함을 근심하지 말고 (빈부 차이로 인해) 화합이 깨져서 나라가 불안해지는 것을 근심하라.' (형편이 지위와 수준에 따라) 균등해지면 가난이 없어진다. 화합하면 인구가 줄지 않는다. (인심이) 안정되면 나라가 망하는 일이란 없다."

丘也는 聞有國有家者不患寡而患不均하며 不患貧而患不安이라호니
구야　문유국유가자불환과이환불균　　불환빈이환불안

蓋均이면 無貧이요 和면 無寡요 安이면 無傾이니라
개균　무빈　화　무과　안　　무경

"(나라와 집안을 다스리는) 이치가 대체로 이와 같기 때문에 멀리서 다른 나라 사람들이 복종해오지 않으면 문화와 도덕을 닦아서 찾아오게 만든다. 이미 온 다음에는 편안하게 해주는 것이다."

夫如是故로 遠人이 不服則脩文德以來之하고 旣來之則安之니라
부여시고　원인　불복즉수문덕이래지　　기래지즉안지

●

"이제 유由와 구求는 상관(계씨)을 보좌했지만 멀리 있는 다른 나라 사람들이 복종하지도 않았고 그들을 찾아오게 만들지도 못했다. (더구나 나라가) 분열되어 (백성은) 나라를 떠나고 분리되어 이제는 (나라를) 지키지 못하는 지경에 처하게 되었다."

今由與求也는 相夫子호대 遠人이 不服而不能來也하며
금유여구야　상부자　　원인　불복이불능래야

邦分崩離析而不能守也하고
방분붕리석이불능수야

●

"그런데도 (너희들은 바로 이) 나라 안에서 창과 방패를 움직여 싸우는 전쟁을 모의하고 있으니 나는 계손씨 집안에 장차 생길 화근이라는 것이 전유에 있지 않고 바로 그 집안 문門 안에서 (일하는 사람들 속에) 있을까봐 두렵다."

而謀動干戈於邦內하니 吾恐季孫之憂不在顓臾而在蕭牆之內也하노라✝
이모동간과어방내　　오공계손지우부재전유이재소장지내야

✝ "장牆"자 한자 자형에 대해 보면, 정유자본《논어집주대전》, 사고전서《논어집주대전》,《한문대계》〈논어집설〉(1975), '형본邢本'(형병의《논어

주소》), 양백준楊伯峻의 《논어역주》(1980)에 이 글자로 되어 있다. 그러나
조선시대 관본 언해본, 율곡의 《논어언해》, 《논어집주상설》과 최근의
《논어》 책에서는 '墻' 자로 쓰고 있다. 《논어언해》(1612)에는 이 문장에
서는 '墻' 자로 되어 있지만 다른 문장에서는 '牆' 자로 되어 있다.

2
•

공자께서 말씀하셨다. "천하에 도가 있으면 예악과 정벌이 천자의 권
한에서 나온다. 천하에 도가 없으면 예악과 정벌이 제후의 권한으로부
터 나온다. 제후로부터 나오면 대개 10대를 넘기지 못하고 망한다. 대
부로부터 나오면 대개 5대를 넘기지 못하고 망한다. 가신이 국명을 좌
지우지하면 3대에 나라를 잃지 않음이 드물다."

孔子曰天下有道則禮樂征伐이 自天子出하고
공자왈천하유도즉례악정벌　자천자출

天下無道則禮樂征伐이 自諸侯出하나니 自諸侯出이면
천하무도즉례악정벌　자제후출　　　자제후출

蓋十世에 希不失矣요 自大夫出이면 五世에 希不失矣요
개십세　희불실의　자대부출　　오세　희불실의

陪臣이 執國命이면 三世에 希不失矣니라
배신　집국명　　삼세　희불실의

•

"천하에 도道가 있다면 정치하는 전권이 대부에게 있지 않다."

天下有道則政不在大夫하고
천하유도즉정부재대부

●

"**천**하에 도道가 있다면 백성이 정치를 비난하는 논평을 하지 않는다."

天下有道則庶人이 不議하나니라
천하유도즉서인　불의

3

●

공자께서 말씀하셨다. "임금이 벼슬과 녹봉을 총괄하는 권한을 잃은
지 5대가 지났고, 권력이 대부의 손에서 전횡된 지 4대가 지났다. 그래
서 (노나라 실세로 행세한) 삼환三桓의 자손이 거의 끊어지게 된 것이다."

孔子曰祿之去公室이 五世矣요 政逮於大夫四世矣니
공자왈록지거공실　오세의　정체어대부사세의

故로 夫三桓之子孫이 微矣니라
고　부삼환지자손　미의

삼환三桓은 계손季孫, 중손仲孫, 숙손叔孫 3가문이다. 이들은 모두 환공
桓公의 후손이라서 삼환三桓이라고 한다(공안국).

4

●

공자께서 말씀하셨다. "사귀면 도움이 되는 세 종류의 벗이 있고, 사귀면 손해가 되는 세 종류의 벗이 있다. 벗이 곧으며, 벗이 성실하며, 벗이 아는 것이 많으면 유익하다. 벗이 외모만 꾸미고, 벗이 아첨하며 우유부단하고, 벗이 말만 잘하면 손해가 된다."

孔子曰益者三友요 損者三友니 友直하며⁺ 友諒하며
공자왈익자삼우   손자삼우   우직   우량

友多聞이면 益矣요 友便辟하며 友善柔하며 友便佞이면 損矣니라
우다문   익의   우편벽   우선유   우편녕   손의

김홍도, 〈단원도檀園圖〉, 국립중앙박물관

✝ "우직友直"을 2가지로 번역할 수 있다. 《논어언해》(1612)에는 "직直을 우友하며"로 되어 있다. "곧은 친구를 벗하며"라는 뜻으로 이해된다. 율곡의 《논어언해》에는 "友ㅣ直ᄒ며"로 되어 있다. 우를 주어로 해석한 것이다. 김용옥(2008)은 우를 동사로 보아 "강직한 자를 벗하고"라고 해석했다. 성백효(2005)는 "벗이 곧으며"라고 해석했다.

5

●

공자께서 말씀하셨다. "좋아하면 유익한 세 가지가 있다. 좋아하면 손해가 되는 세 가지가 있다. 예악禮樂으로 절도 있게 하기를 좋아하고, 사람들의 장점을 말하기를 좋아하며, 어진 친구를 많이 사귀기를 좋아하면 유익하다. 교만하게 쾌락을 좋아하고, 편히 놀기를 좋아하며, 연회를 베풀기를 좋아하면 손해다."

孔子曰益者三樂요✝ 損者三樂니 樂節禮樂하며 樂道人之善하며
공자왈익자삼요　손자삼요　요절례악　　요도인지선

樂多賢友면 益矣요 樂驕樂하며 樂佚遊하며 樂宴樂이면 損矣니라
요다현우　익의　요교락　　요일유　　요연락　　손의

✝ "樂"자는 좋아한다는 뜻일 때 '요'라고 읽는다. 풍류와 음악이라는 뜻일 때는 '악', 즐긴다는 뜻일 때 '락'이다. 조선시대 《논어언해》(율곡본 포함)에 '益者三樂'에서 '樂'자의 한자음은 모두 "요"로 되어 있다.

공자께서 말씀하셨다. "군자를 곁에서 모실 때 (말할 때와 말하지 않을 때를 구분하지 못하면) 자칫 범하기 쉬운 세 가지 허물이 있다. 아직 말할 만한 상황이 아닌데 미리 발설하는 것을 조급함이라고 한다. 말해야 할 때인데 실정을 충분히 말하지 않는 것을 숨김이라고 한다. (건의하거나 충고할 때) 안색을 살피지 않고 말하는 것을 눈치를 살피지 못하는 소경이라고 한다."

孔子曰侍於君子에 有三愆하니 言未及之而言을 謂之躁요
공자왈시어군자　유삼건　　언미급지이언　위지조

言及之而不言을 謂之隱이요 未見顏色而言을 謂之瞽니라
언급지이불언　위지은　　미견안색이언　위지고

'은隱'은 때를 놓치고 뒤에 온다는 말이다. '고瞽'는 글자 그대로 눈이 없다는 뜻이다. 기미나 상황을 살피지 못하는 것이다.

공자께서 말씀하셨다. "군자가 경계하는 것이 세 가지가 있다. 젊을 때는 혈기가 왕성하여 (욕심이 동하는 바가) 일정치 않으니 성욕을 조심하라. 장성해서는 바야흐로 혈기가 강해져서 (분노에 동하기 쉬우니) 남과 싸우지 않도록 조심하라. 늙어서는 혈기가 이미 쇠약해져서 (오직 재물에 의지하려는 경향이 있으니) 재물을 탐하지 않도록 조심하라."

孔子曰君子有三戒하니 少之時에 血氣未定이라 戒之在色이요
공자왈군자유삼계　　　소지시　　혈기미정　　　계지재색

及其壯也하여 血氣方剛이라 戒之在鬪요 及其老也하여
급기장야　　　혈기방강　　　계지재투　급기로야

血氣旣衰라 戒之在得이니라
혈기기쇠　계지재득

혈기는 몸을 움직이게 하는 기운이다. 혈기가 살아 있으면 몸이 살아 있다. 혈기가 죽으면 몸도 죽는다. 혈기에 의해서 움직이는 몸은 곧 본능에 의해 움직이는 것이다. 혈기에서 솟아나는 성욕, 권력, 돈에 대한 욕심이 그것이다.

8

•

공자께서 말씀하셨다. "군자가 경외하는 것 세 가지가 있다. 천명天命을 경외하며 대인大人을 경외하며 성인의 말씀을 경외한다."

孔子曰君子有三畏하니 畏天命하며 畏大人하며 畏聖人之言이니라
공자왈군자유삼외　　　외천명　　　외대인　　　외성인지언

•

"소인은 천명이 있음을 알지 못해 경외하지 않는다. 대인을 능멸하며 성인의 말씀을 모독한다."✝

小人은 不知天命而不畏也라 狎大人하며 侮聖人之言이니라
소인 부지천명이불외야 압대인 모성인지언

작자 미상, 〈글방〉, 국립중앙박물관

✝ 노자 《도덕경》에 "天網恢恢 疏而不失"(하늘의
그물은 비록 성기지만 결코 놓치지는 않는다)라는 문
장이 있다. 하안은 이 문장에서 '恢疏' 2글자
를 택하여 소인이 천명을 경외하지 않는 이유
를 이렇게 설명했다. "恢疏故不知畏"(성기기 때
문에 경외할 줄 모른다). 황간은 "天道" 두 글자를
추가하여 "天道恢疏"(천도가 성겨서)라는 말로
소인이 천명을 경외하지 않는 이유를 설명했
다. 형병도 "天道恢疏"라는 용어를 사용했다.
정약용도 《논어고금주》에서 하안, 황간, 형병
의 해석을 소개하고 《도덕경》의 문장을 인용
했다.

9
•

공자께서 말씀하셨다. "나면서부터 (이치를) 아는 사람은 최상급이다.
배워서 아는 사람은 그다음 등급이다. 필요가 있을 때 배워서 아는 사
람은 또 그다음 등급이다. 모르는 것이 있어도 배우지 않으면 이런 백
성은 맨 아래 등급이 된다."

孔子曰生而知之者는 上也요 學而知之者는 次也요
공자왈생이지지자　　상야　학이지지자　　차야

困而學之 又其次也니 困而不學이면 民斯爲下矣니라
곤이학지 우기차야　곤이불학　　민사위하의

"생이지지生而知之"는 선천적으로 지식을 갖춘 사람이다. 줄여서 생지生
知라고도 한다. 이런 사람을 성인聖人이라고 한다. 공자는 자신은 생이
지지가 아니라 학이지지學而知之라고 했다. 학이지지는 배워서 아는 사
람이다.

10

공자께서 말씀하셨다. "군자는 아홉 가지를 생각한다. 볼 때 밝게 보
기를 생각하며, 들을 때 분명하게 듣기를 생각하며, 낯빛은 온화하게
하기를 생각하며, 몸가짐은 공손하게 하기를 생각하며, 말은 충실하게
하기를 생각하며, 일을 처리함에 있어서는 공경하는 마음으로 임하기
를 생각하며, 의문이 생기면 묻기를 생각하며, 분노가 치밀어 오를 땐
마음대로 했다가 나중에 닥칠 곤란함을 생각하며, 이득을 보면 의로운
것인지 생각한다."

孔子曰君子有九思하니 視思明하며 聽思聰하며
공자왈군자유구사　　시사명　　청사총

色思溫하며 貌思恭하며 言思忠하며 事思敬하며
색사온　　모사공　　언사충　　사사경

疑思問하며 忿思難하며 見得思義니라
의사문   분사난   견득사의

11

●

공자께서 말씀하셨다. "선善을 보면 실천하려고 급급해하며 불선不善
을 보면 마치 펄펄 끓는 물을 건드린 것처럼 멀리하려는 그런 사람을
나는 본 적이 있고 그런 말을 내가 들은 적이 있다."

孔子曰見善如不及하며 見不善如探湯을 吾見其人矣요
공자왈견선여불급   견불선여탐탕   오견기인의

吾聞其語矣로라
오문기어의

●

"(세상이 어지러울 때는) 재야에 은거하여 자신의 뜻을 지키고, (세상이 좋
아지면) 의리를 실행하여 자신의 도를 통달했다는 말을 나는 들어본 적
은 있지만 그렇게 했다는 사람을 보진 못했다."

隱居以求其志하며 行義以達其道를 吾聞其語矣요 未見其人也로라
은거이구기지   행의이달기도   오문기어의   미견기인야

주자는 이렇게 했던 사람의 예로서 이윤伊尹과 강태공姜太公을 들었
다. 이윤은 은나라의 대표적인 신하로 거론된다. 그는 세상이 다스려지

면 관직에 진출하고 혼란하면 재야에 물러났다. 불러주면 언제든지 최선을 다했다. 맹자는 이윤을, 정치 참여를 지식인의 책임으로 생각하는 대표적인 인물로 보았다. 공자는 이런 이윤을 "임성任聖"이라고 평가했다. 강태공도 재야에서 자신을 알아줄 사람을 기다렸다. 결국 주나라 문왕을 만났고 특히 무왕 때 공로를 세웠다. 이들이 재야로 물러난 것은 현실을 거부하기 위함이 아니었다. 정치를 해야 한다는 그 의리를 잊은 것도 아니었다. 자신의 뜻을 지키기 위함이었다. 뜻을 펼칠 기회를 만나면 곧장 정치 현장으로 나아갔다.

12

●

"제나라 경공은 말 4,000마리를 갖고 있었으나 죽은 날에 백성이 그의 덕을 칭송함이 없었다. 백이와 숙제는 수양산 아래에서 굶어 죽었는데 백성이 이제껏 그들의 덕을 칭송하고 있다."

齊景公이 有馬千駟호대 死之日에 民無德而稱焉이요
제경공   유마천사   사지일   민무덕이칭언

伯夷叔齊는 餓于首陽之下호대 民到于今稱之하나니라
백이숙제   아우수양지하   민도우금칭지

●

"바로 이런 것을 두고 한 말이다."✝

其斯之謂與인저
기사지위여

✝ 주자는 문맥상 앞뒤로 어떤 문장이 빠졌다고 보았다. 그것은 안연편(제12편) 10장《집주》에 나왔던 "誠不以富ㅣ요 亦祇以異로다"라는 시를 이 문장 바로 앞에 넣고 해석하라는 것이다《집주》. 이 시를 필자는 여성이 남자의 외도를 한탄하는 시로 해석했는데 그렇게 하지 않고 단지 간단하게 "진실로 '부富'가 아니고 단지 '이異'일 뿐이로다"라고 해석하면서, 말 4,000마리를 소유했던 제경공은 부富, 의리를 지키면서 남과 다르게 살았던 백이, 숙제는 이異에 대입시켜 해석하는 것이다. 그러니까 부유하게 살았던 제경공은 칭송을 받지 못하고 다만 남과 다르게 살았던 백이, 숙제가 칭송을 받았다는 의미가 된다. 그러나 정약용은 이렇게 '역지亦祇'라는 말에는 "해가 될 뿐 도움이 안 된다"는 느낌이 내포되어 있기 때문에 백이, 숙제의 행동을 여기에 대입시키는 것은 맞지 않는다고 했다. 문맥상으로 "바로 이런 것을 두고 한 말이다"라는 뜻은 그 위의 문장을 이어서 백이, 숙제가 은거하여 그들이 추구한 도를 얻었다는 말을 들은 것을 말하는 것으로 해석했다.

13
●

진항(강)이 백어에게 질문했다. "그대는 (선생님의 아들인데 배움에 있어서 특별히 우리와) 다르게 가르침을 들은 바가 있는가?"

陳亢이⁺ 問於伯魚曰子亦有異聞乎아
진항　　문어백어왈자역유이문호
　　(강)

진항은 공자가 자식에겐 특별히 잘해주는 것이 있지 않은지 궁금했다.

●

백어가 대답했다. "그런 것은 없다. 다만 예전에 (아버지가 마당에) 혼자
서 계실 때 내[鯉]가 그 앞을 총총걸음으로 지나가는데 '시를 배웠느
냐?'고 물어보셨다. '아직 배우지 못했습니다.'(라고 대답하자 이렇게 말씀
하셨다.) '시를 배우지 않으면 말을 제대로 할 수 없다'고 말씀하셨다.
그래서 나는 돌아와 시를 공부했다."

對曰未也로라 嘗獨立이어시늘 鯉趨而過庭이러니
대왈미야　　상독립　　　　리추이과정

曰學詩乎아 對曰未也로이다 不學詩면
왈학시호　 대왈미야　　　　불학시

無以言이라 하여시늘 鯉退而學詩호라
무이언　　　　　　　리퇴이학시

시를 배우면 어떻게 해서 말을 잘하게 되는가? 주자는 시를 공부한
효과를 "사리통달事理通達", "심기화평心氣和平"이라고 했다. 형병은 옛
날에는 회동會同에서 시와 문장으로 의사를 표현했는데 시를 배우지 않
고 어떻게 말을 제대로 할 수 있었겠냐고 했다. 필자는 《논어》에서 말
하는 시詩는 '본질과의 만남'이라고 이해하고 있다. 시를 통해서 본질
을 본다는 말이다. 시인은 본질을 보고 그것을 시로 표현한다는 말이

다. 그러면 어떻게 해야 본질을 볼 수 있는가? 앞에서 나왔던 개념이지만, "사무사思無邪"라는 말과 같이 순수한 마음이면 본질과 만날 수 있다고 또는 그것에 접근할 수 있다고 생각한다.

시와 말을 잘한다는 것은 어떤 연관성이 있는가? 공자도 누누이 강조했지만 말을 잘한다는 것이 곧 표현의 기교를 말하는 것은 아니다. 본질에 대해 잘 알고 있으면 표현하는 말은 문학적 훈련이 필요하겠지만 절로 잘된다. 문제는 본질 또는 진실이다. 말 잘하는 입이 따로 있는 것은 아니다. 말은 감정과 지식의 표현이다. 의지의 전달이다. 물론 표현의 기교도 있을 것이다. 이런 말의 세계에서 시는 본질과 표현을 연결해주는 중요한 교육 자료라고 생각한다.

●

"다른 날에 또 혼자 (마당에) 서 계실 때 내[鯉]가 총총걸음으로 그 앞을 지나가는데, '예禮를 배웠느냐?' (고 물어보셨다.) '아직 못했습니다.' (라고 대답하자 이렇게 말씀하셨다.) '예禮를 배우지 않으면 제대로 설 수 없다' 고 말씀하셨다. 그래서 나는 돌아와 예禮를 공부했다."

他日에 又獨立이어시늘 鯉趨而過庭이러니 曰學禮乎아
타일   우독립   리추이과정   왈학례호

對曰未也로이다 不學禮면 無以立이라 하여시늘 鯉退而學禮호라
대왈미야   불학례   무이립   리퇴이학례

●

"이 두 가지 말씀을 들었다."

聞斯二者로라
문사이자

시詩와 예禮의 중요성은 공자가 항상 제자들에게 말했던 것이다.

●

진항이 물러나와 기뻐하며 말했다. "(내가 백어에게) 한 가지를 질문했다가 세 가지를 얻어들었다. 시詩를 (배우라는 말을) 들었고, 예禮를 (배우라는 말을) 들었다. 또 군자는 자식에게만 특별히 잘해주는 일은 없고 (제자들 앞에서는 자식을) 멀리한다는 것에 대해 들었다."

陳亢이 退而喜日問一得三호니 聞詩聞禮하고
진항   퇴이희왈문일득삼   문시문례
  (강)
又聞君子之遠其子也호라
우문군자지원기자야

✝ "亢"자는 《집주》에 "亢音剛"(亢 자의 한자음은 '강'이다)이라고 되어 있다. 《경전석문》에도 《집주》와 동일하게 음 표시가 되어 있다. "音剛又苦浪反"(한자음은 '강'이고 또한 반절로 '강'이다). 관본 언해본, 율곡의 《논어언해》에 모두 '강'이라고 되어 있다. 《논어집주상설》에도 《집주》의 한자음이 그대로 표시되어 있다. 이 책에《논어언해》의 음이 잘못되었다는 표시가 없는 것으로 보아, 《논어언해》에 한자음이 '강'으로 되어 있는 것을 인정한 것으로 생각된다. 사전과 옥편을 보면, 《화동정음통석운고》(1747)와 《삼운성휘》(1751)에는 '亢' 자가 한자음이 "강"으로 표시된 한자에 포함되어

있다. 그 이후에 나온 《전운옥편》(1796)에는 '冘' 자는 음이 "강"으로 되어 있고, "항"으로 읽는 것은 "속俗"이라는 표시가 되어 있다. "항"은 속음이라는 뜻이다. 당시 사람들이 "항"으로 읽고 있다는 뜻이다. 《국한문신옥편》(1908)에는 "높을 강"이라고 되어 있고 속음이 "항"이라는 표시가 있다. 《신자전》(1915)도 이와 동일하게 '冘' 자의 음은 '강'인데 그 속음이 "항"이라고 되어 있다. 그러나 이 시기에 나온 《자전석요》(1909)에는 한자음이 "항"으로 되어 있을 뿐이다. 《한한대자전》(2001), 《동아대옥편》(2005)에 '冘' 자는 음이 "항"으로 되어 있다. 단대 《한한대사전》(2008)에는 "항(강)"으로 표시되어 있다. 이렇게 최근의 한자사전에서는 주로 '항'으로 읽고 있다. 이 책에서는 항(강)으로 표시하여 '항'을 우선으로 표기했다. 한국고전번역원 〈논어성독〉(2009년), 성대 유교문화연구소(2008), 이종락(2005년), 성백효(2005년), 임동석(2006)에도 '강'으로 표시되어 있다. 《경전강구 논어》(1922), 《언해논어》(1932), 《논어전해》(1957), 김종국(1959), 홍찬유(1982), 이강재(2006), 박헌순(2008), 김용옥(2008)에는 '항'으로 되어 있다.

14
●

"**나**라 임금의 처妻를 임금이 부를 때 부인夫人이라고 한다. 부인이 자칭할 때 소동小童이라고 한다. 나라 안에서 사람들은 군부인君夫人이라 하고, 다른 나라 사람에게 말할 때에는 과소군寡小君이라고 한다. 다른 나라 사람들은 군부인君夫人이라 한다."

邦君之妻를 君이 稱之曰夫人이요 夫人이 自稱曰小童이요
방군지처　군　칭지왈부인　　부인　자칭왈소동

邦人이 稱之曰君夫人이요 稱諸異邦曰寡小君이요
방인　칭지왈군부인　　칭제이방왈과소군
　　　　　　　　　　　　　　　(저)
異邦人이 稱之에 亦曰君夫人이니라
이방인　칭지　역왈군부인

제십칠 第十七

陽化貫

양화
陽貨

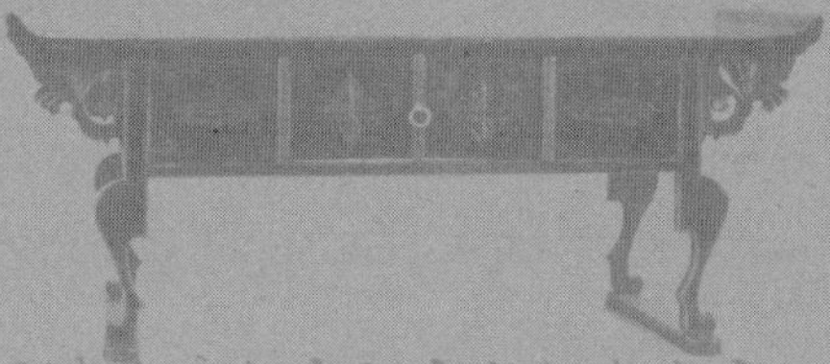

1

●

양화가 공자를 만나려고 했으나 공자가 만나주지 않았다. 그러자 양화가 공자에게 돼지를 예물로 보냈다. 공자도 양화가 집에 없는 때를 기다렸다가 찾아가 답례했다. 그러다가 돌아오는 길에서 마주쳤다.

陽貨欲見孔子어늘 孔子不見하신대 歸孔子豚이어늘
양화욕현공자　　공자불견　　　귀공자돈

孔子時其亡也而往拜之러시니 遇諸塗하시다
공자시기무야이왕배지　　　　우제도
　　　　　　　　　　　　　　　(저)

　양화는 계씨의 가신이었는데 반란을 일으켜 노나라 국정을 전단專斷했다. 대부大夫가 사士에게 예물을 보내면 찾아가서 인사하는 것이 예법이었다고 한다. 양화는 이렇게 해서 공자가 자기를 찾아오지 않을 수 없게 했다. 공자도 양화를 만나고 싶지 않아서 일부러 그가 없을 때 답례했다《집주》.⁺

　공자는 예법이나 정당성을 기준으로 삼고 정치 참여와 거부 여부를 결정하진 않았다. 이러한 공자의 시대 인식을 목은 이색(1328~1396)은 "무불가유위지시無不可有爲之時"라고 표현했다. 공자는 그 시대를 아무리 노력해도 안 되는 때로 보지 않았다는 말이다. 노력하면 될 수 있다고 생각했다는 것이다. 그래서 양화의 선물이 비록 예법에 맞지 않았다고 하더라도 이를 경솔하게 물리치지 않았다는 뜻으로 해석했다《목은집》.

●

양화가 공자에게 말했다. "여보시오, 그대에게 할 말이 있는데." (양화

가) 말했다. "(나라를 구할) 보물(과 같은 재능)을 품고 있으면서 나라가 혼미한 상황에 처했는데 그냥 보고만 있다면 어질다고 할 수 있소?" (공자가) 말했다. "어질다고 할 수 없지요." (양화가) 말했다. "관직에 종사하기를 좋아하면서 번번이 때를 놓치는 것이 과연 지혜롭다고 할 수 있소?" (공자가) 말했다. "지혜롭다고 할 수 없소." (양화가 말했다.) "해와 달이 가고 있소. 세월은 나만을 위해 머물진 않는 것이오." 공자께서 말했다. "알겠소. 나도 언젠가는 벼슬을 할 것이오."

謂孔子曰來하라 子與爾言호리라 曰懷其寶而迷其邦이
위공자왈래　　여여이언　　　왈회기보이미기방

可謂仁乎아 曰不可하다 好從事而亟失時可謂知乎아 曰不可하다
가위인호　왈불가　　호종사이기실시가위지호　왈불가

日月이 逝矣라 歲不我與니라 孔子曰諾다 吾將仕矣로리라
일월　서의　세불아여　　공자왈락　오장사의

공자는 양화와 논쟁하는 것을 피하면서 수동적으로 이치에 맞는 말만 했다.

✝ 《집주》에는 공자가 양화를 찾아가는 것이 예법이었다고 설명되어 있지만 홍대용은 양화가 주군을 반역한 자기 때문에 공자가 이런 예를 지킬 필요가 없었다고 논평했다《담헌서》). 공자가 공산불요와 필힐 같은 반란자들의 초빙에도 응하려고 했던 것을 보면 공자는 예법이나 권력의 정당성보다는 제대로 일할 수 있는 가능성을 더 염두에 둔 듯하다. 공자는 정해진 기준과 원칙을 고집하기보다는 그것의 근본정신을 상황에 맞게 살리는 '시중지도時中之道'를 중

시했다는 점은 공자의 정치적 처신을 이해하는 데 고려해야 할 점
이다.

2
●

선생님이 말씀하셨다. "사람의 본바탕은 서로 가깝지만 습관에 의해
차이가 생겨 서로 멀어지는 것이다."

> 子曰性相近也나 習相遠也니라
> 자왈성상근야   습상원야

3
●

선생님이 말씀하셨다. "오직 최상급인 상지上知에 속한 사람과 최하급
인 하우下愚에 속한 사람은 달라지지 않는다."

> 子曰唯上知與下愚는 不移니라
> 자왈유상지여하우   불이

하우는 '자포자기自暴自棄' 하는 사람이라고 한다(《집주》).

4

·

선생님이 무성 땅에 가서 거문고와 어울리는 노랫소리를 들었다.

子之武城하사 聞弦歌之聲하시다
자지무성　　문현가지성

자유가 무성의 읍재가 되어 백성에게 예악을 가르쳤다.

·

선생님이 빙긋이 웃으면서 (자유에게) 말했다. "닭을 잡는 데 어찌 소 잡는 데 쓰는 칼을 사용하느냐?"

夫子莞爾而笑曰割鷄에‡ 焉用牛刀리오
부자완이이소왈할계　　언용우도

완이莞爾는 빙그레 웃는 모습이다. 기특하다는 뜻이다. 공자가 자유에게 작은 마을을 다스리는데 예禮와 악樂과 같은 큰 도를 쓸 필요가 있느냐고 말했다.

·

자유가 대답했다. "저 언偃은 예전에 선생님께 이런 말씀을 들었습니다. '군자가 도를 배우면 사람을 사랑하고 소인이 도를 배우면 부리기 쉽다.'"

子游對曰昔者에 偃也聞諸夫子호니 曰君子學道則愛人이요
자유대왈석자　언야문제부자　　왈군자학도즉애인
　　　　　　　　　（저）
小人이 學道則易使也라호이다
소인　학도즉이사야

자유는 마을이 작더라도 예악으로 가르치면 다스리는 데 도움이 된
다고 말했다.

●

선생님이 말씀하셨다. "제자들아, 언偃의 말이 맞다. 조금 전에 한 말
은 농담이었다."

子曰二三子아 偃之言이 是也니 前言은 戱之耳니라
자왈이삼자　언지언　시야　전언　희지이

✝ "계鷄"자의 한자 자형에 대해 설명한다. 《논어언해》(1612)에 '鷄'
자가 '雞' 자로 되어 있다. 사고전서 《논어집주대전》에도 '雞' 자로
되어 있다. 《경전석문》이나 《논어주소교감기》에는 이에 대한 언급
은 없다.

5

●

공산불요가 비費 땅에서 반란을 일으키고 (공자를) 부르자 공자가 그에
게로 가려고 했다.

公山弗擾以費畔하여 김어늘 子欲往이러시니
공산불요이비반　　소　　자욕왕

공산불요도 계씨의 가신이었다. 양화와 함께 계환자를 잡아 가두고
공자를 초빙했다(공안국).

●

자로가 못마땅하게 여기면서 말했다. "(도道가 행해지지 않아) 갈 데가 없
으면 그만이지 하필 공산씨에게 (벼슬하러) 가려고 합니까?"

子路不說曰末之也已니 何必公山氏之之也시리잇고
자로불열왈말지야이　　하필공산씨지지야

●

선생님이 말씀하셨다. "나를 부르는 자가 어찌 그냥 부르는 것이겠는
가? 만약 나를 써주는 사람이 있다면 내가 그곳을 동주東周로 만들겠다."

子曰夫召我者는 而豈徒哉리오 如有用我者인댄 吾其爲東周乎인저
자왈부소아자　　이기도재　　여유용아자　　오기위동주호

"어찌 그냥 오라고 하는 것이겠는가?"라는 말에는 공산불요는 자신
을 꼭 써줄 것이고 또 좋은 일을 할 의지를 갖고 있을 것이라는 기대가
담겨 있다. 목은 이색은 앞에서 설명했던 바와 같이, 공자는 그 시대를
'아무것도 할 수 없는 또는 될 수 없는 때'로 보지 않았기 때문에 비록
반란군이지만 공산불요의 거절을 일언지하에 물리치지 않았던 것으로

해석했다. 공자가 양화의 제안에 대해 유보적이고 수동적으로 대답하면서 상황을 살폈듯이 이번에도 공산불요가 한 제안의 내용을 살폈던 것은 일말의 가능성을 찾고자 함이었다. 공자에게 '동주東周'라는 말은 그가 만들고 싶었던 '이상국가', '신도시'와 같은 것이다. 조선에서도 '동주'라는 말을 사용했다. 정도전은 《조선경국전》에서 '조선'이라는 국호의 유래와 의미를 설명하면서 공자가 "동주로 만들겠다"는 위의 문장을 인용했다.

6

●

자장이 공자에게 인仁에 대해 질문했다. 공자께서 말씀하셨다. "5가지를 천하에서 행할 수 있다면 인仁이라고 할 수 있다." (자장이) 말해주기를 청했다. (공자께서) 말씀하셨다. "공손함, 너그러움, 믿음직스러움, 민첩함, 은혜로움이다. 공손하면 업신여김을 당하지 않는다. 너그러우면 대중을 얻는다. 믿음직스러우면 사람들이 의지한다. 민첩하면 공功을 세운다. 은혜롭게 하면 (사람들이 일을 자청하기 때문에) 어려움 없이 사람을 부릴 수 있다."

子張이 問仁於孔子한대 孔子曰能行五者於天下면 爲仁矣니라
자장　문인어공자　　공자왈능행오자어천하　위인의

請問之한대 曰恭寬信敏惠니 恭則不侮하고 寬則得衆하고
청문지　　왈공관신민혜 공즉불모　　관즉득중

信則人任焉하고 敏則有功하고 惠則足以使人이니라
신즉인임언　　민즉유공　　혜즉족이사인

7

필힐이 부르자 공자가 (그에게 벼슬하러) 가려고 했다.

佛肹이⁺ 김어늘 子欲往이러시니
필힐　　소　　　자욕왕

자로가 말했다. "유由는 전에 선생님께서 해주신 여러 말씀을 들은 적
이 있습니다. '직접 자기 몸으로 불선不善을 행하는 자가 있으면 군자
는 그런 자들의 무리에 들어가지 않는다'고 하셨습니다.⁺⁺ 필힐이 중
모 고을에서 반란을 일으켰는데, 선생님께서 그에게로 가시려 하니, 어
떻게 된 일입니까?"

子路曰昔者에 由也聞諸夫子호니 曰親於其身에
자로왈석자　　유야문제부자　　　왈친어기신
　　　　　　　（저）
爲不善者어든 君子不入也라 하시니 佛肹이
위불선자　　　군자불입야　　　　　필힐

以中牟畔이어늘 子之往也는 如之何잇고
이중모반　　　　자지왕야　　　여지하

선생님이 말씀하셨다. "그렇다, 그런 말을 한 적이 있다. 그러나 이런
말이 있지 않으냐. '참으로 단단하지 않은가. 갈아도 얇아지지 않으니!
참으로 하얗지 않은가. 검은 물을 들여도 검게 물들지 않으니!' (나는 필
힐에게 가도 결코 더럽혀지지 않는다.)"

子曰然하다 有是言也니라 不曰堅乎아 磨而不磷이니라
자왈연　　유시언야　　불왈견호　　마이불린

不曰白乎아 涅而不緇니라
불왈백호　　날이불치

●

"내가 어찌 (아무짝에도 쓸모없는) 뒤웅박과 같은 존재이어야 하는가? (내가) 어찌 (뒤웅박처럼 한곳에) 매달려 있어서 (움직이지도 못하고 사람들이) 먹지도 못하는 그런 쓸모없는 존재이어야 하는가!"

吾豈匏瓜也哉라 焉能繫而不食이리오
오기포과야재　　언능계이불식

"포과匏瓜"는 '뒤웅박', '조롱박', 또는 '수세미' 라고 하기도 한다. 수세미는 오이보다 좀 크게 생겼는데 가을에 따서 부엌에서 식기를 세척하는 용품으로 사용했다. 그런데 그런 수세미 중에서 작고 못생긴 것은 따지 않고 방치해두면 서리가 내리면서 줄기는 마르고 잎은 떨어진다. 오직 마른 줄기와 수분이 증발해서 말라 비틀어진 수세미가 바람에 흔들리고 있는 것을 공자가 자신에게 비유하여 말한 것이다. 이제 노년에 이른 자신이 아무도 쓰지 않아 바람에 흔들리고 있는 마른 수세미 같은 존재가 되어야 하는가를 한탄한 것이다.

✝ "佛"자의 한자음이 《집주》에 '필' 이라고 되어 있다. "佛音弼"('佛' 자의 한자음은 '필' 이다). 《경전석문》에도 음이 "弼" 이라고 표시되어 있다. 관본 언해본, 율곡의 《논어언해》에도 모두 '필' 이라고 되어

있다. 《전운옥편》(1796)에는 "불"과 "필" 두 가지 음이 제시되어 있다. "필"로 읽는 경우는 "大也"(크다), "輔也"(돕다)는 뜻일 때, 인명으로 사용될 때인데, 그 사례로 "佛肸"이 제시되어 있다. 《신자전》(1915)에도 마찬가지로 '부처 불' 이외에도 '클 필, 도울 필'이 있다. 《동아대옥편》(2005)에는 '부처 불, 도울 필' 등으로 되어 있다. 《명문대옥편》(2005)과 《한한대자전》(2001)에도 '부처 불, 도울 필'이라는 설명 외에 성姓의 하나로 '불'이라는 추가적 설명이 있다. 단대 《한한대사전》(2008)에는 '佛' 자가 성씨일 때 '필'로 읽는다고 표시되어 있고 위의 '佛肸'이 예시되어 있다. '佛' 자의 대법원 인명용 한자의 음은 '불'이다.

✢✢ "군자불입君子不入"을 공안국은 "不入其國也"(그 나라에 들어가지 않는다)라고 설명했다. 주자는 "不入不入其黨也"('불입'은 그 무리에 들어가지 않는다는 뜻이다)라고 설명했다. 공자가 활동했던 그 시대에는 작은 나라들도 있었고 또 군자가 정치를 해보고 싶은 또는 피하고 싶은 나라를 선택할 수 있기에 공안국의 설명처럼 해석하는 것이 가능하다. "무리에 들어간다"는 말은 한패가 된다는 뜻이다. 정약용은 주자의 해석만 소개했다. "朱子曰不入 不入其黨也"(주자가 말했다. '불입不入'이란 그 무리에 들어가지 않는다는 뜻이다).

8

•

선생님이 말씀하셨다. "유由야, 너는 육언六言과 육폐六蔽에 대해 들어본 적이 있느냐?" 자로가 (일어나서) 대답했다. "아직 없습니다."

子曰由也아 女聞六言六蔽矣乎아 對曰未也로이다
자왈유야　여문륙언륙폐의호　대왈미야

●

"**앉**아라, 내 너에게 (그것을) 말해주겠다."

居하라 吾語女호리라
거　　　오어여

　군자가 화제를 바꿔서 질문할 땐 일어나 대답하는 것이 예禮였다고
한다(《집주》).

●

"**인**仁을 좋아하면서 (그 이치를) 배우기를 좋아하지 않으면 그로 인한
폐단은 (인仁을 잘못된 방법으로 실천하다가 오히려 몸을 망치는) 어리석음이다.
지知를 좋아하면서 (그 이치를) 배우기를 좋아하지 않으면 그 폐단은 (허무
한 것에 마음을 두는) 방탕함이다. 신의를 좋아하면서 (그 이치를) 배우기를
좋아하지 않으면 그 폐단은 (무조건 신의만 지키다가 오히려) 남에게 해를 끼
치는 것이다. 곧음을 좋아하면서 (그 이치를) 배우기를 좋아하지 않으면
그 폐단은 다른 사람의 잘못을 박절하게 지적하는 것이다. 용감함을 좋
아하면서 (그 이치를) 배우기를 좋아하지 않으면 그 폐단은 (혈기가 넘쳐) 난
을 일으키는 것이다. 강剛함을 좋아하면서 (그 이치를) 배우기를 좋아하
지 않으면 그 폐단은 (앞뒤를 돌아보지 않고) 경솔하게 행동하는 것이다.

好仁不好學이면 其蔽也愚요 好知不好學이면
호인불호학　　기폐야우　호지불호학

其蔽也蕩이요 好信不好學이면 其蔽也賊이요
기폐야탕　　호신불호학　　기폐야적

好直不好學이면 其蔽也絞요 好勇不好學이면 其蔽也亂이요
호직불호학　　기폐야교　호용불호학　　기폐야란

好剛不好學이면 其蔽也狂이니라
호강불호학　　기폐야광

9

●

선생님이 말씀하셨다. "너희들은 왜 시를 배우지 않느냐?"

子曰小子는 何莫學夫詩오
자왈소자　하막학부시

●

"시는 고무시키며,"

詩는 可以興이며
시　가이흥

　주자는 '흥興'를 감동하고 분발하게 한다("感發志意")는 뜻으로 설명했
다. 황간은 '흥興'을 "비유譬喻"라고 하면서, 시를 배우면 사람들이 비

유를 잘할 수 있다는 뜻으로 설명했다.

•

"(문화의 성쇠와 시정施政의 성과와 잘못을 시를 통해) 살필 수 있으며,"

　可以觀이며
　가이관

•

"조화롭게 무리를 지을 수 있으며,"

　可以群이며
　가이군

　주자는 이를 "화이불류和而不流"라는 말로 설명했다. 개성을 지키면서 휩쓸리지 않는 것이다. 공안국과 황간은 절차탁마를 통해서 학문과 덕행을 닦은 사람들이 친구가 되어 함께 무리 지어 잘 어울릴 수 있다는 뜻으로 설명했다.

•

"원망할 수 있으며"

　可以怨이며
　가이원

　주자는 "원이불노怨而不怒"라고 설명했다. 감정을 적절하게 통제하고 조절하면서 비판한다는 뜻으로 해석해본다. 공안국과 형병은 풍자를 통하여 정치를 비판할 수 있다는 뜻으로 설명했다.

●

"가깝게는 아버지를 (더 잘) 섬기고 멀리는 임금을 (더 잘) 섬길 수 있게 한다."

邇之事父며 遠之事君이요
이지사부   원지사군

●

"새, 짐승, 풀, 나무의 이름을 많이 알게 한다."

多識於鳥獸草木之名이니라
다식어조수초목지명

10

●

선생님이 백어에게 말씀하셨다. "너는 《시경》의 '주남', '소남'을 배웠느냐? 사람으로서 '주남', '소남'을 배우지 않으면 담장을 마주하고 서 있는 (것처럼 한 치 앞도 볼 수 없고 한 치 앞도 전진할 수 없는) 것과 같다."

子謂伯魚曰女爲周南召南矣乎아 人而不爲周南召南이면
자위백어왈여위주남소남의호   인이불위주남소남

其猶正牆面而立也與인저
기유정장면이립야여

'주남', '소남'은 《시경》 첫 부분인 '국풍國風'의 편篇 이름이다. 국풍은 천자국 주나라에 속해 있었던 여러 나라에서 생긴 가요를 모은 것이다. 《시경》의 '주남', '소남'의 주제는 무엇인가? 마융은 그 주제가 숙녀가 군자를 짝으로 찾는 것인데 이것은 윤리 중에서 가장 중요하고 또 이런 윤리를 잘 관리하는 것이 좋은 정치의 우선 과제라고 설명했다.

11
•

선생님이 말씀하셨다. "예禮라고 예禮라고 말하는데 어찌 예禮가 (예禮를 표현하는) 옥玉과 비단만을 말하는 것이겠는가? 악樂이라고 악樂이라고 말하는데 어찌 악樂이 (악樂을 연주하는) 종과 북만을 말하는 것이겠는가?"

子曰禮云禮云이나 玉帛云乎哉아 樂云樂云이나 鐘鼓云乎哉아
자왈례운례운　　옥백운호재　악운악운　　종고운호재

예禮를 표현하는 데는 옥과 비단이 필요하고 악樂을 연주할 때 종과 북이 필요하지만 예禮와 악樂의 본질에 대한 이해가 중요하다는 말이다. 황간은 "안상치민安上治民"이라는 말을 했다. 윗사람을 편안하게 하고 백성을 잘 다스린다는 뜻이다. 예禮는 이것을 하기 위한 것인데 예를 행하는 도구인 옥백玉

김홍도, 〈마상청앵馬上聽鶯〉, 간송미술관

帛만을 중요하게 여길 뿐 '안상치민' 의 정신을 망각한 것에 대한 비판이라고 설명했다.

12

•

선생님이 말씀하셨다. "낯빛에는 위엄이 있으나 속은 유약하기 짝이 없구나. 이런 사람을 소인에게 비유하자면 남의 집 벽에 구멍을 뚫고 담을 넘어가 물건을 훔치는 도둑과 같다고 할 것이다."

子曰色厲而內荏을 譬諸小人컨댄 其猶穿窬之盜也與인저
자왈색려이내임   비제소인   기유천유지도야여
　　　　　　　　　(저)

13

•

선생님이 말씀하셨다. "향원은 덕德을 훔치는 도둑이다."

子曰鄕原은 德之賊也니라
자왈향원　　덕지적야

향원鄕原은 사이비 군자, 위선자를 말하는 것이다.

14

●

선생님이 말씀하셨다. "(좋은 말을) 길거리에서 듣고 그것을 (마음에 새기질
않고 곧장) 길거리에서 말해버리면 덕德을 버리는 것이다."

子曰道聽而塗說이면 德之棄也니라
자왈도청이도설　　　덕지기야

15

●

선생님이 말씀하셨다. "용렬한 사람과 더불어 임금을 섬길 수 있을
것인가?"

子曰鄙夫는 可與事君也與哉아
자왈비부　가여사군야여재

●

"(재물과 부귀와 같은 것을) 획득하기 전에는 획득하지 못할까봐 근심하
고 이미 획득한 다음에는 잃을까봐 근심한다."

其未得之也앤 患得之하고 旣得之하얀 患失之하나니
기미득지야　환득지　　기득지　　환실지

"**진**실로 (이런 자가) 획득한 것을 잃을까봐 걱정하게 되면 수단과 방법을 가리지 않아 못할 짓이 없게 된다."

苟患失之면 無所不至矣니라
구환실지　　무소부지의

"무소부지無所不至"란 못할 짓이 없다는 뜻이다. 뜻은 다르지만 문법이 유사한 말로 '무소불위無所不爲'라는 말이 있다. 막강한 권력을 말하는 것이다. '무소부재無所不在'라는 말도 있다. 도道를 설명할 때 쓰는 말이다. 도가 있지 않은 곳이 없다는 말이다. 《장자》에 나오는 말이다. 장자는 도道라는 것이 어디 있느냐는 질문에 대해 위와 같이 대답했다. '무소불열無所不說'이라는 말도 있다. 안회가 공자가 하는 말을 들을 때마다 "기뻐하지 않음이 없다"고 할 때 나온 말이다.

선비의 등급에는 3가지가 있다고 한다. 첫째는 '도덕'에 뜻을 둔 사람이다. 이런 사람은 공명심에 얽매이지 않는다고 있다. 둘째는 '명예'에 뜻을 둔 사람이다. 이런 사람은 돈과 승진에 얽매이지 않는다고 한다. 세 번째는 '돈과 직위'를 목표로 하는 사람이라고 한다. 이런 사람은 그것을 얻기 위해 무슨 짓이든 하지 않는 것이 없다고 한다《집주》.

16

●

선생님이 말씀하셨다. "그래도 옛날에는 백성에게 세 가지 병통이 있었는데 이제는 이것마저 없구나."

子曰古者에 民有三疾이러니 今也엔 或是之亡也로다
자왈고자　민유삼질　　　금야　혹시지무야

●

"옛날에 (이상이 높았던) 광狂은 사소한 예절에는 구애받지 않았던 병통이 있었는데 지금의 광狂은 방탕할 뿐이구나. 옛날에 (엄격했던) 긍矜은 행동에 모난 데가 있었는데 지금의 긍矜은 사납기만 할 뿐이구나. 옛날에 (답답하던) 우愚는 그래도 정직했는데 지금의 우愚는 간사할 뿐이구나."

古之狂也는 肆러니 今之狂也는 蕩이요 古之矜也는 廉이러니
고지광야　사　　금지광야　탕　　고지긍야　렴

今之矜也는 忿戾요 古之愚也는 直이러니 今之愚也는 詐而已矣[✝]로다
금지긍야　분려　고지우야　직　　　금지우야　사이이의

✝ 정유자(1777년)《논어집주대전》에는 '矣' 자가 없다. 1427년 발문이 있고 세종 시대에 간행된《논어집주대전》등을 확인하고 교정했다.

17

●

선생님이 말씀하셨다. "교묘한 말과 아첨하는 낯빛을 하는 사람 중에서 인仁한 사람은 드물다."

子曰巧言令色이 鮮矣仁이니라
자왈교언영색　선의인

18

●

선생님이 말씀하셨다. "나는 자색紫色이 주색朱色의 자리를 빼앗는 것을 미워한다. 음란한 정나라 소리가 아악을 어지럽히는 것을 미워한다. 말만 잘하는 입이 나라와 집을 뒤엎는 것을 미워한다."

子曰惡紫之奪朱也하며 惡鄭聲之亂雅樂也하며
자왈오자지탈주야   오정성지란아악야

惡利口之覆邦家者하노라
오리구지복방가자

19

●

선생님이 말씀하셨다. "나는 말을 하지 않으려고 한다."

子曰予欲無言하노라
자왈여욕무언

●

자공이 말했다. "선생님께서 말씀을 하시지 않으면 저희들이 어떻게 (선생님의 도道를) 기록하여 전할 수 있겠습니까?"

子貢이 曰子如不言이시면 則小子何述焉이리잇고
자공   왈자여불언   즉소자하술언

558 • 논어정독

선생님이 말씀하셨다. "하늘이 무슨 말을 하시더냐! 그래도 (봄, 여름, 가을, 겨울) 사계절이 그침 없이 돌아가고 온갖 생물이 자란다. 하늘이 무슨 말을 하시더냐!"

子曰天何言哉시리오 四時行焉하며 百物이
자왈천하언재　　　 사시행언　　　 백물

生焉하나니 天何言哉시리오
생언　　　 천하언재

20

●

유비가 공자를 만나보려고 했다. 공자가 병을 핑계로 면담을 거절했다. 말을 전하는 사람이 문밖으로 나가자 (공자가) 이내 비파를 끌어당겨 노래를 불러서 (유비가) 그 소리를 듣게 했다.

孺悲欲見孔子어늘 孔子辭以疾하시고 將命者出戶어늘
유비욕견공자　　 공자사이질　　　 장명자출호

取瑟而歌하사 使之聞之하시다
취슬이가　　 사지문지

공자는 병을 핑계로 면담을 거절했다. 그러나 비파를 타는 행위를 통하여 그 거절이 병 때문이 아님을 알게 한 것이다. 이렇게 가르침을 매정하게 거절함으로써 스스로 잘못을 알게 하는 것을 "불설지교회不屑之

教誨"라고 한다(《집주》).

21

●

재아가 질문했다. "부모의 상喪을 3년으로 했지만 1년만 해도 이미 오래한 것입니다."✛

　宰我問三年之喪이 期已久矣로소이다
　재아문삼년지상　기이구의

●

"군자가 3년 동안 예禮를 행하지 않으면 예禮가 반드시 무너지고 3년 동안 악樂을 익히지 않으면 악樂이 반드시 무너집니다."

　君子三年을 不爲禮면 禮必壞하고 三年을 不爲樂이면 樂必崩하리니
　군자삼년　불위례　예필괴　　삼년　불위악　　악필붕

●

"(1년이 지나면) 묵은 곡식은 이미 다 없어지고 햇곡식이 이미 나와 있으며, 불씨를 만드는 나무도 바뀝니다. (거상은) 1년으로 그치는 것이 좋겠습니다."

　舊穀이 旣沒하고 新穀이 旣升하며 鑽燧改火하나니 期可已矣로소이다
　구곡　기몰　　신곡　기승　　찬수개화　　　기가이의

선생님이 말씀하셨다. "너는 (1년상을 지낸 다음에) 쌀밥을 먹고 비단옷을 입으니 마음이 편하더냐?"(재아가) 대답했다. "편합니다."

子曰食夫稻하며 衣夫錦이 於女에 安乎아 曰安하이다
자왈식부도　　의부금　어여　안호　왈안

"그래, 너의 마음이 편하다면 그렇게 해라. 대저 군자는 거상할 땐 단 걸 먹어도 달게 느껴지지 않고 좋은 음악을 들어도 즐겁지 않으며 편안한 곳에 거처해도 마음이 편치 않아서 그렇게 하지 않는 것이다. 이제 너는 마음이 편하다고 하니 그렇게 해라."

女安則爲之하라 夫君子之居喪에 食旨不甘하며 聞樂不樂하며
여안즉위지　　부군자지거상　식지불감　　문악불락

居處不安故로 不爲也하나니 今女安則爲之하라
거처불안고　불위야　　금여안즉위지

재아가 나가자 선생님이 말씀하셨다. "여予는 어질지 못하구나. 자식은 태어나 3년이 지난 다음에야 부모의 품을 면한다. 대저 부모 3년상은 천하 공통의 상喪이다. 여予도 부모 품속에서 3년 동안 사랑을 받았겠지."

宰我出커늘 子曰予之不仁也여 子生三年然後에
재아출　　자왈여지불인야　자생삼년연후

免於父母之懷하나니 夫三年之喪은 天下之通喪也니
면어부모지회   부삼년지상   천하지통상야

子也有三年之愛於其父母乎아
여야유삼년지애어기부모호

✝ "기期"자는 '일 년' 또는 '기간'의 의미로 해석할 수 있다. 《논어
고금주》에는 '期' 자에 대한 주자의 설명이 있다. "朱子日期周年
也"(주자는 期를 1주년으로 보았다). 위의 문장을 해석함에 있어서 약
간의 차이가 있어서 소개한다. 부모 3년상을 期年(1년상)으로 지낸
지 "이미 오래되었다"는 뜻으로 해석하는 사례가 있다(이종락, 2005,
박헌순, 2008). 약간 표현을 달리하여 '기년期年[1년]도 길다'고 해석
한 책은 김학주(1999), 박유리(2005), 성백효(2005), 임동석(2006), 성대
유교문화연구소(2008) 등이다. 한편 '기期' 자를 '기간'으로 보아 "三
年喪은 기간이 너무 오래입니다"(이기동, 1992), "삼년상은 기간이 너
무 깁니다"(류종목, 2000)라고 해석한 사례도 있다.

22

●

선생님이 말씀하셨다. "배불리 먹는 일로 하루를 마치면서 (빈둥거리고)
전혀 마음을 쓰지 않으면 (덕德과 업業을 이루기) 어렵다. 하다못해 장기와
바둑이 있지 않는가. 차라리 이것이라도 하는 것이 아무것도 안하는 것
보단 낫다."

子曰飽食終日하여 無所用心이면 難矣哉라
자왈포식종일　　무소용심　　난의재

不有博奕者乎아 爲之猶賢乎已니라
불유박혁자호　　위지유현호이

23

●

자로가 말했다. "군자는 용맹을 숭상합니까?" 선생님이 말씀하셨다.
"군자는 의를 으뜸 가치로 삼는다. 군자가 용맹은 있으나 의가 없으면
난을 일으키고, 소인이 용맹은 있으나 의가 없으면 도둑질을 하게 된
다."

子路曰君子尚勇乎잇가 子曰君子義以爲上이니
자로왈군자상용호　　　자왈군자의이위상

君子有勇而無義면 爲亂이요 小人이有勇而無義면 爲盜니라
군자유용이무의　　위란　　소인　유용이무의　　위도

24

●

자공이 말했다. "군자도 또한 미워하는 것이 있습니까?" 선생님이 말
씀하셨다. "미워하는 것이 있다. 다른 사람의 단점을 떠벌리는 자를 미
워한다. 수준이 비천하기가 탁한 도랑과 같으면서 수준 높은 사람을 비
방하는 자를 미워한다. 용감하기만 하고 무례한 자를 미워한다. 과감하

기만 하고 (사리에 어둡고 융통성이 없으며) 질식할 정도로 앞뒤가 꽉 막힌 미련한 자를 미워한다."

子貢이 曰君子亦有惡乎잇가 子曰有惡하니 惡稱人之惡者하며
자공　왈군자역유오호　　자왈유오　　오칭인지악자

惡居下流而訕上者하며 惡勇而無禮者하며 惡果敢而窒者니라
오거하류이산상자　　　오용이무례자　　　오과감이질자

●

선생님이 말씀하셨다. "사(자공)야, (너도) 또한 미워하는 것이 있느냐?" (자공이 대답했다.) "엿보고 살피는 것을 지식으로 여기는 자를 미워합니다. 불손한 것을 용맹으로 여기는 자는 미워합니다. 남의 사생활을 들 춰내는 것을 정직으로 여기는 자를 미워합니다."

曰賜也亦有惡乎아 惡徼以爲知者하며
왈사야역유오호　　오요이위지자

惡不孫以爲勇者하며 惡訐以爲直者하노이다
오불손이위용자　　　오알이위직자

25

●

선생님이 말씀하셨다. "오직 여자와 소인은 대하기가 어렵다. 가까이 하면 불손하고 멀리하면 원망하니."

子曰唯女子與小人이 爲難養也니 近之則不孫하고 遠之則怨이니라
자왈유녀자여소인　위난양야　근지즉불손　　원지즉원

26

●

선생님이 말씀하셨다. "나이가 마흔인데 사람들이 미워하는 대상으로
남아 있으면 그것으로 끝난 것이다."

子曰年四十而見惡焉이면 其終也已니라
자왈년사십이견오언　　기종야이

자왈학이시습지면 불역열호아 유붕이자원방래면 불역락호아인부지이불온이면
불역군자호아 유자왈기위인야효제요 이호범상자선의니 불호범상이요 이호작란
자미지유야니라 군자는 무본이니 본립이도생하니 효제야자는 기위인지본여
인저자 ... 색이 천의인이니라 증자왈오일삼성오신하노니 위인모이불충호
아 여붕우교이불신호아 전불습호애니라 자왈도천승지국호대 경사이신하며 절
용이애인하며사민이 ... 니라 자왈제자입즉효하고 출즉제하며 근이신하며 범애
중호대 이친인이 ... 이 즉이학문이니라 자하왈현현호대 역색하며
사부모호대 ... 군 ... 능치기신하며 여붕우교호대 언이유신이면
수왈미학이라도 오필위지학의 ... 호리라 자왈군자부중즉불위니 학즉불고니라 주
충신하며 ... 불여 ... 요 과즉물탄개니라 증자왈신종추원이면 민덕이 귀후의리
라 자금이 ... 자공 ... 부자 ... 이시방야하사 필문기정하시나니 구지여아 억여지
여아 자공 ... 왈부자는 온량공검양 ... 득지시니 부자지구지야는 기제(저)이호인지
구지여인저 자왈부재에 ... 기지 ... 부 ... 관기행이니 삼년을 무개어부지도라야
가위효의니라 유자왈례지용이 화위귀하니 선왕지도사위미라 소대유지니라 유
소불행하니 지화이화요 불이례절지면 역불가행야니라 유자왈신근어의면 언가
복야며 공근어례면 원치욕야며 인불실기친이면 역가종야니라 자왈군자식무구
포하며 거무구안하며 민어사이신어언이요 취유도이 ... 인이면 가위호학야이
라 자공이왈빈이무 ... 하며 부이호례자야니라 자공이왈시운여절여차하며 여탁여마라 하니 기사지위
여인저 자왈사야는 시 ... 여언시이의로다 고제(저)왕이지러자온여 자왈불환인지
불기지요 환부지인야니라 자왈위정이덕이 비여북신이 거기소어든 이중성이 공
지니라 자왈시삼백에 일언이패지하니 왈사무사니라 자왈도지이정하고 제지이
형이면 민면이무치니라 도지이덕하고 제지이례면 유치차격이니라 자왈오십유
오이지우학하고 삼십이립하고 사십이불혹하고 오십이지천명하고 육십이이순
하고 칠십이종심소욕하여 불유구호라 맹의자문효한대 자왈무위니라 번지어러
자고자왈맹손이 문효어아어늘 아대왈무위라호라 번지왈하위야잇고 자왈생사
지례하며 사장지이례하며 제지이례니라 맹무백이 문효한대 자왈부모는 유기
질지우시니라 자유문효한대 자왈금지효자는 시위능양이니 지어견마하여도 개
유양이니 불경이면 하이별호리오 자하문효한대 자왈색난이니 유사어든 제자 ...

제십팔
第十八

微子

미자
微子

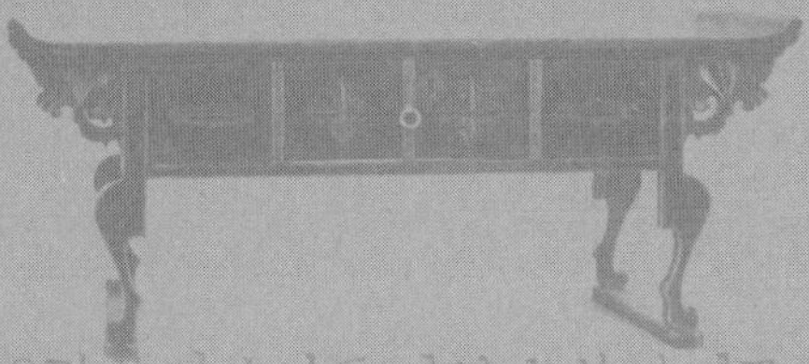

1

●

"미자는 떠났고, 기자는 노예가 되었고, 비간은 충고하다가 죽었다."

微子는 去之하고 箕子는 爲之奴하고 比干은 諫而死하니라
미자   거지   기자   위지노   비간   간이사

은나라 말기에 폭군 주紂가 통치할 때 일을 말한 것이다.

●

공자께서 말씀하셨다. "은나라에 세 분의 어진 이가 있었다."

孔子曰殷有三仁焉하니라
공자왈은유삼인언

2

●

유하혜가 옥獄을 책임지고 관리하는 벼슬을 하다가 세 번이나 물러났
다. 어떤 사람이 말했다. "그대여, (뜻이 받아들여지지 않으면) 다른 곳에 가
서 기량을 펼치면 되지 않겠는가?" 유하혜가 말했다. "곧은 도道로 사
람을 섬기면 어디 가선들 관직에서 세 번 물러나지 않겠는가? 도道를
굽혀서 사람을 섬긴다면 어찌 부모의 나라인 고국을 반드시 떠나야만
하는 일이 있겠는가?"

柳下惠爲士師하여 三黜이어늘 人이 曰子未可以去乎아
유하혜위사사   삼출   인   왈자미가이거호

曰直道而事人이면 焉往而不三黜이며
왈직도이사인   언왕이불삼출

枉道而事人이면 何必去父母之邦이리오
왕도이사인   하필거부모지방

　유하혜는 할 수만 있다면 현실정치에 참여하여 능력을 펼치려고 했
다. 이렇게 하는 것이 지식인의 도리이며 백성에게 도움이 된다고 생각
했다.

3

●

제나라 경공이 공자를 대우하는 것에 대해 말했다. "내가 (그대를) 계씨
수준으로 대우해줄 수는 없으나 계씨와 맹씨의 중간 정도로 대우하겠
다." 그러더니 나중에 다시 말하기를, "나는 너무 늙었다. 그대를 쓸 수
없다." 그러자 공자가 (그 나라를) 떠났다.

齊景公이 待孔子曰若季氏則吾不能이어니와 以季孟之間으로
제경공   대공자왈약계씨즉오불능   이계맹지간

待之호리라 하고 曰吾老矣라 不能用也라 한대 孔子行하시다
대지   왈오로의   불능용야   공자행

　공자가 제나라에 갔을 때 여러 번 제경공의 자문에 응했다. 제경공이

공자에게 벼슬을 주려고 했으나 대신들이 반대했다(《사기》 세가).

4

•

제나라 사람이 여악女樂을 보냈다. 계환자가 이들을 받아들이고 (즐기면서) 3일 동안 조회朝會를 하지 않았다. 그러자 공자가 떠났다.

齊人이 歸女樂이어늘 季桓子受之하고 三日不朝한대 孔子行하시다
제인　귀녀악　　　계환자수지　　　삼일부조　　　공자행

5

•

초나라 광인狂人 접여가 노래를 부르며 공자(가 탄 수레) 앞을 지나면서 말했다. "봉황이여, 봉황이여, 어찌 덕이 그토록 쇠약해졌는가? 지난 일은 충고해도 소용없지만 앞으로 다가올 일은 가히 고칠 수 있다. 그만두라. 그만두라. 이제 정치에 몸담는 사람은 위태롭다."

楚狂接輿歌而過孔子曰鳳兮鳳兮여 何德之衰오
초광접여가이과공자왈봉혜봉혜　하덕지쇠

往者는 不可諫이어니와 來者는 猶可追니 已而已而어다
왕자　불가간　　　　래자　유가추　이이이이

今之從政者殆而니라
금지종정자태이

접여는 초나라 사람이다. 그는 미친 척하면서 현실을 조롱했다. 봉鳳은 세상에 도가 있을 때 나타난다고 한다. 접여는 공자를 봉鳳에 비유했다. 도가 없는데 공자가 몸을 숨기지 않은 것은 덕이 쇠했기 때문이라고 위와 같이 말했다. 접여와 같은 행동을 하는 사상적 경향을 냉소주의Cynicism라고 한다. 부당한 현실에 대한 소극적인 저항의 행태라고 할 수 있다.

•

공자가 (마차에서) 내려서 말을 해보려고 했으나 (접여가) 총총걸음으로 자리를 피했다. (그래서 공자는 그에게) 말을 해볼 수 없었다.

孔子下하사 欲與之言이러시니 趣而辟之하니 不得與之言하시다
공자하   욕여지언   추이피지   불득여지언

공자는 자기가 왜 정치를 단념할 수 없는지를 설명하려고 했다. 접여는 그런 변명은 들어볼 필요가 없다고 판단하고는 '빨리 걸어서' 공자를 피했다.

6

•

장저와 걸닉이 함께 쟁기를 끌면서 밭을 갈고 있었다. 공자가 그곳을 지나다가 자로에게 나루터가 어딘지 물어보게 했다.

長沮桀溺이 耦而耕이어늘 孔子過之하실새 使子路로 問津焉하신대
장저걸닉   우이경   공자과지   사자로   문진언

장저와 걸닉은 은자隱者다.

•

장저가 말했다. "저기 수레 고삐를 잡고 있는 사람이 누구요?" 자로가
말했다. "공구라는 분이십니다." 장저가 말했다. "저 사람이 노나라의
공구란 말인가." 자로가 말했다. "그렇습니다." 장저가 말했다. "그렇
다면, 나루터가 어디에 있는지 알 것이다."

長沮曰夫執輿者爲誰오 子路曰爲孔丘시니라 曰是魯孔丘與아
장저왈부집여자위수   자로왈위공구   왈시노공구여

曰是也시니라 曰是知津矣니라
왈시야   왈시지진의

장거와 걸닉은 공자가 벼슬을 구하기 위해 여러 번 물을 건넌 적이
있기 때문에 진津이 어디에 있는지 알 것이라고 말한 것이다. 공자가
관직을 구하러 계속 돌아다녔던 것을 놀리는 말이다.

•

자로가 이번에는 걸닉에게 물었다. 걸닉이 말했다. "그대는 누군가?"
(자로가) 말했다. "중유라고 합니다." (걸닉이) 말했다. "그렇다면 노나라
공구를 따라다니는 사람이군." (자로가) 대답했다. "그렇습니다." (걸닉이)
말했다. "(천하가 타락한 것이) 도도하게 물이 흘러가는 것과 같고 천하의

사람들이 다 물에 빠진 것이 이와 같은데, 누구와 더불어 이 세상을 바꿀 수 있겠는가? 또한 그대도 (이 사람이 나쁘면 저 사람에게 가고, 착한 사람을 만나려다가 나쁜 사람을 만나면서 이 사람 저) 사람을 피해 다니는 인사를 따르기보다는 우리들처럼 차라리 세상을 피하는 사람을 따르는 것이 어떤가?"(라고 말하고) 밭에 뿌린 씨앗을 흙으로 덮는 작업을 멈추지 않았다.

問於桀溺한대 桀溺이 曰子爲誰오 曰爲仲由로라
문어걸닉　　걸닉　왈자위수　왈위중유

曰是魯孔丘之徒與아 對曰然하다 曰滔滔者天下皆是也니
왈시노공구지도여　대왈연　　왈도도자천하개시야

而誰以易之리오 且而與其從辟人之士也론
이수이역지　　차이여기종피인지사야

豈若從辟世之士哉리오 하고 耰而不輟하더라
기약종피세지사재　　　　　우이불철

　　　　　　　　　●

자로가 (공자에게로) 돌아와 보고했다. 선생님이 쓸쓸하게 말했다. "새나 짐승하고는 동지가 될 수 없으니, 내가 이 사람들의 무리와 함께하지 않으면 누구와 함께할 수 있단 말이냐. 천하에 도道가 있으면 나 구丘도 (이 세상을) 더불어 바꾸자고 하진 않을 것이다."

子路行하여 以告한대 夫子憮然曰鳥獸는 不可與同群이니
자로행　　이고　　부자무연왈조수　불가여동군

吾非斯人之徒를 與오 而誰與리오 天下有道면 丘不與易也니라
오비사인지도　여　이수여　　천하유도　구불여역야

"조수불가여동군鳥獸不可與同群"이란 말의 의미는 이런 것이다. 뜻을 같이하는 사람이 모여 모임을 만들 수 있다. 이런 모임을 결사結社라고 한다. 영어로는 'association'이라고 한다. 헌법에도 "결사의 자유"라는 말이 있다. 이런 결사라는 것은 아무리 작은 것이라고 하더라도 사람들이 어떤 목적을 갖고 만든 것이기에 나름대로 추구하는 정신이라는 것이 있다. 그런 정신이나 가치가 없는 모임이란 조직원이 아무리 많아도 결사라고 할 수 없다. 그런 것은 그냥 '무리', '떼'라고 한다. 결사는 종류가 많다. 가족도 일종의 결사라고 할 수 있겠다. 정당도 결사다. 환경보호 단체도 결사다. 이런 결사의 최고 형태가 '국가國家'라고 하는 견해가 있다. 국가에서 정치 활동을 통해서 사람이 더 행복해질 수 있다는 견해다. 공자의 국가와 정치에 대한 관념도 이런 것이다. 공자가 하고 싶은 말은 이런 것이다. 결사를 만들려면 또는 결사를 운영하려면 사람을 만나야 하는데 사람이 모이는 현실정치판을 떠나 사람이 없는 곳으로 간다면 누구하고 결사를 만들 수 있냐고. 새와 짐승하고 결사를 만들 순 없지 않느냐고 하소연하는 것이다. 사람이 사는 곳을 떠날 수 없다는 말이다.

7

●

자로가 공자를 따라가다가 뒤에 쳐졌다. 길에서 지팡이로 삼태기를 어깨에 멘 사람을 만났다. 자로가 물었다. "그대는 우리 선생님을 보지 못했습니까? 그 사람이 말했다."(한창 바쁜 농사철에) 팔다리를 부지런히 하지 않고 오곡도 구분할 줄 모르고 돌아다니고 있으니 (자기 선생을 보았

냐고 물어보니) 내가 너의 선생이 누군 줄 알겠냐." (이렇게 말하고) 지팡이를
땅에 꼽고 김을 맸다.

子路從而後러니 遇丈人이 以杖荷篠하여 子路問曰子見夫子乎아
자로종이후　　우장인　이장하조　　자로문왈자견부자호

丈人이 曰四體를 不勤하며 五穀을 不分하나니
장인　왈사체　불근　　오곡　불분

孰爲夫子오 하고 植其杖而芸하더라[+]
숙위부자　　　　치기장이운

●

자로가 두 손을 모으고 서 있었다.

子路拱而立한대
자로공이립

자로는 그가 은자隱者임을 알아차리고 공손한 태도를 취했다.

●

자로를 자기 집에 머물게 하고 닭을 잡고 기장밥을 해서 먹이고 두 아
들을 불러서 인사시켰다. 다음날 자로가 가서 있었던 일을 보고했다.
선생님이 말씀하셨다. "그분은 은자다." 공자가 자로한테 다시 가서 뵙
도록 했다. 자로가 당도해보니 (그들은) 떠나고 없었다.

止子路宿하여＋＋ 殺雞爲黍而食之하고 見其二子焉이어늘
지자로숙　　　살계위서이사지　　　현기이자언

明日에 子路行하여 以告한대 子曰隱者也로다 하시고
명일　자로행　　이고　　자왈은자야

使子路로 反見之하시니 至則行矣러라
사자로　반견지　　　지즉행의

•

자로가 말했다. "벼슬하지 않는 것은 (신하의) 의리를 저버리는 것이다.
어른과 아이 사이의 예절도 저버릴 수 없는데 어찌 임금과 신하 사이의
의리는 폐할 수 있었단 말인가? (재야에서) 자기 몸을 깨끗이 하려다가
오히려 사람이 당연하게 해야 할 도리와 인륜을 어지럽게 되었다. 군
자가 벼슬하려고 하는 것은 의리를 다하기 위한 것이다. 도가 행해지고
있지 않음은 이미 알고 계신다."

子路曰不仕無義하니 長幼之節을 不可廢也니 君臣之義를
자로왈불사무의　　　장유지절　불가폐야　군신지의

如之何其廢之리오 欲潔其身而亂大倫이로다 君子之仕也는
여지하기폐지　　　욕결기신이란대륜　　　군자지사야

行其義也니 道之不行은 已知之矣시니라
행기의야　도지불행　이지지의

자로가 공자의 뜻을 대신 말했다. 자로는 은자가 자식들을 자기에게
인사시킨 것으로 보아 장유지절長幼之節을 알고 있다고 보고, 군신지의君
臣之義도 마찬가지로 버릴 수 없는 것임을 알지 않겠냐는 뜻으로 말했다.

✝ "植"자의 한자음이 《집주》에 '치' 라고 되어 있다("植音値). 《경전석
문》도 《집주》와 한자음 표시가 동일하다. 〈논어주소교감기〉에는
"植"자를 "置"자로 쓴 판본도 있는데, "植"자는 "置"자의 고자古字기
에 통용된다는 설명이 있다.

✝✝ 한자 자형에 대해 설명한다. "止"자는 《한문대계》〈논어집해〉
(1975)에는 畱(留와 동일)로 되어 있다. 정유자본 《논어집주대전》, 사
고전서 《논어집주대전》, 관본 언해본, 율곡의 《논어언해》, 양백준
楊伯峻의 《논어역주》(1980)에 '止'로 되어 있다. '雞' 자는 정유자본
《논어집주대전》, 사고전서 《논어집주대전》, 관본 언해본, 율곡의
《논어언해》, 양백준楊伯峻의 《논어역주》(1980)에 이 글자대로 되어
있다.

8

•

"관직 없이 재야에 있던 사람은 백이, 숙제, 우중, 이일, 주장, 유하혜,
소련이었다."

逸民은 伯夷와 叔齊와 虞仲과 夷逸과 朱張과 柳下惠와 少連이니라
일민　백이　숙제　우중　이일　주장　유하혜　소련

•

선생님이 말씀하셨다. "그 뜻을 굽히지 않았고 그 몸을 욕되게 하지
않은 사람은 백이와 숙제다."

子曰不降其志하며 不辱其身은 伯夷叔齊與인저
자왈불강기지　　불욕기신　백이숙제여

●

유하혜와 소련에† 대해 평가하기를, "뜻을 굽혀 몸을 욕되게 했으나 말이 윤리에 맞았고 행동이 사람들의 공정한 마음에 부합했으니 (이들에게서 취한 바는) 바로 이것이다."

謂柳下惠少連하사대 降志辱身矣나 言中倫하며
위유하혜소련　　　강지욕신의　언중륜

行中慮하니 其斯而已矣니라
행중려　　기사이이의

유하혜는 어느 임금이거나 상관하지 않고 불러주기만 하면 달려가 최선을 다했다. 낮은 관직도 마다하지 않았다. 관직에 대한 욕심 때문에 이렇게 한 것은 아니었다. 자신이 조금이라도 도움이 된다면 참가하는 것이 도리라고 생각한 때문이었다. 그는 낮은 곳에 처했지만 결코 자기 자신을 버린 것이 아니었다. 그는 자신의 신념을 지켰다.

●

우중과 이일에 대해 논평하기를, "은거해서 말을 호방하게 했으나 몸은 깨끗하게 처신했으며 (벼슬을 버리는 것을) 정확하게 때에 맞게 했다."

謂虞仲夷逸하사대 隱居放言하나 身中清하며 廢中權이니라
위우중이일　　　은거방언　신중청　　폐중권

우중은 오나라에 있을 때 머리를 깎고 몸에 문신을 하고 벌거벗고 다녔다고 한다. 말을 함부로 하면서 자기 몸을 버렸다고 한다(《집주》). 마융은 '청淸'을 "순결"이라고 했다. '폐중권'은 난세를 만나 자신을 폐기廢棄함으로써 환난을 면했으니 이런 처신이 권도權道에 부합되었다는 뜻으로 설명했다. 이들이 세상을 조롱하면서 말을 함부로 하고 자신의 몸을 버린 것이 그 상황에서는 맞게 처신한 것이라는 말이다.

●

"나는 이들과 달라서 가可함도 없고 불가不可함도 없다(꼭 벼슬하겠다거나 결코 벼슬하지 않겠다고 고집하지 않는다)."

我則異於是하여 無可無不可호라
아즉이어시　　　무가무불가

공자의 '시중지도時中之道'를 말한 것이다. 공자는 벼슬할 만하면 벼슬했고 그만둘 만하면 그만두었다. 이런 공자의 시중지도라는 것은 '권도權道'와 비슷한 의미다. 백이와 숙제는 원칙에 따라 행동했다. 이들이 정치에 참여할 것인가를 결정하는 기준은 권력의 정당성이었다. 반면, 유하혜는 어쨌든 정치에 참여하여 자신의 능력을 발휘하는 것이 백성에게 도움이 된다고 생각했다. 유하혜도 나름대로 자신의 원칙을 지킨 것이다. 공자는 부정한 권력이라도 해도 자신이 노력해서 이들을 변화시킬 수 있다면 참여하려고 했다. 그래서 양호, 공산불요, 필힐과 같은 반란자들이 초빙할 때 즉시 거부하지 않고 망설였던 것이다. 이런 점 때문에 공자는 오해를 받기도 했다. 공자는 세상이 더럽다고 해서 즉시 숨어버리면 자기 몸과 마음은 깨끗하게 지킬 수 있겠지만 지식인

의 도리를 다한 것이 아니라고 생각했다. 공자는 세상을 버리지 않고
잘될 가능성을 염두에 두면서 끊임없이 노력했다.

✝ 《집주》에 소련은 동이東夷 사람이고 효성이 극진한 인물이라는
《예기》에 나오는 내용만 간략하게 소개되었을 뿐이다. 《논어고금
주》에도 《집주》에 있는 정도로 간략하게 인용되어 있다.

9
●

"악관의 우두머리인 지摯는 제나라로 갔고,"

大師摯는 適齊하고
태사지　적제

태사는 노나라 악관의 우두머리다.

●

"(식사할 때 연주하는) 아반 벼슬을 한 간干은 초나라로 갔고, 삼반 벼슬
을 한 료繚는 채나라로 갔고, 사반 벼슬을 한 결缺은 진나라로 갔고,"

亞飯干은 適楚하고 三飯繚는 適蔡하고 四飯缺은 適秦하고
아반간　적초　　삼반료　적채　　사반결　적진

아반, 삼반, 사반은 임금이 식사할 때 연주하여 흥을 돕는 관직이라

고 한다(《집주》).

•

"북치는 방숙은 하내河內로 들어갔고,"

　鼓方叔은 入於河하고
　고방숙　입어하

•

"작은 북을 흔드는 무武는 한중漢中으로 들어갔고,"

　播鼗武는 入於漢하고
　파도무　입어한

　도鼗는 작은 북인데 양쪽에 귀가 달려 있다. 북자루를 잡고 흔들면 양쪽에 있는 귀가 북을 치는 악기다.

•

"태사의 음악을 돕는 소사 양陽과 경쇠 치는 양襄은 해도海島로 들어갔다."

　少師陽과 擊磬襄은 入於海하니라
　소사양　격경양　입어해

10

●

주공이 (그의 아들) 노공에게 (훈계하며) 말했다. "군자는 그 부모 친척을 버려두지 않으며, 직위에 있는 대신이 하는 말을 채택하지 않아 이들이 원망하는 일이 없게 하며, 오래전부터 공적과 친분이 있던 집안과 친구는 큰 잘못이 없는 한 저버리지 않으며, 한 사람에게 모든 능력이 구비되어 있기를 바라지 않는다."

周公이 謂魯公曰君子不施其親하며[✝] 不使大臣으로
주공　위노공왈군자불이기친　　불사대신

怨乎不以하며 故舊無大故則不棄也하며^{✝✝} 無求備於一人이니라
원호불이　　고구무대고즉불기야　　무구비어일인

노공魯公은 주공의 아들 백금伯禽이다. 백금이 노나라 제후로 봉해지자 주공이 이렇게 훈계했다.

✝ "施"는 《논어언해》 6종(1590년, 1612년, 내각장판, 영영장판, 영영중간, 하경룡장판)에 "이"로 되어 있다. 《집주》에 "施陸氏本作弛"(施는 육씨본에 弛로 되어 있다)는 설명에 따라 '施' 자를 '이'로 읽는 것으로 생각할 수 있다. 그 "육씨본"은 육덕명의 《경전석문》이다. 《경전석문》에 "不弛"라고 되어 있고 한자음은 이렇게 되어 있다. "舊音絁又詩紙反又詩鼓反"(예전의 한자음은 '시' 였다. 또 한자음은 반절로 '시'다. 또 반절로 '소'다). 《논어집주》에는 "詩紙反"('시'와 '지'의 반절이다. 그 한자음은 '시'다)이라는 반절 표시가 있다. 이렇게 《경전석문》과 《집주》에서는 한자음이 '시'로 되어 있다. 퇴계의 《논어석의》에도 "이"로 읽

는 것은 잘못이고 "시"로 읽어야 한다고 되어 있다. 율곡의 《논어언해》에도 한자음이 '시'로 되어 있다. 박문호의 《논어집주상설》에는 '施' 자 아래에 "諺音誤"(언해의 음은 잘못이다)라고 되어 있다. 그러면서 '弛' 자로 읽어야 한다는 《집주》의 설명 부분에서 '弛' 자 아래에 "音始"(음은 시다)라고 표시를 했다. 《전운옥편》에서 '弛' 자의 한자음을 찾아보면 "시"라고 되어 있고 이어서 "이"라고 한 부분에는 속음이라는 표시가 있다. 《신자전》(1915)에서 '弛' 자를 보면, 역시 동일하게 '시'로 되어 있고 속음이 '이'라고 되어 있다. "不施其親"에서 '친親' 자는 누구를 지칭하는 것인가? '친' 자는 의례 부모를 의미하는 말이지만, 주공이 아버지로서 그의 아들에게 훈계하는 말이기에 이 문장을 부모라고 해석하는 것은 어색하다. 그렇지만 "군자君子"가 명심해야 할 일반적인 말을 전해주는 차원이라면 '친' 자를 부모라고 해석하는 것도 가능하다. 공안국과 형병은 '施' 자에 대해 "施易也"('施' 자는 바꾼다는 뜻의 '易' 자다)라고 하면서, "不施其親"을 '친親'에게 잘하는 대신 '타인他人'에게 잘하는 것을 하지 말라는 뜻으로 설명했다. 황간도 이런 뜻으로 해석하면서 '친親'에게 잘해야 할 것을 타인他人에게 잘해서 '親'을 잃게 되는 일에 없게 하라는 뜻이라고 했다. 황간의 소疏에는 다른 견해도 소개되어 있다. 손작孫綽은 "不施"는 "不偏"과 같은 뜻이라고 하면서 친척에게만 은혜를 베풀지 말고 공적公的으로 모두에게 잘하는 뜻으로 말해준 것이라고 했다. 정약용은 "不施其親"에 대해 "施當作弛"(施자는 마땅히 弛자로 써야 한다)라고 했다. 그러면서 "不弛其親"은 "친척들에게 잘해준다는 말"(謂厚於九族)이라고 해석했다.

✝✝ 1800년대에 간행된 《논어언해》 3종(내각장판, 영영장판, 하경룡장판)에는 "無大故"에서 '故' 자가 모두 "過"자로 되어 있다. 그 내용을

알기 때문에 범한 오자誤字로 여겨진다. 이런 언해본과 함께 간행된 내각장판, 영영장판, 영영중간, 하경룡장판 《논어집주대전》에는 "無大故"로 되어 있다. 《논어집주대전》 1427년 간행본, 사고전서본, 1670년 경술庚戌 성균관개간본, 1686년 병인丙寅 성균관중간본, 영영중간본을 확인했는데 "無大過"로 된 사례는 없다. 해석할 땐 언해본처럼 '無大過'로 하는 것이 뜻이 선명하다. 이렇게 《논어언해》 세 종류에서 똑같이 오자도 반복되는 것은 이 3종류의 《논어언해》가 판형만 다를 뿐 그 이전 판본의 구두, 현토, 한자음, 원문언해를 답습하는 과정에서 발생한 것으로 여겨진다. 율곡의 《논어언해》에는 '無大故'로 되어 있다. 이렇게 오자誤字까지 유산으로 물려받는 사례는 다른 《논어》 책에서도 반복되고 있다. 1910년대에 현대적인 책 형태로 간행된 《논어집주》는 출판사를 달리하여 1950년대까지 계속 간행되었고, 현토와 구두句讀가 되어 있어서 유용한 교과서로 활용되었다. 그렇게 간행된 지 40년이 지나면서 여러 출판사에서 거듭 발간되었지만 숨어 있는 오자는 그대로 계속 물려받는 형태로 간행되었다. 지금은 인터넷에서도 《논어》 전문을 내려받을 수 있다. 그 파일에 대해서는 특히 조심할 필요가 있다. 오자를 상속받을 가능성이 있기 때문이다. 또한 앞에서 설명해왔던 바와 같이 《논어》 본문도 판본에 따라 다르다. 한자 자형도 다양하다. 구두句讀가 되어 있다면 그것은 일단 어떤 해석이 반영된 것이다. 앞에서도 언급했지만, 장章, 절節을 나누는 것 또한 일종의 해석이라고 할 수 있다. 필자는 이 책의 《논어》의 본문을 한 글자씩 입력했다. 미련한 작업이었지만 좋아서 한 일이었다. 오자를 물려받지 않기 위해서라도 이렇게 했다. 다만, 입력의 기준으로 삼을 수 있는 판본이 있는가 하는 문제는 남아 있다. 이 책에서 참고한 정유자본 《논어집주대전》도 국가적인 사업으로 간행된 것이지만 사람이 하는 일이라서 오자도 있고 탈자도 있다. 사고전서 《논어집주대전》과도 글자의 형태가 다른 것이 있다. 의심할 만한 구절句節과 글자는 양쪽을 비교·확인했다. 한자 자형이 다른 것이 나오면 《논어언해》를 비롯하여 여러 판본을 검토한 결과를 주석에 달았다. 독자들은 그런 주석이 좀 지루했겠지만 정확한 판본을 만들기 위한 필자의 노력으로 이해해주길 바랄 뿐이다. 근래에 간행된 《사서장구집주四書章句集注》(중화서국中華書局)가 비교적 검토를 많이 거친 《논어집주》 책으로 평가를 받고 있으나 한자 자형 문제에 있어서는 여전히 확신할 수 없다. 이렇게 하다보니까 "과연 오자誤字라는 것이 있는지" 회의를 하게 되었다. 공자가 한 말을 제자들이 기억했다가 전했고 오랜 세월이 지난 다음에 그런 대화의 자료를 공동의 노력으로 책으로 만들어 전해온 것이 지금까지 《논어》의 역사인데, 누구의 기록을 옳다고 할 것이며 누구의 표현을 틀렸다고 할 것인가? 명백한 글자의 오류를 제외하고 표현의 다양성에 관해서는 여러 판본의 가치를 인정할 필요가 있다고 생각한다.

11
●

"주나라에 8인의 선비가 있었다. 백달, 백괄, 중돌, 중홀, 숙야, 숙하, 계수, 계와다."

周有八士하니 伯達과 伯适과 仲突과 仲忽과
　주유팔사　　　백달　백괄　중돌　중홀

叔夜와 叔夏와 季隨와 季騧니라
숙야　숙하　계수　계와

자왈학이시습지면 불역열호아 유붕이자원방래면 불역락호아 인부지이불온이면
불역군자호아 유자왈기위인야효제요 이호범상자선의니 불호범상이요 이호작란
자미지유야니라 군자는 무본이니 본립이도생하나니 효제야자는 기위인지본여
인저 자왈교언영색이 선의인이니라 증자왈오일삼성오신하노니 위인모이불충호
아 여붕우교이불신호아 전불습호애니라 자왈도천승지국호대 경사이신하며 절
용이애인하며 사민이시니라 자왈제자입즉효하고 출즉제하며 근이신하며 범애
중호대 이친인이니 행유여력이어든 즉이학문이니라 자하왈현현호대 역색하며
사부모호대 능갈기력하며 사군호대 능치기신하며 여붕우교호대 언이유신이면
수왈미학이라도 오필위지학의라호리라 자왈군자부중즉불위니 학즉불고니라 주
충신하며 무불여기자요 과즉물탄개니라 증자왈신종추원이면 민덕이 귀후의
라 자금이 문어자공왈 부자지어시방야하사 필문기정하시나니 구지여아 억여지
여아 자공이 왈부자는 온량공검양이득지시니 부자지구지야는 기제호인지
구지여인저 자왈부재에 관기지요 부몰에 관기행이나 삼년을 무개어부지도라야
가위효의니라 유자왈예지용이 화위귀하니 선왕지도사위미라 소대유지니라 유
소불행하니 지화이화요 불이례절지면 역불가행야니라 유자왈신근어의면 언가
복야며 공근어례면 원치욕야며 인불실기친이면 역가종야니라 자왈군자식무구
포하며 거무구안하며 민어사이신어언이요 취유도이정언이면 가위호학야이
라 자공이 왈빈이무첨하며 부이무교호대 하여하리잇고 자왈가야어니와 미약빈이
락하며 부이호례자니라 자공이 왈시운여절여차하며 여탁여마라 하니 기사지위
여인저 자왈사야는 시가여언시이의로다 고제왕이지래자온여 자왈불환인지
불기지요 환부지인야니라 자왈위정이덕이 비여북신이 거기소어든 이중성이 공
지니라 자왈시삼백에 일언이폐지하니 왈사무사니라 자왈도지이정하고 제지이
형이면 민면이무치니라 도지이덕하고 제지이례면 유치차격이니라 자왈오십유
오이지우학하고 삼십이립하고 사십이불혹하고 오십이지천명하고 육십이이순
하고 칠십이종심소욕하여 불유구호라 맹의자문효한대 자왈무위니라 번지어
자고 자왈맹손이문효어아어늘 아대왈무위라호라 번지왈하위야잇고 자왈생사
이례하며 사장지이례하며 제지이례니라 맹무백이문효한대 자왈부모는 유기
질지우시니라 자유문효한대 자왈금지효자는 시위능양이니 지어견마하여도 개
유양이니 불경이면 하이별호리오 자하문효한대 자왈색난이니 유사어든 제자

자장 子張

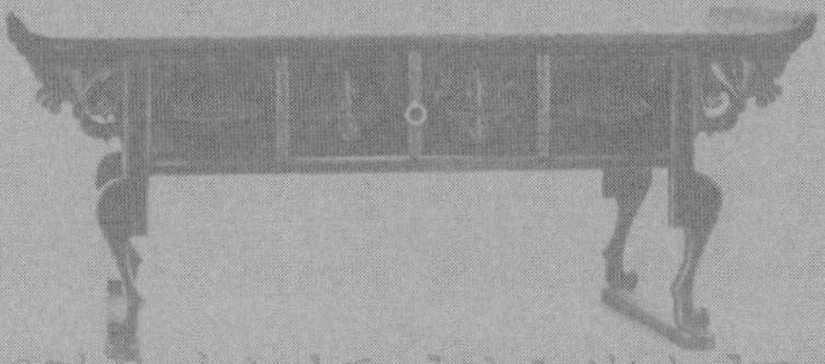

1

자장이 말했다. "선비가 (부모와 임금, 나라의) 위태로움을 보면 목숨을 바치며, 이득을 보면 의에 합당한지 생각하며, 제사를 지낼 때 공경함을 생각하며, 상喪을 치를 때 애통함을 생각한다면 (그 수준이) 됐다고 할 수 있다."

子張이 曰士見危致命하며 見得思義하며 祭思敬하며
자장   왈사견위치명   견득사의   제사경

喪思哀면 其可已矣니라
상사애   기가이의

2

자장이 말했다. "덕을 지키지만 넓지 않으며, 도를 믿지만 독실하지 않으면 (이런 사람에게 덕德과 도道라는 것이) 어찌 있다고 할 수 있으며 어찌 없다고 할 수 있는가."

子張이 曰執德不弘하며 信道不篤이면 焉能爲有며 焉能爲亡리오
자장   왈집덕불홍   신도부독   언능위유   언능위무

3

자하의 문인이 자장에게 사귐에 대해 질문했다. 자장이 말했다. "자하

는 뭐라고 말씀하시던가?" (자하의 문인이) 대답했다. "자하는 말씀하시기를, '가피한 자를 사귀고 불가不可한 자를 거절한다'고 하셨습니다." 자장이 말했다. "그 말씀은 내가 사귐에 대해서 들은 바와 다르구나. 군자는 어진 사람을 존경하고 대중을 포용하며 잘하는 사람을 아름답게 여기고 못하는 사람을 불쌍히 여긴다. 내가 크게 어질고 현명하면 어떤 사람인들 용납하지 못할 것이며, 내가 어질지 못하면 사람들이 장차 날 거부할 것이니, 어찌 내가 사람을 거부할 수 있겠는가?"

子夏之門人이 問交於子張한대 子張이 曰子夏云何오
자하지문인　문교어자장　　자장　왈자하운하

對曰子夏曰 可者를 與之하고 其不可者를 拒之라 하더이다
대왈자하왈 가자　여지　　 기불가자　거지

子張이 曰異乎吾所聞이로다 君子는 尊賢而容衆하며
자장　왈이호오소문　　　 군자　존현이용중

嘉善而矜不能이니 我之大賢與인댄 於人에 何所不容이며
가선이긍불능　　 아지대현여　　 어인　하소불용

我之不賢與인댄 人將拒我니 如之何其拒人也리오
아지불현여　　 인장거아　 여지하기거인야

4

●

자하가 말했다. "비록 하찮은 기술이라도 반드시 볼만한 것이 있으나 (이에 마음을 빼앗기면) 원대한 목표를 추구하는 데 장애가 되지 않을까 하고 우려하는 것이다. 그래서 군자는 (소도小道를) 하지 않는 것이다."

子夏曰雖小道나 必有可觀者焉이어니와
자하왈수소도　필유가관자언

致遠恐泥라[‡] 是以로 君子不爲也니라
치원공니　　시이　군자불위야
　　（녜）

소도小道란 농사, 원예, 의술, 점술 등과 같은 것이라고 한다(《집주》).

[‡] "泥"자는 관본 언해본과 율곡 언해에 모두 "녜"로 되어 있다. 《경
전석문》에는 "乃細反"(한자음은 '내' 자와 '세' 자의 반절이다. 한자음은 반절
로 '녜' 다)이라고 되어 있다. 《신자전》(1915)에는 '泥' 자의 한자음은
"니"만 나온다. 그러면서 "막힐 니"자의 용례로 위의 "致遠恐泥"가
인용되어 있다. 단대 《한한대사전》(2008)에 '녜'로 읽는 한자음이
있기는 하지만, "지체되다, 막히다"는 뜻으로는 "니"라고 읽는다고
되어 있고 위의 "致遠恐泥"가 그 사례로 인용되어 있다.

5
●

자하가 말했다. "날마다 자기가 알지 못했던 것을 새롭게 알며 달마
다 자기가 잘하는 것을 잊지 않으면 학문을 좋아한다고 말할 만하다."

子夏曰日知其所亡하며 月無忘其所能이면 可謂好學也已矣니라
자하왈일지기소무　　 월무망기소능　　 가위호학야이의

6

●

자하가 말했다. "넓게 배우고 뜻을 독실하게 하며 질문하기를 간절하게 하고 생각하기를 자기 몸에서 가까운 곳에서부터 펼쳐나가면 인仁이 그렇게 하는 가운데에 있게 된다."

子夏曰博學而篤志하며 切問而近思하면 仁在其中矣니라
자하왈박학이독지   절문이근사   인재기중의

《근사록近思錄》이란 책이 있다. 조선시대 유학자들이 교과서로 중시한 책이고, 독서 목록 6권에 포함되었다. 그 목록은 학자마다 다르지만 대체로 《소학》, 《논어》, 《맹자》, 《대학》, 《중용》, 《근사록》을 추천했다.

7

●

자하가 말했다. "백공은 물건을 제조하는 공장에 살면서 (맡은) 일을 이루어내고, 군자는 배움에 전력하여 도道를 이룬다."

子夏曰百工이 居肆하여 以成其事하고 君子學하여 以致其道니라
자하왈백공   거사   이성기사   군자학   이치기도

사肆는 관청의 물건을 만드는 곳이다. 기술자가 정해진 공장에서 작업하는 이유는 산만한 마음을 안정시키고 작업하는 공력功力을 온전하게 하기 위함이었다고 한다(《집주》).

8

•

자하가 말했다. "소인은 허물이 있으면 (뉘우칠 줄 모르고) 반드시 꾸미고 위장한다."

子夏曰小人之過也는 必文이니라
자하왈소인지과야   필문

9

•

자하가 말했다. "군자는 모습이 세 번 변한다. 멀리서 바라보면 위엄이 있고, 가까이 다가서면 온화하고, 그 말을 들어보면 (발음과 표현이) 분명하다."

子夏曰君子有三變하니 望之儼然하고 卽之也溫하고 聽其言也厲니라
자하왈군자유삼변   망지엄연   즉지야온   청기언야려

10

•

자하가 말했다. "군자는 (백성의) 신뢰를 얻은 다음에 백성에게 일을 시킨다. (백성이) 믿지도 않는데 일을 시키면 자신들을 괴롭힌다고 여긴다. 군자는 (윗사람에게) 신임을 얻은 다음에 직언을 한다. 신임하지 않는데 충고하면 비방한다고 여긴다."

子夏曰君子信而後에 勞其民이니 未信則以爲厲己也니라
자하왈군자신이후 노기민   미신즉이위려기야

信而後에 諫이니 未信則以爲謗己也니라
신이후 간   미신즉이위방기야

11

●

자하가 말했다. "큰 덕이 한도를 넘지 않으면 소소한 덕은 약간 넘나
들어도 괜찮다."

子夏曰大德이 不踰閑이면 小德은 出入이라도 可也니라
자하왈대덕 불유한   소덕   출입   가야

12

●

자유가 말했다. "자하의 문인 제자들은 물을 뿌리고 바닥을 비로 쓸고
부름에 응하고 대답하고 들어가고 물러가는 예절은 잘한다. 그러나 이
는 말단에 불과한 것이고 근본이 없으니 어찌하리오."

子游曰子夏之門人小子當灑掃應對進退則可矣나⁺ 抑末也라
자유왈자하지문인소자당쇄소응대진퇴즉가의   억말야

本之則無하니 如之何오
본지즉무   여지하

자하가 이 말을 듣고 말했다. "안타깝다, 언유가 지나치구나. 군자의 도道 중에서 어떤 것을 중요하다고 먼저 전해주고 어떤 것을 천천히 해도 된다고 게을리 하리오. 초목에 비유하면 종류로 구별하는 것과 같으니 (수준과 배우는 차례를 생각하지 않고 먼저 높은 이치를 가르치는 것은 오히려 속이는 것이나 다름없다.) 군자의 도道에 어찌 속임이 있을 것인가? 배움의 처음과 끝을 자유자재로 관통할 수 있는 분은 오직 성인聖人뿐이시다."

子夏聞之曰噫라 言游過矣로다 君子之道孰先傳焉이며
자하문지왈희　　언유과의　　　군자지도숙선전언

孰後倦焉이리오 譬諸草木컨댄 區以別矣니
숙후권언　　　　비제초목　　　구이별의
　　　　　　　　　（저）
君子之道焉可誣也리오 有始有卒者는 其惟聖人乎인저
군자지도언가무야　　　유시유졸자　　기유성인호

† "쇄灑"자의 한자 자형에 대해 설명한다. 《논어언해》(1590년, 1612년), 《언해논어》(1932), 《한문대계》〈논어집해〉(1975), 양백준楊伯峻의 《논어역주》(1980)에 '洒'자로 되어 있다. 정유자본 《논어집주대전》 원문에는 '灑'자로 되어 있지만 《집주》에는 '洒'자로 되어 있다. 사고전서 《논어집주대전》에도 '洒'자로 되어 있다. 1800년대에 간행된 《논어언해》 4종(내각장판, 영영장판, 영영중간, 하경룡장판)과 율곡의 《논어언해》에는 '灑'자로 되어 있다. '埽'자는 《한문대계》〈논어집해〉(1975)에 埽자로 되어 있다. 《동아대옥편》(2005)의 '쇄소灑埽'에서 '埽'자와 '掃'자를 같은 것으로 보고 있다. '灑'자는 《집주》에 반절로 한자음이 '새'라고 표시되어 있다("灑色賣反"). 《논어언해》 6종(1590년, 1612년, 내각

장판, 영영장판, 영영중간, 하경룡장판), 율곡의 《논어언해》에도 '새' 라고 되어 있다. 1932년에 간행된 《언해논어》에도 '새' 로 표시되어 있다. 한국고전번역원 〈논어성독〉(2009)에서는 '쇄' 로 읽고 있다.

13
●

자하가 말했다. "벼슬하다가 여력이 있으면 배우고, 배우다가 여력이 있으면 벼슬한다."

子夏曰仕而優則學하고 學而優則仕니라
자하왈사이우즉학　　학이우즉사

14
●

자유가 말했다. "상喪을 당해서는 극진히 슬퍼할 뿐이다."

子游曰喪은 致乎哀而止니라
자유왈상　치호애이지

상喪을 당해서는 형식적인 절차보다 애통한 마음이 더 소중하다는 말이다. 그러나 상喪을 당해 너무 비통해하면 몸을 상하게 된다. 공안국을 이를 "멸성滅性"이라고 표현했다. 친상親喪을 당해 지나친 슬픔으로 말미암아 생명을 잃는다는 뜻이다. 공자는 그러한 슬픔을 조절하는 것이 또한 예禮의 기능이라고 생각했다. 예禮는 슬픔을 담는 그릇과 같은 것이다. 형식적인 그릇보다는 그 안에 담긴 애도하는 마음이 중요하고, 또 그릇에 넘치는 슬픔도 과하다는 것이다.

15
●

자유가 말했다. "나의 벗 자장은 어려운 일을 해내는 데 능하다. 그렇다고 해서 인仁하다고 할 수 있는 것은 아니다."

子游曰吾友張也爲難能也나 然而未仁이니라
자유왈오우장야위난능야   연이미인

16
●

증자가 말했다. "용모가 당당하구나, 자장이여! 그러나 남과 더불어 인仁을 행하기는 어렵겠구나."

曾子曰堂堂乎라 張也여 難與並爲仁矣로다
증자왈당당호   장야   난여병위인의

17

증자가 말했다. "내가 선생님께 들은 말이 있다. 사람들이 다른 일에서는 스스로 마음을 지극하게 다함이 없으나, 부모의 상喪을 당해서는 반드시 정성을 다해야 할 것이다."

曾子曰吾聞諸夫子호니 人未有自致者也나 必也親喪乎인저
증자왈오문제부자　　　인미유자치자야　　필야친상호
　　　　(저)

18

증자가 말했다. "내가 선생님께 들은 말이 있다. 맹장자가 효도했던 다른 행적은 따라할 수 있지만, 그가 아버지의 신하와 아버지가 했던 정책을 바꾸지 않았는데 이런 일만큼은 따라서 행하기가 어려운 것이다."

曾子曰吾聞諸夫子호니 孟莊子之孝也其他는 可能也어니와
증자왈오문제부자　　　맹장자지효야기타　　가능야
　　　　(저)
其不改父之臣과 與父之政이 是難能也니라
기불개부지신　　여부지정　　시난능야

19

맹씨가 양부를 옥獄을 관리하는 책임자로 삼았다. 양부가 증자에게 옥을 다스리는 도를 물었다. 증자가 말했다. "윗사람들이 도를 잃어 백성이 나라와 임금을 생각하는 마음이 떠나고 백성이 흩어진 지 오래되었다. 만약 (그런 백성이 범법한) 실정을 파악했을 땐 불쌍히 여겨야지 기뻐해선 안 된다."

孟氏使陽膚로 爲士師라 問於曾子한대 曾子曰上失其道하여
맹씨사양부　위사사　문어증자　　증자왈상실기도

民散이 久矣니 如得其情則哀矜而勿喜니라
민산　구의　여득기정즉애긍이물희

범죄 사실을 밝혀냈더라도 상황 때문에 어쩔 수 없이 법을 어기게 된 딱한 사정을 감안하라는 말이다.

20
●

자공이 말했다. "주紂의 어질지 못함이 이처럼 심하진 않았다. 그래서 군자는 몸을 지형이 낮은 하류에 두기를 싫어하는 것이다. 천하의 모든 악이 그곳으로 흘러 들어오기 때문이다."

子貢이 日紂之不善이 不如是之甚也니 是以로
자공　왈주지불선　불여시지심야　시이

君子惡居下流하나니 天下之惡이 皆歸焉이니라
군자오거하류　　　천하지악　개귀언

물이 하류로 흘러서 고이듯이 일단 나쁜 인간이라고 낙인이 찍히면 모든 나쁜 욕이 다 그에게로 모이게 된다는 말이다. 주紂라는 이름이 폭군의 대명사처럼 사용되니까 나쁜 짓은 다 그가 한 짓처럼 여겨진다는 말이다. 자공이 이렇게 말한 것은 좋지 않은 곳에 몸담지 말라는 경계의 의미라고 한다《집주》.

21
●

자공이 말했다. "군자의 허물은 일식이나 월식과 같다. 허물이 있으면 사람들이 다 쳐다보고 이를 고치면 사람들이 다 우러러본다."

子貢이 曰君子之過也는 如日月之食焉이라 過也에
자공　　왈군자지과야　　여일월지식언　　　과야

人皆見之하고 更也에 人皆仰之니라
인개견지　　　경야　　인개앙지

22
●

위나라 공손조가 자공에게 질문했다. "중니는 어디에서 배웠는가?"

衛公孫朝問於子貢曰仲尼는 焉學고
위공손조문어자공왈중니　　언학

중니仲尼는 공자의 자字다.

●

자공이 말했다. "문왕과 무왕의 도가 땅에 떨어지지 않아 사람들에게 전해지고 있었다. 현자賢者는 그 도의 큰 것을 기억하고 그렇지 못한 사람들도 그 도의 작은 것을 기억하여 문왕과 무왕의 도가 있지 않은 곳이 없었다. 선생님께서 어찌 그것을 배우지 않았겠으며, 또한 어찌 일정한 스승을 정해두고 계셨을 것인가?"

子貢이 曰文武之道未墜於地하여 在人이라 賢者는 識其大者하고
자공　왈문무지도미추어지　　재인　현자　지기대자

不賢者는 識其小者하여 莫不有文武之道焉하니
불현자　지기소자　　막불유문무지도언

夫子焉不學이시며 而亦何常師之有시리오
부자언불학　　이역하상사지유

23

●

숙손무숙이 조정에서 대부에게 말했다. "자공이 중니보다 어질다."

叔孫武叔이 語大夫於朝曰子貢이 賢於仲尼하니라
숙손무숙　어대부어조왈자공　현어중니

자복경백이 이런 말을 자공에게 전했다. 자공이 말했다. "(선생님과 나를) 궁궐 담장에 비유하자면, 나 사賜의 담장은 어깨 높이다. 그래서 사람들이 집안에 있는 좋은 것을 들여다볼 수 있다."

子服景伯이 以告子貢한대 子貢이 曰譬之宮牆컨대
자복경백　이고자공　　자공　왈비지궁장

賜之牆也는 及肩이라 窺見室家之好어니와
사지장야　급견　　규견실가지호

그러나 "우리 선생님의 담장은 (사람의 키 높이로) 여러 길 그 이상으로 높다. (담장이 높은 만큼 집도 넓고 크다). 그래서 그 문으로 들어가지 못하면 그 안에 있는 종묘의 아름다움과 백관의 풍부함을 보지 못한다."

夫子之牆은 數仞이라 不得其門而入이면 不見宗廟之美와 百官之富니
부자지장　수인　　부득기문이입　　불견종묘지미　백관지부

"(아쉽게도) 그 대문으로 들어갈 수 있었던 사람은 적었으니 그 사람(숙손무숙)이 그렇게 말하는 것도 무리는 아니지 않은가?"

得其門者或寡矣라 夫子之云이 不亦宜乎아
득기문자혹과의　부자지운　불역의호

숙손무숙이 공자를 비방하고 다녔다. 자공이 말했다. "그런 짓을 하지 마라. 중니의 명예는 결코 훼손될 수 없다. 다른 사람의 현賢은 그 높이가 언덕과 같다. 이 정도는 사람들이 밟아서 뛰어넘을 수 있다. 그러나 중니는 해와 달의 수준이다. 사람들이 아무리 애써도 결코 밟아서 뛰어넘을 수 없다. 사람들이 그분의 가르침을 스스로 끊어버리려고 해도 어떻게 해와 달에게 상처를 입힐 수 있단 말이냐. (그렇게 할수록) 더욱 자신의 무지와 아량이 좁음을 드러낼 뿐이다."

叔孫武叔이 毁仲尼어늘 子貢이 曰無以爲也하라 仲尼는
숙손무숙   훼중니   자공   왈무이위야   중니

不可毁也니 他人之賢者는 丘陵也라 猶可踰也어니와 仲尼는
불가훼야   타인지현자   구릉야   유가유야   중니

日月也라 無得而踰焉이니 人雖欲自絶이나
일월야   무득이유언   인수욕자절

其何傷於日月乎리오 多見其不知量也로다‡
기하상어일월호   다견기부지량야

‡ 주자는 집주에서 '多' 자에 대해 "多與祇同適也"(多 자는 祇 와 같아서, '다만'이라는 뜻이다)라고 설명했다. 김장생도 '多' 자의 의미를 '많다'는 뜻이라기보다는 '다만' 또는 '뿐이다'라는 의미로 보았다. 한자로는 祇 자의 의미다. 그러면서 《논어언해》에서 글자 그대로 '다'라고 해석하는 것은 잘못이라고 지적했다("多音義與祇同諺解誤以 如字釋"). 김장생의 주장에 따르면 위의 문장은 '지견기부지량야'라

고 읽게 된다. 율곡의 《논어언해》에도 '댜' 로 되어 있다.

25

●

진자금이 자공에게 말했다. "그대가 겸손해서 그런 것이지 중니가 어찌 그대보다 어질다고 할 수 있는가?"

陳子禽이 謂子貢曰子爲恭也언정 仲尼豈賢於子乎리오
진자금　위자공왈자위공야　　중니기현어자호

●

자공이 말했다. "군자는 말 한마디로 지혜롭다는 평가를 받고 또 말 한마디로 지혜롭지 못하다는 평가를 받는다. 말이란 삼가 조심하지 않을 수 없는 것이다."

子貢이 曰君子一言에 以爲知하며 一言에 以爲不知니 言不可不愼也니라
자공　왈군자일언　이위지　　일언　이위부지　언불가불신야

●

(자공이 말했다.) "우리 선생님의 수준에 미칠 수 없음은 하늘을 사다리로 오를 수 없는 것과 같다."

夫子之不可及也는 猶天之不可階而升也니라
부자지불가급야　유천지불가계이승야

"선생님께서 나라를 얻어 다스렸다면, 이른바 '(백성의 생업을) 일으켜 세우면 (백성의 생업이) 세워지고, (백성을 도덕으로) 이끌면 (백성이) 따라 행하고, (백성을) 편안하게 하면 (백성이) 그 나라로 오고, 활발하게 감화시키니 (백성이) 화합하게 되었을 것이다. 그래서 우리 선생님이 살아 계심에 영광스럽고 돌아가심에 애통해한다'는 것이다. 어찌 (선생님의) 그 수준에 미칠 수 있겠는가!"

夫子之得邦家者인댄 所謂立之斯立하며
부자지득방가자　　소위립지사립

道之斯行하며 綏之斯來하며[+] 動之斯和하여 其生也榮하고
도지사행　　수지사래　　　동지사화　　기생야영
　　　　　(유)
其死也哀니 如之何其可及也리오
기사야애　여지하기가급야

[+] "綏"는 편안하게 하는 것이다(《집주》). 이 한자의 음은 관본 언해본, 율곡의 《논어언해》, 《언해논어》(1932), 한국고전번역원 〈논어성독〉(2009)에 "유"로 되어 있다. 이 한자는 앞서 '수레에 오를 때 잡는 끈'이라는 의미로 그 한자음을 '수'로 한다는 것에 대해 설명했다. 이번에는 '편안하다'는 의미일 때의 한자음에 관한 것이다. '綏'는 단대 《한한대사전》(2008)에 '편안하다'는 의미로 '수'와 '유'가 같이 설명되어 있다. 다만 '수'자와 관련하여 편안하다는 용례가 다수 제시되어 있다.

자왈학이시습지면 불역열호아 유붕이자원방래면 불역락호아인부지이 불온이면
불역군자호아유자왈기위인야효제요 이호범상자선의니 불호범상이요 이호작란
자미지유야니라 군자는 무본이니 본립이도생하나니 효제야자는 기위인지본
인저자왈교언령색이 선의인이니라증자왈오일삼성오신하노니 위인모이불충호
아 여붕우교이불신호아 전불습호애니라 자왈도천승지국호대 경사이신하며 절
용이애인하며 사민이시니라 자왈제자입즉효하고 출즉제하며 근이신하며 범
중호대 이친인이니 행유여력이어든 즉이학문이니라 자하왈현현호대 역색하
사부모호대 능갈기력하며 사군호대 능치기신하며 여붕우교호대 언이유신이면
수왈미학이라도 오필위지학의라호리라 자왈군자부중즉불위니 학즉불고니라 주
충신하며 무불여기자요 과즉 물탄개니라 증자왈신종추원이면 민덕이 귀후의
라 자금이 문어자공왈부자지어시방야하사 필문기정하시나니 구지여아 억여
여아 자공이 왈부자는 온량공검양이득지시니 부자지구지야는 기제(諸)이호인
구지여인저 자왈부재에 관기지요 부몰에 관기행이나 삼년을 무개어부지도라야
가위효의니라 유자왈례지용이 화위귀하니 선왕지도사위미라 소대유지니라
소불행하니 지화이화요 불이례절지면 역불가행야니라 유자왈신근어의면 언
복야며 공근어례면 원치욕야며 인불실기친이면 역가종야니라 자왈군자식무
포하며 거무안하며 민어사이신어언이요 취유도이정언이면 가위호학야이
라 자공이 왈빈이무첨하며 부이무교호대 하여하리잇고 자왈가야나 미약빈이락
하며 부이호례자야니라 자공이 왈운여절여차하며 여탁여마라 하니 기사지
위인저 자왈사는 사가여언시이의로다 고제(諸)왕이지래자온여 자왈불환인지
불기지요 환불지인야니라 자왈위정이덕이 비여북신이 거기소어든 이중성이
지니라 자왈시삼백에 일언이폐지하니 왈사무사니라 자왈도지이정하고 제지이
형이면 민면이무치니라 도지이덕하고 제지이례면 유치차격이니라 자왈오십
오이지우학하고 삼십이립하고 사십이불혹하고 오십이지천명하고 육십이이순
하고 칠십이종심소욕하여 불유구호라 맹의자문효한대 자왈무위니라 번지어
자고 자왈맹손이 문효어아어늘 아대왈무위라호라 번지왈하위야잇고 자왈생사
이례하며 사장지이례하며 제지이례니라 맹무백이 문효한대 자왈부모는 유기
자유시니라 자유문효한대 자왈금지효자는 시위능양이니 지어견마하여도 개
유양이니 불경이면 하이별호리오 자하문효한대 자왈색난이니 유사이든 제자

요왈 堯曰

요, 순, 우, 탕, 문, 무왕이
권력을 이어받으면서 훈계한 내용이다.
《논어》의 마지막 편이다.

1

●

요임금이 말했다. "아! 순아, 하늘의 운수가 네 몸에 있으니 (그대가 천자를 맡을 차례가 되었다.) 진실로 그 중도를 취하여 시의에 적합하게 하고 지나치거나 부족함이 없게 하라. 사해四海의 백성이 곤궁해지면 하늘이 내려준 자리가 영원히 끊어질 것이다."

堯曰咨爾舜아 天之曆數在爾躬하니 允執其中하라
요왈자이순　천지역수재이궁　　윤집기중

四海困窮하면 天祿이 永終하리라
사해곤궁　　천록　영종

　요가 순에게 자리를 물려주면서 한 말이다. "역수曆數"는 하늘이 내려주는 큰 운수를 말하는 것이다. 임금의 될 운명이라는 말이다. 역수는 원래 봄 다음에 여름, 가을, 겨울로 이어지고 해가 바뀌어 다시 사계절이 이어지는 바와 같은 변화의 순서를 말하는 것이다. 왕위 계승자의 변화를 이런 역수에 따라 당연하게 정해진 것이라고 하는 논리다. 요임금 다음에 순임금이 자리를 계승하는 것이 하늘이 정한 운수라는 말은 당연히 예정된 것이라는 의미다. 이런 순서에 의해 당연하게 임금 자리를 맡게 되는 통치자는 《논어》 요왈편에서는 요→순→우→탕→문→무라고 되어 있다. 이 요왈편의 내용은 그들이 자리를 물려주면서 후임자에게 충고하는 말로 되어 있다. 요가 순에게, 순이 우에게 하는 말이 그것이다. 이렇게 유덕자가 유덕자에게 임금 자리를 물려주는 방식으로 정권이 교체되는 것을 선양禪讓이라고 한다. 그런데 탕임금은 하나라를 멸망시키고 새 왕조를 세운 인물이다. 그는 상제에게 자신의 각오를 말했다. 문왕의 아들인 무왕은 탕이 세운 그 은나라를 치고 주나라를 건국했다. 이런 무왕이 한 말과 치적이 소개되어 있다.

●

順_舜도 역시 우_禹에게 이렇게 훈계했다.

舜이 亦以命禹하시니라
순　역이명우

●

(탕_湯이 하늘의 상제에게 맹세하면서) 말했다. "저, 소자小子 리履는 감히 검은 소를 희생물로 써서 감히 크고 크신 제帝께 밝게 고합니다. 죄인을 감히 용서하지 않았으며, (천하의 어진 인재인) 제帝의 신하를 덮어두지 않았으며, 가려내기를 (사사로운 마음이 아니라) 제帝의 마음에 따라하겠습니다. 내 몸에 죄가 있음은 만방萬方 때문이 아니고, 만방萬方에 죄가 있으면 그 책임은 내 몸에 있습니다."

曰予小子履는 敢用玄牡하여 敢昭告于皇皇后帝하노니
왈여소자리　감용현모　　감소고우황황후제

有罪를 不敢赦하며 帝臣不蔽니 簡在帝心이니이다
유죄　불감사　　제신불폐　간재제심

朕躬有罪는 無以萬方이요 萬方有罪는 罪在朕躬하니라
짐궁유죄　무이만방　　만방유죄　죄재짐궁

검은색은 하나라의 상징색이었다고 한다. 은나라는 흰색[白]을 숭상했지만 이렇게 한 것은 탕왕이 하나라를 토벌할 당시까지도 하나라 예를 존중했다는 뜻이라고 한다(《집주》). 정약용은 천하 모든 사람들의 죄를 자신이 몸으로 떠안는 것은 고대의 "군사君師"가 하늘을 섬기는 방법이라고 했다. "군사君師"라는 말은 정조가 즐겨 사용했는데, 고대에 유덕자가 임금이 되었던 시절에 임금이 스승의 역할도 겸한다는 뜻이다. 최고의 지식과 권력을 동시에 갖고 있는 통치자를 지칭하는 말이라고 할 수 있다.

●

"주나라에서 크게 베풀었는데 선인善人이 이에 부유하게 되었다.

周有大賚하신대 善人이 是富하니라[+]
주유대뢰   선인   시부

●

"비록 가까운 친척이 많지만 어진 사람만 못하다. 백성에게 허물이 있으면 그 책임은 나 한 사람에게 있는 것이다."

雖有周親이나[++] 不如仁人이요 百姓有過在予一人이니라[+++]
수유주친   불여인인   백성유과재여일인

●

(무왕은 천하를 평정한 다음) 저울과 말[斗](과 같은 도량형)을 신중히 정했고, 법도를 살펴 기준을 바로 세웠고, 없어진 관직을 정비해서 회복시켰다. 그러자 사방의 정치가 제대로 행해졌다.

謹權量하며 審法度하며 修廢官하신대 四方之政이 行焉하니라
근권량   심법도   수폐관   사방지정   행언

●

멸망한 나라를 (벼슬과 토지를 주어) 다시 일으켜 세웠고, 대가 끊긴 가문에는 (제사를 받들고) 계승하도록 했고, 주紂의 시대에 재야에 숨었던 인사들을 발탁했다. 이에 천하 백성의 마음이 (무왕에게) 돌아왔다.

興滅國하며 繼絕世하며 擧逸民하신대 天下之民이 歸心焉하니라
흥멸국   계절세   거일민   천하지민   귀심언

멸망한 나라를 일으켜주고 끊긴 세대를 이어주었다는 것은 황제黃帝, 요堯, 순舜의 후손과 하나라, 은나라의 후손이 그 조상에게 제사를 지낼 수 있도록 이들에게 작은 나라를 주고 봉封해준 것을 말한다.

●

(무왕이 정치할 때) 중요하게 여긴 바는 (백성의 살림을 풍족하게 하여) 백성을 먹여 살리는 일, 죽은 이를 위한 상례, 조상을 추모하는 제사였다.

所重은 民食喪祭러시다++++
소중   민식상제

●

너그러우면 대중을 얻고, 믿을 수 있는 정치를 하면 백성이 의지하고, 민첩하면 공功을 세우고, 공평하게 다스리면 모두 기뻐한다.

寬則得衆하고 信則民任焉하고 敏則有功하고 公則說이니라
관즉득중　　　신즉민임언　　　민즉유공　　　공즉열

✝ 위의 해석은 《집주》를 따른 것이다. 주자는 "所富者皆善人也"(부자가 된 사람은 모두 선인이었다)라고 했다. 문제가 되는 것은 "是富"의 의미가 '사람이 많게 되었다'는 뜻으로도 해석할 수 있다는 점이다. 하안은 "周有大賚"를 이렇게 설명했다. "周家受天大賜富於善人也". 이 문장을 "주나라에는 하늘로부터 크게 받은 바 있어서 선인이 부유하게(또는 많게) 되었다"는 뜻으로 해석할 수 있겠다. 황간은 이에 대해 주나라에 크게 베풂이 있어서 선인이 많게 되었다는 해석이 있고 또 주나라에서 재물로 크게 베풀어서 선인이 부유하게 되었다는 해석도 있다고 소개했다. 정약용은 "善人是富"는 나라를 세움에 있어서 공功과 덕德이 있는 사람에게 영지를 봉封하는 것이라고 설명했다.

✝✝ "주친周親"의 '周' 자를 '周나라'로 보기도 하고 지극할 '至' 자로 보기도 한다. 《집주》에서는 "孔氏曰周至也(공씨가 말하기를 '周' 자는 지극하다는 뜻이다)라고 되어 있다. 형병의 《논어주소》에도 그런 언급이 있다. "孔傳云周至也"(공안국의 전傳에 '周'는 '至'의 뜻이라고 했다). 정약용은 "周親"을 "姬氏之親也"(주나라 왕실인 희씨姬氏의 친척들)고 인인仁人은 미자, 기자와 같은 사람들이라고 설명했다.

✝✝✝ "百姓有過在子一人"은 《서경》에도 나오는 말이다. 그런데 《서경》 주註에 '過' 자를 '實' 자의 의미로 보면서 이렇게 해석한다. "백성들이 나를 책망하는 것은 (상商나라를 정벌하지 않은) 책임이 나한 사람에게 있기 때문이다." 그런데 《논어》에서는 같은 문장인데도 위의 본문과 같이 백성이 잘못한 것이 있으면 그 책임이 나에

게 있다고 달리 해석하는 것이다. 이런 이유에 대해 김장생은 "탕
왕과 무왕의 말을 《논어》에 말한 것은 모두 단장취의斷章取義한 것"
이라고 소개했다(《경서변의》 서전, 태서중泰誓中). 이와 동일한 내용이,
신흠申欽이 김장생의 질문에 답한 글에도 소개되어 있다. 《논어》에
서는 《서경》에 있는 이 문장의 전체적인 의미를 취한 것이 아니다.
다만 한 구절을 따다가 뜻만 취한 것이고, 《서경》에서 무왕이 이런
말을 한 것은 반드시 상商나라를 정벌하겠다는 결심의 맥락에서
한 것이기 때문에 《논어》에 인용된 이 말과 다르다고 설명했다(신
흠의 《상촌고》 '답사계答沙溪').

✚✚✚✚ "민식상제民食喪祭"를 해석함에 있어서, 이를 민식民食·상喪·
제祭 3가지 또는 민民·식食·상喪·제祭 4가지로 구분하여 해석할
수 있다. 공안국은 "重民"은 나라의 근본이고, "重食"은 백성의 목숨
이 달려 있는 것이며, "重喪"은 애통해하는 마음을 다하게 하는 것
이고, "重祭"는 공경하는 마음을 다하게 하는 것이라고 하면서, 4가
지로 해석했다. 정약용은 《논어고금주》〈원의총괄原義總括〉에서 "民
食喪祭"에 대해 "不可平列爲四物"(4개의 나열적인 개념으로 해석하는 것은
불가하다)이라고 하면서, "民食卽農政"(민식은 곧 농정을 말하는 것)이라고
설명했다. 율곡의 《논어언해》에 "민民의 식食"이라고 되어 있다.

2
•

자장이 공자에게 질문했다. "어떻게 하면 군자가 한자리를 얻어 정치
를 잘할 수 있겠습니까?" 공자께서 말씀하셨다. "정치를 함에 있어서
5가지 좋은 조목을 높이고 4가지 나쁜 조목을 물리치면 된다." 자장이

말했다. "5가지 좋은 조목이란 무엇입니까?" 선생님이 말씀하셨다. "은혜롭게 하지만 낭비하지 않으며, 백성에게 일을 부담시켜 수고롭게 하지만 원망을 듣지 않으며, 의욕적으로 일하지만 사욕이 없으며, 태산같이 크지만 교만하지 않으며, 위엄이 있지만 사납지 않은 것이다." 자장이 말했다. "은혜를 베풀지만 낭비하지 않는다는 것은 무슨 말씀이십니까?" 선생님이 말씀하셨다. "백성에게 이익이 되게 나라를 경영해서 그 이익이 백성에게 돌아가게 하는 것이다. 이렇게 하니 또한 은혜를 베풀지만 낭비하지 않는 것이지 않느냐? 부득이 시킬 만한 일을 선택해서 시키는데 누가 원망하겠는가? 인仁을 펼치려고 의욕적으로 정치를 해서 인仁을 얻었는데 또 무슨 욕심이 있겠는가? 군자는 사람의 많고 적음과 일의 크고 작음에 상관없이 공경하는 마음으로 일에 임하고 감히 교만하거나 나태한 마음을 갖지 않는다. 이 또한 크고 의연하지만 교만하지 않은 것이지 않느냐? 군자는 의관을 단정히 하고, 바라보기를 정숙하게 하고, 몸가짐을 엄숙히 하여, 사람들이 보고 경외하는 것이다. 이 또한 위엄이 있으되 사납지 않은 것이지 않느냐?"

子張이 問於孔子曰何如라야 斯可以從政矣리잇고
자장　문어공자왈하여　　사가이종정의

子曰尊五美하며 屛四惡이면 斯可以從政矣리라 子張이
자왈존오미　　병사악　　사가이종정의　　자장

曰何謂五美리잇고 子曰君子惠而不費하며 勞而不怨하며
왈하위오미　　　자왈군자혜이불비　　노이불원

欲而不貪하며 泰而不驕하며 威而不猛이니라
욕이불탐　　태이불교　　위이불맹

子張이 曰何謂惠而不費리잇고 子曰因民之所利而利之니
자장　왈하위혜이불비　　　자왈인민지소리이리지

斯不亦惠而不費乎아 擇可勞而勞之어니 又誰怨이리오
사불역혜이불비호　　택가로이로지　　　우수원

欲仁而得仁이어니 又焉貪이리오 君子無衆寡하며
욕인이득인　　　　우언탐　　　군자무중과

無小大히 無敢慢하나니 斯不亦泰而不驕乎아 君子正其衣冠하며
무소대　무감만　　　사불역태이불교호　　군자정기의관

尊其瞻視하여 儼然人望而畏之하나니 斯不亦威而不猛乎아
존기첨시　　엄연인망이외지　　　　사불역위이불맹호

•

자장이 말했다. "(정치를 함에 있어서) 말씀하신 4가지 나쁜 조목은 무엇
입니다?" 선생님이 말씀하셨다. "미리 가르치지 않고 죽이는 것을 학虐
이라고 한다. 충분히 경고를 하지 않고 성과를 닦달하고 문책하는 것을
포暴라고 한다. 명령은 태만히 내리고 마감 기한을 촉박하게 하는 것을
적賊이라고 한다. 어떤 방식으로 구비한 재물을 사람들에게 나눠주어
도 마찬가지인데‡ 출납을 인색하게 하는 것을 유사有司라고 하는 낮은
직급에 있는 사람이나 하는 짓이라고 한다."

子張이 曰何謂四惡이리잇고 子曰不敎而殺을 謂之虐이요
자장　왈하위사악　　　　자왈불교이살　위지학

不戒視成을 謂之暴요 慢令致期를 謂之賊이요
불계시성　위지포　만령치기　위지적

猶之與人也로대 出納之吝을 謂之有司니라
유지여인야　　출납지린　위지유사

✛ 주자는 "유지猶之"를 "균지均之"라고 설명했다. 율곡의 《논어언해》
에는 "혼가지로"라고 되어 있다. 성백효(2005)는 이를 "똑같이"라고
해석했다. 박헌순(2008)은 "미적거리다가 주거나 선뜻 주거나 어차
피 주는 것은 마찬가지다"라고 설명하면서 "어차피"라고 번역했다.
김용옥(2008)은 "어차피 똑같이 나누어줄 것인데"라고 해석했다.

3

●

선생님이 말씀하셨다. "명命을 알지 못하면 군자가 되지 못한다."

子曰✛ 不知命이면 無以爲君子也요
자왈 부지명　　무이위군자야

　명命을 안다는 것은 하늘이 자기에게 부과한 임무, 평생토록 해야 할
일을 안다는 말이다. 명命은 자신의 운명이나 자신에게 주어진 과업을
말하는 것이다. 그것을 함으로써 설령 손해를 보거나 힘들더라도 이를
담담하게 받아들이는 것이 군자가 취할 삶의 자세라는 말이다. 공자에
게 명命은 무엇이었는가? 정치를 하는 것이었다. 정치하도록 태어난 사
람이 할 일은 두 가지였다. 수신修身과 치인治人이었다. 수신과 입신대
도立身大道를 위해 예禮가 필요했고, 치인을 위해 사람의 말을 알아야
했다. 공자는 현실정치에서 성공하진 못했지만 그 꿈을 군자의 길이라

는 제목으로 제자들에게 말했다. "먼저 자기를 다스리고 그다음에 사람을 다스리는 정치를 해라. 이것은 공부한 사람들의 이 세상에 대한 의무다."

●

"예禮를 알지 못하면 제대로 설 수 없다."

不知禮면 無以立也요
부지례　　무이립야

●

"말을 알지 못하면 사람을 알지 못한다."

不知言이면 無以知人也니라
부지언　　　무이지인야

✝ 《경전석문》에 의하면 이 문장은 "공자왈孔子曰"로 시작한다. 〈논어주소교감기〉에 의하면 대부분의 판본에는 "공자왈孔子曰"로 되어 있는데, 《집주》에만 "자왈子曰"로 되어 있다고 한다. 《논어》의 판본 중에서 특히 '황본'(황간의 《논어의소》)은 《논어집주》와 다른 글자가 많았다. 약간 표현을 달리하는 어조사 등이 추가되었거나 없는 경우도 있다. 그런 글자의 차이는 원문을 이해하는 데 큰 차이를 유발하지는 않는다. 그러나 위의 문장과 같이 주자가 '공자왈'이라고 하지 않고 '자왈'이라고 한 것은 중대한 인식의 차이를 보여주는 것이다. '공자왈'이라고 할 때는 구체적이고 개별적인 공자孔子라

는 한 명의 선생님의 말에 불과하지만, '자왈'이라고 할 때는 "누구
에게나 또는 모두의 선생님"[子]의 말씀이라는 뜻이 담겨 있다.

참고문헌

《논어》 원문 및 언해

● 정유자丁酉字(1777년) 《논어집주대전論語集註大全》(호광胡廣 등等 봉칙찬奉勅撰)
1777년에 제작한 정유자라는 활자로 인쇄한 《논어집주대전》이다. 1965년에 성균관대학교 대동문화연구원에서 《경서經書》라는 제목으로 영인본을 간행했다. 필자는 1996년 영인본으로 이 책의 《논어》 본문(원문 · 경문 · 정문)을 입력했고 한자 자형이 여러 가지일 때 아래에 소개하는 여러 종류의 《논어집주대전》 판본과 《논어언해》 등과 비교 · 검토했다. 국립중앙도서관 전자도서관에서 인터넷으로 이 책 《논어집주대전》(1777년)의 원문을 확인할 수 있다.

● 1427년 발문. 세종 발간 보급 《논어집주대전論語集註大全》(호광 등 봉칙찬)
명나라에서 수입한 《사서대전四書大全》을 조선에서 수입하여 재간행했는데, 이 《논어집주대전》은 그 일부다. 이 책 《논어집주대전》 끝부분에 변계량(1369~1430)이 발간 경위에 대해 정미년丁未年(1427년) 겨울에 쓴 글이 있다. 세종이 명나라에서 들여온 《오경대전五經大全》, 《사서대전四書大全》, 《성리대전性理大全》을 경상, 전라, 강원도 감사에게 명하여 간행 · 보급하게 했다고 한다. 당시 조선의 학자들은 송나라 이래 중국학자들의 학설을 접할 기회가 적어서 걱정해왔는데 이런 책을 열람할 수 있게 되어 다행이라고 한 내용도 있다. 《세종실록》에도 세종이 《성리대전》, 《사서대전》 등을 발간하게 했고 지방의 감사들이 제작해서 바쳤다는 기록이 있다. 세종이 이렇게 유교 · 성리학 관련 서적 보급을 독려한 때는 세종9년(1427년), 세종10년(1428년)이었다. 조선 건국 이후 한 세대가 지난 다음에 창업기의 혼란을 극복하고 체제가 안정되면서 본격적으로 학술 진흥에 집중했던 것으로 여겨진다. 《사서대전》 · 《오경대전》 · 《성리대전》은 신유학(성리학 · 주자학)의 내용을 종합적으로 담고 있는 책인데, 국가적인 사업으로 이런 책들이 간행·보급되었던 것이다. 전국적으로 이런 책의 간행·보급이 시작된 세종9년(1427년)과 그 직후는 조선이 본격적으로 유교국가의 길로 들어선 중대한 시기로 볼 수 있을 것이다. 서울대학교 규장각 한국학연구원 홈페이지 자료실에서 PDF파일로 이 책의 원문 전체를 확인할 수 있다. 국립중앙도서관 전자도서관에서도 이 책의 일부를 볼 수 있다. 모두 9책으로 되어 있고 《논어》 본문, 집주, 소주에 표점標點이 찍혀 있어서 해석에 도움이 된다.

• 교정청校正廳 간행, 도산서원 소장 《논어언해論語諺解》, 1590(선조23년)

"萬曆十八年七月日"이라는 내사기內賜記가 있어서 1590년(선조23년)에 간행·보급된 것으로 추정한다. 1972년에 대제학 출판사에서 영인본을 간행한 적이 있다. 이 영인본은 국립중앙도서관 전자도서관에서 이미지 화면으로 이용할 수 있다. 1997년에는 단국대학교 퇴계학연구소에서 《논어언해색인論語諺解索引》이라는 제목으로 '국어색인', '토색인吐索引', '한자음목록'을 추가하여 영인본으로 간행했다. 경북 영천시 임고서원 소장본은 보물(1109-3호)로 지정되어 문화재청 '국가기록유산' 홈페이지에서 논어 20편 중에서 제14편까지 원문을 확인할 수 있다. 자료 화면을 확대해서 볼 수 있고 글자도 선명하다. 활자본이며 글자에 성점聲點(방점傍點)이 표시되어 있다. 이 책에 있는 것과 같은 성점聲點 표시는 이후 간행된 《논어언해》에서는 찾을 수 없는 것이다.

• 《논어언해論語諺解》 4冊, 1612(광해光海 4년)

"萬曆 四十年九月"이라는 내사기內賜記가 있어 1612년年(광해군 4년)에 간행·배부된 것으로 추정한다. 이 책에는 그 이전에 간행된 《논어언해》에서 보이는 성점聲點(방점傍點)이 없다. 이 《논어언해》는 이후에 간행된 관본 《논어언해》(내각장판, 영영장판, 하경룡장판)의 기준이 되었다. 필자는 서울대학교 규장각 한국학연구원 홈페이지 '원문보기'에서 파일로 확인했다(규장각 소장 청구번호 奎3058 등). 화면이 깨끗하고 글자가 선명하다. 4권의 책(원元·형亨·이利·정貞)으로 되어 있다.

• 경진신간庚辰新刊 내각장판內閣藏板 《논어언해論語諺解》 4冊, 1820(추정)

'경진庚辰'이라는 간행년도 표시에 따라 이 책은 1820년(순조20년)에 간행된 것으로 추정되고 있다. 한자음과 해석은 1612년 《논어언해》와 거의 동일하다. 4책으로 편집되어 있고 목판본이지만 글자가 선명하다. 간행년도 표시가 '庚辰新刊 內閣藏板'이라고 되어 있지만 지금 볼 수 있는 판본이 모두 경진년庚辰年에 인쇄된 것인지는 알 수 없다. 또한 이 책은 보경문화

사에서 《사서언해四書諺解》라는 제목으로 간행한 영인본에 포함되어 있다. 학민문화사에서는 《논어집주대전論語集註大全》 영인본에 이 언해본(내각장판)의 내용을 해당 페이지에 오려 붙여서 참고할 수 있게 했다. 또한 이 《논어언해》 판본(경진신간 내각장판)은 국립국어원 디지털한글박물관 문헌검색 '원문 이미지 보기'에서 4책 전체를 페이지별로 모두 확인할 수 있다. 화면이 선명하다. 또한 국립중앙도서관 전자도서관에서도 이 판본 4책을 모두 화면으로 편리하게 확인할 수 있다.

• 경진신간庚辰新刊 내각장판內閣藏板 《논어집주대전論語集註大全》 7冊, 1820(추정)
조선시대에 많이 보급된 《논어집주대전》 판본으로서 실질적인 《논어》 교과서였다. 《논어언해》(내각장판)와 함께 한 세트로 간행되었다. 간기刊記에 표시된 경진년庚辰年이 1820년이라서 이 해에 간행된 것으로 추정한다. 목판본이며 7권의 책으로 간행되었다. 정유자본과 편집 체제와 내용이 동일하다. 도서관에서는 고서를 보관할 때 페이지에 있는 행(줄)과 한 행(줄)에 있는 글자

의 숫자, 페이지를 연결하는 문양, 활자의 특징을 서지사항으로 표시한다. 이 책의 한 페이지를 보면, 세로로 10행(줄)이고 한 행(줄)마다 18자字로 되어 있다. 장章이 시작할 때마다 "○" 표시를 하였다. 주석에 해당하는 부분은 행(줄)마다 첫 칸을 비워두었기 때문에 주석만 있는 페이지는 행(줄)마다 17자字로 되어 있다. 《논어》 본문과 주자의 집주는 굵은 글자로 되어 있고, 소주小註는 한 행(줄)에 작은 글씨로 두 줄로 촘촘하게 배열되어 있다.

• 경진신간庚辰新刊 내각장판內閣藏板 《논어집주대전論語集註大全》, 학민문화사 영인본 3冊

내각장판 《논어집주대전》 영인본이다. 《논어언해》도 함께 들어 있다.

◀ • 경상감영慶尙監營 임오신간壬午新刊 영영장판嶺營藏板 《논어언해論語諺解》 4冊, 1822(추정)
경상감영에서 간행했다. 간기刊記에 '임오壬午'라는 연도 표시가 있지만 간행년도를 단정할 수

는 없다. 1800년대에 임오년壬午年이 1822년과 1882년인데, 간행년도를 1822년(순조22년)으로 추정한다. 내각장판과 한자음, 해석이 동일하다. 한 페이지에 10행(줄), 한 행(줄)에 17자字가 새겨져 있다. 목판본이다.

◀ ● 경상감영慶尙監營 임오신간壬午新刊 영영장판嶺營藏板 《논어집주대전論語集註大全》 7冊, 1822(추정)
경상감영에서 《논어언해》(영영장판)와 함께 간행했다. 내각장판과 편집이 동일하다(10행18자).

● 경상감영慶尙監營 임술계춘壬戌季春 영영중간嶺營重刊 《논어언해論語諺解》 4冊, 1862(추정)

'임술壬戌'이라는 발간년도 표시에 따라 1862년(철종13년)에 간행된 것으로 추정되고 있다. 내용은 내각장판과 임오신간영영장판과 동일하다. 다만, 내각장판이나 다른 언해본이 보통 한 페이지에 10행(줄)으로 되어 있는데 이 책은 12행(줄)이다. 또한

한 행(줄)에 그 이전의 책은 보통 17자, 또는 18자 내외인데, 이 책은 한 행(줄)에 23자로 되어 있어서 다른 《논어언해》 판본과 편집 차이가 쉽게 구분이 된다. 조선시대의 《논어언해》는 4권의 책册으로 간행되었는데 4번째 책에만 간행년도를 표시했기 때문에 1,2,3권의 책은 어느 판본인지 알기가 어려운 경우가 있다. 페이지마다 행(줄)과 글자 숫자가 비슷하기 때문에 판본의 종류를 정확하게 판별하기 어렵기 때문이다. 그러나 이 책만큼은 편집이 특이하기 때문에 간행년도 표시가 없어도 쉽게 판별할 수 있다.

● 경상감영慶尙監營 무오오월戊午五月 영영중간嶺營重刊 《논어집주대전論語集註大全》 7冊, 1858(추정)
1800년대에 무오년戊午年은 1858년(철종9년)이다. 정유자본과 내용은 동일하다. 다만 편집이 달라져서 한 페이지에 10행(줄) 22자字로 되어 있다. 목판본이다. 영영중간본嶺營重刊本은 이외에도 을축사월乙丑四月 영영중간嶺營重刊본이 있다. 이 판본도 10행 22자字로 되어 있다.

● 성균관개간成均館開刊 경술육월일庚戌六月日 《논어집주대전論語集註大全》 7冊, 간행년도 미상

간기刊記에 '경술庚戌'이라고 되어 있으나 간행년도를 추정하기 어렵다. 《논어》 본문과 집주, 소주小註에 표점標點이 되어 있다. 표점이 찍혀 있기 때문에 해석에 도움이 된다. 국립중앙도서관 소장 《논어집주대전》(1429년)은 명판明板 복각본이라고 하는데 이 책에도 표점이 찍혀 있다(이 책도 국립중앙도서관 전자도서관에서 화면으로 내용을 확인할 수 있다). 조선시대에 간행된 《논어집주대전》 판본인 내각장판, 영영장판, 하경룡장판에는 논어 본문, 집주, 소주에 표점이 찍혀 있지는 않다. 한 페이지에 10행(줄) 22자로 되어 있다.

• 성균관중간成均館重刊 병인사월일丙寅四月日 《논어집주대전論語集註大全》, 1686(추정)

이전의 성균관개간 경술육월일庚戌六月日 판본에 있는 표점이 그대로 유지되었다. 이 책의 간행년도를 "1686년"으로 보는 견해가 있다(김영호 《다산의 논어해석연구》 참고문헌 목록). 이 견해를 따르면, 위의 성균관개간 경술육월일 판본의 간행년도는 1686년 병인년丙寅年 이전의 경술년庚戌年인 1670년으로 추정된다. 성균관成均館 간행본의 발간 시기를 이렇게 본다면, 이 판본은 내각장판, 영영장판, 하경룡 장판이 나오기 이전의 《논어》 교과서로 사용되었을 것이다. 이 책은 영남감영에서 간행한 무오오월戊午五月 영영중간嶺營重刊 본과 판형이 동일하다. 한 페이지에 있는 행行과 자字의 숫자가 동일하고 페이지마다 시작하는 글자와 끝나는 글자도 같다.

• 세경오중춘개간歲庚午仲春開刊 전주부全州府 하경룡장판河慶龍藏板 《논어언해論語諺解》 4冊

전주에 있는 민간 출판사에서 간행되었다. 내용은 내각장판과 동일하기 때문에 관본 언해(내각장판, 영영장판, 하경룡장판)로 분류된다. 편집도 내각장판과 동일해서 보통 한 페이지에 10행(줄) 17자字로 되어 있다. 간기에 표시된 경오년庚午年이 1810년(순조10년)과 1870년(고종7년)인데, 이를 참고로 간행년도를 추정한다. 1810년에 간행된 것으로 보는 견해가 있다(김해정, 《사서언해의 비교연구》). 다만, 미자편(18편) 10장에 "무대고無大故"라는 부분이 있는데 '故'자가 이 판본에는 '過'로 되어 있다. 오자誤字로 여겨지는데, 1820년 간행으로 추정되는 내각장판과 1862년 간행으로 추정되는 영영중간본에도 동일하게 '과過' 자로 오자가 반복되는 특이한 점이 있다. 이 책도 국립국어원 디지털한글박물관 문헌검색 '원문 이미지 보기' 에서 4책의 모두 내용을 확인할 수 있다. 화면이 선명하다. 또한 국립중앙도서관 전자도서관에서도 이 판본(1916년에 전주에 있는 칠서방七書房에서 원본 그대로 다시 재간행한 것)을 화면으로 이용할 수 있다.

- 세경오중춘개간歲庚午仲春開刊 전주부全州府 하경룡장판河慶龍藏板 《논어집주대전論語集註大全》 7冊
위의 《논어언해》와 함께 한 세트로 간행·보급되었다. 성균관중간본, 영영중간본과 편집이 동일하다. 이런 판본과 페이지마다 시작하고 끝나는 글자도 동일하다. 10행(줄)에 22자로 되어 있다.

- 《사서율곡언해四書栗谷諺解》 〈논어율곡선생언해論語栗谷先生諺解〉
위에서 설명한 《논어언해》는 간행 주체와 간행 지역만 다를 뿐 내용을 거의 동일하다(한자음과 해석이 동일하다). 그러나 율곡 언해는 해석의 경향은 전체적으로는 관본 《논어언해》와 같다고 할 수 있지만, 일부 한자음과 해석이 다르다. 율곡 언해는 홍계희(1703~1771)의 발문과 함께 1749년(영조25년)에 간행되었다. 필자는 성균관대학교 양현재 영인본(1974년)을 참고했다.

- 수진본袖珍本 《논어집주대전論語集註大全》 7冊, 출판년도 미상
아주 작은 《논어집주대전》이다. 보통 《논어집주대전》의 4분의 1 크기다. 그러나 《논어》 본문, 집주, 소주 등 《논어집주대전》에 있는 것은 그대로 다 있다.

갖고 다니면서 공부할 수 있도록 일부러 작게 만들었다는 말이 있다. 한 페이지에 10행(줄) 22자로 편집되어 있다. 이렇게 작은 글씨로도 내용을 알 수 있으려면 《논어집주대전》을 이미 공부한 수준 이상일 것으로 여겨진다.

- 《논어집해의소論語集解義疏》 하안何晏 집해集解, 황간皇侃 의소義疏 4冊, 北京: 中華書局, 1985
황간의 《논어의소》다. 《논어》 본문, 하안 집해에 해당하는 "주註", 황간의 《논어의소》인 "소疏"로 구성되어 있다. 논어 집주와 장章의 편집, 한자 자형이 다른 것이 있어서 비교가 된다. 《논

어》본문의 한자가 《논어집주》와 다른 것이 있고 추가된 것도 있다. 《논어》의 첫 장章 "學而時習之不亦說乎"의 說자가 이 책에는 '悅'자로 되어 있는데, 전체적으로 가차자假借字를 쓰기보다는 본래 의미하는 글자를 쓰는 경향이 있다. '황본皇本'이라고 약칭하기도 한다. 東京에서 간행된 《한문대계》〈논어집해〉의 《논어》본문이 이 '황본'의 경향을 일부 반영했다.

• 《십삼경주소十三經注疏》〈중간송본논어주소重刊宋本論語注疏 부교감기附校勘記〉(하안何晏 집해集解. 형병소邢昺疏), 臺北, 大化書局, 연도 미상
형병의 《논어주소》다. 황간의 《논어의소》와 동일한 형식으로, 《논어》본문, 하안 집해에 이어서 형병의 《논어주소》에 해당하는 "소疏"라는 3개의 부분으로 구성되어 있다. 장章의 편집은 '황본皇本'과 대체로 동일하나 한자 자형에 있어서는 《논어집주》와 경향이 같다. 또한 《논어집주》와 동일하게 가차자를 쓰는 경향이 있다. 《논어집주》와는 다른 해석과 다양한 관점을 아는데 도움이 된다. 각 편마다 완원阮元의 〈논어주소교감기論語注疏校勘記〉가 추가되어 있다. 논어의 여러 종류 판본에서 볼 수 있는 한자 자형, 한자음의 차이에 관해 상세하게 알 수 있다.

• 《논어주소論語注疏》(하안何晏 집해集解. 육덕명陸德明 석문釋文. 형병소邢昺疏), 사고전서四庫全書, 전자판

• 《십삼경주소十三經注疏》부교감기附校勘記(嘉慶二十年重刊宋本) 논어論語·효경孝經·이아爾雅·맹자孟子. 大化書局, 연도 미상

• 유교경전언역총서儒教經典諺譯叢書《언역논어諺譯論語》4册, 京城: 儒教經典講究所, 1922

1921년에 신면휴申冕休, 여규형呂圭亨, 조병건趙秉健 등 22명이 '유교경전언역총서편집위원儒教經典諺譯叢書編輯委員'을 구성하여 1922년에 발간했다. 조선시대의 《논어언해》를 현대적인 책의 형태로 간행한 것이다. 관본 언해와 구두句讀, 현토懸吐가 동일하다. 《논어언해》에 따른 원문 해석이 "훈두訓讀"라는 표시 아래에 조선시대의 표기방식 그대로 되어 있다. 또한 "자해字解"와 "의해義解"라는 부분을 추가했는데, 자해字解는 《논어》원문에 나오는 자字와 개념에 대해 약술한 것이고, 의해義解는 독자의 이해를 돕기 위해 문장의 의미를 풀어서 설명한 것이다.

• 《언해논어言解論語》上·下 2册, 京城: 文言社, 1932년 초판, 1937년 三版

상기의 《언역논어》를 좀 더 현대적으로 고쳐서 발간한 책이라고 할
수 있다. 한글 표기법도 근대적으로 수정되었고, 한글로 내용이 상
세하게 설명이 되어 있다. 저자는 문언사文言社 대표代表 이범규李
範圭로 되어 있다. 해석, 현토, 구두句讀는 관본 《논어언해》를 따랐
다. 페이지 상단에는 일부 한자의 음흡과 뜻이 표시되어 있다. 간혹
《집주》의 한자음과 《논어언해》의 한자음이 다른 경우가 있는데, 이
책은 《논어언해》의 한자음을 따랐다. 당시에 일반이 사용하는 한자
음을 일부 따랐다는 말이다.

• 《논어집주論語集註》全, 閔濬鎬 편집, 東洋書院, 1912
1910년대에 현대적인 책으로 간행된 《논어집주》다. 《논어》 본문에 관본 《논어언해》와 동일한
구두句讀와 현토懸吐가 있고 해석이 되어 있다. 이후에 간행된 이런 종류의 《논어집주》 책은
발행자와 출판사가 달라도 내용과 형식은 동일하다.

• 《원본비지原本備旨 논어집주論語集註》(上 · 下), 京城書籍業組合 編輯部, 1917
1910년대에 현대적인 책으로 간행된 《논어집주대전》이다. 구두句讀와 현토懸吐가 있다. 소주小
註까지 있어서 조선시대에 《논어집주대전》을 공부하던 수준에서 참고할 수 있는 책이다.

• 《정본正本 논어집주論語集註》全, 南宮濬 편집, 李鐘楨 발행, 1917
이전에 나온 《논어집주》와 동일하다. 집주集註에도 구두句讀가 되어 있다.

• 《정본正本 논어집주論語集註》全, 朝鮮圖書株式會社, 1925년 초판, 1927년 再版
집주에 구두句讀가 되어 있다. 현토와 구두句讀는 관본 《논어언해》(내각장판, 영영장판, 하경
룡장판)와 동일하다. 페이지 상단에 한자음을 표시한 것이 있는데, 집주의 한자음을 따른 경
향이 있다. 중등학교에서 《논어》와 한문 교재로 사용되었다는 표시가 있다.

• 《정본正本 논어집주論語集註》全, 세창서관, 1952년, 1967년
이전에 나왔던 《논어집주》를 그대로 간행한 것이다. 이전 판본에 있었던 《논어》 본문의 일부
오자가 수정되었다.

• 《현토석자구해 논어집주懸吐釋字具解 論語集註》(金赫濟 校閱), 명문당, 1976
이전의 동일한 《논어집주》 판본에 있었던 일부 오자를 교정했다. 본문 상단에 한자음이 있는

데, 집주의 한자음을 따랐다. 이런 종류의 《논어집주》는 《논어》 공부에 있어서 '전통과 현대'를 연결하는 역할을 했다. 내용(논어집주, 언해, 구두, 현토)은 조선시대와 동일하고 책의 형식은 현대적으로 되어 있었다. 1980년대까지도 전통 서당 등에서 교재로 사용되었다. 그 이후에는 점차 《논어집주대전論語集註大全》 영인본, 동경東京에서 간행된 《한문대계漢文大系》, 北京에서 간행된 양백준楊伯峻의 《논어역주論語譯注》등이 《논어》 교재로 사용되었다. 일반 독자들은 점차 한글 번역본·역주본으로 《논어》를 접하게 되었다.

- 《논어초論語抄》 필사본, 작자 미상, 연도 미상

- 《논어요초論語要抄》 필사본, 작자 미상, 연도 미상

- 《논어집주論語集註》 필사본 No.1
  작자 미상, 연도 미상

- 《논어집주論語集註》 필사본 No.2
  작자 미상, 연도 미상

- 《논어집주論語集註》 필사본 No.3
  작자 미상. 연도 미상

- 《논어정문論語正文》 필사본
  작자 미상. 연도 미상

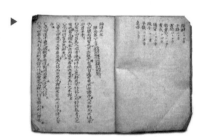

- 《논어論語》 필사본, 작자 미상
  연도 미상. 원문에 토

- 《논어대전정문論語大全正文》 필사본2권,
  작자 미상, 연도 미상

- 《한문대계漢文大系》 I 〈논어집해論語集解〉, 東京, 富山房, 1909년 초판, 1976년 增補 再版
  현토懸吐를 하지 않는 방식으로 《논어》 공부를 할 때 선호되는 책이다. 하안 집해集解, 황간과 형병의 소疏, 주자의 집주가 있어서 《논어》 본문을 이해하는 데 도움이 된다. 《논어》에 대

한 종합 참고서라고 할 수 있다. '황본皇本' (황간의 《논어의소》)와 '형본邢本' (형병의 《논어주소》)의 판본 차이(《논어》 본문과 주소註疏)도 설명되어 있는데, 이 책은 《논어》 본문에 있어서 '황본'을 따르는 경향이 있다. 그렇기 때문에 주자의 《논어》와 《논어》 본문에 있어서 글자가 다른 것이 있다.

• 양백준楊伯峻, 《논어역주論語譯注》, 北京: 中華書局, 1980
《논어》 공부를 할 때 토吐를 붙이면서 전통적으로 학습하는 방식이 있고 한편으로는 한문 본문을 그대로 공부하는 방식이 있다. 위의 《한문대계》와 함께 이 책은 토吐 없이 《논어》를 공부하는 교재로 잘 알려져 있다. 전문적인 연구자들은 물론 토吐와 상관 없이 모든 《논어》 교재를 다 참고할 수 있겠지만 처음에 《논어》를 학습하는 입장에서는 어떤 방식으로 《논어》를 공부할 것인가에 교재를 달리한다. 이 책 《논어역주》는 중국에서도 권위 있는 《논어》 책으로 인정을 받고 있고 국내의 연구자들도 다수 이 책을 참고하고 있다. 《논어》의 장章, 절節 구분에 있어서 집주보다는 고주를 따르는 경향이 있다. 한문 실력을 늘리기 위해 《논어》 본문을 해석하면서 학습하는 단계라면 《논어집주》, 《한문대계》, 《논어역주》 중에서 어느 것을 보더라도 도움이 된다.

• 주희朱熹, 《사서장구집주四書章句集注》(新編諸子集成 制一輯), 中華書局, 1996

• 〈멀티미디어 자료 논어성독(장순범 성독)〉, 한국고전번역원 홈페이지, 2009년 1월
한국고전번역원은 1965년에 학자들에 의해 '민족문화추진회' 라는 학술단체로 설립되어 발전해온 고전 국역 및 국역자 양성 교육기관이다. 그동안 《조선왕조실록》을 비롯하여 유학자들의 문집 등 수많은 국학 자료를 국역했고, 특히 '국역연수원'은 국역자를 양성하는 권위 있는 교육기관으로 유명하다. 국학연구와 교육의 산실이라고 할 수 있다. 필자는 〈논어성독〉 자료를 한국고전번역원의 홈페이지에서 참고하고 확인했다.

실록 및 유학자들의 《논어》 관련 저술

• 《조선왕조실록》

• 《국조보감》

• 《일성록》

- 기대승, 〈고봉집高峯集〉, 민족문화추진회, 《한국문집총간》 40

- 김간金榦, 〈후재집厚齋集〉, 민족문화추진회, 《한국문집총간》 155

- 김장생. 《경서변의經書辨義》〈논어論語〉, 한국경학자료집성 V.18, 성균관대학교 대동문화연구원, 성균관대학교 출판부, 영인본

- 박문호, 《논어집주상설論語集註詳說》, 한국경학자료집성 V.31
책의 제목과 같이 주자의 《논어집주》를 상세하게 보완·설명한 책이다. 《논어집주》에 대한 참고서라고 할 수 있다. 박문호는 한말韓末의 유학자고 이 책의 간행 연대는 1900년대 초반이다(서문序文은 1904년, 간행은 1921년). 한자음에 대해서는 당시의 현실음보다는 주자의 《집주》에 있는 한자음 표시를 따랐다. 이 책은 성대 한국경학자료집성 영인본을 참고할 수 있다. 또한 국립중앙도서관 전자도서관에 구축된 원문정보 데이터베이스가 있어서 인터넷으로 자료를 이용할 수 있다.

- 박세당, 《사변록思辨錄》 논어論語, 한국경학자료집성 18
박세당이 60세에 이르러 《논어》에 대해 독특한 해석을 제시했다. 박세당이 《사변록》 때문에 사문斯文의 죄인으로 몰렸다는 선입관을 갖고 이 자료를 읽지만 크게 논란이 될 만한 또는 과격한 해석은 찾기 어렵다. 박세당은 오로지 이 책의 특이함 때문에 공격을 받지는 않았을 것이다. 다른 이유가 종합적으로 작용했던 것으로 여겨진다.

- 박세당, 《사변록(Ⅲ)》, 민족문화추진회 번역본
민족문화추진회 번역본은 한국고전번역원 홈페이지 '고전번역서'에서도 검색 기능을 이용하여 편리하게 참고할 수 있다.

- 송시열, 《논어혹문정의통고論語或問精義通攷》, 한국경학자료집성 19
주자의 《혹문或問》과 《정의精義》를 합쳐서 정리한 책이다.

- 송시열, 《송자대전(宋子大全)》, 민족문화추진회 번역본과 원문.

- 신경, 〈직암집直菴集〉, 민족문화추진회, 《한국문집총간》 216

- 신흠, 〈상촌집象村稿〉 민족문화추진회, 《한국문집총간》 71, 72

- 이규경, 〈오주연문장전산고〉, 민족문화추진회 번역본

- 이색, 〈목은고牧隱藁 〉, 민족문화추진회, 《한국문집총간》 3-5

- 이이, 《사서석의四書釋義》〈논어석의論語釋義〉, 한국경학자료집성 18
율곡의 《논어언해》의 초고草稿가 되었던 자료다.

- 이이, 《율곡선생전서栗谷先生全書》, 《한국문집총간》 44, 45

- 이익, 〈성호전집星湖全集〉, 민족문화추진회, 《한국문집총간》 198, 199, 200

- 이익, 《성호전집》, 민족문화추진회 번역본

- 이익, 《성호사설》, 민족문화추진회 번역본

- 이유태, 《사서답문四書答問》〈논어論語〉, 한국경학자료집성 18

- 이재, 《천상강설泉上講說 논어 論語》, 이재李縡 강의록 필사본(박성원朴聖源 등 필사), 연도 미상, 영인본, 한국경학자료집성 21, 논어4

- 이재, 《논어강설論語講說》, 필사본, 위의 《천상강설 논어》와 동일한 책이다.

도암 이재(1680~1746)의 《논어》 강의록이다. 《논어》의 편篇, 장章 순서에 따라 각각의 장章에서 쟁점이 될 만한 것에 대해 질의·응답 형식으로 설명한 것이다. 이 책은 필사본으로 전해지고 있는데, 한국경학자료집성에 있는 영인본에는 《泉上講說 論語》라고 되어 있다. 필자가 갖고 있는 필사본에는 도암이 살았던 화전花田(고양시 일대)의 지명에 따라 《화전논어花田論語》라는 표시가 있고, 또 다른 필사본에는 《논어강설論語講說》이라고 되어 있다. 필자는 이 책의 명칭을 도암 이재의 《논어강설》이라고 표시하면서 인용했다. 성균관대학교 한국경학자료시스템에 이 책이 《泉上講說 論語》라는 제목으로 들어 있어서 인터넷으로 원문 자료를 참

고할 수 있다. 《천상강설》과 《논어강설》에는 "성원聖源", "기경基敬", "유維", "형衡" 등 이름이 문답 내용 끝에 표시되어 있다. 본문에도 "성원聖源"과 같은 질문자의 이름이 등장하기도 한다. "聖源"은 박성원朴聖源(1697~1759)이다. 도암의 제자다. 필자는 도암의 제자인 박성원과 한글 이름이 같고 태어난 해가 동일한 朴性源(1697~1767)에 대해서도 관심을 갖고 있다. 朴性源은 당시의 한자에 대해 중국음[華音]과 당시의 조선음[東音]을 동시에 표시한 음운서 《화동정음통석華東正音通釋》(1747년)의 저자다. 한때 도암의 제자였고 율곡의 《논어언해》에 발문을 쓴 홍계희洪啓禧는 《삼운성휘(보)三韻聲彙(補)》(1751)라는 운서를 만들었다.

● 이황, 《사서석의四書釋義》 〈논어석의論語釋義〉, 한국경학자료집성 18

● 이황, 《증보 퇴계전서增補 退溪全書》三 〈논어석의論語釋義〉, 성균관대학교 대동문화연구원, 1997

● 위백규, 《존재집存齋集》 〈독서차의讀書箚義〉, 한국경학자료집성 25

● 윤형로, 《계구암집戒懼菴集》, 민족문화추진회, 《한국문집총간》 219

● 정도전, 《삼봉집三峯集》 〈朝鮮經國典〉, 三峯鄭道傳先生記念事業會, 2009

● 정약용, 《논어고금주論語古今注》(新朝鮮社), 한국경학자료집성 27

● 정약용, 〈상례사전喪禮四箋〉, 《與猶堂全書》Ⅵ, 민족문화추진회, 《한국문집총간》 284

● 정약용, 《다산시문집》, 민족문화추진회 번역본

● 정조, 《홍재전서弘齋全書》 〈경사강의經史講義〉 〈논어論語〉

● 정조, 《국역 홍재전서》, 민족문화추진회 번역본, 1998

● 홍대용, 《사서문변四書問辨》 〈논어문의論語問疑〉, 한국경학자료집성 25

● 홍대용, 《국역담헌서》Ⅰ 〈논어문의〉, 민족문화추진회, 1982

• 어정논어인물유취御定論語人物類聚[순조명편純祖命編]: 한국경학자료집성34(논어17)

사전(발행연대순)

• 《강희자전康熙字典》(전자판).

• 박성원朴性源, 《화동정음통석운고華東正音通釋韻考》, 1747년
영조 시대에 간행된 운서다. 한자에 대해 두 글자로 간략하게 뜻이
설명되어 있고, 그 아래에 중국 한자음과 당시 조선의 한자음이 좌
우에 나란히 표시되어 있다. 그 시대에 한글로 한자음을 표시한 중
요한 자료다. 정조가 이 책을 재간행하면서 발간사를 썼을 정도로
그가 중시한 운서다.

• 홍계희, 《삼운성휘》, 1751년

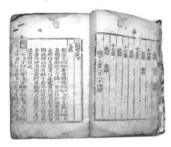

율곡의 《논어언해》에 발문을 쓴 홍계희가 만든 운
서다. 이 책은 위의 《화동정음통석운고》와 같이 당
시 조선의 한자음이 한자에 표시되어 있다. 《삼운
성휘(보)》는 부수 순서로 되어 있는 옥편으로서 한
자음 표시는 없고 뜻만 표시되어 있다. 홍계희는 영
조 시대의 유력한 정치인이자 음운학자音韻學者였
는데, 정조 즉위와 관련하여 그의 자손들이 역모 혐
의로 처벌을 받았고, 도암 이재의 문하 출신이면서

제자들 사이에서 갈등이 있었던 것으로 실록에 기록되어 있다. 국립국어원 디지털한글박물
관 '원문 이미지 보기'에서 《삼운성휘》와 그 부속 옥편에 해당하는 《삼운성휘(보)》의 내용을
모두 확인할 수 있다.

• 《전운옥편全韻玉篇》, 1796년(추정) ▶
정조의 명에 의해 이덕무 등이 편찬한 옥편이다. 이
덕무는 1793년에 운명했고 그의 사후에 여러 학자
의 교정을 거쳐 1796년에 간행되었다. 한자음이 표
시되어 있고 한자로 의미가 간략하게 설명되어 있

다. 조선 후기의 대표적인 옥편으로 사용되었다. 지금도 많이 남아 있다. 옥편이기 때문에 사용하지 않은 깨끗한 새 책으로 현재까지 남아 있는 것은 찾아보기 힘들다. 국립중앙도서관 전자도서관에 있는 소장본의 내용을 인터넷으로 편리하게 확인할 수 있다.

• 《규장전운奎章全韻》, 1796(추정)
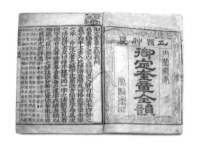
정조의 명에 의해 이덕무 등이 편찬한 운서다. 《전운옥편》과 함께 조선후기에 사용되었고 지금도 많이 남아 있다. 한자에 대해 간략하게 뜻이 설명되어 있고 중국음과 조선의 한자음이 함께 표시되어 있다. 시詩를 지을 때 꼭 필요한 교재였기 때문에 대부분 휴대용으로 작게 만든 것도 있고 일반적인 책 크기로 제작한 것도 있다. 국립중앙도서관 전자도서관에 소장된 자료를 인터넷으로 참고할 수 있다.

• 《증보增補 전운옥편全韻玉篇》, 1800년대 후반(추정)
증보, 또는 교정이라는 표시가 추가된 《전운옥편》이다. 《전운옥편》과 동일하고 페이지 상단에 일부 한자음에 대해 속음俗音이라는 표시와 함께 음이 기록되어 있다.

• 《국한문신옥편國漢文新玉篇》, 정익로鄭益魯, 耶蘇敎書院, 1908
근대적인 옥편이다. 《전운옥편》과 마찬가지로 한자를 부수와 획수로 찾아볼 수 있게 되어 있다. 1908년에 간행된 최초의 근대적인 옥편으로 알려져 있다. 정정재판訂正再版은 1909년에 간행되었는데, 첫 페이지에 옥편의 제목과 함께 "大韓隆熙三年", "救主降生一千九百九年"이라는 연도 표시가 있다. 기독교 단체에서 발행한 것으로 여겨진다. 발행처는 평양으로 되어 있고 인쇄는 일본에서 한 것으로 표시되어 있다. 국립국어원 디지털한글박물관에서 '원문 이미지 보기'로 이 사전을 이용할 수 있다.

• 《자전석요字典釋要》, 지석영池錫永, 1909
《전운옥편》과 체제가 동일한 근대적인 옥편이다. 국립국어원 디지털한글박물관에서 이 사전을 이용할 수 있다. 또한 국립중앙도서관 전자도서관에 원문정보 데이터베이스로 구축된 자료를 인터넷으로 참고할 수 있다.

• 《신자전新字典》(조선광문회), 新文館, 1915

유근, 이인승, 남기원, 주시경, 김두봉 등이 편찬에 참여하고 조선광문회(주간 최남선)가 발행한
근대적인 한자사전이다. 이 사전의 서문을 유근과
최남선이 썼다. 《강희자전》, 《전운옥편》 등을 참고
하여 부수로 한자를 찾을 수 있게 했다. 하나의 한
자에 대해 여러 개의 한자음과 훈訓을 제시하고,
고전에서 그 한자와 관련된 문장을 사례로 제시했
다. 국립국어원 디지털한글박물관에 자료가 있다.
국립중앙도서관 전자도서관에 원문정보 데이터베
이스로 구축된 자료를 참고할 수 있다.

• 문세영, 《우리말사전》, 삼문사, 단기 4283년(1950년)

• 문세영, 《국한문옥편》, 세창서관, 단기 4286년(1953년)

• 한글학회, 《큰사전》, 을유문화사, 1959

• 유교사전편찬위원회, 《유교대사전》, 1990

• 한글학회, 《우리말큰사전》, 어문각, 1992

• 남광우, 《고금한자전古今漢韓字典》, 인하대학교 출판부, 1995

• 연세대학교 언어정보개발연구원 편, 《연세한국어사전》, 두산동아, 1998

• 《한한대자전》, 민중서림, 2001

• 《동아대옥편》, 두산동아, 2005

• 《명문대옥편》, 명문당, 2005

• 이희승, 《국어대사전》, 민중서림, 2006

• 단국대학교 동양문화연구소, 《한한대사전》, 2008
2008년에 완성된 15책의 전집으로 편찬된 대규모의 한자사전이다. 각각의 한자에 대해 한자음, 어원, 용례 등이 상세하게 설명되어 있다. 한국문화사에 기록될 만한 성과라고 할 수 있다.

《논어》 한자음, 공자의 생애에 관한 참고자료

• 《廣韻》, 文淵閣 四庫全書, 전자판

• 《集韻》, 文淵閣 四庫全書, 전자판

• 《大宋重修廣韻》(宋 · 陳彭年等奉勅撰), 京都: 中文出版社, 1982

• 江連 隆, 《論語と孔子の事典》, 東京: 大修館書店, 1998(4版)

• 司馬遷, 《史記》10冊(司馬遷 撰, 裵駰 集解, 司馬貞 索隱
    張守節 正義), 中華書局, 1998년(15版)

• 司馬遷 《史記》, 景仁文化社, 影印本, 1977

• 蘇洵 撰, 《諡法》(四庫全書 전자판)

• 陸德明, 《經典釋文》十六, 〈論語音義〉, 中華書局

• 鄭玄 · 賈公彦 注疏, 吳江原 譯註, 《儀禮》3冊, 수원: 청계, 2000

• 許愼, 《說文解字》5冊, 中華書局, 1985

• 《七經孟子考文補遺》(四庫全書 전자판)

• 《孔子家語》(이민수 역), 을유문화사, 1972

- 《孔子家語疏證》4册(陳士珂 輯), 北京: 中華書局, 1985

- 《이아주소》1.2.3.4.5.6(이충구 · 임재완 · 김병헌 · 성당제 역주), 서울: 소명출판, 2004

- 《爾雅注疏》(四庫全書 전자판)

- 《千字文》〈光州 千字文〉, 〈石峰 千字文〉, 〈註解 千字文〉(영인본), 단국대학교 동양학연구소, 1984

《논어》 역주서

- 김도련, 《朱註今譯 論語》, 서울: 현음사, 1990(초판), 2008(2판7쇄)

- 김용옥, 《논어한글역주》Ⅰ, Ⅱ, Ⅲ, 서울: 통나무, 2008

- 김종국, 《국역 논어》, 서울: 성균관대학교 대동문화연구원, 1959

- 김학주 역주, 《논어》, 서울: 서울대학교 출판부, 1999(초판8쇄)

- 김형찬 옮김, 《논어》, 서울: 홍익출판사, 1999

- 남만성 옮김, 《논어》, 서울: 서문당, 1996(초판8쇄)

- 배병삼, 《한글세대가 본 논어》, 서울: 문학동네, 2002

- 박유리, 《논어해설》, 서울: 국학자료원, 2005

- 박헌순, 《논어집주》, 서울: 한길사, 2008

- 성백효 역주, 《현토완역 논어집주》, 서울: 전통문화연구회, 1990년(초판), 2005년 개정증보판

- 신현중, 《국문판 논어》, 서울: 청우출판사, 1955

- 이가원, 《논어 맹자》, 서울: 동서문화사, 1977

- 이강재, 《논어》, 서울: 살림, 2006

- 이기동, 《논어강설》, 서울: 성균관대학교출판부, 1992

- 이우재, 《이우재의 논어읽기》, 서울: 세계인, 2000

- 이종락, 《논어집주》, 대전: 문경출판사, 2005

- 임동석 역주, 《사서집주언해 논어》, 서울: 학고재, 2004

- 임동석 역주, 《사서원문언해(講讀本)》, 서울: 학고재, 2004

- 유교문화연구소 옮김, 《논어》, 서울: 성균관대학교 출판부, 2008

- 유종목, 《논어의 문법적 이해》, 서울: 문학과 지성사, 2000

- 장기근 역, 《한글판 논어》, 서울: 명문당, 1992

- 정후수 역주, 《알기 쉽게 풀이한 논어집주》, 서울: 이화문화출판사, 2000

- 홍찬유 역, 《논어 1》, 서울: 사단법인 유도회 출판부, 1982

참고문헌

- 김영호, 《다산의 논어해석연구》, 서울: 심산, 2003

- 김해정, 《사서언해의 비교연구》, 서울: 보고사, 2006

- 남기심 · 고영근, 《표준국어문법론》, 서울: 탑출판사, 2006

- 남광우, 《조선(이조)한자음연구》, 서울: 일조각, 1997

- 리유근, 《장편력사소설 홍경래》, 평양: 문예출판사, 1992

- 이돈주, 《韓中漢字音研究》, 서울: 태학사, 2004

- 이승자, 《조선조 운서한자음의 전승양상과 정리규범》, 서울: 역락, 2003

- 이영주, 《漢字字義論》, 서울: 서울대학교 출판부, 2002

- 이종운 편, 《국어의 맞춤법 표기》, 서울: 세창출판사, 1998

- 최남희 · 정경일 · 김무림 · 권인한, 《국어사와 한자음》, 서울: 박이정, 2006

인용 저자 인명록(조선시대까지)

세종 世宗(재위1418~1450): 조선 제4대 임금. 한글 창제. 《논어집주대전》 간행(1427년).

선조 宣祖(재위1567~1608): 조선 제14대 임금. 《논어언해》(1590년) 간행

정조 正祖(재위1776~1800): 조선 제22대 임금. 《弘齋全書》〈經史講義 論語〉.《전운옥편》 제작. 《논어집주대전》간행.

기대승奇大升(1527~1572): 高峯.《高峯集》

김간金榦(1646~1732): 厚齋《厚齋集》〈小學箚記〉

김장생金長生(1548~1631): 沙溪《沙溪全書》〈經書辨疑〉

공안국孔安國(생몰년도 미상): 前漢의 학자. 何晏《論語集解》引用

박문호朴文鎬(1846~1918): 壺山. 한말의 유학자.《論語集註詳說》

박성원朴聖源(1697~1757): 李縡의 제자.《논어강설》에서 주로 질문한 제자

박성원朴性源(1697~1767):《華東正音通釋韻考》

박세당朴世堂(1629~1703): 西溪.《思辨錄》〈論語〉

신흠申欽(1566~1628):《象村稿》

신경申景(1696~1766?): 直菴. 《直菴集》

송시열宋時烈(1607~1689): 尤庵. 《論語或問精義通攷》

안정복安鼎福(1712~1791): 順菴. 《順菴集》

완원阮元(1764~1849): 淸나라 학자. 〈論語注疏挍勘記〉. 《十三經注疏》 편집

위백규魏伯圭(1727~1798): 存齋. 《存齋集》, 〈讀書箚義〉

육덕명陸德明(550?~630): 唐나라 학자. 《經典釋文》 〈論語音義〉

윤형로尹衡老(생몰년도 미상): 숙종, 영조 시대 유학자. 《戒懼庵集》

이색李穡(1328~1396): 牧隱. 《牧隱藁》

이규경李圭景(1788~?): 五州 《五洲衍文長箋散稿》 〈經史篇 論語經〉

이덕무李德懋(1741~1793): 《靑莊館全書》, 《全韻玉篇》

이덕홍李德弘(1541~1596): 艮齋 《艮齋集(續集)》 〈論語質疑〉

이유태李惟泰(1607~1684): 草廬 《四書答問》 〈論語〉

이이李珥(1536~1584): 栗谷. 《論語釋義》 《論語諺解》

이익李瀷(1681~1763): 星湖. 《星湖사설》 〈經史門〉

이재李縡(1680~1746): 陶庵. 《泉上講說》 〈論語〉 또는 《논어강설》

이황李滉(1501~1570): 退溪. 《論語釋義》

정약용丁若鏞(1762~1836): 茶山. 《論語古今注》

정이程頤 · 정이천程伊川(1033~1107): 北宋의 性理學者. 程顥의 아우.

정호程顥 · 정명도程明道(1032~1085): 北宋의 性理學者.

정철鄭澈(1536~1593): 松江. 〈思美人曲〉

정현鄭玄(127~200) 後漢의 학자. 하안의 《논어집해》에 註 인용

주희朱熹 · 주자朱子(1130~1200): 南宋의 학자. 《論語集註》

포함包咸(생몰년도 미상): 後漢의 학자. 하안의 《논어집해》에 註 인용

하안何晏(193?~249): 魏나라 학자. 《論語集解》

황간皇侃(488~545): 梁나라 학자. 《論語義疏》

형병邢昺(932~1010): 北宋의 학자. 《論語注疏》. 論語注疏解經序

홍대용洪大容(1731~1783): 湛軒. 《湛軒書》 〈論語問疑〉

홍계희洪啓禧(1703~1771): 《三韻聲彙》. 율곡 《논어언해》 발문

공자 연표

연도	나이	
BC 551	1	노魯나라 창평향昌平郷 추읍鄒邑에서 출생했다(周 靈王 21年, 魯 襄公 22年, 庚戌年). 공자의 아버지는 숙량흘叔梁紇이다.
		어머니는 안씨顔氏 징재徵在다. 姓: 孔氏, 名: 丘, 字: 仲尼.
549	3	숙량흘叔梁紇이 별세했다(《공자가어》).
537	15	위정편에 "15세에 학문에 뜻을 두었다"는 말이 있다.
533	19	송宋나라 견관씨幵官氏(또는 기관씨丌官氏)의 딸과 결혼했다[가어].
		계씨의 위리委吏(창고관리직)가 되었다(《사기》).
532	20	아들 리鯉 출생하다.
531	21	노魯나라 사직리司職吏(가축을 기르는 일)가 되었다.
517	35	노魯나라 소공昭公이 계평자季平子를 공격했다가 패하고 제齊나라로 망명亡命했다. 노魯나라 정치가 혼란해지자 공자도 제齊나라로 갔다.
516	36	제경공齊景公이 정치에 대해 질문했다. 공자는 "君君臣臣父父子子"라고 대답했다. 제경공이 공자에게 벼슬을 주려고 했다가 철회했다.
515	37	노魯나라로 돌아왔다.
512	40	위정편에 "마흔살에 미혹되지 않았다"는 말이 있다.
509	43	계씨季氏의 가신 양화陽貨가 난亂을 일으켰다.
505	47	양화가 만나보려고 했다.
502	50	공산불요가 초청했으나 가지 않았다.
501	51	노魯나라 중도中都라는 곳의 재宰가 되었다(《사기》).
500	52	사공司空이라는 관직에 올랐다. 이후 대사구大司寇로 승진했다(《사기》).
497	55	제齊나라에서 노魯나라에 여악女樂을 보냈다. 정공定公과 계환자季桓子가 이를 즐기면서 정무를 소홀히 했다. 공자가 실망하여 떠났다. 이후 68세에 다시 노나라로 돌아올 때까지 정치를 할 수 있는 곳을 찾아 여러 나라를 돌아다녔다. 광匡에서 주민들이 공자를 양호로 잘못 알고 포위 공격했다.
496	56	위衛나라에서 남자南子를 만났다.
493	59	위영공衛靈公이 진법陣法에 대해 질문하자 위나라를 떠났다.
492	60	환퇴桓魋가 공자를 해치려고 했다. 위정편에 "예순 살에 귀로 들어오는 소리가 거슬리지 않았다"고 한 말이 있다.
490	62	장저長沮, 걸닉桀溺, 삼태를 맨 사람과 같은 은자隱者들을 만났다.

489	63	진나라와 채나라 사이에서 식량에 떨어지고 제자들이 병에 걸렸다. 공자의 정치에 대한 관심을 조롱하는 초楚나라 광인 접여接輿의 노래를 들었다.
484	68	오랫동안 타국을 떠돌며 지내다가 노魯나라로 돌아왔다.
483	69	음악을 정리했다. 아들 리鯉가 죽었다. 안희顏回가 죽었다.
482	70	위정편에 "일흔 살에 마음대로 해도 법도에 어긋나지 않았다"는 말이 있다.
481	71	진항陳恒이 간공簡公을 살해한 사건이 발생하자 애공哀公에게 토벌하자고 건의했다. 계강자가 정치에 대해 질문하자 "政者正也"라고 대답했다. 염구가 계씨의 재산을 불려주자 성토했다.
480	72	자로子路가 위衛나라에서 전사戰死했다.
BC 479	73	周正 4月 己丑, 73세로 운명했다(魯哀公 16年, 壬戌年). 노성魯城 북쪽 사수泗水가에서 장례를 지냈다. 공자의 묘는 곡부曲阜에 있다.

《논어》 인명

《御定 論語人物類聚》[純祖命編](약칭 '인물') 《論語集解》, 《論語集註》, 《論語集註大全》, 《論語注疏》, 《經典釋文》, 〈論語注疏挍勘記〉, 《史記》〈仲尼弟子列傳〉(약칭 '사기'), 《孔子家語》(약칭 '가어').

여러 견해가 있는 경우, [ ] 안에 출처를 표시했다.

순서	논어				
	인명	姓	名	字	공자와의 관계. 출신지역. 특징
학이2	유자有子	有	若	子有	제자. 魯나라
4	증자曾子	曾	參	子輿	제자. 魯나라 南武城人. 孝行
7	자하子夏	卜	商	子夏	제자. 衛나라[가어, 인물]. 溫國人[정현]. 문학
10	자금子禽	陳	亢(항)	子禽	제자. 陳나라. 子貢의 제자라는 설도 있다[집주].
	자공子貢	端木[가어], 端沐[사기]	賜	子貢	제자. 衛나라. 言辭에 뛰어남. 富를 축적함. 《史記索隱》에 '沐' 자가 가어에는 '木' 자로 되어 있다고 설명되어 있다.

위정5	맹의자孟懿子	仲孫	何忌		魯나라 大夫. 孟僖子 아들
	번지樊遲	樊	須	子遲	제자. 魯나라[가어, 논맹]. 齊나라[정현]
6	맹무백孟武伯	仲孫	彘(체), 洩[인물]		魯나라. 孟懿子 아들
7	자유子游	言	偃	子游	제자. 魯나라[가어]. 武城의 宰. 吳나라[사기] . 文學
9	회回	顔	回	子淵	제자. 魯나라. 淸貧과 德行.《孔 子家語》72弟子 명단에서 첫 번 째로 나온다.
17	유由	仲	由	子路. 季路[가어]	제자. 魯나라[인물]. 弁나라[가어, 사기]. 勇猛과 信義
18	자장子張	顓孫	師	子張	제자. 陳나라
19	애공哀公	姬	蔣[인물], 將[사기]		魯나라 임금(재위 BC 494~BC 468). 定公의 아들. '哀'는 시호. "早孤短折"(일찍 고아가 되고 중 도에 꺾였다)의 뜻[인물].이 자료 에는 '孤' 자가 '故' 로 되어 있다.
20	계강자季康子	季孫	肥		魯나라 대부. 卿. 季桓子의 庶子. 당시 노나라 실권자.
팔일4	임방林放				魯나라 사람
6	염유冉有	冉	求	子有	제자. 魯나라[정현의 주장]. 행정 능력이 있었다.
13	왕손가王孫賈	王孫	賈		衛나라 대부
19	정공定公		宋		魯나라 임금(재위 BC 509~BC 495). 襄公의 아들. 昭公의 동생. '定' 은 시호. "大慮靜民"(크게 사려하여 백성을 안정시켰다)의 뜻[인물]
21	재아宰我	宰	子	子我	제자. 魯나라. 言辯이 좋았다.
22	관중管仲		夷吾	敬仲	齊나라 대부. 齊桓公을 도와 당 시의 覇者가 되게 했다. '管鮑之 交' 의 주인공.

23	태사大師				태사는 樂官名이다.
24	의봉인儀封人				儀는 衛나라 邑. 封人은 관직명
	공야장公冶長	公冶	萇 [가어], 芝	子長[사기, 가어], 子芝[인물, [경전석문] 사기집해]	제자. 공자의 사위. 魯나라[가어]. 齊나라[사기]
	남용南容	南宮	縚 또는 适	子容	제자. 공자의 조카사위. 魯나라. 孟僖子의 아들. 孟懿子의 동생. 南宮에 거처하여 '남궁'이 姓이 되었다고 함[사기집해]
2	자천子賤	宓(복)	不齊	子賤	제자. 魯나라
4	옹雍	冉(염)	雍	仲弓	제자. 魯나라. 德行. 군주의 자질 이 있다는 평가를 들었다. 못난 아비에서 출생했으나 덕행으로 이름을 날렸다.
5	칠조개漆雕開	漆雕	開	子開[사기], 子若[가어, 인물]	제자. 蔡나라[가어, 인물], 魯나 라[정현]. 사기와 邢昺疏에는 '彫' 자로 되어 있다.
7	적赤	公西	赤	子華	제자. 魯나라
10	신장申棖	申	棖(장)		제자. 魯나라. 申黨 또는 申棠[사 기], 申續[가어] 동일인
14	공문자孔文子	孔	圉(어)		衛나라 대부. '文'은 諡號
15	자산子産		僑	子産, 子美	鄭나라 대부 公孫僑
16	안평중晏平仲	晏	嬰(영)	仲	齊나라 대부. '平'은 諡號
17	장문중臧文仲	臧孫	辰		魯나라 대부
18	자문子文	鬪	穀於菟 [집주]		楚나라 대부. 이름은 하안집해와 형병소를 따 랐다. '누오도'라고 읽는다[경전 석문, 논어집주대전]. 공안국은 子文의 이름은 '穀', 字는 '於菟' 이라고 했다.

	이름	姓	名	字	설명
	최자崔子		杼(저)		齊나라 대부. 逆臣. 齊나라 莊公을 살해했다.
	제군齊君		光		齊나라 莊公이다.
	진문자陳文子		須無		齊나라 대부
19	계문자季文子		行父(행보)		魯나라 대부
20	영무자甯武子	甯	俞		衛나라 대부
22	백이伯夷	墨胎[집주대전], 黑[석문, 형소]	允	公信	殷나라 孤竹國의 왕자. '夷'는 諡號. 백이의 姓이 《史記索隱》에는 墨胎氏, 《경전석문》과 邢疏에는 墨이라고 되어 있다.
	숙제叔齊		智, 致[史記索隱]	公達	伯夷의 동생. '齊'는 諡號. 숙제의 이름이 邢疏와 《논어집주대전》에는 智라고 되어 있다.
23	미생고微生高	微生	高		魯나라 사람. 일명 尾生高[인물]
24	좌구명左丘明	左丘	明		魯나라 太史. 역사가
옹야1	옹雍				雍은 仲弓의 이름
	자상백자子桑伯子				魯나라 사람
3	자화子華		赤	子華	公西赤. 公西華. 魯나라
	원사原思	原	憲	子思	제자. 魯나라[정현]. 宋나라[가어, 인물]. 공자가 노나라 사구일 때 家 邑宰를 맡았다.
7	민자건閔子騫	閔	損(손)	子騫	제자. 魯나라. 孝道. 德行
8	백우伯牛	冉	耕	伯牛	제자. 魯나라. 德行. 病이 있어 공자가 問病을 갔다.
12	담대멸명澹臺滅明	澹臺	滅明	子羽	제자[인물]. 武城 사람
13	맹지반孟之反	孟	側	之反	魯나라 대부
14	축타祝鮀		鮀	子魚	衛나라 대부. 祝은 종묘의 관직을 맡은 사람이란 뜻
	송조宋朝		朝		宋나라 公子인데 衛나라에서 벼슬하여 대부가 되었다[인물]. 수려한 용모로 유명하다.

26	남자南子				衛靈公 부인. 음탕한 여인으로 유명하다. 宋나라 출신
28	요堯	伊祁[史記索隱]	放勳		요임금. '堯舜시대'의 주인공이다. '堯'는 시호다. "翼善傳聖"[사기집해], 또는 "大而難名"(공덕이 커서 형용하기 어렵다)의 뜻이다[시법].
	순舜		重華		堯로부터 제위를 물려받았다. '舜'은 시호다. "仁聖盛明"(仁聖으로 도덕이 충만하여 밝게 성대함을 이루었다)의 뜻이다[사기집해, 시법].
술이1	노팽老彭	籛(전)	鏗(갱)		商나라 현명한 대부[包咸]. 彭祖, 老子라는 설이 있다.
5	주공周公	姬	旦		문왕의 아들. 무왕의 동생. 魯나라 시조. 周 太王이 살던 곳을 采邑으로 받았기 때문에 周公이라고 했다[사기집해]. 공자가 숭배한 인물. 《周禮》의 저자
14	위군衛君				衛나라 出公 輒. 衛靈公의 손자. 衛나라 태자 蒯聵의 아들
18	섭공葉公			子高	楚 葉縣의 尹. 沈諸梁[인물]
22	환퇴桓魋	向(상)			宋나라 司馬 向魋다. 桓公의 후예이기에 桓氏라고 한다. 공자를 살해하려고 했다.
30	진사패陳司敗				'陳'은 나라 이름. '司敗'는 관직이름인데, '司寇'에 해당한다[邢疏]. 陳나라 대부[공안국]

	소공昭公	姬	稠, 裯[인물]		魯나라 임금(BC 재위 542~BC 510). 襄公의 아들. 昭 는 시호. "容儀恭美"(용의가 공순하고 아름답다)의 뜻[논맹]
	무마기巫馬期	巫馬	施	子期[인물], 子旗[사기]	제자. 魯나라[정현, 인물], 陳나라[가어]
	오맹자吳孟子				魯나라 昭公 부인
태백1	태백泰伯	姬			周 太王(古公亶父)의 長子. 文王의 백부
4	맹경자孟敬子	仲孫	捷(첩)		魯나라 대부. 孟武伯의 아들
15	사지師摯		摯(지) 또는 乙[논맹]		魯나라 악사
	무왕武王	姬	發		文王의 아들. 諡法에 "克定禍亂"(禍亂을 이겨내고 나라를 안정시켰다)을 "武"라고 한다[사기정의].
21	우禹	姒	文命[사기], 高密		夏나라 시조. '禹'는 시호다. "受禪成功"(선위를 받아 공덕을 이루었다)의 뜻이다[사기집해]. 또는 "淵原通流"(연원을 유통시켰다)의 뜻이다[시법].
자한5	문왕文王	姬	昌		周 武王의 아버지. 西伯이라도 한다. 古公亶父를 太王으로 추존했다.
6	태재大宰				《주례》 천관총재. 六卿의 首長
7	뢰牢	琴		子開 또는 子張[인물]	제자. 衛나라. 子牢라고도 한다[경전석문]
선진7	안로顏路		無繇(무유). 由[경전 석문,가어]	齊[인물], 季路 [가어]	제자. 안회의 아버지. 魯나라
	리鯉		鯉	伯魚	공자의 아들

17	시柴	高	柴	子羔	衛나라[정현, 인물]. 齊나라[가어]. 子高[가어]와 子皐[예기]는 동일인
23	계자연季子然				季桓子의 동생[인물]
25	증석曾晳		點	子晳	제자. 曾子의 아버지
안연3	사마우司馬牛	司馬	犂[집주], 耕[가어, 사기]	子牛	제자. 宋나라. 司馬向魋의 동생
8	극자성棘子成				衛나라 대부
11	제경공齊景公	姜	杵臼 (저구)		齊나라 임금(재위 BC 547~BC 490). 莊公의 동생. '景'은 시호. "由義而濟"(義를 따라서 成事하다)의 뜻[인물]
22	고요皐陶	偃			순임금의 신하
	탕湯		履		殷나라 成湯. 諡法에 "除虐去殘"(잔학한 자를 제거한다)을 "湯"이라고 한다[사기집해]. 또는 "雲行雨施"의 뜻이다[시법].
	이윤伊尹				湯 임금의 재상
자로8	공자형公子荊				衛나라 대부
헌문6	남궁괄南宮适				南容
	예羿				활을 잘 쏘는 사람으로 유명하다.
	오奡				배를 땅에서도 끌고 다닐 정도로 힘이 셌다.
	직稷				百穀을 관리했다. 그의 후손이 周나라 文王과 武王이다.
9	비침裨諶				鄭나라 대부. '비침' 또는 '비심'이라고 읽는다[경전석문]
	세숙世叔	吉			鄭나라 대부 遊吉
	자우子羽	揮			鄭나라 대부 公孫揮
	자산子産				鄭나라 대부

10	자서子西			楚나라 公子 申[집주, 인물]. 마융은 子西를 鄭나라 대부라 하고 혹 楚 令尹 子西라고 한다.
	백씨伯氏			齊나라 大夫
12	맹공작孟公綽			魯나라 대부
13	장무중臧武仲		紇(흘)	魯나라 대부. 臧文仲의 손자다. 宣叔의 아들
	변장자卞莊子			魯나라 卞邑 대부
14	공숙문자公叔文子			衛나라 대부 公孫枝
	공명가公明賈	公明	賈	衛나라 사람
16	진문공晉文公		重耳	晉나라 임금 (재위 BC 636~BC 628)
	제환공齊桓公		小白	齊나라 임금(재위 BC 685?~BC 643). 관중을 재상으로 임명. 관중의 도움으로 覇者가 됨.
	공자규公子糾			제환공의 형제
	소홀召忽			공자규의 신하
19	선僎			공숙문자의 가신
20	위령공衛靈公		元	衛나라 임금 (재위 BC 534~BC 493).
	중숙어仲叔圉			孔文子다[집주]. 위령공의 신하
	축타祝駝			衛나라 신하
	왕손가王孫賈			衛나라 신하
22	진성자陳成子	陳	恒	齊나라 대부. 簡公을 죽였다.
	간공簡公		壬	齊나라 임금(재위 BC 484~BC 481). 簡은 시호다. "平易不訾"(平易하여 비방함이 없다)의 뜻이다[인물].
26	거백옥蘧伯玉	蘧	瑗(원)	衛나라 대부. 공자가 위나라에 있을 때 이 집에 머물렀다.

34	미생묘微生畝	微生	畝		魯나라 武城사람
38	공백료公伯寮			子周	魯나라 사람. 사기에는 '繚'자로 되어 있다.
	자복경백子服景伯	子服	何	伯	魯나라 대부. 子服何忌[공안국]. 子服何[집주]
41	신문晨門				은둔자
42	하궤荷蕢				은둔자
43	고종高宗				殷나라 임금 武丁
46	원양原壤				魯나라 사람. 공자의 옛 친구
위영공 6	사어史魚	鰌(추)		魚[인물]	衛나라 대부. 史는 관직 이름
	유하혜柳下惠				魯나라 대부. 展禽
41	사면師冕		冕		師는 樂師
계씨1	주임周任				옛날의 良吏(좋은 관리)
13	진항陳亢				子禽
양화1	양화陽貨		虎		季氏의 가신. 季桓子를 감금했다. 魯나라의 정치를 專斷했다.
5	공산불요公山弗擾	不狃 라고도 한다.		子泄 [인물]	季氏의 가신. 費邑의 宰가 되었는데, 陽貨와 함께 季桓子를 감금하고 반란을 일으켰다.
7	필힐佛肹				晉나라 大夫인 趙簡子의 邑宰
20	유비孺悲				魯나라 사람
미자1	미자微子				殷나라 紂의 庶兄
	기자箕子				紂의 諸父
	비간比干				紂의 諸父
4	계환자季桓子		斯		魯나라 대부 季孫斯
5	접여接輿	陸	通	接輿	楚나라 사람. 거짓으로 미친 척 했다. 楚狂이라고 했다.
6	장저長沮				은둔자
	걸닉桀溺				운둔자

7	장인丈人			은둔자. 이름이 없이 지팡이로 바구니를 맨 사람이란 뜻이다.
8	우중虞仲			仲雍이다. 임금 자리를 사양하기 위해 泰伯과 함께 荊蠻으로 갔다.
	이일夷逸			행적을 알 수 없다.
	주장朱張	子弓		
	소련少連			東夷 사람
9	태사지大師摯	摯		大師(태사)는 魯나라 樂官의 長이다.
	아반간亞飯干	干		亞飯은 관직이다.
	삼반료三飯繚	繚		연회 연주가
	사반결四飯缺	缺		연회 연주가
	고방숙고方叔	方宿		북 치는 방숙이란 사람이라는 뜻이다.
	파도무播鼗武	武		鼗(도)는 작은 북이라는 뜻이다.
	소사양少師陽	陽		少師는 樂官을 보좌하는 자리다.
	격경양擊磬襄	襄		磬(경)을 치는 '襄'이라는 사람이란 뜻이다.
10	노공魯公			周公 旦의 아들 伯禽
11	백달伯達			周 成王 때 또는 宣王 때 한 어머니로부터 나온 8형제 중에서 첫째
	백괄伯适			형제2
	중돌仲突			형제3
	중홀仲忽			형제4
	숙야叔夜			형제5
	숙하叔夏			형제6
	계수季隨			형제7
	계와季騧			형제8
자장18	맹장자孟莊子	仲孫	速	魯나라 대부. 孟獻子 아들
19	양부陽膚			증자의 제자. 武城 사람이다.

20	주紂		殷나라 마지막 임금(재위 BC 1155~BC 1122). 폭군으로 유명하다. 紂도 시호다. "殘義損善"(義로운 사람을 해치고 善한 사람에게 피해를 준다)의 뜻이다[시법].
22	공손조公孫朝		衛나라 大夫
23	숙손무숙叔孫武叔	州仇	魯나라 大夫
25	진자금陳子禽		陳亢[邢疏]
요왈1	리履	履	湯임금

《논어》· 한자음 사전의 연표

시대 · 연도	《논어》 관련 자료 · 판본
고대古代	《논어》 판본: 노론魯論, 제론齊論, 고론古論
후한後漢, 위위魏	《논어》에 대한 古注[註] 형성: 공안국, 포함, 마융, 정현, 왕숙 등
위위魏	하안何晏(193?~249) 《논어집해論語集解》(古註를 종합 편집)
양梁	황간皇侃(488~545) 《논어의소論語義疏》(하안 집해에 대한 疏)
당唐	육덕명陸德明(550~630) 《경전석문經典釋文》〈논어음의論語音義〉(논어의 音, 한자 자형, 판본 분석)
송宋	형병邢昺(932~1010) 《논어주소論語注疏》(하안 집해에 대한 疏)
송宋	주자朱子(1130~1200) 《논어집주論語集註》(이전의 논어 주석을 집대성)
1414	호광胡廣(1370~1418) 등이 明 성조成祖 永樂帝(재위 1402~1424)의 명에 따라 《사서대전四書大全》(논어집주대전 포함) 편찬
태조(재위 1392~1398)	경연에서 《논어》를 읽기 시작함
세종(재위 1418~1450)	훈민정음 창제. 《논어》 구결口訣 작업. 《사서대전》, 《오경대전》, 《성리대전》을 명나라에서 수입하여 보급함
1427	전국 각지에 《논어집주대전》 간행 · 보급

선조(재위 1567~1608) 교정청에 사서삼경 언해 작업 지시	
	이황 《논어석의》
1590	교정청 간행 《논어언해》(도산서원 · 임고서원 소장본)
1612	《논어언해》 간행 · 보급. 관본 《논어언해》의 틀 형성
1670	성균관 《논어집주대전》 간행. 1686년 병인년에 거듭 간행
1716	강희제康熙帝(재위1661~1722)의 명에 따라 《강희자전康熙字典》 편찬
1747	박성원 《화동정음통석》(운서). 한글로 한자음 표시
1749	율곡 《논어언해》 발간. 홍계희 발문
1751	홍계희 《삼운성휘》(운서). 한글로 한자음 표시
정조(재위 1776~1800)	정조 《홍재전서》 〈논어강의〉. 《화동정음통석》에 직접 서문을 쓰고 재간행
1777	정유자(활자) 제작. 이후에 그 활자로 《논어집주대전》 간행
1796	《전운옥편》 · 《규장전운》(운서) 간행. 한글로 한자음 표시
1810(추정)	전주부 하경룡장판 《논어언해》 · 《논어집주대전》 간행. 경오중춘
1813	정약용 《논어고금주》
1820(추정)	내각(규장각)장판 경진신간 《논어언해》 · 《논어집주대전》 간행
1822(추정) 이후	영영장판(영남감영) 임오신간. 《논어집주대전》 · 《논어언해》 重刊本 거듭 간행
1826	완원阮元(1764~1849) 《십삼경주소十三經注疏》 · 〈논어주소교감기論語注疏校勘記〉
	박문호(1846~1918) 《논어집주상설》
1908	정익로 《국한문신옥편》(근대적인 한자사전) 발행
1909	지석영 《자전석요》(근대적인 한자사전) 발행
1915	조선광문회 · 최남선 《신자전》(근대적인 한자사전) 발행
1917	전통적인 고서 대신 현대적인 책으로 《논어집주》 간행. 관본 《논어언해》의 현토와 구두를 따랐다.
1922	《언역논어》(유교경전강구소) 《논어언해》에 한글 해설이 추가됨
1932	《언해논어》(문언사). 관본 《논어언해》의 현토와 구두를 따름
1955 이후	현대적인 《논어》 번역서 · 역주서 나오기 시작함
1990 이후	《논어집주》 역주서가 나오기 시작함
2008	단국대학교 동양학연구소 《한한대사전》

논어정독

⊙ 2010년 4월 3일 초판 1쇄 발행
⊙ 2017년 7월 2일 초판 7쇄 발행
⊙ 글쓴이   부남철
⊙ 발행인   박혜숙
⊙ 디자인   이보용
⊙ 펴낸곳   도서출판 푸른역사
　우) 03044 서울시 종로구 자하문로8길 13
　전화: 02) 720-8921(편집부) 02) 720-8920(영업부)
　팩스: 02) 720-9887
　전자우편: 2013history@naver.com
　등록: 1997년 2월 14일 제13-483호

ⓒ 부남철, 2017

ISBN   979-89-94079-13-4   03900